国企灵魂重塑
——国有企业文化建设理论与方法

王 杰 张秉衡 著

电子工业出版社

Publishing House of Electronics Industry

北京·BEIJING

内 容 简 介

本书在深刻分析以往国有企业文化建设成败得失原因及经验和教训的基础上,从新的历史时期国有企业打造世界一流企业的目的出发,以国际化的视野,从全新的角度,全面系统地对国有企业的文化建设归纳总结出了一套理论和方法。

全书共分为理论方法篇、实践探索篇和典型案例篇 3 个部分:

理论方法篇分析了国企新的竞争力从何而来,对国外优秀企业文化和中国传统文化进行了解构和研究借鉴,最终确定我们选择走中国特色国有企业文化建设之路;接下来从顶层设计、核心理念设计、实操方法到具体落地规章制度的制定方法进行了全方位的解读。

实践探索篇主要是制度和规章的实践,通过《经营文化纲要》(包括总纲篇、业务篇、管理篇、规章制度篇)创立企业"宪章"、通过制定《员工行为规范》加速企业文化形成。

典型案例篇介绍了中国电科文化的形成、电科企业文化建设的历程,包括"五大工程"、新理念、新模式、新动力、新机制的建立等。

未经许可,不得以任何方式复制或抄袭本书之部分或全部内容。
版权所有,侵权必究。

图书在版编目(CIP)数据

国企灵魂重塑:国有企业文化建设理论与方法 / 王杰,张秉衡著. —北京:电子工业出版社,2023.5
ISBN 978-7-121-45543-8

Ⅰ. ①国… Ⅱ. ①王… ②张… Ⅲ. ①国有企业－企业文化－研究－中国 Ⅳ. ①F279.241

中国国家版本馆 CIP 数据核字(2023)第 078234 号

策划编辑:刘九如　　责任编辑:钱维扬
印　　刷:三河市良远印务有限公司
装　　订:三河市良远印务有限公司
出版发行:电子工业出版社
　　　　　北京市海淀区万寿路 173 信箱　邮编:100036
开　　本:787×1 092　1/16　印张:22.5　字数:391 千字　黑插:1
版　　次:2023 年 5 月第 1 版
印　　次:2023 年 5 月第 1 次印刷
定　　价:128.00 元

凡所购买电子工业出版社图书有缺损问题,请向购买书店调换。若书店售缺,请与本社发行部联系,联系及邮购电话:(010)88254888,88258888。

质量投诉请发邮件至 zlts@phei.com.cn,盗版侵权举报请发邮件至 dbqq@phei.com.cn。
本书咨询和投稿联系方式:(010)88254459,qianwy@phei.com.cn。

序 言

《国企灵魂重塑——国有企业文化建设理论与方法》一书终于结集出版。

随着国有企业全面深化改革的成功推进和中国特色现代国有企业制度的建立，中国的国有企业正以一种崭新的面貌跨进新时代，昂首挺胸地走向世界，参加世界的竞争，迎接世界的挑战。显然，为了战胜挑战，赢得竞争，走向世界的中国国有企业不仅要有先进的技术和管理，一流的产品和服务，更应当有自己独特而优秀的企业文化。

自世界上现代企业出现以来，企业文化支撑企业赢得市场竞争的软实力作用就日益凸显。中国的国有企业要服务好社会，履行好国家赋予的各种责任，赢得市场竞争，成为国际市场竞争的佼佼者，也离不开优秀的企业文化。

但是，从以往一段时期的大致情况看，国有企业的文化建设还是存在各种各样的问题和不足：有的在认识上，依然模糊不清；有的在内容上，过于千篇一律；有的在实践上，缺乏企业自身文化的创新性特点；有的在文化建设上，缺乏成体系的方法论指导；有的在落地上，缺乏一套行之有效的实操方法；有的在效果上，存在"两张皮"顽疾；有的在文化传承上，受困于"城头变幻大王旗"。总之，在理论、方法和实践三个方面，都已经不能完全适应建立中国特色现代国有企业制度的实际需要。如何提升中国特色国有企业文化建设的水平，实现国企灵魂重塑，已成为目前国企文化建设的当务之急。

企业文化不是专家们头脑里固有的产物，而是企业自己孕育出来的鲜活成果。世界发达国家的企业文化都是先有实践然后才有经验和理论，中国特色国有企业文化建设也不可能凭空产生。本书是我们总结了国有企业文化建设的历史经验，研究新时期国有企业文化建设的共性需求，着眼于国有企业面临的新要求、新挑战，在对多家国有企业，特别是中国电子科技集团有限公司（以下简称"中国电科"）企业文化建设的成功做法进行归纳总结后撰写的，之所以用中国电科作为主要案例，主要是基于三个方面的考虑：

一是因为中国电科是一个拥有20多万名员工的特大型国有中央企业，是世界500强企业，同时又是军工高科技企业，管理幅度和业务面都非常宽，在国有企业中比较有代表性。二是中国电科的企业文化的系统性重塑始于2013年，2016年发布，持续近4年的时间，是与现代国有企业制度的建设和全面深化国企改革相伴而行的，与现代国有企业制度建设保持一致，代表着国有企业文化建设的一种新的方向，比较有现实意义。三是中国电科在企业文化重塑中坚持进行新的探索，一开始就明确要在学习借鉴国内外成功企业文化建设经验的基础上，走出一条中国特色国有企业文化建设的新路，在具体的企业文化建设过程中，进行了一些有益的尝试，通过几年的实践，证明还是比较有效的。虽然随着企业的发展，中国电科在企业文化建设的内容上也不断进行过一些新的调整，但在具体的建设和实施方法上，我们认为对国有企业文化重塑具有比较强的普适性，值得系统地总结归纳并完成理论升华，发现成功和失败背后的底层逻辑，以期能够提炼出一套系统的方法论，为国有企业文化建设及重塑的具体实践提供有益的借鉴。

通过总结以往国内外企业文化建设成功的经验和失败的教训，我们感到，从国有企业的角度看，企业文化建设具有几个特别值得注意的地方。

==一是文化管理是最高的管理，企业要实现基业长青，首先必须追求文化上的成功。==横观纵览国内外的卓越企业，都有一个共同特质，那就是都具有一整套独特而优秀的企业文化。国外的Intel、GE，国内的华为、海尔等，独特的企业文化让它们能够在瞬息万变、错综复杂的时代环境中始终保持企业的独立思考，对形势作出高瞻远瞩的预判，从而及时进行战略战术调整，在帮助企业取得进步或渡过难关的同时，不断锤炼自己的核心竞争力。就像我们今天谈论正处于中美贸易战风口浪尖的华为，人们首先想到的可能并不是它的产品，而更多的是华为优秀的企业文化、《华为基本法》，以及华为文化的灵魂人物任正非发表的，自《华为的冬天》开始的一系列的文化谈话。马云也认为，阿里巴巴的核心竞争力从来就不是技术，而是企业文化。这种独具特色的企业文化，将卓越公司与其他平庸的企业区分开来，本身也已经成为公司基业长青的重要组成部分。我们许多国有企业，例如，航天科技、兵器工业集团、中国电科、中国海油、国家电网、中国移动、国投、招商局集团等，能在国务院国资委的考核中连续18年、6个任期均获评A级，取得突出的发展成就，很大程度上也得益于良好的国企文化基因。

二是建设中国特色国有企业文化，是做强做优做大国企、赶超西方现代化企业的需要；要赶超西方优秀企业，必须先有自己的企业文化自信。2013年，国务院国资委在《做强做优中央企业、培育具有国际竞争力的世界一流企业要素指引》中，就将"具有先进独特的企业文化"明确为13项世界一流企业的要素指标之一，强调跻身世界一流的中国企业，必须"具有中国特色和本企业特色的企业文化和健康发展的核心价值观，以开放、包容、多元、共赢的文化要素促进国际化经营"。所以，培育世界一流企业不仅仅是规模的问题，还包括企业的产品与技术、管理和团队、文化和品牌等各方面综合素质的提高。其中，文化和品牌是更具广泛和深远意义的影响因素。我们注意到，虽然IBM经历了多次业务转型，但其在上百年的发展历程中，"沃森哲学"（必须尊重个人、必须尽可能给予顾客最好的服务、必须追求优异的工作表现）却始终得到了坚持，这种鲜明的文化传承让IBM在出售了其曾经引以为豪的PC业务后，又能提出"智慧的地球""智慧的成长"等一系列引领行业发展的理念，并努力帮助客户成功。所以，IBM在科技行业最受尊敬品牌的排名中始终名列前茅。从某种意义上说，"沃森哲学"对公司的成功所贡献的力量，比技术革新、市场销售技巧或庞大财力所贡献的力量更大。与之相比，中国企业特别是国有企业，尚未有哪一家的文化，能够得到广泛的国际认同，特别是近年来，越来越多的中国企业开始迈入世界500强之列，站在新的发展起点上，我们更加需要从文化的角度系统思考企业面临的机遇和挑战，总结借鉴先进的管理经验和管理思想，从理论层面构建指导经营实践和共同遵循的管理标准，形成凝聚文化认同和管理智慧的文化导向，重塑企业的经营文化，将企业的现代经营管理经验凝练为企业文化，引导企业赢得市场竞争，赢得快速发展，做到基业长青，从而也建立属于中国国有企业的文化自信。

三是新时代对国有企业提出了建设中国特色国有现代企业制度的要求，建立现代国有企业的文化竞争力是其中的应有之义。中国国有企业必须塑造自己具有竞争力的特色企业文化，走出一条中国特色国有企业文化建设之路。党的十八大以来，习近平总书记提出了关于国有企业改革发展和党的建设的一系列新思想新观点新论断，形成了内涵丰富、逻辑缜密、相互贯通的理论体系。习近平总书记尤其强调，国有企业改革要坚持两个"一以贯之"。在坚持党的领导、加强党的建设、探索建立中国特色国有现代企业制度过程中，如何建立和重塑新时代优秀的国有企业文化，当然是其中的应有之义。发挥企业文化独特优势，塑造国有企业优秀的文化内核，以文化人、以文育人、以文砺人，建立广大员工高度认可的核心价值观，推动实现企业使命、愿景，是我们必须解决的重大课题。其中，作为国企、央企，尤其要紧密结合企业实际，深入挖掘企业历史与文化资源，并根据新的时代需要，总结提炼、不断完善以"国企精神"为代表的企业价值理念，增强企业文化的号召力和影响力。作为国家队，国有企业要承担好推进国际传播能力建设的重任，讲好中国故事、传播好中国声音，向世界展示真实、立体、全面的中国形象，以自身的文化实践，提高国家文化软实力和中华文化影响力。

对照这三个方面的要求，我们觉得，应当对中国国有企业在新时代的企业文化建设进行一次全面、系统、深入的探索和总结，努力将新时代国有企业文化建设之路勾画出来，将国有企业文化建设的方法论提炼出来，以供今后众多国有企业重塑企业文化参考。在本书中，我们布局了理论方法篇、实践探索篇和典型案例篇3个篇章，我们力求以习近平新时代中国特色社会主义思想为指导，将企业文化的理论和企业文化建设的实践相结合，系统分析以往国有企业进行企业文化建设的成败得失，并用若干章节来介绍国有企业文化建设的基本思路、系统方法、有效的载体、落地的桥梁、实证研究和鲜活的案例，特别是通过《企业宣言》《经营文化纲要》《员工行为规范》《企业文化标准管理体系》等经过企业文化重塑实践证明为行之有效的理论成果载体，揭开企业文化建设成功的奥秘。

同时，结合中国国有企业的实际，在借鉴西方的优秀企业文化建设成功经验的基础上，对中国国有企业未来的文化建设道路进行一些探索和展望，以寻找中国特色国有企业文化建设之路，帮助我们的国有企业通过有效的文化建设，去实现做强做优做大的梦想。我们也期待本书的出版能够引发大家对新时代中国特色国有企业文化建设的更多思考和探索。

习近平总书记说过："文化自信，是更基础、更广泛、更深厚的自信。"他还说："一个国家、一个民族的强盛总是以文化兴盛为支撑的，中华民族伟大复兴需要以中华文化发展繁荣为条件。"我们坚信，一个企业走向卓越，与一个民族的文明进步和一个国家的发展壮大一样，都需要一代又一代的文化积淀、薪火相传与发展创新。我们更加坚信，优秀的企业文化和强大的文化自信，必将引领中国国有企业在新时代的征程中取得新的更大进步，在广阔的世界舞台上与时代共舞，在把一流的经济规模、一流的科学技术、一流的产品和服务展示给世界的同时，还将会用一流的管理和一流的文化告诉世界，我们的国有企业也能领导时代之潮流。这也是本书写作的主要目的之一。

如果本书能为国有企业开展文化建设，实现国企灵魂的重塑，添砖加瓦、助一臂之力，我们将备感荣幸！

为了更好地统筹理论与实践，助力国有企业文化建设工作的落地，笔者随书附赠企业文化标准管理体系重要文件示例、中国电科文化建设重要文件附例和中国电科核心理念落地的 3 个典型案例，具体包括：

> 企业文化标准管理体系重要文件示例
> 示例 1：《文化宣言执行程序》
> 示例 2：《经营文化纲要执行程序性文件》
> 中国电科文化建设重要文件附例
> 附例 1：《中国电科文化宣言》
> 附例 2：《中国电科经营文化纲要》
> 附例 3：《电科员工行为规范》
> 附例 4：《电科员工常用礼仪规范》
> 中国电科核心理念落地的 3 个典型案例
> 案例 1：创新 DNA
> 案例 2：联合起来办大事
> 案例 3：责任在肩，大爱于行

以上数字资源均可扫描以下二维码免费获取：

目 录

第一部分 理论方法篇
——国有企业文化建设理论探讨

第一章 国企新的竞争力从何而来 ········· 2
- 第一节 新发展理念提出新要求 ········· 2
- 第二节 重塑国有企业文化的必要性 ········· 11

第二章 企业文化的解构与研究借鉴 ········· 15
- 第一节 企业文化的历史与溯源 ········· 15
- 第二节 企业文化的特性与作用 ········· 18
- 第三节 日美企业文化的研究与借鉴 ········· 23
- 第四节 中国传统文化的影响与启示 ········· 31

第三章 走中国特色国有企业文化建设之路 ········· 36
- 第一节 走出国有企业文化建设的困境 ········· 36
- 第二节 找准中国国有企业文化的特色 ········· 40
- 第三节 中国特色国有企业文化建设路径及特征 ········· 48

第四章 国有企业文化重塑顶层设计的系统方法 ········· 55
- 第一节 国有企业文化建设误区陷阱 ········· 55
- 第二节 国有企业文化建设的"五契合"构建模式 ········· 65

第三节　国有企业文化"六大优良基因"……………………………… 79
第四节　国有企业文化概念设计的"七性总体法"…………………… 91
第五节　制定企业文化建设指导思想的"四刀雕刻法"………………… 94
第六节　确定企业文化建设总体目标的"五要素法"…………………… 95

第五章　塑造核心理念系统的设定方法……………………………… 99

第一节　核心理念系统的"三个哲学思辨"…………………………… 99
第二节　核心理念系统塑造的"三维构建法"………………………… 102
第三节　科学提炼企业使命的"灵魂双问法"………………………… 104
第四节　科学规划企业愿景的"四重标定法"………………………… 106
第五节　核心价值观的凝练与升华……………………………………… 108
第六节　核心价值信条的定位与解构…………………………………… 112

第六章　国有企业文化建设"九大实操方法"……………………… 117

第一节　通过提炼"科学文化假设"塑造国企文化的灵魂…………… 117
第二节　用"双螺旋模式"促进文化与战略的互励融合……………… 119
第三节　用"双星定位"法锁定企业文化建设的重点所在…………… 120
第四节　通过强化"组织落实"来保证企业文化建设成功…………… 122
第五节　用"责任链条"搭建企业文化建设成功的阶梯……………… 123
第六节　通过"体系化推进"保证企业文化建设整体效果…………… 125
第七节　掌控"关键环节"保障企业文化建设质量…………………… 128
第八节　通过"文化搭台、业务唱戏"来保证企业文化建设成效…… 133
第九节　通过搭建"文化与制度的桥梁"来实现企业文化落地……… 135

第七章　创立企业"宪章"——编制《经营文化纲要》…………… 138

第一节　《经营文化纲要》设定的底层逻辑…………………………… 138
第二节　用"理念"实现企业文化与企业经营管理的深度融合……… 141
第三节　疏通使命、愿景和核心价值观融入制度的渠道……………… 143

第四节　通过全方位灌注形成企业强势的主体文化 ·················· 146

第五节　用《经营文化纲要》实现核心理念的相对固化 ············· 148

第八章　推动文化落地——"企业文化标准管理体系" ············· 150

第一节　如何设立《企业文化管理手册》 ··························· 151

第二节　如何设立《企业文化管理程序性文件》 ··················· 157

第三节　"企业文化标准管理体系"有效运行的精要解析 ············· 160

第二部分　实践探索篇
——国有企业文化建设的实证研究

第九章　《经营文化纲要》总纲篇 ································· 166

第一节　关于企业宗旨的内涵 ··································· 166

第二节　关于企业战略的定位 ··································· 171

第三节　关于治理体系和组织架构 ······························· 175

第四节　关于企业管控 ··· 178

第十章　《经营文化纲要》业务篇 ································· 182

第一节　关于军品经营 ··· 182

第二节　关于民品经营 ··· 186

第三节　关于国际化经营 ······································· 189

第四节　关于科技创新 ··· 192

第五节　关于资产经营与资本运作 ······························· 199

第十一章　《经营文化纲要》管理篇 ······························· 205

第一节　关于运营管理 ··· 205

第二节　关于人力资源管理 ····································· 207

XI

第三节　关于财务管理……218
　　第四节　关于品牌管理……222
　　第五节　关于质量管理……226
　　第六节　关于安全管理……228
　　第七节　关于保密管理……230
　　第八节　关于风险管理……231

第十二章　《经营文化纲要》保障监督篇……235
　　第一节　关于企业党建工作……235
　　第二节　关于企业群团工作……238
　　第三节　关于企业文化管理……239
　　第四节　关于企业监督与约束……240

第十三章　《员工行为规范》……244
　　第一节　将文化融入员工行为……244
　　第二节　关于员工通用行为规范的制定……247
　　第三节　关于领导干部行为规范的制定……251
　　第四节　领导干部能力修炼规范……255
　　第五节　关于经营管理人员行为规范的制定……257
　　第六节　关于专业技术人员行为规范的制定……258
　　第七节　关于市场营销人员行为规范的制定……259
　　第八节　关于专门技能人员行为规范的制定……261

第三部分　典型案例篇

第十四章　中国电科文化建设历程……264
　　第一节　走进中国电科……264
　　第二节　中国电科文化源流……267

第三节 特有的预警机精神 ································· 271

第四节 塑造中国电科新文化 ··························· 283

第十五章 企业文化建设的中国电科模式 ························· 285

第一节 总体谋划，做好文化建设顶层设计 ··········· 285

第二节 用"五项原则"统揽电科文化建设 ············· 287

第三节 精心布局，聚焦"五大工程" ···················· 289

第四节 严密组织实施，保证文化建设成效 ··········· 293

第十六章 新理念——引领中国电科服务国家重大急需 ··········· 295

第一节 新文化要引领中国电科加快重大信息化武器装备的研制 ········ 295

第二节 新文化要引领中国电科加快突破"卡脖子"的重大核心技术 ················ 297

第十七章 新模式——推动中国电科管控模式的深刻变革 ········ 301

第一节 国有企业集团管控问题的研究 ················· 301

第二节 中国电科管控特点的分析 ······················· 304

第三节 用文化引领集团管控模式变革 ················· 308

第十八章 新动力——确立中国电科的崭新激励机制 ·············· 311

第一节 知识型员工的初步研究 ·························· 311

第二节 国有高科技企业激励文化改革的探讨 ········ 313

第三节 国企新文化要对传统激励方式形成强大冲击 ········ 315

第十九章 新机制——创建中国电科的先进研发体系 ·············· 317

第一节 国有科技型企业研发管理问题的分析 ········ 318

第二节 国有科技型企业研发困局的文化根因分析 ·· 320

第三节　IPD 的 8 个核心思想是一剂良药 …………………………… 327
　　第四节　华为研发体系变革对国有科技型企业的启示 ………………… 329
　　第五节　中国电科新文化对研发体系变革的引领 ……………………… 333

后记 ………………………………………………………………………… 336

参考文献 …………………………………………………………………… 346

第一部分 理论方法篇
——国有企业文化建设理论探讨

第一章 国企新的竞争力从何而来

不断改变自己来适应变化的环境是企业的生存发展之道,中国的国有企业也不例外。进入新时代的国有企业,正处在内外部环境的剧烈变化之中。建立现代国有企业制度,践行新发展理念,建设中国式现代化,而以美国为首的西方发达国家在高端技术和市场上的封锁打压,这一切,既给国有企业创造了新的发展机遇,又使国有企业面临新的严峻挑战。如何因应环境的变化而改变自己,在不断的改变中,打造国企新的竞争力,形成新的竞争优势,从而提高抓机遇的本领,增强战胜挑战的能力,练好担当新的使命和责任的内功和外功,是新时代国有企业首先必须要做的事情。

第一节 新发展理念提出新要求

践行新发展理念,是作为经济组织的国有企业在新时代首先要做而且必须要做好的事情,这是国企新的竞争力的重要来源。

"创新、协调、绿色、开放、共享",是中国共产党在新的历史时期,根据世界经济发展长期处于低迷状态,中国经济的发展进入新常态的形势下;在洞悉经济发展进入新阶段的基本特征,科学把握中国特色社会主义的本质要求和发展方向,不断深化对社会发展规律认识的基础上,提出来的新的发展理念。这个发展理念,贯穿了科学发展的思想,指明了中国现在和今后很长一个时期社会经济发展的主体思路、方向和着力点,揭示了中国实现更高质量、更有效率、更加公平、更可持续发展的科学路径,回答了关系中国特色社会主义现代化建设的一系列重大的理论和实践问题,可以说是保证中国的发展实现长期持续稳定的治本之策。其目的,就是要通过创新,解决发展动力问题,改变中国创新能力不强,科技发展总体水平不高，科技对社会发展的支撑能力不足，对经济增长的贡献远低于发达国家的状况；通过协调，解决区域、城乡、经济与社会、物质文明和精神文明、经济建设和国防建设发展不平衡等问题，实现社会协调发展；通过绿色发展，解决资源浪费、环境污染、食品安全等问题，实现人与自然和谐共生和经济的可持续发展；通过开放，解决中国开放水平总体不高，用好国际国内两个市场资源的能力不够强，争取国际贸易话语权不够强等问题，实现内外联动；通过共享，解决分配不公，收入差距等问题，实现社会公平正义。最终，实现中国式现代化，引领中国跨入世界发达国家的行列，实现中华民族伟大复兴。

新发展理念的提出和确立，无疑是给中国进入新时代后的经济发展指明了正确的方向，国有企业是国家经济价值创造的主体，是国家实现经济发展目标和战略目的的重要支撑力量，被称为中国国民经济的"顶梁柱"和"压舱石"，当然要毫不含糊地遵守新发展理念，把新发展理念作为企业经营的指挥棒和红绿灯，用新发展理念来指导企业的发展，按照新发展理念来确立企业的发展方式，做践行新发展理念的带头者，通过完整、全面贯彻落实新发展理念，不断增强国有企业竞争力、创新力、控制力、影响力、抗风险力，使企业实现更好更快更大发展，建设成为"产品卓越、品牌卓著、创新领先、治理现代"，具有国际竞争力的世界一流企业。

但是，任何一种改变都是一个艰难复杂的过程。践行新发展理念，对国有企业来说，是打造新的竞争力，实现高质量发展的必由之路，同时也是一场严峻的考验。因为在践行新发展理念的过程中，企业要调整以往不适应新发展理念的一切认识，树立符合新发展理念的新的观念；要纠正过去不适应新发展理念的一切行为，采取新的发展方式；要摒弃曾经习惯的但不适应新发展理念的一切做法，探寻新的发展途径。而伴随着这些出现的，都将是一系列的难题。

一、在科技创新和产业发展上，将会面临自主创新的难题

科学技术是企业赢得市场竞争最重要的核心竞争力，国有企业要在新时期通过践行新发展理念来实现高质量的发展，实现做强做优做大，成为具有国际竞争力的世界一流企业，自主创新是必由之路。从1949年开始，国有企业经过70多

年的自力更生，艰苦奋斗，制造水平和能力不断提升，打下了比较系统的技术创新基础，特别是自改革开放以来，通过引进、消化、吸收西方发达国家的先进技术，国有企业整体的科技水平和产品制造能力都得到大幅提升，生产出了彩色电视机、电冰箱、洗衣机、空调等家电产品；研制出了包括"空间站""神舟飞船""北斗导航系统""大飞机""500米口径天线""高速铁路""航空母舰""核电站"等大国重器在内的，一大批处于世界科技前沿的"中国制造"产品，大大提高了中国的国际影响力。

但是，总体来看，与以美国为首的西方发达国家的企业相比，国有企业的整体科技水平和技术创新能力仍然存在相当大的差距。集中表现为，我们总体上还处在跟随创新的阶段，标准大多由西方国家制定，属于自己的原创技术少，引领性创新、颠覆式创新不多；世界上目前的高新技术产业，由中国国有企业主导和引领的还很少，46万家国有企业，称得上是国际领先创新型企业的还很少。在美国波士顿咨询公司发布的《2018年全球创新企业50强》榜单中，中国只有华为和腾讯两家公司上榜，还都不是国有企业。特别是在先进材料、核心芯片、计算机操作系统、人工智能、6G通信、生物、医药及器械、航空航天、精密机器等高新技术领域，国有企业与世界先进企业差距仍然很大。就算是在汽车、电视机、手机、电脑、高速机车和金属冶炼等极为普及的产品的生产制造上，其中的许多关键工艺和核心器件，国有企业依然没有完全掌握。因此，作为科技创新主体的国有企业，必须要通过自主创新来突破新的技术，开拓新的产业领域，在关键核心技术及工艺上超越和摆脱对西方国家的依赖，走出一条中国式的自主创新之路，实现由跟跑到并跑和领跑，颠覆西方国家几百年形成的制造技术领先格局。

平心而论，能够跟跑西方国家的先进企业，不断缩小差距，对于基础落后起步晚的国有企业来说，已经很不容易。要在总体科技实力还不够强、创新体系还不够完善、创新生态还不够良好、创新文化还不够优秀、科技创新人才依然缺乏、体制机制和科研手段不够先进，且在关键核心技术上还存在着许多短板、受到以美国为首的西方国家不遗余力的卡脖子似的封锁打压的情况下，去走别人还没有走过的路，闯荡"无人区"，通过自主创新赶上和超过西方国家的优秀企业，在技术上实现从跟跑并跑到领跑的转变，在产业链上占据高端市场，获得竞争优势，必定是一个极其艰难和曲折的过程。

二、在经营管理上，要面临管理创新的难题

经营管理是企业赢得市场竞争极为重要的因素之一。市场竞争，对企业来说，既是科技实力的竞争，也是管理能力的竞争。国有企业的管理几十年一路走来，通过学习西方先进的管理经验和自身不断探索，已经有了很大的改进和提高，有的比较顶尖的国有企业，其管理水平甚至不亚于国外的先进企业。但是，从总体来看，与世界优秀企业相比，国有企业的管理水平普遍还存在着比较大的差距。主要表现为缺少具有世界影响力的优秀企业家群体，没有形成具有国有企业特点的有效的管理理论和管理方法，管理的科学化水平不高，精细化、标准化、制度化管理不到位，制度执行力不强；市场化管理不到位，机构层级多，官僚作风严重，工作效率低，对市场反应慢。这些导致国有企业劳动生产力远低于国外优秀企业，许多企业不得不靠拼人力、拼时间、拼资源来争取市场，代价极为沉重。

进入新时代，国有企业要在国家实现高质量发展上发挥主体作用，不再依靠政策保护、消耗资源、牺牲环境来发展，就必须把发展的希望寄托在企业管理上，向管理要质量、要效益、要信誉、要市场，在管理创新上做文章，通过管理创新，提高管理水平来提升企业竞争力，在效率和效益上实现对西方优秀企业的超越。但是，面对过去近200年间曾创造了科学管理、精益管理、6S管理等现代先进企业管理方法的世界优秀企业，中国的国有企业要通过管理创新获得竞争优势，走出一条中国化的现代企业管理之路，也不是一件容易的事。

三、在发展方式上，要面临做强做优做大，实现高质量发展的难题

做强做优做大国有企业，是进入新时期国家对国有企业的要求和期望。国有企业只有做强做优做大，才能实现高质量发展。但在一般情况下，人们很少去注意这句话在提法上曾经发生过的变化。在相当长的一段时期，国有企业在目标追求上的提法普遍是"做大做强做优"。这一提法，是与当时国家在经济发展水平落后的情况下追求又快又好的思路相同步的，当时的国有企业无法靠实力进行市场竞争，因此只能靠船大来抗风浪，以做大体量作为基本追求，先生存下来，再追

求做强做优。因此，为了把国有企业做大，当时全国各地，从上到下，到处都在对国有企业进行合并，这一时期相继出现了一大批规模较大的企业，快速地增加了中国企业在世界500强中的数量，但其实这些企业许多都仅是规模大，并不一定是真正意义上的强。

进入新的发展时期，国家明确提出"做强做优做大"国有企业，建设"产品卓越、品牌卓著、创新领先、治理现代"，具有全球竞争力的世界一流企业，要求国有企业要发展，要做大，但是要以做强做优作为前提，先做强做优再做大。这一提法的改变，是与新时期经济要追求高质量发展的要求相一致的。可是，对国有企业来说，这一提法的改变不仅仅只是六个字顺序的调整，而是一种发展路径的重新选择和发展方式的根本性的改变，对企业的战略水平、技术创新能力、管理的内功和市场竞争的外功都是一种新的考验。

强、优、大，是企业内在的能力、品质、规模和综合实力的外在表现，也是用来评价企业是否卓越的三个通用标准。强，是企业内在综合实力和市场扩张力的显示。拥有雄厚的资本、人才队伍和科技实力，在市场上具有压倒性优势，令同行业企业倍感压力的企业，才可称之为强。优，是企业内在经营管理水平和市场领导力的显示。拥有突出的科技和管理创新能力，居于产品价值链高端，在管理效率、营利能力和产品及服务水平上明显高于所有同类企业，拥有行业话语权和制定产品标准的资格和能力，能创造、引领新的市场，令同行业企业敬畏的企业，才可称得上优。大，是企业内在总体规模和市场占有率的显示。资本总量庞大，员工人数众多，产值居于行业前列，产品和服务所占市场居于同类企业之首，在市场上有一定影响力，能引起同行企业注意的企业，就可称为大。

这就告诉企业，仅仅规模大却不强不优的企业，只不过是一种虚胖；只有既强又优又大的企业才能成为真正伟大的企业，才可称为具有全球竞争力的世界一流企业。以做强做优做大为目标的国有企业，就应该是这样卓越的强企。对于国有企业来说，恰恰是做强做优最难。因为在公有体制下，国有企业的所有资源都属于国家所有，国家要想把企业做大，相对比较容易，只需政府通过行政方式进行重组，大拉小扯进行合并就能实现；但要把企业做强做优却不是那么简单和容易，要做强做优企业，需要政府和企业共同发挥作用。不仅要考虑到合并同类型企业，还要考虑如何实现强强联合、优势互补，更需要企业通过自身努力，使自己的科技创新水平、经营管理水平、市场竞争能力超越国际同行业企业。特别是在西方发达国家的公司占据技术优势，控制着产业链高端市场的情况下，对现在的国有企业来说，要做到这一切，其难度也非同一般。

四、在体制上，要面临现代企业制度实施中出现的难题

现代国有企业制度，是国有企业践行好新发展理念的重要保证，是根据社会主义制度的基本要求，适应社会化大生产和社会主义市场经济的需要，从有利于国有企业做强做优做大，更好赢得市场竞争，承担好经济责任、政治责任、社会责任的目的出发，根据国有企业的国有性质和特点，在改革开放几十年来不断探索实践总结的基础上，参照世界企业通行的制度，为国有企业专门设计的一套制度。这套制度既不同于过去国营企业制度，又不同于西方国家建立的现代企业制度，是真正具有中国特色的现代国有企业制度。

现代国有企业制度以企业法人制度为主体，以公司制度为核心，以"产权清晰、权责明确、政企分开、管理科学"为条件，突出中国共产党在企业的领导和保证监督作用。这一新的企业制度的建立，标志着国有企业在体制机制上趋于完善，在权责上界限明确，在经营管理上更加规范和走向成熟，无疑是为国有企业有效运行和竞争力增强，实现做强、做优、做大，成为具有全球竞争力的世界一流企业打下了良好的制度基础。

但是，设计和建立一个好的企业制度是一回事，能让这个制度有效运行，充分发挥作用又是另一回事。就企业制度而言，世界上只有相对好的而没有完美无缺的企业制度，而且再好的企业制度也需要良好的运行才会有效。现代国有企业制度是一种不同于以往一切企业制度的新制度模式，尽管已经通过多方面的实验，证明其符合国有企业的实际，是一种独特而又先进的企业制度。可是，在实际运行过程中，要把现代国有企业制度的特色转化为国有企业的独特优势，通过建立现代国有企业制度，使国有企业焕发新春，获得比西方企业更强的竞争力，必然会有一个新旧交替的磨合和适应过程，这个磨合和适应过程有时会非常复杂和痛苦，有时甚至可能会影响企业的竞争力。例如，党对国有企业的领导，这是国有现代企业制度最显著的特色，是国有企业的政治优势和重要的竞争力之所在。但

是，这种优势的产生和竞争力的提升，是建立在企业的党委（组）与企业的董事会、经理班子能协调运作，党的组织能顺利实现双向介入，充分发挥作用的基础之上的。如果在运行过程中，企业因传统的管理习惯或其他原因而出现不利于党组织的作用发挥的情况，就可能会出现内部的不协调导致相互掣肘，增加管理的复杂度和难度，使这一独特的优势丧失。更为关键是，这种制度是中国的独创，在现代企业管理发源地的西方国家企业中没有过，在国有企业过去几十年的改革中也几经变化，尚未定型，因此，要探索出一套党组织在现代国有企业制度中充分而有效发挥作用的科学模式，把国有企业的政治优势真正发挥出来，也是一个既新又难的课题。

五、在市场竞争上，要面临国际化转型的难题

新发展理念中的开放理念，将会进一步促进国内国际市场的一体化趋势，进而驱动国有企业加快向国际化转型。中国的国有企业有好多种类，过去分为内向型和外向型，内向型的企业，主要只服务于国内市场，外向型企业主要服务于国外市场。但随着世界经济一体化的加强，互动性增加，国际国内市场的界限也在不断被打破，无论是内向型的企业还是外向型的企业，实际都被置于一个市场上。这就决定了绝大多数的企业最终都必须进入国际市场。加之，中国市场的很多领域都已经成为跨国公司的市场，国有企业要真正做强做大，仅靠国内的剩余市场肯定是不够的，必须要依靠国际市场，而要进入国际市场，国际化则是必由之路。

国际化是现代企业的基本特征，发达国家的企业在二十世纪七八十年代就早已完成国际化转型，今天所有跨国公司都是国际化的。中国要成为世界经济强国，走入国际经济舞台的中心，绝大部分的国有企业特别是实体企业，就一定要国际化。只有国际化，才能在与高手对决中提高企业技术创新和管理创新水平，增强企业的市场竞争能力，使企业更多更深更好地进入国际市场，赢得更广阔的发展空间，实现高质量发展和做强做优做大。

事实上，经过改革开放几十年的发展，中国的许多国有企业已经以不同的方式，相继走出国门，走向世界，国际化水平逐渐提高。中国制造已经在国际市场上打出一片天地，产生了比较大的全球影响力。例如，由国有企业制造的飞机、

人造卫星、船舶、动车、高速铁路等，都已广泛进入国际市场，高速铁路的出口已居世界首位，成为中国的名片。在《财富杂志》公布的世界500强企业中，中国国有企业的数量也在逐年增加，2021年已达96家，先期上榜的企业，许多的位次还不断快速上升。有的国有企业还实现了在境外上市融资，实现了深度的国际化。可是，总体来看，国有企业国际化程度与国际跨国公司相比，普遍还是不够高，与中国现在的大国地位还不相适应，与中国要成为世界一流强国、走进世界舞台中心的追求还相差甚远，因此，进入新时期，必须要加快国际化的步伐。

但是，也要看到，企业国际化是一个充满艰难和风险的过程。从历史上看，西方许多企业在国际化的过程中就曾遇到过各种危机。作为后来者，中国国有企业在国际化过程中，不仅也会遇到当年西方企业曾经遇到过的生产本土化、人员本土化、跨种族管理、跨文化冲突和环境保护等一系列国际化绕不开的问题，还将会遇到一些新问题。

中国国有企业走入国际市场，势必会动到已经在国际市场上既得利益者的奶酪，必然会遭到西方发达国家的拼命阻碍。加之中国已成为世界第二大经济体，而国有企业又被以美国为首的一些西方国家的政客们视为支撑中国成为经济科技强国的主要力量，他们担心快速发展、日益强大的中国超过西方国家，于是，出于政治目的，就从国有企业下手，大造"中国威胁论"，把国有企业视为眼中钉，把打压国有企业作为遏制中国发展的主要方式，千方百计阻碍国有企业进入国际市场。一是以维护国家安全为借口，动用行政手段，把已进入西方发达国家市场的中国国有企业（如中兴通讯、海康威视等）硬逼离开；二是利用技术优势，在关键核心技术上对国有企业进行制裁封锁，通过阻止中国国有企业掌握和提升高新技术水平，把中国国有企业压制在产业链低端，使西方企业继续保持科技领先，从而获得市场竞争优势；三是针对国有企业产品制造能力的提升，试图通过修改贸易规则、提升标准、抬高准入门槛等手段，把中国国有企业的高技术产品拒之于门外，让西方企业独霸高端商品市场。

在进入西方主流高端市场比较难的情况下，中国国有企业试图绕开西方国家的传统市场，利用中国与众多第三世界国家的传统友好关系，把进入国际市场的重点放在西方企业一度不太感兴趣的第三世界国家市场，但即便如此，西方国家还是从政治经济各个层面，对中国国有企业进行污名化造谣，抹黑国有企业，以阻止中国国有企业的发展。

中国国有企业国际化的步伐当然不会因以美国为首的西方发达国家的阻拦而退缩，但是，这些外部环境出现的新变化，无疑又给国有企业走入国际市场、实现国际化转型造成了新的阻碍和新的困难。

六、在用人和分配上，要面临共享带来的难题

用人和分配的公平正义是实现共享发展的重要一环。中国的国有企业是产业工人、科技人员和经营管理人员最为集中的地方。过去，这些人都为在国有企业工作，为国家作贡献而自豪，同时也为自己拥有相对稳定的"铁饭碗"而感到安心。但是，经过几十年的不断改革，今天的国有企业员工，在用工和分配方式上已经出现了多种差异。

在企业内，员工除了都已经完全变成非"铁饭碗"的合同制员工之外，还分成了许多种类型。按传统的分法可分为管理干部、科技人员、技能工人等，按有无编制分成在编员工和非在编员工等。非在编员工包括临时工和租赁工。临时工有特定的使用要求，一般用得不多，在国有企业用得比较普遍的是租赁工。租赁工是企业以租赁的方式通过租赁公司招进来的工人，这些工人是通过与租赁公司签订劳动合同，再由租赁公司租借给国有企业的，他们在体制上不属于国有企业的人，也不由国有企业直接负责薪酬和五险一金，除了工作关系，与企业的其他一切关系均只与租赁公司发生，但进入企业后，却与在编的正式员工干一样的工作。租赁工这种用人方式的出现，是企业在市场竞争不断变得激烈的情况下，为了降低用人成本而采取的一种应对措施，但其公平性易遭质疑。因为租赁工在薪酬待遇上与在编正式员工是完全不一样的，享受不到企业的任何福利，收入也与自己工作业绩和企业的经营状况无关，存在着因身份差异而导致同工不同酬的问题。

作为企业，在用人制度和分配方式上存在差异原本是正常的，但是，由于国有企业是公有制的企业，是属于国家而不是个人的，当这些差距的形成不是完全因为业务水平和实际贡献，而是因为不合理的政策和身份时，就容易因为存在不公正性、不符合共享理念而引发低收入者的心理不平衡，导致不同身份员工之间

特别是企业的管理者与普通员工之间产生矛盾，影响员工对企业的认同感，损伤企业的凝聚力。

以上只是国有企业践行共享理念遇到的难题的一个方面，国有企业同时还面临着另一方面的难题，就是如何吸引人才和留住人才。人才是企业的第一宝贵资源，国有企业要成为世界一流企业，就必须要拥有大量的世界一流人才，而世界一流人才就必须要给予世界一流待遇才可能引进来和留得住。但在国有企业的总体经济效益还不如西方优秀企业高，在受到工资总额限制的情况下，提高人才待遇就难免要拉大分配差距，以暂时牺牲一般员工的利益为代价。这也是一个比较难处理的问题。

面对新时期和践行新发展理念提出的这些新要求和带来的新挑战，国有企业必须做出新的改变。这些改变应该是具体而深刻的，涉及到企业的发展方式、经营管理方式和市场竞争方式，更要涉及到更深层次的核心价值理念即企业文化。

第二节 重塑国有企业文化的必要性

进入新的发展时期的国有企业，为什么要改变企业的文化？这是由企业文化的成因、功能、特点和国有企业发展面临的环境变化决定的。

从企业文化的成因来说，企业文化是企业的内在基因与企业所处的外部环境共同作用的结果，是企业根据自身生存发展需要而适应外部世界的产物。因此，当企业内在发展的需要发生变化，与外部的环境不相适应，或者企业所处的外部环境发生了变化，影响到企业的发展时，企业的文化就要进行改变。

从企业文化的功能来说，企业文化是企业的灵魂，决定企业存在的目的和价值追求，影响着企业的发展战略、经营管理方式、科技创新方式和市场竞争方式，因此，当企业根据自身发展和市场竞争需要，而要改变这些战略和方式时，就必须要同时改变企业的文化。

从企业文化的特点来说，企业文化作为企业的意识形态，对企业员工的行为具有引导作用，而且还具有相对的稳定性，一旦形成，就会积淀在企业员工的意识中，影响员工的思维方式和行为习惯，不会轻易发生改变。因此，当企业原有的文化不适应企业新发展需要,需要改变企业员工的思维方式和行为习惯时,就必须要通过重塑新的文化来进行引领。

今天,许多国有企业现有的文化虽然延续着中国传统文化和革命文化的基因,但是主要还是在改革开放以来建设形成的。而在这个历史时期,国有企业所处的环境是:国家的经济体制由计划经济转为市场经济;企业的性质由国营变为国有;企业的领导体制由党委负责制变为厂长经理负责制;党组织在企业的作用由领导核心变为政治核心;企业的制度由传统向现代不断过渡、体制机制改革不断进行;企业的发展方式由重数量为主向由重质量为主不断转化;管理方式由粗放向精细不断转化;生产技术和产品开发大量靠引进、消化、吸收;管理方法和企业文化普遍向西方学习。这种充满巨大变革,以学习借鉴为主的时代环境,对当时国有企业文化中愿景、使命、价值观和经营管理方式的形成,都产生了非常重大的影响。

进入新的发展时期,国有企业所处的环境发生了新的变化。一是中国特色现代国有企业制度的建立,明确了党在国有企业的领导地位,完成了国有企业的整体性重塑,改变了以往实行行政领导负责制时的政治和文化生态;二是对国有企业功能"物质基础和政治基础"和"战略支撑作用"的新定位,改变了国有企业以往只作为"经济基础"的使命要求;三是对国有企业增强"国有经济竞争力、创新力、控制力、影响力、抗风险力",建设"产品卓越、品牌卓著、创新领先、治理现代"世界一流企业的新要求,改变了企业的目标追求;四是践行新发展理念,明确"做强做优做大"的高质量发展新路径,改变了国有企业的发展方式;五是西方发达国家在高技术上的封锁和高端产品上的打压更加频繁、严厉和不择手段,严重增加了企业自主创新和并跑领跑难度,改变了国有企业国际化的环境条件。这些改变,涉及到企业的核心价值观、愿景、使命和发展战略等要素,极大地改变了国有企业的外部环境,使国有企业原有的企业文化不再能完全适应企业所处的新环境,不能再很好地引领企业完成新时期所承担的使命责任和为实现新发展提供新的竞争力,因此,必须要加以改变,重塑企业新文化。

通过改变企业文化来适应环境变化,使企业获得更大更好发展或使处于困境中的企业摆脱危机,实现蝶变,这样的情节在西方国家的企业文化建设史上,也曾多次发生过。它们有的是进行群体性的文化再造,有的是进行个别企业的文化调整,但都取得了成功。企业文化学的奠基人劳伦斯·米勒,在谈到进入知识经济时代的世界 500 强如何才能适应新的环境时，就专门针对企业文化再造的话题说过："今后的 500 强企业就是采用新企业文化和新文化营销策略的公司"。

诸如美国的 GE 公司、日本航空公司等许多著名的企业，在自己的发展历程中都曾经历过文化重塑。这些优秀的企业会针对眼前的困难和问题，扬弃过去、超越自我、展望未来，并建立新的企业价值观和企业文化，以适应新的变化，从而赢得新的发展，变得更加卓越。

美国通用电气公司（GE）在韦尔奇上任之前，因机构臃肿、等级森严、市场反应迟钝的问题，在全球竞争中不断走下坡路，杰克·韦尔奇担任 CEO 后，针对公司存在的这些问题，从企业文化的改变入手，确立了新的管理理念，重塑公司的管理文化，才使公司获得了新的竞争力，实现后来多年的大发展，使 GE 公司成为业内排名世界第一的公司。

日本著名企业家稻盛和夫受命于日本航空公司面临破产的危难之际，只身一人空降担任董事长，到任后，稻盛和夫对日航公司组织机构和人事都不做调整，仅对公司的企业文化进行改变，确立了"员工是第一位的"和"向客户提供最好服务"的新的经营理念，仅花费一年多的时间，就实现了日航公司的重新赢利。

而最为典型的是 20 世纪 80 年代发生在西方国家的整体企业文化重塑。当时，一直发展得比较顺利的西方国家企业，经营管理开始陆续出现一系列危机。导致这些危机的原因，一个是"股东价值"标准的出现，把股票价格作为评价企业业绩和企业经营管理者收入的依据，从而引发掠夺式的恶意收购现象，导致企业经营管理者为增加自己的报酬出现短视行为，极大地拉开了管理者和普通员工的收入差距，企业员工与管理者矛盾加深，从而引发员工大量离职，让一些企业的经营一度陷入瘫痪。第二个是面对日益激烈的市场竞争，企业为了降低成本，进行机构缩减和企业再造，导致大量裁员，引发严重的劳资矛盾。第三个是企业"外包"浪潮的兴起，大量"合同工"和"临时工"这种新工人群体出现，这些新工人群体由于没有获得与公司正式员工一样的保障，工资低、福利少，对企业极为不满，引发出许多内部矛盾。第四个是企业兼并狂潮的出现，导致企业内部兼并与被兼并企业的员工之间因习惯、文化、待遇的差异，引发一系列矛盾冲突。第五个是电脑的普及使用，导致白领和蓝领工人的进一步分化和差别待遇的拉大，一批不会使用电脑的低文化人员由白领变为蓝领，引发广泛不满。第六个是全球化的出现，导致企业员工多国化和多种族化，引发跨文化冲突。这些危机导致的直接结果是造成企业员工的分裂和对企业的不忠诚，在不小的程度上损害了西方企业的市场竞争力。

以《企业文化——企业生活中的礼仪与仪式》一书而闻名于世的企业文化学者，特伦斯·迪尔和艾伦·肯尼迪，针对这一现象进行了大量的调研，专门撰写了《新企业文化》一书，对当时西方企业出现的这些危机现象进行了全面而深入的剖析，并针对危机现象产生的原因，从文化入手，为这些危机中的企业提出重建具有高凝聚力的新企业文化的主张，并指明了重塑文化的方向。

也就是在这本书中，他们明确指出："文化只有当确实需要改变并做好改变的准备时，才会改变。当文化的集体智慧意识到这个世界已经改变，为了维持公司的生存，文化应该适应变化了的世界时，它们就会改变。当文化发生正确的改变时，带来的将是公司的生存和繁荣。"对环境已发生变化的企业来说，"世界已经改变，它们也必须改变。"尽管"深刻的文化变革也是一个混乱和痛苦的过程"。

当然，中国国有企业今天面临的情况，与当年西方企业出现的问题有着本质的不同。西方企业当年出现的问题是由于内部利益冲突，引发激烈矛盾而导致企业发展陷入困境，中国国有企业今天遇到的情况则是为了实现更好更快更大的发展而带来的。但是，当年西方企业通过改变文化来提升凝聚力，应对企业出现的人心分散问题以摆脱发展困境的做法，对我们今天建设新的企业文化，却是一个很有益的启示。所以，国有企业通过建设新的企业文化来适应新的发展时期的新要求，是完全必要的。

国有企业文化重塑能否成功的关键，在于重塑的过程。在下面的章节中，我们将从企业文化本源着手，结合国内外企业文化建设成功的经验和失败的教训，针对国有企业文化如何实现重塑进行详细探讨，提出国有企业文化重塑的系统方法和可行路径。

第二章 企业文化的解构与研究借鉴

在系统探索国有企业文化重塑这个大命题之前，有必要对企业文化本身进行解构。因为只有知道企业文化是什么，从哪里来，我们才能更清楚地知道国有企业的文化重塑应往那里去。考虑到对国有企业文化重塑的实际意义，我们的解构将从两方面进行：一方面是对企业文化本身进行一次溯源，从理论层面帮助我们加深对企业文化的认识与理解；另一方面，是从已知的文化建设案例中，汲取一些启示，比如中国传统的文化，也比如在企业文化建设上起步较早的日美企业。

第一节 企业文化的历史与溯源

一、企业文化概念的出现

任何一种形态文化的生长都必定会有根源，企业文化也不例外。从纯文化的角度来说，每个企业只要一诞生，就必然会有自己的文化，比如百年老字号同仁堂，还有改革开放前的鞍钢、大庆、北京百货大楼等企业，都有自己的精神和文化。但是，这种文化还是不自觉的，与我们今天所说的企业文化的概念并不完全相同。在西方，现代工业的发源地，近200年来，随着社会生产力发展的不断提速，人类创造了超过过去一切时代总和的财富，且与迅猛发展的社会生产力相匹配，管理的知识和理论也获得了极大的发展，从传统的经验管理阶段进入到了科学管理阶段（以美国人泰罗、福特、甘特等创立的各种科学管理制度为代表），崇尚对"动作和时间"的研究、提倡"定额管理"、着眼于提高工人劳动生产率、从经济学意义上对工人采用"胡萝卜加大棒"的"科学管理"，在当时的社会条件下，极大地推动了社会发展,可以称得上是一种理念,但这显然也还不是完整意义上的企业文化。

我们今天所说的企业文化是企业的一种自觉行为,其出现的时间要晚得多。

事实上,企业文化作为一个完整和全新的概念的提出,是在第二次世界大战以后。第二次世界大战结束以后,作为战败国,日本陷入经济危机之中。为了使自己从崩溃和萧条的泥淖中挣脱出来,日本派遣了大量有识之士去美国寻求解决之道。在认真考察了美国企业成功经验之后,他们认为,美国的企业管理制度虽然比较科学先进,值得认真学习,但日本不能照搬美国的管理模式,必须走自己的路。

于是,历来善于学习吸收外部成果的日本人,便创造出了一种新的管理模式。这种新的管理模式的特点,可以概括成一个"和"字和终身雇佣制、年功序列制及参与制"三个支柱":"和"指日本的企业重视和谐一致与团结协作精神;而"三个支柱"则是对"和"这一思想的重要支撑。在找到这种适合本国的管理模式后,日本抓住朝鲜战争爆发所提供的难得机遇,加上全民族的勤劳工作,使处于崩溃边缘的日本经济出现了奇迹般的复苏,企业劳动生产率大幅提高,新技术发明不断涌现,从而一跃成为仅次于美国的经济强国。

到20世纪80年代初,日本竟然在很多方面超过了美国,一时大大震惊了整个西方世界。为了探寻日本企业成功的秘密,许多美国专家学者纷纷到日本的企业进行考察,在比较研究两国企业管理现状后,这些专家学者们达成共识:日本企业之所以取得成功,是在于他们实行了一种与西方完全不同的管理方式,这种管理方式从文化管理的视角提出了新的管理理论与方法,开启了企业管理的全新模式。善于标新立异的美国人,将日本企业的这种管理方式命名为"企业文化"。从此时开始,这种被称为"企业文化"的管理方式在国际企业中被广泛应用。

二、企业文化理论的发展

从1981年到1982年,美国管理学界连续推出了四部企业文化的经典之作:《Z理论》《战略家的头脑——日本企业的经营艺术》《企业艺术》和《寻求优势——美国最成功公司的经验》,为企业文化理论奠定了基础框架。

威廉·大内的《Z 理论》认为，日本企业管理成功的奥秘是每一个企业都有一种充满信任、微妙性和亲密感的人际关系。他提出了"Z 组织"模式，这个模式的特点是：实行长期或终身雇佣制，使员工在职业有保障的前提下，更加关心企业利益；对员工实行长期考核和逐步提升制度；培养能适应各种工作环境的多专多能人才；管理过程中既严格使用各种现代科学技术的控制手段，又注重对人的经验和潜能进行细致有效的启发；采用集体研究与个人负责相结合的"统一思想形式"的决策方式；树立员工平等观念，在整体利益指导下，每个人都可以对事物作出判断，独立工作，以自我控制代替系统指挥，上下级间建立融洽的关系。

理查德·帐斯卡尔和安东尼·阿尔索教授的《战略家的头脑——日本企业的经营艺术》认为，任何企业的成功都必须紧紧抓住相互关联而不孤立的七个变量，因为这七个变量英文名称的首字母都是 S，人们将之称为"7S 模型"。这七个变量是：战略（Strategy），指企业根据内外部环境及可取得资源的情况，为求得企业生存和长期稳定的发展，对企业发展目标、达到目标的途径和手段的总体谋划；结构（Structure），指一个企业的组织形式；制度（Systems），指在战略实施过程中，应制定与战略思想相一致的制度体系；风格（Style），指企业呈现出的管理风格；人员（Staffs），指企业内部人员的组织状况；技能（Skills），指员工在执行公司战略时，需要掌握一定的技能；共同价值观（Shared Values），指能将员工个人和企业目的真正结合在一起的价值观或目标。"7S 模型"后来被麦肯锡公司加以完善并广泛推广，在国际上也被称为"麦肯锡 7S 框架"。

泰伦斯·狄尔和爱伦·肯尼迪的《企业文化》，是企业文化理论诞生的标志性著作。在对近 80 家企业深入调查之后，他们提出了"杰出而成功的公司大都有强有力的企业文化"的论断。他们认为，企业文化的要素有五项——企业环境、价值观、英雄、仪式和文化网络，并对如何分析、调查企业文化提出了意见，对企业文化的类型、分析方法、管理者与员工的关系等都作了精辟论述，创新提炼了许多企业文化的架构和理念。

托马斯·彼得斯和小罗伯特·沃特曼的《寻求优势——美国最成功的公司的经验》，通过对美国 40 多家公司的研究，概括了美国优秀公司的八大特点：

> 行动迅速，决策果断；
>
> 接近顾客，以优秀产品和服务维持优势；
>
> 锐意革新，全力支持敢闯敢做的改革者；
>
> 珍视企业至为宝贵的资源——人，通过人的潜能发挥来提高生产率；
>
> 以价值准则为轴心，把公司内部的各种力量凝聚到企业目标上来；
>
> 扬长避短，展开多元化经营，增强应变能力；
>
> 组织结构简单，减少层次；
>
> 宽严相济，张弛有节，注重管理艺术。

在这四部专著之后，管理学界对企业文化开展了持续而又广泛的探索，学者们从不同角度，提出了对企业文化理论、模型、内涵、实践方法的不同解释和阐述，但这四部专著显然已经为整个企业文化理论奠定了基调，那就是：企业文化是由行为科学和管理科学共同构成的现代企业管理理论，它起源、作用于现代优秀企业管理的普遍实践，是对现代企业管理理论的直接继承和发展。

企业文化的发现、概念提出和理论的形成与发展，实现了产生于企业自身中的文化由自在向自为的转变，是现代企业管理的一个重大进步，对企业管理水平的提升具有十分重要的意义和作用。

第二节　企业文化的特性与作用

企业文化理论诞生以来，管理学者对企业文化给出了很多不尽相同的定义，具有代表性的有：企业的传统和氛围产生企业文化，文化表明企业的风格，如激进、保守、迅猛等，这些风格是企业行为、言语、活动的固定模式，管理人员以自己为榜样把这个固定模式传输给一代又一代企业员工；企业文化是企业中人们做事的方式，是价值观、神话、英雄人物和象征的凝聚；企业文化是企业信奉并付诸于实践的价值理念。凡此种种，这些定义侧重点、着眼点互有不同，涵盖面也不尽相同，但从整体上来看，它们都认为，企业文化是在一定条件下，企业与员工在生产经营活动中，培育形成的共同价值观体系及其表现形式的总和。共同的价值观念是企业文化建设的核心，包括了企业经营哲学、价值观、企业精神、优良传统、行为规范等。企业文化建设的实质，是以人为中心，以文化引导为手段，以激发员工的自觉行为为目的的一种企业经营管理思想，其根本任务是重视人、相信人、理解人、发动人、引导人、教育人、培养人和塑造人。

在进行企业文化研究时，人们通常采用了狭义的企业文化定义，即企业文化是以价值观为核心的企业内在素质及其外在表现。具体来说，就是在企业家引领下，企业全体员工在长期的创业和发展过程中培育形成并共同遵守的最高目标、价值标准、基本信念和行为规范。一般由物质文化层、制度文化层、精神文化层3个层次构成，其中，精神文化层是内核。

一、企业文化的构件

在确定了企业文化的基本含义之后，我们还要进一步了解企业文化的基本构成，以便更好确定国有企业文化重塑工作的关注重点。一般来说，一个完整的企业文化体系的基本构件主要有：

经营哲学。经营哲学也称企业哲学，是一个企业从事生产经营和管理活动的特有方法论，是企业各种行为的基础，是企业生存发展中最高度浓缩的智慧精华。一个企业在激烈的市场竞争中，如何处理面临的各种矛盾和问题，需要建立一套系统完整的方法论进行指导，这就是经营哲学。

价值观念。企业的价值观，是指企业员工对企业存在的意义、经营目的、经营宗旨的价值评价和为之追求的整体化、个性化的群体意识，是企业全体员工共同的价值判断准则。价值观不是人们在一时一事上的体现，而是在长期实践活动中形成的关于价值的观念体系。企业价值观不仅能决定员工行为的取向，也能决定企业的行为，是关系到企业的立企目的和生存发展方式选择的核心要素。

企业精神。企业精神是指企业基于自身特定的性质、任务、宗旨、时代要求和发展方向，经过精心培养而形成的企业成员的群体精神风貌，是企业员工观念意识和进取心理的外化体现。企业精神是企业文化的核心与灵魂，在整个企业文化中占据支配地位。企业精神以价值观念为基础，以价值目标为动力，对企业经营哲学、管理制度、道德风尚、团体意识和企业形象起决定性作用。

企业道德。企业道德是指调整本企业与其他企业之间、企业与顾客之间、企业内部员工之间关系的行为规范的总和。它是从伦理关系的角度，以善与恶、公与私、荣与辱、诚实与虚伪等道德范畴为标准来评价和规范企业行为。企业道德不具有法律和制度那样的强制性和约束力，但具有积极的示范效应和强烈的感染力，被人们认可和接受后具有强大而全面的自我约束的力量。

团体意识。团体意识是指组织成员的集体观念，是企业内部凝聚力形成的重要心理因素。团体意识的形成使企业每个员工都将自己的工作和行为看成是实现企业目标的一个组成部分。他们把企业看成是自己的利益共同体和归属，为自己是其中一员而自豪，对企业成就有荣誉感，会自觉为实现企业目标而努力奋斗。

企业形象。企业形象是企业通过外部特征和经营实力表现出来的，被消费者和公众所认同的企业总体印象。由外部特征表现出来的是表层形象，如招牌、门面、徽标、广告、商标、服饰、营业环境等；通过经营实力表现出来的是深层形象，它是企业内部要素的集中体现，如人员素质、生产经营能力、管理水平、资本实力、产品质量等。

企业制度。企业制度是在生产经营实践活动中形成的、对人的行为带有强制性并能保障一定权利的规定。从企业文化的层次结构看，企业制度属中间层，它是精神文化的表现形式，是物质文化实现的保证。企业制度作为员工行为规范的模式，使个人活动得以合理进行、内外人际关系得以协调、员工共同利益受到保护，让企业有序组织起来为实现目标而努力。

二、企业文化的特性

每一个企业都有自己的文化，虽然风格内涵各不相同，但通常具有以下共同特性：

人文性。企业文化是以人为中心的管理哲学，因此饱含着人文性，这是其与以物为中心的传统管理思想的根本区别。

社会性。企业文化是企业作为经济社会群体，在所处社会文化背景下形成的社会群体心理文化、物理文化、行为文化，因此具有社会性。

群体性。企业文化是在企业生产经营活动中，通过全体员工践行价值观、遵守规范和执行制度日积月累沉淀形成的，是依靠一个企业全体成员的共同努力建立和完善起来的，是一个企业群体的共同文化特性，因而带有强烈的群体性。群体性是企业文化的生命力之所在。

个异性。每个企业在长期的生产经营活动中所沉淀下来的文化，都会深深打上自身烙印，形成鲜明的企业个性。

综合性。企业文化的综合性源于文化的弥散性，企业文化像空气一样存在于我们身边，无处不在、无时不有、寸步不离。通常企业文化的综合性越强，其生命力就越强。

时代性。企业文化是时代的产物，又随着时代的前进不断演化形态。时代塑造企业文化，企业文化反映时代风貌。企业文化的时代性是企业进行文化重塑的重要依据。

民族性。企业文化是在一定民族文化背景下产生的，民族文化是企业文化的根源，企业文化的发展往往从民族文化中汲取营养，因此，每一个企业的文化都会体现其民族文化的特色。

三、企业文化的基本作用

美国管理学家杰斯帕·昆德曾经指出，只有渴望同一目标并步调一致地向同一方向进行的组织，才能敏锐地关注、清晰地区分不同品牌的定性化的价值。而仅仅雇用有技能的人员是远远不够的，他们的观念和价值也必须与公司所倡导的别无二致。也就是说，企业通过文化，可以使员工保持团结协同，发挥团队力量，更快更准确地解决经营管理的诸多难题，从而使整个企业团结一心、协调一致、攻坚克难、快速发展。一般来说，企业文化具有以下5个方面的基本作用：

激励作用。企业文化比较注重人的因素，强调"以人为本"，最大限度地激发员工的积极性和创造性。企业文化采用个人激励的手段与方法，赋予个人更多的责任与权力，在企业内部创造一种相互尊重、平等、民主的氛围，激发员工追求出色工作的愿望；也可以采取群体激励的方法，为企业员工提供统一的价值观念，形成具有战斗力的团队精神，满足员工在优秀企业中工作的愿望；还可以通过企业英雄人物、典礼仪式及文化网络等因素的强化，为企业员工实现价值追求提供机会，对个体行为的积极性产生更持久、更广泛的影响。

凝聚作用。 企业文化追求企业整体的优势和卓越的集体感受，把激励的理论与方法落实到树立企业共同价值观念上，着力塑造优秀的群体意识，因此必然有益于消解企业员工个体目标之间的差异，引导他们向同一目标迈进，从而在企业中产生强大的向心力和凝聚力。个人价值观与企业价值观融为一体，员工就会感到自己不仅是在为企业工作，也是在为自己工作，就能最大限度地迸发出积极性与创造力。企业文化的这种凝聚作用，尤其在企业危难之际和创业开拓之时更能显示出巨大力量。

引导作用。 企业文化能对企业整体和每个成员的价值取向及行为取向起引导作用。企业文化包含的价值观和经营目标，是企业沉淀过往成功经验和失败教训，在此基础上形成的经营管理模式、方法和流程，通过将这种模式和方法论转变为企业的文化假设，为企业未来通往成功设置方向、路标和指南，引导员工、引导企业为实现目标持续奋斗。优秀的企业文化可以揭示企业发展的正确目标和方向，引导企业适应健康的、先进的、有发展前途的社会需求，并将企业价值观变为具体的依据和准绳，使员工能够随时参照，并以此控制自我，提示员工如何正确对待客户员工、如何回报股东（国家）社会，将全体员工的思想、行为统一起来，为实现企业的共同愿景作出贡献。

约束作用。 企业文化对企业员工的思想、心理和行为具有约束和规范作用。整洁有序的企业环境、科学规范的管理制度是硬的约束、有形的约束；企业精神、文化理念和价值观等是软的约束、无形的约束。企业文化建设就是要使管理制度和行为准则潜移默化地成为员工的内心信念，表现为员工的行为习惯，实现外部约束和自我约束的统一、有形约束和无形约束的统一。在企业文化的引导与约束下，员工能自觉意识到应该做什么事、应该提倡什么，从而对产品和服务的质量精益求精，对顾客和消费者高度负责，为企业创造美誉度和知名度。

协调作用。 企业文化可以协调企业与员工的关系，能够使员工认清企业利益与自身利益所处的不同位置；企业文化能够协调企业和社会的关系，企业通过文化建设，尽可能调整自己，以便适应公众情绪，满足顾客不断变化的需求，跟上社会整体变化的步伐，不断弥合企业和社会之间可能出现的裂痕。

以上是从理论的角度探讨企业文化的本质属性，比较晦涩也较为抽象，不容易理解，下面以日美企业文化为例，结合实际，进行具体剖析，帮助大家增加对企业文化的直观认识。

第三节　日美企业文化的研究与借鉴

他山之石，可以攻玉。企业文化既是一种管理理论，更是一种实证的管理方法，在对企业文化的基本理论有一个初步了解之后，我们需要将眼光投向国际，从那些基业长青的企业身上寻找启发。而要找到学习研究的标杆，作为企业文化实践和理论发源之地的日本与美国，毫无疑问应该是我们的首选。

一、日本企业文化建设实践的启示

由于日本在文化根基上更接近中国，系统了解日本的企业文化，借鉴其成功做法，对我们探索国有企业文化建设具有特殊的积极作用。笔者有幸在 20 世纪 90 年代初，就对日本的企业文化进行过近距离的考察研究，发现日本的企业文化最明显的特点就是，从实用主义出发，将西方科学文化和东方儒家文化相结合，形成具有自身特点的新的文化，这种带有日本特色的企业文化，在企业发展中发挥了巨大的作用。下面我们将以松下公司为例，对日本优秀企业文化进行剖析解码。

1. 日本企业文化的特点

里查德·帕斯卡尔和安东尼·阿索斯在《日本企业管理艺术》中对松下的管理给予高度评价，并将其成功经验归纳为 4 个方面：经营战略、企业结构、管理体制和企业文化，其中最主要的是其独特的企业文化。通过这两位企业文化专家对松下公司企业文化的介绍，结合对日本企业的深入考察，我们可以看到，日本企业文化普遍具有以下几个鲜明特点：

强调社会责任。在对日本企业的考察中，我们惊奇地发现，日本企业的群体价值观念鲜明，价值追求与中国企业有着惊人的相似之处，日本企业往往追求经济效益和报效国家的双重目标，当企业利益与民族利益发生冲突时，注重的往往是后者而不是前者。这在日本企业的发展远景和经营理念中都有所体现。比如，松下集团其核心价值观中有一条就是：工业报国精神。其经营理念强调："贯彻产业人的本分，谋求社会生活的改善和提高，以期为世界文化的发展做贡献。"松下公司还将自己的历史使命定位为："通过事业活动提高全世界人民的生活水平，促进社会发展。"同时，公司还注重对生产者创业使命的理解，号召所有雇员必须生产丰富的产品来帮助人们摆脱贫困，强调松下电器作为从社会调用人才、物品、金钱来经营事业的企业，通过公司的生产活动为社会作出贡献是必然使命。

重视以人为本。松下幸之助将"集中智慧的全员经营"作为公司的经营方针。注重培养人才、集思广益。按照松下的哲学，企业经营问题归根到底是人的问题，人如同宝石的原矿石一样，经过磨制，一定会成为发光的宝石，因此，要从平凡人身上发觉不平凡的品质。松下幸之助常说："领导者应当给自己的部下以指导和教诲，这是每个领导不可推卸的职责和义务，也是在培养人才方面的重要工作之一。"因此，松下不仅是"制造电器用品"的公司，更是"造就人才"的公司。松下公司还通过关注员工个人利益，推行弹性工作制，在内部建立完善的培训机制等方式，从多个方面体现以人为本。

信奉家族主义。日本的"家文化"与中国人"家文化"有所不同，日本更注重的是财产"家"文化，而不是血缘"家"文化。员工在这个"家"中取得自己的地位不是靠血缘关系，而是靠忠心和能力，日本企业的凝聚力亦由此而来。松下强调友好合作精神、团结一致精神、礼貌谦让精神，公司实行终身雇佣制。在"家"的氛围下，员工能有良好和睦的工作环境，能更好地沟通，对公司产生感情上的依赖，从而发挥自己的最大潜能。

关注顾客利益，强调服务质量。日本企业格外注重客户利益，对服务质量要求高。比如，松下始终强调努力做到使顾客得到真正的满意、彻底实现"顾客第一"。松下有一句名言："客户是我的亲家"。基于这一理念，公司把每天所经营的商品看作是自己一手拉扯大的女儿，请顾客购买商品，就等于把自己的女儿嫁出去，自己的商店与老主顾的关系就是亲家的关系。有了这种认识，关注顾客利益，提高服务质量就成了一种自然而然的事情。

注重企业文化的灌输，增强员工认同感。松下非常重视对员工进行精神价值观即松下精神的教育训练。例如要求员工反复诵读和领会松下精神。每天上午8时，松下员工同时诵读松下七条精神，一起唱公司歌。松下还有一个全球有名的"入社"教育，进入松下公司的人都要经过严格筛选，然后由人事部门进行"入社"教育，首先要郑重其事地诵读、背诵松下宗旨和松下精神，学习松下幸之助的"语录"，学唱松下公司之歌，参观公司创业史展览。让全体员工时刻牢记公司目标和使命，时时鞭策自己，从而使松下精神持久传承发扬。

2. 松下文化的五点启示

松下公司的企业文化实践，至少可以为我们进行国有企业文化建设和重塑提供以下几点启示：

企业家的素质是关键。企业家作为领导者，负有创导优秀企业文化的使命，作为员工的思想领袖，他以自己的新思维、新思想、新观念和新的价值取向来创导和培植企业文化。研究百年优秀大企业，我们会发现一个共同现象，那就是创始人的思想和作风对企业文化的形成起着奠基作用。松下幸之助就是典型代表。因此，创导和培育优秀的企业文化，企业家至关重要。企业家要跟上时代步伐，还要学习企业文化理论，掌握企业文化建设的科学方法。这是建设优秀企业文化的必要条件。

企业文化建设必须扎扎实实，一步一个脚印。松下公司不论是培育精神价值、对新员工的培训，还是"依据目标的教育"和通过"工作轮换法"提高员工素质，都是精心筹划、周密安排，并坚持数年不懈。塑造企业文化是一项复杂的系统工程，不能一蹴而就，企业文化建设应该是融入企业经营管理全过程全方位的管理活动，不能靠突击，应该从基础做起，扎扎实实走好每一步。

企业文化建设重在全员参与。企业文化建设可以由上到下，也可以自下而上，但必须做到全员参与。因为任何一件事情，只有亲身参与了，才会有责任感。在国有企业中，企业文化建设本来就不止是领导者的事，而是全体员工共同的事，只有让员工在参与过程中体验到成就感、挫折感、温暖感和危机感，通过交流与融合，培养员工的责任意识，才能逐渐形成大家一致认同的价值准则。

企业文化属于社会亚文化，不能没有"民族性"。民族性既是个性，更是可能超越其他企业的独特竞争优势。20世纪60年代日本通过学习美国取得了巨大成功，是因为他们将美国先进的管理理论融入了日本的民族精神。松下的哲学思想、工作作风和公司精神无不带有浓重的"大和"民族精神和东方儒家文化色彩，松下管理文化实现了西方管理理论与东方儒家文化传统的巧妙融合。现代企业文化只有将传统文化的精华与现代管理理论有效整合，才能成为先进的、科学的、有生命力的企业文化。

企业文化必须具有个性。企业文化是企业或组织独创性地将社会文化与企业管理和企业发展战略相融合的产物，是企业的个性化表现，没有标准统一的模式。优秀企业应该以个性化的品格、价值观和经营管理风格来发展完善个性化的企业文化，让企业文化的独特性和不可复制性成为企业的核心竞争力。

二、美国企业文化建设实践的启示

企业文化的理论形成于美国，因此，美国实际上是企业文化建设真正的倡导和发起国，也是当今世界在企业管理和企业文化建设上走在前面的国家。与日本的企业文化相比，美国的企业文化也有自己的独特之处。

1. 美国企业文化的独有特点

我们说过，企业文化往往具有强烈的民族性，会传承本民族文化的特点，美国的企业文化也不例外地体现了这种传承性。具体可以概括为以下几个方面：

强烈的个人奋斗精神和务实精神。美国企业文化学者泰伦斯·迪尔和艾伦·肯尼迪指出，如果价值是文化的灵魂，那么英雄就是这些价值的化身和组织机构力量的集中体现，在强文化中，英雄是"中流砥柱"，经营上需要经理来保证企业的正常运行，但员工们更需要英雄来获取动力。

在美国人心目中，"白手起家"的人是社会上的英雄，他们认为美利坚合众国就是靠其先驱单枪匹马，一寸寸土地开拓出来的。这种社会文化和社会心态体现在企业中，就是要塑造各类独创性的英雄，这些英雄都有一个共同特点，就是通过个人奋斗，在事业中获取最大的成功，从而被企业确认为英雄模范式的人物。英雄是美国企业文化中的重要要素。

美国式的个人主义，也赋予了美国文化注重实用和务实的精神气质。这种倾向反映在企业管理模式之中，就是注重规章制度建设，以此实现企业管理和操作的程序化。当然，这也在一定程度上造成了管理的机械化，为管理提升埋下诸多隐患。

激励个性、重视个人权利、责任归于个人。 美国的企业一般通过激励员工的个人主义使其与企业合作达到较高水平，从而获得较高的经济效益。在美国的发展过程中，先驱者带有浓厚的个人主义色彩和自信信念、冒险精神和平等观念，倡导自我控制的生活方式，这些成为美国人文精神的基础。这种人文精神，反映在企业文化上，一方面是个人权利倍受重视，比如坦德公司的信条就是"任何人都在同一层次上对话，没有人会感到自己高人一等"，IBM 的信条也是"最重要的一个信念就是对人的尊重，在这方面所下的功夫比在其他方面要多得多"。另一方面就是成功和失败的责任都归于个人，"我的一切由我负责""成功归我个人，失败了也不要别人同情"。美国从社会到企业都在注意扶持那些对企业极为有利、对自己的理想坚定不移而又善于实现理想的创造性人物，并促使他们去为观念创新、突破、冒尖。"允许失败，但不允许不创新"，这是美国企业文化的要求。3M公司就明确规定，任何一名工作人员，如果他向公司提出的研究成果或新设想要求推广或进一步研究的话，都能获得风险企业部的支持。风险企业部往往把提出新设想的人任命为风险企业的负责人，如果取得成效，可以获得物质和精神奖励，并被提升职务。

价值是美国企业文化的基石。 美国管理学家理查德·孔斯在其所著的《成功之路》一书中指出，出色的公司几乎都是以少数几条核心价值观来作为驱动力，并给予员工们充分施展的余地，使他们得以发挥主动性，为实现这些价值而大显身手。

IBM 创始人托马斯·沃森为公司确立了"以人为核心，并向用户提供最优质的服务"的价值观并从三方面开展工作：

一是奉行以顾客为上帝的信条，各项工作围绕顾客展开。该公司的管理人员千方百计地接纳顾客，认真听取用户意见。用户或公司员工如对产品提出重大意见和建议，便会引起高度重视，由公司总裁亲自处理。如果公司租给用户的计算机出了故障，几小时内就立即派人维修，有时甚至从国外专程赶来。公司对员工的考核与奖励，视客户的满意程度而定。公司推销员每月必定聚会，讨论失去某些客户的原因及服务上存在的问题。公司每年向推销员下达推销定额，完成定额才能成为"百分百俱乐部"会员，一旦成为会员，他们就会有一种荣誉感，工作更加积极。

二是消除等级界线，加强民主管理。沃森办公室的门始终敞开，低层管理人员和员工都能进入找他商谈问题。公司领导人经常深入基层了解情况、听取意见。办公楼和工厂各处都设有保密意见箱。公司还用各种办法激发员工的工作热情，包括下放权力、允许员工搞各种试验，使员工感到为IBM作贡献是光荣的事情。

三是改善工作环境，增加福利设施。公司制定了员工保障政策，为员工提供了一个稳定而良好的工作环境。公司有完善的福利设施，如向员工提供免费教育、廉价伙食和各种娱乐设施等。

美国企业文化强调创新和实践性。美国企业中的创新典范公司——明尼苏达矿业制造公司是个生产5万多种产品的大公司，每年平均有100多种新产品上市。该公司企业文化的核心是崇尚技术，使每个研究人员的构想能够实现，公司尽力鼓励和培养员工的创造发明精神，允许他们按自己的兴趣结合成4~10人的小组。小组以新产品试制为目的，可以跨部门组成，并享有一定的自主权。小组所需要的研制费和其他费用可向所属的部门或到别的部门申请，还可以接受公司新产品开发部提供的资助。研究人员在公司实验室制成的新产品可以正式生产，试销成功后就成了"产品工程师"。随着销售额的增加，工程师的职称和工资也相应提升。在这种环境里，从领导到基层几乎人人都钻研技术、乐于创造。公司每月举办技术论坛，科技人员可以自由交换意见、沟通信息，激发新思想、新创造。

2. 美国企业文化给我们的启示

要讨论美国企业文化给我们的启示，不妨将目光聚焦到GE公司身上——杰克·韦尔奇领导下的GE公司毫无疑问是美国企业及文化建设的成功典范。

企业文化建设必须坚持以人为本。坚持以人为本，就是要重视员工的地位和作用，为员工的发展营造良好的环境氛围，通过提高员工素质提升企业竞争能力。

GE公司之所以能够成为一个全球性公司，一个重要原因就是坚持了以人为本。韦尔奇高度关注人，注重人的因素，认为人就是一切，是企业的核心竞争力。人是第一位的，接下来才是战略和其他事情。只有了不起的人，才能造就了不起的产品和服务。他把以人为本的理念贯彻于管理实践中。

第一，注重员工招聘。韦尔奇说，只有找对了不起的人才，世界才会发生了不起的变化。他认为，招募员工不能根据应聘者的外表、毕业学校、学历和一纸简历来决定是否录用，要招募那些充满热情、希望做出点成绩来的人。

第二，重视员工培训。韦尔奇把人才培训视为一项能够获得"无限"回报的投资，建成了世界一流的培训中心，不仅进行职业培训，而且着力于领导人才的开发，更关键的是创造了一种不断学习的社会结构，促进了GE公司特色学习型文化的建立。

第三，科学管理员工。对员工实行有差别的管理政策。他把员工分为最好的20%、中间的70%和最差的10%，即A、B、C三类。对不同类别的员工，实行差别的奖励政策，A类员工得到的奖励一般是B类的两三倍，至于C类员工，则什么奖励也得不到。

第四，真心善待员工。为员工施展才华提供机会，并在他们每次获得成功之后，尽可能给他们奖励，让员工感觉到自己的贡献看得见、摸得着、数得清，增强员工的成就感、自豪感和自信心。对于解聘员工，尽力做到人性化、富有人情味。在准备撤换经理时，他都至少谈心两三次，表达失望，给予他们改变现状的机会，并要求各个层次的经理人员也这样对待下属和员工。

企业文化建设必须服务于企业发展战略。企业文化只有适应并服务于企业发展战略，才是优秀的，也才有存在的价值和意义。GE公司文化之所以富有特色和卓有成效，首先在于GE公司有一个具体、明确的发展战略目标。

韦尔奇就任GE公司董事长不久，描绘了未来商战的赢家：能够洞察到那些真正有前途的行业并加入其中，并且在所进入的每一个行业里做到数一数二的位置。围绕这个有形的核心理念，韦尔奇提出了三大无形的核心价值观，即面对现实、追求优质和卓越、注重人的因素。

面对现实，就是要创造一种氛围，鼓励人们去观察事物的本来面目，按照事情自身应有的方式，而不是人们主观愿望的方式来处理事情。在全公司树立这种直面现实的观念，是实施"做任何事都数一数二"的核心理念的必要前提。

"追求优质和卓越"，就是要形成一种氛围，让所有的人都能感到向自己的极限挑战是一件很愉快的事情，感到能够比心目中的自己做得更好，使每个员工都能够为自己所做的产品和所提供的服务感到骄傲。

"注重人的因素"，就是要创建良好的人力资源政策，为敢于尝试新鲜事物的员工提供最优环境和氛围，鼓励员工创新。在这种环境里，员工只会觉得是由于他们自己的创造力和驱动力不足，而不是别的原因限制了他们的发展。

实践证明，GE 公司的核心价值观和企业文化对于实现发展战略目标起到了非常重要的推动作用。

==企业文化建设落地必须有"硬"的措施来保证。==GE 公司三大核心价值观能够在企业中得到很好的贯彻，得益于一系列"硬"措施的保障。

例如，韦尔奇推行"面对现实"价值观的"硬"措施，突出表现在他的培训方式上。韦尔奇将"行动学习"作为贯穿始终的核心教学方式，要求学员们致力于解决 GE 公司的实际问题，面对真实的企业管理问题进行探讨和学习。为了使学员敞开心扉自由坦诚交流，韦尔奇聘请外部专业人员提供帮助，实行"群策群力"的运作方式，会议开始时经理到场讲话，提出一个重要议题或安排会议日程后便先行离开，由外部专业人员引导学员进行讨论。学员将自己的问题列成清单，并对这些问题进行讨论，最后形成意见建议，待到经理回来后一并向他反映。经理必须对每一条意见当场作出回应，对至少 75% 的问题给予明确答复，不能当场回答的问题要在约定好的时限内完成。任何人都不能对这些意见或者建议置之不理。

==企业文化建设必须加强领导和检查考核。==优秀的企业文化不是单纯地靠提倡就能建成的，而是需要靠加强领导、进行严格的检查考核才能实现。GE 公司的企业文化建设之所以成功，根本在于韦尔奇坚持不懈的持久努力和董事会的强力支持。

为使公司价值理念深入人心，韦尔奇每到一个地方都会反复宣讲公司发展的核心理念和核心价值观。在他担任董事长的 20 年里与将近 1.8 万名经理进行了直接沟通，不断把公司的价值理念注入公司员工和各级经理的头脑中。董事会强有力的支持是韦尔奇成功推行其价值理念的坚强后盾。董事会成员听到了对改革的抱怨，也看到了媒体上的负面报道，然而从变革的第一天起，对改革的支持就没有动摇过。

在推进企业文化建设的过程中，要加强督促检查，特别要注重检查和考核各级管理人员是否真正、有效贯彻了企业价值观，是否将企业价值观体现在日常生产经营管理活动中。这是确保企业文化建设扎实推进的有效措施，也是推进企业文化建设的重要工作方法。在 GE 公司内，韦尔奇要求各个层次的经理把公司价值观传递给每个员工，并把能否尊重员工、激励员工、认同并保持公司的价值观作为重要标准，对经理人员进行严格考核。1992 年韦尔奇解雇的 5 位经理中，1 位是因为没有完成经营任务，另外 4 位都是因为不能尊奉公司的价值观。

通过对日本和美国典型企业文化的分析，我们不难看出这些优秀的企业文化都无一例外地深深打上了其民族文化的烙印，根植于本民族文化的沃土上，从本民族的优秀文化中汲取营养。那么，中国的传统文化对国有企业文化的建设和重塑又有哪些影响与启示呢？

第四节　中国传统文化的影响与启示

如上文所述，我们一般将日本作为企业文化实践的发源地，将美国作为企业文化理论的诞生地。与之相对应的还有一种说法，中国是企业文化思想的根源地。

为什么这么说，我们在研究企业文化实践为何在日本发源后发现，除了二战后经济亟待复苏的时代背景之外，有两个因素也至关重要，一是自然环境的影响，日本作为狭长岛国，资源匮乏、灾害频发，不论是古代还是现代，要想获得生存，单靠个体的力量远远不够，必须借助集体的力量，这是日本企业文化中重视集体作用、团队合作的重要历史原因。二是儒家思想的影响。日本很早就接受了儒家思想的熏陶，重视"家""忠"等概念，这毫无疑问是受到了中华传统文化的影响。

此外，我们一再强调企业文化具有民族性，必须也必然会传承民族文化传统，体现民族文化特点，这一点在日美企业文化中已经得到了反复印证。托马斯·弗里德曼在《世界是平的》中，引用了戴维·兰德斯《国富国穷》中关于文化与经济发展关系的话："尽管气候、自然资源和地理环境都可以揭示为什么某些国家能够从农业社会跃进到工业社会，而有些国家没有，但最关键的原因是他们不同的文化禀赋，特别是一个社会在勤劳、节俭、诚实、忍耐和坚韧等方面的价值观，以及这些价值观深入民心的程度。"因此，在思考中国国有企业文化建设命题时，我们必须对中国传统文化以及其可能对企业文化造成的影响做一次系统考量。

一、中国传统文化的密码

梁启超曾说过，汉朝以前中国是"中国的中国"，唐宋以后中国是"亚洲的中国"，明清以来中国是"世界的中国"。中国民族文化的厚重和广博，中国传统文化积淀而成的哲思睿智，特别是中华民族伟大的爱国主义精神，每一次都能将中国从苦难中挽救出来，并最终走向中华民族伟大复兴的光明大道。

中国传统文化蕴藏伟大的爱国主义精神。就像林则徐说的那样，我们每个人的血液都流淌着这样一种信念："苟利国家生死以，岂因祸福避趋之""国家兴亡，匹夫有责"已经融入中华儿女的血液中。

中国传统文化深具"以民为本"的精神。周文王、周武王在伐商时认识到，"民之所欲，天必从之"，这是以民为本理念的根源；孔子说"仁者爱人"，要统治者实施"庶富教"，实现"小康"和大同世界；孟子说"民为贵，社稷次之，君为轻"。这些都是"民为邦本"的优秀传统文化理念。

中国传统文化高度重视道德修养。中华文化不管是儒家、道家，还是墨家、法家，都强调道德修养，在世界文化圈里独具特色。儒家的理想人格假设是圣人，道家的理想人格假设是神人，都是具有高尚的道德修养的人。中国人相信人可以实现不朽，但要做到三立："太上有立德，其次有立功，其次有立言"。立德是人生不朽的第一要义。

中国传统文化提倡积极进取的人生精神。这是来自于《易经》的"天行健，君子以自强不息"的精神。中国人讲究实干，重视自我的努力和奋斗，"小车不倒只管推"。儒家说"尽人事待天命"，道家则更为坚决，"我命在我不在天"。

中国传统文化具有海纳百川的包容精神。这体现在《易经》提出的"地势坤，君子以厚德载物"。中华文化具有高度的凝聚力、同化力和包容力，就与这种宽容的精神有关。这种胸襟和包容精神赋予中华民族更大的格局，往往能在武力硬实力不占优势的情况下，最终凭借文化的软实力，以柔克刚，取得民族竞争的最终胜利。

==中国传统文化重视集体而不强调个人。==与西方的高度重视个人的自由和价值不同，中国人从来都认为，个人利益应该在集体中实现，个人价值离开了集体价值就会变得没有价值。西方人说"不自由毋宁死"，而中国人说"士为知己者死""为人民利益而死重于泰山"。也就是说，中国文化高度重视义和集体利益，把义字放在个人利益之前，把国家和民族的利益放在第一位。

==中国传统文化充满了中庸之道。==中庸之道的本意不是折中主义，也不是和稀泥，更不是没有原则，而是务实的理性主义。中国人做事情求的是不偏不倚、不走极端。讲究自然平衡，是中华民族最提倡的处理人和社会、人和自然关系的根本方法论。

二、中国传统文化对国有企业文化建设的影响

五千年的文明史和悠久的文化传统，为中国国有企业开展文化建设提供了宏大的历史和民族文化背景。中国传统文化对国有企业文化建设的影响主要体现在以下几个方面：

==传统文化的"仁"可为国企文化奠定深厚的思想基础。=="仁"的基本内容是推己及人的仁爱之心，即人本思想。纵观整个工业文明史，人在生产活动中的地位经过"工具人—经济人—社会人—综合素质人"的变化，管理者的认知从见物不见人转换到以人为本的轨道上来，企业文化的研究对象从个体到群体，从技术和基层组织到深层次的价值系统和道德规范，这一系列的变化过程正是人本思想的回归。儒家以人为本的核心思想，与人力资本理论和以人为中心的企业文化建设是相符合的。

同时，儒家文化的"人文关怀"是企业凝聚力的源泉。儒家认为，"上下同心，其利断金""上下同欲者胜""天时不如地利，地利不如人和""圣人所贵，人事而已"。这些思想都突出了"人和"的作用，突出了处理人际关系之中相互以对方为重的基本原则，对形成良好和谐的人际关系和强大的内聚力，具有不可替代的作用。因此，"人文关怀"应该成为国有企业文化建设的重要营养。

==传统文化的"诚信"思想是国有企业价值理念的重要来源。==中国是礼仪之邦，"诚信"思想历来受到世人推崇和遵循。诚实守信，对自己是人格的尊重；对他人

是坦诚交往的前提，也是一种自信和气魄；对企业发展则是一种精神，是一种无形的资产，更是管理价值的有效提升。市场经济总体来说是信用经济，诚信是兴业立人的根本，是企业文化建设的根本。当前成功的大型跨国公司，都将诚信作为企业生存发展的根本，进而以其优良产品、优质服务来打造优秀品牌，创造优秀业绩，我们中国的国有企业更应该如此。因此，诚信应成为国有企业文化的核心价值元素。

==崇尚"英模"的传统思想有利于国有企业文化的塑造传播==。国无英雄则亡，企有英雄则兴。我国一直有树立榜样、模范的传统习惯，古有尧舜禹，今有雷锋、王杰、焦裕禄、王进喜、钱学森、任正非等。这些英雄人物是价值观的人格化，用英雄人物的言行传递的价值观，比物质性的激励更具作用，能最大程度激发人们的奋斗热情，提高国家及企业的核心竞争力。

==传统文化的"修炼"学习理念与学习型组织建设异曲同工==。美国管理大师彼得·圣吉在《第五项修炼》中提出了著名的建立学习型组织的理论，认为最成功的企业是具有学习型组织的企业，是那些能够想方设法使各阶层人员全心投入，并有能力不断学习的组织。这与中华民族历来提倡修炼、学习的思想相吻合。孔子在传播"修身、齐家、治国、平天下"的文化思想时，就是运用推行教育的方法。我们在进行国有企业文化建设时，如果能将二者精巧地融合在一起，就会创造出一种融合东西方管理思想的全新文化理念，这种理念也容易被广泛接受。

==传统文化的"义利"观能引领形成双赢理念==。义利并重，既利己也利人，是中国传统文化对义利关系的基本主张，也是中国自古以来为人处世和经商的基本道德原则。这一"义利"观与西方原始资本主义企业见利忘义的做法截然相反，与现代市场竞争所倡导的"为客户着想"和"双赢""共享"的主张却不谋而合，这是中国传统文化对现代社会新的商业道德的重要贡献。如果将传统文化的"义利"观融入企业文化之中，形成新的市场营销理念，就会有利于提升企业的社会声誉，赢得新的竞争优势。

=="和为贵"思想有利于提升企业的凝聚力==。中国传统文化"和为贵"的思想，主张人与人之间要以团结和相互尊重、信任和关爱作为处理人际关系的重要原则。将"和为贵"的思想融入企业文化之中，非常有利于增强企业的内部和谐，提升企业的凝聚力。特别是"和为贵"思想主张群体原则占主导地位，强调个体在群体中的责任和义务，对企业员工自我德行的完善也具有积极意义。当然，与西方企业的管理思想中突出个体、强调竞争相比，"和为贵"的思想也有弱化竞争意识的不利一面。但只要我们在进行企业文化建设时，注意将塑造群体意识、团队文化与鼓励个人的创造性和竞争意识相结合，就能够避其不足，发挥长处。

总体说来，积淀五千年历史形成的中国传统文化是一个巨大的宝库，蕴藏着极其丰富的、具有长久生命力的管理思想、文化理念，赋予了中国国有企业文化建设得天独厚的优势和基础，但与此同时，我们也应该结合从西方特别是日本和美国优秀企业文化中得到的启示，进行有针对性的学习和完善，扬长补短，从而为新时代中国国有企业建立优秀的企业文化提供思想基础和理论方法。

第三章 走中国特色国有企业文化建设之路

国有企业文化重塑能否成功有效,较大程度上取决于国有企业文化建设的方向,即国有企业的文化建设要往哪里去?从国有企业自20世纪90年代开始文化建设后走过的路来看,用西方的企业文化来引导中国国有企业去超越西方企业,显然不是最好的选择。只有在学习借鉴西方企业优秀文化的基础上,建设与现代国有企业制度相适应的企业文化,走出一条中国特色国有企业文化建设之路,才有可能引领国有企业践行好新发展理念,实现做强做优做大,成为具有全球影响力的世界一流企业,履行好新时代国家赋予的责任使命。

第一节 走出国有企业文化建设的困境

企业文化的概念自20世纪80年代被美国的管理学家提出来后,便受到了西方企业界的广泛重视。世界各国的优秀企业都竞相进行有意识的企业文化建设,以提升企业管理水平和核心竞争力,其中,松下、丰田、IBM、GE、沃尔玛、惠普、福特等一大批堪称卓越的跨国公司在企业文化建设上取得的成功,让企业文化建设逐步变成优秀企业的自觉行为。

由于企业文化与中国传统的思想政治工作有众多相似之处,企业文化理论一经传入中国,就被广泛接受并得到迅速推行,正处于改革中的中国国有企业,正好找到了一种既可在经营管理上与西方企业接近,又能够将企业经营管理与思想政治工作相融合的新方法和新途径。特别是进入新世纪后,一股企业文化建设之风席卷中国,企业文化咨询公司如雨后春笋般应运而生,一时间,企业文化建设几乎成了"好"企业的"必修课"。

一番热闹之后我们发现,虽然有海尔、宝钢等一批优秀的企业在企业文化建设上取得了不同程度的成功,对建设中国特色企业文化进行了有益探索,但总体来看,我们许多国有企业的企业文化建设,实际上还是在照搬西方企业文化建设的套路和模式,既没有形成一套真正属于自己的企业文化理论体系,也没有完全走出一条真正属于自己的企业文化建设道路。

为什么会这样?客观地说,一方面这是一个必然过程,就像我们学习西方的科学技术有一个引进模仿的阶段一样,学习来自西方的企业文化也难免要经过这一步。另一方面,把握企业文化的一般规律存在很大难度,需要长时间的探索和实践,特别是中国的国有企业与西方国家的企业,在体制机制和文化背景上都存在着巨大差异,找到中国国有企业文化建设的内在规律,走出一条自主的企业文化建设之路,并不是一件轻而易举的事情。

但我们也不能否认,中国国有企业的文化建设在某些方面确实还存在一些问题或者误区。一种情况是,我们的企业文化建设理论及实践,往往缺少针对性,存在着盲目跟风和浮躁偷懒的现象。盲目跟风表现在,看到或听到西方企业的文化建设在做什么,就马上跟着做;浮躁偷懒表现在,部分企业开展企业文化建设追求的仅仅是"我做了"而不是"做好了",喜欢追求热闹和外在形象等相对见效快、看得见的表面功夫,而对内在的核心价值观落地这些费力但真正重要的工作,却没有下功夫去抓。

这种现象显然与公认的真正有价值的企业文化理论,和在企业文化建设上取得成功的优秀企业相去甚远。西方国家的企业文化理论林林总总,文化建设的模式方法也不尽相同,但却有一个共同的特点,这就是从企业的内在需要出发主动提出和实施,具有很强的针对性。其目的非常明确,就是要通过建立优秀的文化来解决企业面临的问题。例如,威廉·大内的《Z理论》,是针对当时日本经济发展速度超过美国的情况,通过对比日美两国企业管理方式,探寻背后原因,寻找各自长处,在相互借鉴基础上总结形成新的管理理论和方法,目的是帮助美国的企业提高管理水平和工作绩效。吉姆·柯林斯和杰里·波勒斯的《基业长青》,是针对当时美国和整个西方企业寿命普遍较短的情况,通过研究探索那些百年老店的长青秘诀,帮助资本主义制度下的企业实现更长久的生存。特伦斯·迪尔和艾伦·肯尼迪的《新企业文化》,则是针对20世纪90年代后,西方企业在全球化的趋势下,出现大量收购兼并、精简规模和企业再造、合同外包以及电脑普及化导致企业员工分层严重的情况，提出重建高凝聚力文化的方法，以解决西方企业面临的文化冲突和散乱的问题。在我国广受欢迎的彼德·圣吉的《第五项修炼》一书，提出了许多企业管理和企业文化的新理念、新方法，其中运用了大量西方没有的中国传统文化思想，其根本目的是借鉴中国文化中的集体主义思想，解决西方工业文明所造成的片面、局部、分割的思维方式，开创一条有利于西方企业未来发展的新途径。

相比之下，我国企业文化的理论研究还比较浅显，我们一些国有企业搞企业文化建设，还存在为了建设而建设和简单模仿、形式大于内容的情况，缺少明确的目的性。这就等于丢掉了企业文化建设的务实本质，而偏向了"务虚"。这种"务虚"必然导致企业文化建设水土不服和流于形式主义，这显然是没有把握企业文化建设的真正精髓，如同"邯郸学步"中的那个燕国少年一样，不但没有学到别人好的东西，还可能连自己文化的优秀基因也弄丢了。

国有企业文化建设的另一个误区，就是将企业文化建设等同于传统的思想政治工作。应该说，企业文化建设和思想政治工作都是通过调动人的积极性、增强企业的凝聚力来促推企业改革发展的，从这个方面看，确有相通之处，但是从别的功能作用上说，二者还是存在着明显的区别的：思想政治工作是由外至内的，重点是解决党的思想理论、路线方针政策对国有企业的指导，以及国有企业坚持党的全面领导的问题；企业文化是从内部产生的，重点是解决企业自身的经营管理问题。国有企业思想政治工作的特定使命决定了其不可能被企业文化建设所代替；反之，企业文化作为企业的核心经营哲学和管理方式，也有思想政治工作不能完全替代的作用。对二者的混同，容易让企业文化建设与企业的经营管理相脱节，使企业文化建设流于形式，不能很好发挥软实力和核心竞争力的作用。

当然中国国有企业文化建设存在的误区或者问题，还有一些其他表现（在后面的有关章节中，我们还会做详细的归纳），只不过这两种误区比较典型，给中国国有企业文化建设带来的困扰也最多。这两种典型误区的产生，原因是多方面的，简单归纳一下，主要的有以下几点：

一是由于中国的国有企业长期处于改革状态，体制机制经历了多次变化，企业的责、权、利体系也随之变化，企业的党委书记和企业经理在企业所担当的角色和职责不断随着变化而调整，在一定程度上导致了企业对企业文化建设该由谁来抓、核心价值观和经营理念该如何定等问题不够清晰，加之企业领导更换频繁，难以进行深入持久的文化建设，容易出现"三天热、两天冷"的现象，或者浅尝辄止，停留在形式和表面上。

二是随着我国的经济体制由计划经济向社会主义市场经济转变，国有企业也开始向现代企业制度转型，在这个过程中，国有企业在管理方式上和企业文化建设上必然会向孕生了现代企业制度的西方企业学习。而中国国有企业特别是全资国有企业在性质上和体制上都与西方企业有明显差异，企业发展水平也不在一个阶段上，特别是在管理的精细化程度上还存在较大差距。这就决定了，如果国有企业在企业文化建设上采取简单的拿来主义，或者是不能够进行深入的学习和结合自身实际进行消化吸收，肯定会导致违背实际的形式主义。

三是部分国有企业在企业文化的理解上与西方企业存在偏差。西方的企业文化是在科学管理和行为管理的基础上提炼出来的，是企业管理的一个发展阶段，是一项重要的企业管理方法。而中国的一些国有企业对企业文化的理解是从传统的思想政治工作延伸过来的，认为企业文化就是一种文化活动。这从中国的国有企业和西方企业在企业文化管理部门的设置上就能看得出来。中国的国有企业的企业文化管理，一般都是放在党群工作部门，而西方企业则一般都是放在人力资源部或总裁办公室。这种理解上的误差，直接导致了中国的一些国有企业，在开展企业文化建设的目的和方式上，不是把企业的经营绩效和市场竞争力的提升作为检验文化建设的标准，而是把活动开展的多少作为检验标准。从而导致文化建设与经营管理分离，成为"两张皮"。

在中国日益走近世界舞台中央的今天，中国国有企业也在不断发展壮大，向世界发出"中国声音"。近年来，进入"世界500强"的中国国有企业一直在不断增多，现在在数量上已超过美国。但与真正世界一流的企业相比，中国的国有企业在企业声誉、品牌竞争力、技术创新能力和文化影响力上，都还存在不小差距。中国的国有企业要真正实现做强、做优、做大，成为具有国际竞争力和影响力的世界一流企业，就必须回归到企业文化建设的务实本质，用国际视野和未来眼光，立足于自身实际，重塑对企业文化建设的认知，充分发挥自身优势，不断补强补齐短板，真正培育具有中国特色的优良企业文化，用文化推动企业快速发展、基业长青，这也是本书要探讨的最核心的问题。

第二节　找准中国国有企业文化的特色

建设中国特色现代国有企业制度，走出一条中国特色国有企业发展之路，必须培育中国特色国有企业文化。但是，中国特色国有企业文化应该"特"在那里？怎样体现与西方企业不同的独特优势？结合中国国有企业的出生、性质和现代国有企业制度的特点，我们认为，主要应该从三个方面着力。

一、中国特色国有企业文化应该继承中华传统优秀文化的血脉

华夏文明是与古埃及文明、古巴比伦文明和古印度文明齐名的世界四大文明之一，也是世界上唯一传承5000多年而从未中断的辉煌文明。有研究认为，几乎产生于同时代的中华文化、由古埃及文明和古巴比伦文明延续出来的古希腊文化和古印度文化各具鲜明特色：中华文化主要关注的是人与人之间的关系，古印度文化主要关注的是人与神的关系，古希腊文化则主要关注人与物的关系。关注人与人关系问题的中华文化产生了以人为中心、重视道德人伦的儒道学说，主张用"仁、义、礼、智、信"处理人际关系，并进而创造了领先世界达2000年之久的中国古代文明。而关注人与物关系的古希腊文化，其哲学家们强调的是理性思维，一开始就注重对"真"的探求，因而对科学技术情有独钟，产生了许多重要的科学理论和方法，在中世纪埋没了近千年后，被西方国家继承下来，创造出了以科学技术为核心，以大工业生产为标志的现代工业，进而创造了领先世界的现代文明社会。

然而，随着科学技术的发展和社会不断进步，特别是资本主义社会内部劳资矛盾的加深，从20世纪初开始，西方企业重物轻人的文化便开始受到挑战。泰罗发明的重标准、重规范的科学管理，虽然为工业化大生产管理作出了巨大贡献，时至今日也仍然是企业管理的经典。但是，这种要求人与机器实现最佳匹配、最终使人成为机器流水线一部分的管理方法，逐步暴露出弊端，卓别林主演的电影《摩登时代》就对这种管理进行了批判。

进入20世纪20年代，管理学家们发现，人的积极性的充分调动、群体凝聚力的增强，对提高企业的生存效率和市场竞争力具有巨大作用，于是出现了行为科学管理理论。这一理论重点对工人在生产中的行为及其原因进行分析研究，通过对人的本性、需要和行为的动机，尤其是生产中的人际关系的研究，找到了通过满足人的全方位需要来调动人的积极性、提高企业劳动生产力的方法。行为科学管理理论的出现，标志着西方的企业管理重心开始从对物的管理向对人的管理转变，显示了与重视人际关系的中国传统文化趋于接近的迹象。

进入20世纪80年代后，一方面，受中华文化影响的日本经济发展速度超过美国，另一方面，科学技术的发展，导致了企业技术研发和生产管理的难度提升，对企业内人与人之间的亲密度和团队合作的整体性思维提出了更迫切的需求，这对一向在价值观上注重个体，在思维方式上习惯于直线型思考问题，在看待事物的方式上更偏重于从局部入手，不擅长辩证思维和对事物一体化把握的西方文化提出了新的挑战。于是，西方的一些管理学家便把眼光投向东方，试图在注重整体思维、集体观念和讲求团结合作的中华文化中寻求解决之道。威廉·大内的《Z理论》和彼德·圣吉的《第五项修炼》就是其中的代表。彼德·圣吉认为，中国传统文化与西方的演进是不同的，中国的文化仍保留有那些以生命一体观方法来了解世界万物运行的法则，保留有对于奥妙的宇宙万物本源所体悟出的极高明、精微而深广的古老智慧结晶。西方文化倾向于解答一切具体的事物及其之间的简明因果关系，却难以解答万事万物的运行法则和社会发展的终极性问题。而这些至少部分可在中国文化中找到答案。

虽然西方学者们并没有穷尽中华文化的全部，但他们对中华传统文化的认识已经表明，中华文化在过去几百年中虽然没有能够创造出现代工业社会和成体系的企业管理理论，但在现代企业管理和企业文化建设中的作用正在凸显。随着人类社会不断发展，中华文明将会在经济全球化和智慧时代到来的今天重现魅力。

中华传统文化内容极为丰富，仅就企业文化建设来说，就有许多宝贵的智慧可以运用。例如，中华传统文化对"义"与"利"关系态度明朗，崇尚先义后利，这种鲜明态度也表现在以"诚信"为宗旨的中华传统商业文化上。被誉为中国商人之祖的陶朱公，因"十九年中三致千金，在分散于贫交，疏昆弟"的"多财善贾"的良好形象而被称赞。战国时期，郑国商人弦高在经商途中遇到敌国大军偷袭郑国，急中生智，假借郑国国君的名义以所贩之牛犒劳秦军，使秦国大军无功而返。事后，郑国国君要对他加以封赏，他却讲了一番诚信不欺的道理："因欺诈而得到赏赐，那么郑国的朝政就要废弛了，作为一个国家而没有信誉，是败国之俗，赏赐一人而败坏了国俗，聪明人是不会这样做的。"于是，他隐身于东夷，再也没有回来。陶朱公的轻财慈善和弦高的诚信理论，都体现了我国古代优良的商业文明和"企业文化"。

我国独特的儒商文化，也是一种优良的传统企业文化。明清以来，商人和实业家都坚持以儒家的仁、义、礼、智、信作为经商准则，以经世济人作为经商目的，进而形成了具有积极意义的"诚信不欺"的商业文化，"诚、信、义、仁"成为中华商道的道德根本。商人樊现曾说："谁谓天道难信哉，吾南至江淮，北尽边塞，寇弱之患独不一与者，天监吾不欺尔！贸易之际，人以欺为计，予以不欺为计，故吾日益而彼日损。谁谓天道难信哉！"由此可见，以"不欺"赢得市场，既是当时商人们经商的成功之道，也是儒商崇奉的基本准则。

此外，中华文化几千年逐步形成的善于从宏观和整体认识把握事物的哲学思维方式，"天下为公"和重集体利益的大道观念，"人为重，君为轻，社稷次之"的人本思想，"天人合一"的环境保护思想，德、法兼用的治国理政方略，"不战而屈人之兵"和攻心为上的兵法谋略，都可以借鉴运用于企业经营管理的方法和理念。作为中国的国有企业，我们今天探索中国特色国有企业文化的建设，毫无疑问首先应该从这个宝库中汲取精华与智慧，这既符合中国国有企业所处中华文化大环境的要求，也符合体现中国特色的要求。

二、中国特色国有企业文化应继承中国共产党的精神谱系

中国今天的国有企业是社会主义制度的产物，是由中国共产党直接创建和领导的经济组织，自国有企业建立以来，灵魂里就注入红色的基因，就一直在中国共产党的引导和影响下，在不同的发展时期都形成了许多优秀的管理文化和可贵的精神，形成了一条贯穿始终的精神体系，成为中国共产党的精神谱系的重要组成部分。

在20世纪60年代初诞生的"鞍钢宪法"，是中国国有企业自己创造，并得到

毛泽东主席充分肯定和大力提倡的企业管理方法，也是国有企业最早产生重大影响的制度文化。"鞍钢宪法"是由鞍山钢铁公司总结提炼出来的一套企业管理经验，其主要内容是，企业要实行民主管理，干部参加劳动、工人参加管理，改革不合理的规章制度，工人群众、领导干部和技术人员三结合。简称"两参一改三结合"。"鞍钢宪法"的核心是坚持党对企业的领导，坚持民主管理和团队合作，改变了当时从苏联传过来的一长制管理模式，对凝神聚智办企业，加强团队合作，调动企业员工的积极性具有重要作用，是中国现代企业管理的一大创新，甚至对后来日本和美国的企业在发挥团队作用和注重质量管理方面，都起到了很大的启示作用。

20世纪60年代中期形成的"大庆精神""铁人精神"和新世纪形成的"青藏铁路精神""港珠澳大桥建设精神"，均是国有企业的工人阶级在不同的历史时期铸就的企业精神。

"大庆精神"是大庆石油工人为解决国家对石油的急需，在与艰难困苦搏斗的过程中锻炼而成的，包括"为国争光、为民族争气的爱国主义精神；独立自主、自力更生的艰苦创业精神；讲求科学、'三老四严'的求实精神；胸怀全局、为国分忧的奉献精神"。简单概括就是"爱国、创业、求实、奉献"。就是凭着这种精神，大庆石油工人顶风雪、战严寒、吃咸菜窝头、住干打垒，硬是建成了新中国第一个世界级大油田，从根本上解决了中国石油极度短缺的问题，把中国的贫油帽子扔进了太平洋。

"铁人精神"是大庆石油工人、被誉为"铁人"的王进喜和他带领的1202钻井队在大庆开采石油的过程中，用实际行动磨炼出来的，"铁人精神"是"大庆精神"的人格化，主要包括"宁可少活二十年，拼命也要拿下大油田"的忘我拼搏精神；"有条件要上，没有条件创造条件也要上"的艰苦奋斗精神；"干工作要经得住子孙后代检验"的求实精神；"甘愿为党和人民当一辈子老黄牛"的埋头苦干精神。就是靠这股精神，王进喜和他的队友们在松辽平原上的冰天雪地中打出了第一口油井，喷出了第一桶乌金，接着又创造了一个又一个石油战线的第一。

"青藏铁路精神"是20世纪初青藏铁路的建设者们，在历时六年的青藏铁路建设过程中，用智慧和血汗凝结而成的。横穿青藏高原的青藏铁路是世界上海拔最高、修建难度最大的铁路，铁路的建设者们在被称为"生命禁区"的地方，冒严寒、顶风雪、战缺氧、斗冻土，以惊人的勇气和毅力挑战极限，攻克了高寒缺氧、多年冻土、生态脆弱三大难题，谱写了人类铁路建设史上的光辉篇章，也铸就了"挑战极限，勇创一流"的"青藏铁路精神"。

"港珠澳大桥建设精神"是被称为"世界第七大奇迹"的港珠澳大桥的建设者们，在新世纪长达9年的建设过程中铸就的。连接香港、珠海、澳门，长达55公里的港珠澳大桥，横跨深达40多米的大海，既要在海面建桥，又要在海底铺隧道，建设难度居世界桥梁建设之首，大桥的建设者们用中国智慧战胜水深，复杂地质条件和高温、高湿、高盐等困难，解决了许多国际上公认棘手的难题，创造了多项世界建桥史上的第一。在把大桥建设成功的同时，还铸就了"逢山开路，遇水架桥"的奋斗精神和精益求精的卓越工匠精神。

形成于20世纪60年代的"两弹一星"精神和新世纪初的载人航天精神，是新中国尖端科技领域铸就的科研精神。

"热爱祖国，无私奉献；自力更生，艰苦奋斗；大力协同，勇于登攀"的"两弹一星"精神，是参加我国第一颗原子弹、氢弹和人造地球卫星研制的工程技术人员、工人和管理人员，在研制"两弹一星"的过程中锻造而成的，就是靠这种精神，全体参研试验者在新中国最为困难的时期，在遭到西方国家的严重技术封锁、苏联撤走专家、研制环境艰苦等重重困难下，用远远短于美、苏、英、法的时间，研制出了我国自己的原子弹、氢弹、火箭和人造卫星，打破了西方的核垄断，大大提高了中国的国际地位和影响力，大涨了中国人民的志气。

"特别能吃苦，特别能奋斗，特别能攻关，特别能奉献"的载人航天精神，是中国进入改革开放时期后，伴随载人航天工程的实施而形成的，是新的历史时期"两弹一星"精神的继承和发扬。靠这种精神，参加工程的广大科技人员、干部和工人，以赶超世界先进水平的雄心壮志，连续三十多年不懈奋斗，攻克了许许多多的技术难关，以百分之百的成功率，第一次用自己的航天器将中国的航天员送入太空，第一次建成中国自己的空间站，使中国迈入航天强国的行列。

鞍钢宪法、大庆精神、铁人精神、"两弹一星"精神、载人航天精神、青藏铁路精神、港珠澳大桥建设精神，以及建国70多年来众多国有企业、科研院所在中国共产党的领导下铸就的各种可贵精神，是国有企业履行使命责任的动力源泉和在市场竞争中发展壮大的核心竞争力之所在。这些精神虽然形成于不同的历史时期、不同的环境条件下和不同的行业，有着不同的内涵，但它们都一脉相承，流淌着国有企业红色的文化基因，既是支撑国有企业在昨日的各种困难条件下创造一系列人间奇迹的精神支柱，也是激励国有企业把握现在和未来的大好机遇，实现做强、做优、做大的无形动力，无论时代如何变化，其核心价值永远都不会过时，是国有企业最为宝贵的精神财富，也是国有企业文化区别于其他类型企业文化的重要特点，当然应该继承，成为中国特色国有企业文化的重要部分，以体现国有企业文化的独有特色。

三、国有企业文化的特色还应该体现在国有企业的体制上

1. 体制也是一种文化

改革开放以来，中国国有企业体制机制经历了深刻变革，从国营变成了国有，由国家包管一切变成了独立自主经营、自负盈亏，还对西方现代企业制度进行了学习借鉴。这些变革让国有企业变得更具有独立性、更灵活和更有效率，也更能适应市场竞争的需要。但其中最独特和最核心的优势，始终是独特的国有体制。这种优势主要表现在三个方面。

2. 党的领导

中国共产党对国有企业的领导，是中国国有企业管理区别于西方现代企业管理的一个最显著的特征，也是中国国有企业独特的政治优势。这种优势又主要体现在三个方面：

使企业具有天然的向心力和凝聚力。党的领导决定着企业的价值导向，起到为企业定战略、把方向的作用。中国共产党是一个立足中国，放眼世界，胸怀人类，有着崇高信仰和伟大理想的政党，党对国有企业实施政治领导，能够使国有企业形成比西方企业更高尚的核心价值观和更宏大的企业愿景。党在企业的组织通过参与企业重大决策，能够把党和国家的重大方针政策贯彻到企业，使企业的发展战略和方向既能够符合企业实际，又能够与党和国家的重大方针政策保持一致。由于党组织是通过民主决策和科学决策的方式进行决策的，对企业董事会的决策可以起到重要的把关作用，从而能够最大限度地避免企业出

现战略决策的重大失误和发展方向上的重大偏差，因此，也可以称之为国有企业独有的"领导文化"。

使企业具有天然的高格局和高境界。党的领导可以为企业发展提供精神动力，首先是，企业的定位着眼于国家的需要，代表国家的利益，所以格局要比一般的企业更为宏大；其二国有企业通常不是代表少数人的利益，而是代表国家利益、全体员工的利益，所以国有企业的境界要比一般的企业的境界更高；其三是被赋予的企业责任更大，被赋予的期望更高，一般是代表国家在某一个行业发挥主力军作用，参加世界范围的竞争。因此，党的领导可以使国有企业代表更广泛的利益，提出更激励人心的发展愿景，营造积极向上的文化环境，为企业的发展提供独特的精神动力，因此，也可以称之为国有企业独特的"精神文化"。

具有天然的一致性和自组织性。在国有企业内，党的组织和党员队伍覆盖了几乎所有的部门和单位，企业中绝大部分的管理人才、科技人才、技能人才都是共产党员、共青团员，企业的战略和具体的工作计划一旦定下来，企业的各级党组织就可以带领企业的工会、共青团等群众组织，通过发挥党员的先锋模范作用，开展强有力的思想政治工作，动员全体党员和员工，积极努力工作，完成各项任务，为企业战略目标和工作计划的实现提供有力保证，保障企业战略目标和工作计划得到有效实施。同时，党的领导可以为企业提供科学的人才培养选拔方式。企业发展的关键在于领导班子和干部人才队伍，中国共产党在干部的培养选拔任用上，有着一套严格的政策、科学独到的方法和无可比拟的优势，因而能够把真正德才兼备的优秀管理人才、科技人才和技能人才培养选拔出来，为企业所用，因此，也可以称之为国有企业独特的"组织文化"。

3. 国有体制

国有体制使国有企业既具有整体性的国家优势，又享有企业个体性的自主发展优势。"国有"对国有企业来说，并不仅仅是一个资本和股权上的概念，而是与资本主义制度下的私有制企业相区别的本质特征。国有意味着企业是国家所拥有的，企业的经营要代表国家的利益，体现国家的意志，其与资本主义制度下的私有制企业相比较的优势在于，在企业生存发展遇到企业靠自身难以解决的关键性难题时，能够得到国家的帮助和支持以渡过难关。这是因为，"国有"二字不仅意味着国家是企业的大股东和出资者，更是企业的坚强后盾。虽然现代国有企业制度建立起来后，国有企业实行政企分离，企业变成了自主经营、自负盈亏的独立经济实体，国家对企业具体的经营管理不再参与，但由于国有企业是国民经济的重要支柱，是国家安全的重要保障，国家必定会对企业的发展给予高度重视和支持。有国家的重视和支持，国有企业在激烈的市场竞争中，就不会孤军奋战，就会更加自信、更加坚强，也更有优势。

4. 社会主义性质

社会主义性质，使国有企业具有天然的体制合理性。中国是社会主义国家，在社会主义制度下的国有也就意味着其性质也必然是社会主义的。社会主义意味着公有制，公有制决定着企业的核心价值观。在现代国有企业制度未建立起来以前，公有制确实存在着容易导致责任不清晰和大锅饭、铁饭碗、低效率等影响员工积极性的弊端，但现代国有企业制度建立起来以后，随着导致这些弊端产生的体制机制被改变，国有企业所固有的公有制的优点就必然会显现出来。在公有制的国有企业里，兼顾国家、企业、员工三者利益的统一，具有天然的体制合理性。员工是在为人民、为国家，也是在为自己工作，企业的经理不是老板，员工也不是打工者，而是企业的主人，因而会更爱企业；员工的工作成就既与自己的利益相关，也与国家和企业的利益紧密相连，因而会产生强烈的自豪感和荣誉感；员工只要努力工作，不违法乱纪，给企业造成严重损失，就不会被随意解雇，因而必然会以企业为家，树立强烈的工作责任心；由于国有企业必须坚持"各尽所能，按劳分配，效率优先，兼顾公平"的分配原则，员工只要为企业发展努力奋斗并作出贡献，就会得到公平合理的报酬，因而工作积极性也会格外提高。过去，这种体制和机制上的优越性与其包含的巨大社会能量一直未完全开发出来，一旦完全开发出来，将会使企业获得无穷的能量。

中国国有企业的这些特点，既是区别于西方现代企业的明显特征，也是国有企业的显著优势。在国有企业现代企业文化的建设过程中，如果能正确抓住并用好这些西方企业所没有的独特优势，就可能使国有企业增添新的核心竞争力，在未来更加激烈的市场竞争中立于不败之地。

第三节　中国特色国有企业文化建设路径及特征

走中国特色国有企业文化建设之路，建设与中国特色现代国有企业相适应的企业文化，是国有企业文化建设的必由之路。

通过学习借鉴西方企业文化建设中的有益做法，总结我国国有企业以往开展企业文化建设取得的成功经验和失败教训，分析国有企业文化所拥有的独特潜在优势和未来国有企业市场竞争对企业文化的需要，我们认为，国有企业的文化建设应当格外注重以下几个方面。

一、要踩在巨人的肩膀上前进

虽然企业文化是与企业共生的，但自觉的企业文化建设和企业文化理论都起源和形成于西方，在建设中国特色国有企业文化过程中，要想培育出比西方企业更优秀的企业文化，就必须先学会借鉴西方卓越企业文化建设的成功做法，踩在他们的肩膀上前行。但是，要踩着巨人的肩膀前行，首先必须知道巨人的肩膀在哪儿。

企业文化是企业管理发展的产物，西方的现代企业文化源于他们的企业管理。从19世纪末20世纪初基于古典管理理论的科学管理，到20世纪20年代基于"人际关系"和"行为科学"理论的管理，再到二战后出现的社会系统学派、决策理论学派、系统管理学派、经验主义学派、权变理论学派和管理科学学派，在这个基础上逐渐形成了早期的企业文化管理。20世纪80年代，企业文化热潮兴起，相继又出现了一系列新的企业文化管理理论，如企业文化与以人为本理论、企业文化与经营哲学理论、企业文化与学习型组织理论、企业文化与企业再造理论、企业文化与经营业绩理论、企业文化与公司永续和跨文化管理理论、企业文化与价值排序、企业文化与人文指标排序、企业文化与社会公民和企业文化与社会责任等；在企业文化的发展路径上，又形成了纯粹型企业文化和应用型企业文化两条道路；在发展阶段上，又由重企业形象塑造进入重核心价值观、品牌培育和企业声誉提升上。进行国有企业文化建设，就必须在这些理论和发展过程中去寻找有用的方法与路径。

首先是缩短过程以加快进度。西方企业从实行科学管理开始到今天的企业文化管理，经过了近百年历程，先后经历了科学管理、行为科学管理和企业文化管理三个阶段。国有企业今天直接从企业文化建设开始来推进企业管理，把三个阶段并作一个阶段，就可以大大缩短与西方企业在管理水平上的差距，加快赶超西方企业管理的进度。但是，虽然缩短过程是后行者追上先行者的最好办法，可该经历的发展阶段还必须经历，不能逾越。对于自然界的进化规律，有一种观点认为，人是由鱼进化而来的，期间花费了数亿年的时间，而今天婴儿在母腹中仅需要十个月就完成了这一过程，虽然这一过程的时间被大大缩短了，但婴儿在母腹中仍然会从鱼的形状演变，这个阶段却并没有减少。这就说明，事物的发展从头至尾是一个完整的过程，在这个过程中，时间可以缩短，但必需的环节却不能减少。这是做任何事情都必须要遵循的普遍规律，企业文化建设也是如此。在把三个阶段的过程合并在一起走的时候，也必须把三个阶段必须要做的事情一并完成，过程可以缩短但必要的步骤不能减少。例如，科学管理注重制度规范和标准，行为科学管理尊重人的需要，企业文化管理看重核心价值观，在今天开展企业文化建设时，都必须一并重视、一同完成。这是一种对科学管理的"补课"，不进行这种"补课"，我国国有企业的文化建设就会欲速不达，可能成为空中楼阁。很多企业家在日常的经营管理中，痛感企业的管理基础薄弱，难以形成世界一流的核心竞争力，会回过头来，在企业的精细化管理上下功夫，苦练内功，恶补科学管理阶段的缺课，就是这个道理。

其次，借彼之优扬己之长。善于向优秀者学习才能使自己变得更优秀。西方企业的文化建设是为赢得市场竞争而进行的，许多卓越的企业都形成了优良文化，并积累了许多成功经验，其中很多文化和经验是值得国有企业学习借鉴、为我所用的。走中国特色国有企业文化建设之路与学习西方成功企业的文化建设经验并不矛盾。毛泽东主席就说过，"外国资产阶级的一切腐败制度和思想作风，我们要坚决抵制和批判。但是，这并不妨碍我们去学习资本主义国家的先进的科学技术和企业管理方法中符合科学的方面。工业发达国家的企业，用人少，效率高，会做生意，这些都应当有原则地好好学过来，以利于改进我们的工作。"西方的现代企业管理经验和企业文化建设经验，是人类文明的宝贵财富，代表着迄今为止企业管理和企业文化建设的最高水平。建设中国特色国有企业文化，走中国特色国有企业文化建设之路，既不能原封不动照抄搬西方企业的做法，也没有必要完全抛弃西方的先进和优秀的东西，重打锣鼓另开张。应当通过学习借鉴，吸收他们在企业文化建设方面成功的做法和有价值的内容，提高国有企业文化建设的起点，增强实际效果，使我们的优良文化更加彰显。

二、要找准建设的路径和方法

自 20 世纪 80 年代自觉的企业文化建设在全世界的企业界开展以来，世界各国的管理学家、企业文化专家和众多企业，一直在探寻企业文化建设的有效方法，并取得了许多成功经验，形成了一些被广泛认同的普遍做法。但由于文化背景的差异、社会性质和企业性质的不同，各个企业都在摸索适合于自身实际的不同方法。我国的国有企业也一样，这些年一直在进行积极的探索。今天，随着国有企业的发展进入新的时期，进行企业文化重塑，建设与西方现代企业不完全相同的具有中国特色的国有企业文化，要求我们找到适合自身的有效方法。

中国国有企业与西方现代企业最明显的区别在于，有中国共产党的领导，所有制性质、文化背景、企业文化观和企业发展所处的阶段不同等几个方面。

中国共产党的领导是国有企业巨大的政治优势。这决定了国有企业比西方企业有更远大的理想、更高的境界、更大的格局和更正确的前进方向。

公有制是国有企业巨大的组织优势。企业所有制性质不同，决定了中国的国有企业主要是对国家、股东和员工负责，而西方的企业一般只对股东和老板负责，中国的国有企业要同时承担经济责任、政治责任和社会责任，而西方的企业只需承担经济责任，虽然西方现在的企业文化中也强调社会责任，但大多数还是从博取社会声誉的目的出发的，为了赢得市场，获得更多的利益。这些不同体现在企业文化建设上就是，我们的国有企业比西方企业更能提出崇高的价值目标、神圣光荣的使命和宏大的愿景，更容易调动广大员工的积极性，进而形成强大的向心力和竞争力。

优秀的文化背景赋予国有企业巨大的人文优势。文化背景的不同，决定了中国的国有企业会更加注重自己的民族性和人与人之间的亲情关系，更重视团队精神和集体价值,而西方企业则会更注重个人的价值,突出个人的作用。这些不同体现在企业的文化建设上,我们中国的国有企业比西方企业更能形成文化凝聚力,更能有效地增进内部的团结协作。

企业文化观的不同,决定了开展文化建设的方式不同。我国国有企业把企业文化视为企业全员的文化,从文化理念的确定到贯彻实施,都要全体员工参与,企业领导班子集体决定;而西方企业则认为,企业文化就是老板文化,文化是老板意志和理念的体现。这种不同体现在企业文化的具体实施上,就可能出现西方企业的文化落地较快,而我国国有企业的文化落地较慢的情况。

发展所处阶段的不同,决定了中国国有企业在体制机制和各种制度规范的建立上还不够科学完善,员工严格遵守规则的自觉性还不够高,全球化的思维和视野也还未完全形成。西方现代企业经过一百多年的发展,思维方式和视野都已全球化,资本和市场覆盖全球,科学技术领先世界,已建立了科学完善的制度规范和标准,员工已养成自觉遵守规则的良好习惯。这些不同体现在企业文化建设上,必然使国有企业的思维和眼界与西方企业有差异,在文化理念落地上需要做出更多探索。

通过这些简单的对比可以看出,我国国有企业在文化建设中由于其性质的原因,在对目标、愿景、核心价值观和使命确立时,不会缺乏高度与宽度,但由于管理方式和制度基础的原因,可能会出现不能将核心价值理念一贯到底并长期坚持的问题。吉姆·柯林斯和杰里·波勒斯在《基业长青》中总结西方那些高瞻远瞩公司的成功之处时发现,这些公司的一个共同特点就是能够将自己提出的核心价值理念长期不变地坚持和落实下去。因此,国有企业在开展文化建设时,一定要针对这个短板采取有针对性的措施,不断强化文化深植落地,使企业文化建设能够持久、深入地开展下去。

三、要突出中国特色

企业文化是社会文化的延伸,有道是"民族的才是世界的"。中国国有企业的文化必定要体现社会主义文化和中华民族文化的特点。因此,在现代国有企业文化建设中,一定要注意突出中国特色,这是中国国有企业在世界舞台上立足的根本之一。如何在国有企业文化建设中突出中国特色?我们认为必须要做到以下几个方面：

==将党和国家赋予的职责融入国有企业文化，转变为企业的使命责任与核心价值观。==国有企业是国家和人民所有的，肩负着振兴民族经济、为民造福等重大使命，党和国家对国有企业赋予了重大的经济责任、政治责任和社会责任。国有企业被誉为国民经济的"顶梁柱"和"压舱石"，是中国共产党执政的物质基础和政治基础、中国参与国际市场竞争的主力军和服务国际社会的主要力量。这些都是国有企业与西方企业的根本不同之处，如果把这些党和国家所赋予的使命责任结合企业的特点和实际，变成企业文化的理念系统，国有企业的文化自然就显出了中国特色。

==将中国传统文化的精髓融入国有企业文化，提升国有企业的文化品位。==中国传统文化中重义轻利、长幼无欺、经世济民、诚信经营、和利万邦、崇尚自然等许多哲学观点和价值理念，是比西方传统的逐利文化、掠夺文化更富有价值的经营哲学，对今天和未来企业的成功经营都具有宝贵价值，将这些优秀的传统文化吸收进国有企业文化，不仅能使国有企业的文化内涵更加深厚，而且使得国有企业文化拥有更大的格局、更高的品味、更广阔的胸襟，也更能彰显企业文化的中国特色。

==将新中国成立以来各条战线形成的宝贵精神融入国有企业文化，丰满企业文化内容，充分体现企业文化建设的时代性。==新中国成立以来，在党的领导下，全国各条战线各个领域，都涌现出许多像鞍山钢铁公司、大庆石油公司这样优秀的先进集体和钱学森、王进喜、孟泰、邓稼先、时传祥、张秉贵这样杰出的英模人物，这些先进集体和英模人物表现出来的自力更生、艰苦奋斗、勇攀高峰、敢于牺牲、无私奉献的崇高精神，是中国国有企业实现发展和赢得市场竞争需要继承和发扬的宝贵精神财富，具有不会过时的普遍价值。将这些具有中国特色的宝贵精神融入国有企业的文化之中，既可突出中国企业文化的时代特点，也会彰显中国国有企业文化的特色。

四、用经济效益和社会效益作为评价国有企业文化是否优秀的标准

优秀的企业文化不仅能产生经济效益，也能产生社会效益。在国内，长期以

来有一种观点：企业是经济组织，是支撑人类社会生存的基本经济单位，是社会物质财富的创造者，因此，企业的首要任务就是创新和生产，存在的主要目的就是创造经济价值，第一要义就是搞好生产，创造市场效益，为社会多纳税，特别是在市场经济条件下，企业的使命就是通过赢得市场竞争，获取尽可能大的经济价值，由此而认为企业文化仅仅是企业赢得市场竞争的软实力。

其实，这是一种对企业本质和企业文化功能的狭隘认识。因为现代企业既承担着经济责任，也承担着社会责任，企业文化既是企业发展的软实力和参与市场竞争的核心竞争力，也是企业承担社会效益的驱动力。上文已论述过，企业文化作为一门学科，是美国人在寻找日本经济增长速度超过美国、日本企业劳动生产率高于美国企业的原因时发现的，但当时日本很多大企业并非将追求经济效益作为企业的终极目的。比如稻盛和夫就说，"让技术闻名于世其实是最低层次的价值观，是次要的事情，应该把那种想法抛得远远的，经营公司的目的是为全体员工谋求物质和精神方面的幸福，为人类社会的进步贡献力量。"

企业文化在全世界风行起来之后，世界500强中的许多优秀企业，都把核心价值目标的取向定位在社会价值高于利润、用户价值高于生产价值上。后来，随着企业公民理念的出现，西方现代企业也把履行社会责任作为企业义不容辞的本分。资本主义制度下的西方国家优秀企业在价值选择上尚且能做到将经济效益和社会效益并重，甚至让社会效益高于经济效益，我们社会主义制度下的国有企业理应有比他们更高的境界。因此，我们在建设中国特色国有企业文化时，一定要坚持社会效益高于经济效益的价值观，在评价国有企业的文化是否优秀时，必须经济效益和社会效益两把尺子同时用。

首先，要看企业在核心价值排序上是否把社会价值排在前面、写在文化宣言中、印在企业的旗帜上。核心价值目标决定企业的价值追求和经营目的，是企业胸襟和境界的展示。与西方国家的企业相比，中国国有企业不仅肩负经济责任、社会责任，更要肩负政治责任，对于走中国特色社会主义道路的国有企业来说，政治责任是更崇高的社会价值，只有将政治责任列在前面，才能表明我国国有企业有更高远的境界和更强的担当精神。

其次，要把经济效益和社会效益上取得的实际成就作为企业文化建设最终的检验标准。国内外企业文化建设的经验表明，优良的企业文化和成功的企业文化建设，必然会表现在企业的经济效益和社会效益成就上。很难想象，一个企业文化建设搞得轰轰烈烈而经济效益和社会效益一塌糊涂的企业，能够说其文化优良、文化建设取得了成功。因此，一定要把企业产生的经济效益和社会效益作为检验其企业文化建设是否成功、文化是否优秀的标准。同时，在进行评价时，还要找到企业文化建设和企业所创造的经济效益和社会效益之间的内在关系，因为在过去没有开展有意识的企业文化建设时，企业也会取得重大的经济效益和社会效益，只有找到文化建设和取得的成就之间的必然联系，才能充分证明企业的文化建设确实产生了明显的效果，企业确立的文化才是真正优良的文化。

总而言之，探索中国国有企业文化建设的道路，我们既要打开历史和世界的眼光，把握企业文化建设的一般规律；又要始终扎根于中国传统文化的沃土，汲取中国传统文化的丰富营养和无垠智慧，使中国国有企业文化独具特色。正是在这个宏观命题和新时代的背景之下，一众国有企业，如中粮集团、中化集团、中国建材、航天科技集团、中航集团等，对企业文化建设进行了大胆的探索和创新，取得不少原创性的成果，还有中国电子科技集团公司，从2013年开始，便在全系统开展了对国有企业文化建设的系统深入探索，在不断探索的过程中，逐步深化了对这个命题的认识，形成了一些做法，在本书后续章节中，我们将对这些认识和做法进行详细解读，以期对新时代的国有企业文化建设提供参考与借鉴。

本篇章对如何走好中国特色企业文化建设道路，进行了宏观理论的探讨，意在为国有企业进行文化建设和重塑提供一些理论参考。下面，我们将从方法的角度，对企业文化本身予以深刻的剖析，研究探讨国有企业文化建设的内在规律，为国有企业进行文化重塑提供一些实用而有效的方法。

第四章 国有企业文化重塑顶层设计的系统方法

近些年来,许多国有企业在文化建设上已按照国资委的要求,从全盘学习西方的路子中走出来,结合中国文化的传统和自身的实际进行新的探索,并取得了明显的成效。比如中航集团、中国电科、宝钢集团等一批大型国有企业的文化建设都搞得很好,富有国有企业的特色。这些企业的文化建设,实际上是在国家全面深化国有企业改革、建立中国特色现代国有企业制度的大背景下进行的一次文化再造工程,其建设成的新文化对企业内部整合、组织结构和管理模式调整都起到了重要引领作用,为企业经济效益持续提升、实现高质量发展,履行国家赋予的经济责任、政治责任、社会责任和安全责任提供了强有力支撑,对国有企业的文化建设很有借鉴意义。

在吸收这些大型国有企业文化建设的成功经验基础上,我们感到,走中国特色国有企业文化建设之路,首先是要提高对企业文化建设的正确认知,防止被错误的认知误导,掉入陷阱;继而要研究出符合时代潮流的国有企业文化建设的新模式,找出企业文化建设成功的内在规律,做好企业文化建设的顶层设计。

第一节 国有企业文化建设误区陷阱

由于我国企业文化的发展还不平衡,导致出现许多误区、陷阱和各种各样的问题,成为影响企业文化建设各个阶段有效进行的障碍,因此,在进行国有企业文化重塑的过程中,务必保持清醒的头脑,辨别、认清、找准企业文化建设过程中容易出现的偏差,避免重蹈他人覆辙,以保证企业的文化建设顺利进行。

一、"六个典型问题"

1. 企业文化建设滞后

中国的企业文化建设因起步晚于西方国家，整体相对滞后，与世界先进企业的文化相比还存在明显差距。很多企业并没有将企业文化置于企业经营战略的高度，没有将其视为一项长期、系统性的工程，也缺少统一规划。据一项企业文化建设状况抽样调查结果显示，国内有企业文化发展规划的企业比例仅为 30.1%；企业文化建设处于"基本形成阶段"的占 40.1%，处于"酝酿探索阶段"的占 35.2%，处于"深化提高阶段"的占 20.4%，还有 4.3%的处于"不太清楚"阶段。也就是说，多数企业的文化建设仍处于基本形成和探索阶段，普遍缺乏企业文化建设的自觉意识。虽然这个抽样调查是针对各种性质的企业进行的，但就国有企业单独来看，也好不到哪里去。有一些大型的国有企业，甚至至今还没有进行过系统性的企业文化建设，企业文化建设滞后是一个普遍现象。

2. 对企业文化重要性认识不足

虽然企业文化建设对于企业发展来说有着重要意义，然而，当前我国许多国有企业在发展过程中，并没有将企业文化建设提高到战略的高度，没有真正认识到企业文化的极端重要性。有一些企业领导认为企业文化不能给企业带来直接经济效益，只不过是一些务虚的花架子，不必在上面花费过多的时间和精力。有一些企业认为企业文化就是一些漂亮的口号，解决不了企业的实际问题，无关企业的经营目标，无助于企业的战略实施，只是一些二线的宣传服务性的工作而已，平时由企业的党群部门负责打理就可以了，没有必要占用领导过多的精力。也有的认为，业务部门要集中精力做好业务，完成任务，不要在企业文化这样的"虚功"上浪费企业资源，那些"不打粮食"的事情，企业尽量少做为好。这种对企业文化建设不重视的态度，会直接给企业文化工作机制、队伍建设带来直接影响，致使企业文化建设难以正常开展。

3. 对企业文化功能定位错乱

企业文化建设是一项复杂的系统工程，它的内涵和作用，不是几句简单的口号就可以概括的。不少企业要么把企业文化的内容，简化为"企业"+"文化"，用空洞的口号、铺排的文字、华丽的说辞附庸风雅地装饰企业，造成企业文化口号化，一些企业的所谓企业文化就是一些华而不实的标语口号；要么是将企业文化表象化，企业文化建设"纸上谈兵"，把主要功夫下在美化厂容厂貌等一些表面的工作上；要么是将企业文化虚置化，"包装""炒作"现象突出，追风、作秀、摆花架子，通过"形象广告"进行宣传轰炸。

更有的企业，将企业文化简单等同于思想政治工作，认为企业文化就是协助企业党组织做好员工的思想政治工作；等同于精神文明建设，认为企业文化建设就是搞活动、树典型、唱赞歌；有的等同于文体活动，认为企业文化就是组织员工开展业余文体活动；有的等同于CIS（企业形象识别系统），认为企业文化就是包装企业形象。

还有的认为，"企业文化是个筐，什么都能往里装"，盲目迷信传统，期望用企业文化建设的内容装进传统的管理方式与管理思想，或盲目西化、标新立异，认为凡是新的、国外的就是现代化的，企图把企业文化当作"包治百病"的良药。

这些，本质上都是对企业文化功能的定位错乱。

4. 简单模仿照搬其他企业的文化

在企业文化建设中，学习、借鉴国内外成功企业优秀的、好的做法是有益的、必要的，但一味盲目地照搬、简单模仿别人的文化理念、文化策略、文化口号、发展规划等，忽视了本企业的实际和特点，抛弃了本民族传统中优秀的文化，这样即使建成了企业文化体系，最终将会抹杀个性、缺乏生命力。建设企业文化，不能"千人一面"，社会环境、地理环境、市场环境等各个方面对企业的影响是显而易见的，各个企业的内部环境也各不相同。因此，各个企业在建设自己的企业文化时，应根据本企业所处的环境、生产经营的特点以及企业的服务对象，塑造自己的企业文化。所以说，不同地区有不同地区的企业文化，不同行业有不同行业的企业文化，不同企业有不同企业的企业文化，不能简单模仿，照抄照搬。

5. 企业文化缺乏鲜明个性

企业文化的魅力在于它的独特性。例如，同为日本的企业文化，索尼强调开拓创新，而尼桑则推崇顾客至上。但是我们的许多国有企业在开展企业文化建设时却存在生搬硬套，千篇一律的现象。价值观、愿景、使命、企业精神、经营理念等都似曾相识，企业标识缺乏个性，制度、规范、行为方式不谋而合，没有表现出本企业特有的文化色彩，没有真正地反映出本企业的价值取向、经营哲学、行为方式和管理风格，所以，难以在员工心中产生强烈的共鸣。

还有的大型企业，过分夸大企业文化的统一性，忽视地域、分公司的差异性，造成下层组织机械模仿照搬上层组织的文化，文化建设与实际严重脱节。有些企业所属部门夸大部门文化建设的差异性，不按照要求统一建设。有的企业将传统文化等同于企业文化来建设，忽视企业文化的创新性和个性化，不能形成特色鲜明的企业理念。

优秀的、成功企业的先进价值理念一直是我们的学习和借鉴的榜样，这本无可厚非。但是每个企业都面临着不同的自然、人文、经济、社会政治和法律环境，都有自己的行业属性、历史沿革、生命周期阶段和发展目标，其企业文化的核心价值观、经营理念、制度、行为规范和形象标识等都应该有属于自己企业的个性特征。

6. 企业文化浅表化

有些企业将企业文化建设局限于口号、标语，浮于表面，流于形式；有些企业文化缺乏实质内涵，员工不能主动接受甚至有所抵触，导致企业文化缺乏凝聚功能，企业文化建设陷入尴尬境地；有些企业仅注重表层显性的建筑环境文化、服饰文化等物质文化建设，不重视企业战略、管理制度、价值理念、行为方式等方面的深层文化建设，致使企业文化的激励、辐射等功能丧失；有些企业的文化建设执行不到位，部门协同力度不够；有些企业对企业精神挖掘的深度不够，将注重企业文化等同于企业精神，导致企业文化缺乏核心内容和深层次内涵。

有些企业对企业文化的内涵缺乏明确的认知，不知道将企业发展实际、职工存在的思想问题与企业文化建设的重点有机联系起来，不知道将企业阶段性发展目标与企业文化建设的策略紧密结合起来，不知道把经营管理中的难题矛盾与企业文化建设的方向有机地统一起来，致使企业上下都认为文化建设不过是负担和摆设，根本没有实质性的内容，只是流于形式。

也有的企业在开展企业文化建设时，将工作的重点放在视觉文化上，认为统一了着装、统一了企业的标识，做了形象设计和形象宣传，就是在做企业文化，这必然导致企业文化建设陷入形式化、浅表化的误区。

二、"六个认知误区"

由于国有企业具有一定的特殊性，所以，国有企业的文化建设除了会遇到一般企业文化建设都会有的误区外，还会出现一些国有企业特有的误区，给企业文化建设造成干扰，在进行文化重塑时，也应当注意。

1. 对企业文化目标定位把握不准

有的企业把建设企业文化的目标仅仅定位为塑造员工，包括按照领导者和组织的意图改变员工的观念、习惯和行为方式等。就企业文化的内涵来看，塑造员工的确是一项重要工作，但企业文化的根本目的是要在促进员工发展的同时塑造企业自身，实现"造企"与"塑人"的相互作用、相互促进。

还有的企业，其企业文化建设目标存在"虚妄文化理想"现象，这些企业往往会提出超过企业能力范围，以体现其所谓远大抱负、历史使命等"大而空"的宏伟目标，缺乏脚踏实地的企业文化建设的目标定位，具体表现为企业文化建设的目标模糊、缺乏根基，有的目标没有依据、逻辑混乱、没有激励作用，有的目标脱离实际、不着边际，甚至目标本身对企业的发展没有任何实际的意义。

2. 把国企文化当成"领导文化"和"老板文化"

有些国有企业认为，企业文化就是领导者或"老板"所倡导的，由专家策划、指导、设计的文化，是自上而下的；企业文化建设中员工只是被动的接受者，而不是主动的参与者和创造者，这些企业的企业文化建设往往都是采取自上而下的方式，缺乏自下而上的沟通，大致流程就是领导（老板）定个纲，再找专家设计企业文化体系，然后在全体员工中宣贯，从而错误地把企业领导者当成企业文化建设的主体，把企业员工当成企业文化建设的客体。

对国际跨国公司和国内的民营企业来说，在一定程度上，企业文化确实就是"老板文化"。但对国有企业来说，却不能这样。这除了国有企业性质上的原因外，就企业文化建设本身的需要来说，也不应该由主要领导个人来决定。不可否认，由于所处的位置不同，就管理水平、领导能力和对企业了解的全面性以及对企业文化建设的认知程度等来说，企业的主要管理者确实要比一般员工会更高一些，对一个企业的文化建设尤其是企业核心文化的确定起着重要作用，但不能因此就把国有企业的企业文化等同于领导者个人文化、企业家文化和"老板文化"，而必须让全体员工参与企业文化建设，发挥他们的积极作用。因为群众是真正的英雄，企业员工才是企业文化建设的主体。企业文化建设的最终目的是要得到全体员工的认可，全员的参与对于企业文化建设来说可以达到事半功倍的效果。因此，企业文化建设除了自上而下的过程外，更需要自下而上的过程。只有把企业领导者的战略思考、主导作用与广大员工参与的基础作用、主体作用结合起来，才能真正创造出有生命力的企业文化，才能真正使优秀的企业文化成为企业领导者和全体员工共有的精神家园。

3. 不知道企业文化建设的自身规律

有速胜主义认识。认为企业文化建设可以一蹴而就，毕其功于一役，常常导致企业文化建设半途而废，不上不下。而事实上，企业文化建设是一项长期复杂的系统工程，既不会一蹴而就，也不会一劳永逸。企业文化建设是一个螺旋式上升的过程，伴随着企业的发展而发展。只有经过持续艰苦的共同努力，企业文化才能够融入员工的血液里，落实在员工的行动上。否则，企业文化就会成为一个漂亮的花瓶，只能用于摆设。

有自然主义认识。认为企业文化包括企业理念等是企业在长期生产经营活动中自然形成的，企业没办法、也不应该进行人为的策划、设计、建设。这会导致企业文化建设中的"无作为"现象，一切任其自然发展，缺乏明确的理念指导，缺乏主流价值观引导，放任自流，野蛮生长，难以形成系统、完整的企业文化。

有主观主义认识。认为企业文化包括企业理念等就是根据领导的意图，人为地策划、设计出来的。这会导致企业文化建设中产生形式主义、主观主义的"突击"现象。不少企业还盲目效法别人的企业文化建设，急功近利，机械地照搬照套，缺乏特色和个性。企业确实可以通过拍脑袋在一夜之间设计出很响亮的理念、口号，也可印刷出很漂亮的企业文化手册，但是，这样做的结果只会使企业的文化脱离企业实际，游离于企业之外，如同浮萍。

这三种认知虽然各不相同，但造成的不良后果却都一样，就是企业的文化建设失去可行性、有效性，仅走走过场，劳而无功。

4．认为企业文化建设可随意而为

跟风随意无恒心。视企业文化为时尚，盲目跟风但浅尝辄止，有一蹴而就之心，无长期努力之意，往往雨过天晴地皮湿，谁知文化在哪里！

缺乏系统的规划设计。企业文化建设的目的是服务于企业的经营活动，要将企业的文化力转化为企业的竞争力，就需要把企业文化建设工作与企业的经营管理活动紧密地结合起来，落实到企业的实际工作中去。很多企业各项工作都有年度计划，唯独企业文化建设工作没有计划，工作开展的随意性很强，缺乏全面完备的策划方案和详细可行的工作计划。

缺乏制度保障。企业的管理层对企业文化的重视不够，没有把企业文化建设作为企业发展战略的重要组成部分来看待，没有把企业文化建设纳入日常管理活动之中，企业文化建设工作缺乏一套完善和行之有效的制度保障。

对企业文化体系的表述修改频繁，随意性强。企业文化的核心要素经常发生重大变化，特别是企业的使命、愿景、核心价值观随意变动修改，甚至是朝令夕改。班子换届便是文化异帜，城头变幻大王旗，给企业和员工带来很大的混乱和困扰，给企业文化的建立、塑造和培养增添诸多人为困难。

5．搞不清企业文化与政治思想工作的异同

近些年，随着"企业文化热"的出现，一些企业党政领导开始关注企业文化建设，但是他们只看到企业文化与思想政治工作相同的一面，便武断地认为企业文化就是思想政治工作，于是就用企业文化建设代替思想政治工作，从而导致忽视思想政治工作的情况发生，给企业的思想政治工作造成负面影响。

其实，企业文化和思想政治工作是两个截然不同的范畴，虽有许多相同之处，但仍然存在着较大的区别，不能相互替代。

首先是二者的着眼点不同。企业思想政治工作着眼于企业与社会的直接统一，使企业体现社会主义企业的共性本质。企业文化建设则着眼于企业个性的培养，使企业充分发挥自己的特长和优势。另外，企业思想政治工作强调的是思想教育的针对性，要求"一把钥匙开一把锁"。而企业文化建设着眼于企业的群体意识，注重企业整体氛围的形成和塑造。

其次是二者实现目的的方法不同。企业思想政治工作强调通过路线、方针、政策教育和科学理论、形势任务教育来激发职工的积极性和创造性。企业文化建设则通过文化环境、文化设施、文化活动，对企业职工起到潜移默化的激励和调节作用，从而焕发出高度的工作热情。

再者是二者的工作内容层次不同。企业思想政治工作具有普遍指导的特点，强调用先进思想培养人，进而改造客观世界，诉诸于人的社会责任感、使命感和对理想的追求，其工作内容是深层次的，带有强烈的政治性理性色彩。而企业文化建设在工作内容上既要满足于职工的较低层次的需要，又要满足职工较高层次的需要。

这种认知上的误区造成企业文化建设和思想政治工作都难以发挥应有的效能，引起企业精神文化管理的混乱，危害至深。

6. 错误认知企业文化与经营管理的关系

将企业文化建设与经营管理割裂开来。这是一个较为普遍的错误认知，机械地认为企业文化就是企业文化，经营管理就是经营管理，两者之间没有多大关系，相互隔离，互不相关，将企业文化同经营管理活生生地割裂开来。就经营谈经营，就文化谈文化，不是针对企业经营管理中的实际问题研究、培育企业文化；不是从企业文化的角度研究经营管理问题的文化根源，使经营管理和企业文化建设互相促进、互相支撑，而是形成企业文化建设和经营管理两张皮。导致的结果是，一方面企业文化飘在上面，企业文化建设浮于表面、流于形式，只注重核心理念、精神和价值层面，造成企业文化没有腰，挺不起来；没有腿，落不了地。另一方面，经营管理难在下面，就经营谈经营，没有优秀的文化统一思想认识，没有优秀的文化营造氛围，没有优秀的文化提供动力支持，没有优秀的企业价值观提供正确导引，企业经营管理水平的提升缺乏引领、缺乏动力、缺乏目标，日益举步维艰。

看不到企业文化和企业战略的互动。企业文化是企业战略形成、制定和实施的基础；企业战略是企业文化的一种反映，有什么样的企业文化，便会产生什么样的企业战略。企业文化是企业战略顺利实施的关键和核心，战略管理中使命和价值观的表达，都是基于一定的企业文化背景。企业文化对战略具有导向性影响，优秀的企业文化往往会指导形成有效的企业战略，并且是实现企业战略的驱动力和重要支柱。同时，企业文化应该服务于企业的战略，企业战略的实施必须要有与之相匹配的企业文化来导航和支撑，企业文化与企业战略就如同生物学中的DNA 双螺旋，企业文化决定战略的制定，必须为战略服务，而企业战略的改变又会促进企业文化的变革和提升。弱化和隔断企业文化和企业战略的互动，不仅会从根本上影响和制约企业文化和企业战略的功能和作用发挥，更谈不上通过二者的有机融合来产生巨大的化学效力，推动企业健康、快速地发展进步。

这些错误认知和误区如果不被纠正，往往会将国有企业的文化建设引入歧途，所以，在进行企业文化重塑时，一定要引起重视，多加警惕。

三、影响企业文化建设有效落地的"四个陷阱"

1. 重建设、轻落地，企业文化不被广大员工认同

优秀的企业文化应该是被上至企业领导，下至普通员工广泛接受的文化。然而，许多企业在开展企业文化建设过程中，重建设、轻落地，仅仅依靠个别部门开展工作，忽视员工的参与度，员工只是被动地接受和服从，导致企业文化不被广大员工认同，企业文化建设出现上下脱节和"两张皮"现象。据调查发现，有的企业虽然设计了完整的企业文化体系，但仅仅热衷于把企业文化设计出来、展示出来，热衷于通过企业文化的展示改变企业的社会形象，热衷于让大家知道企业在做企业文化，却缺乏对员工进行深层次的教化，使企业的精神文化没有得到广大员工的广泛认同和接受，没有转化为员工的群体意识和整体行动，没有把企

业文化真正转化为整个企业的"知"和"行"。更为普遍的是，有不少国有企业，文化建设轰轰烈烈，下了很大功夫，而文化落地虎头蛇尾、蜻蜓点水，很快偃旗息鼓，从而使企业文化建设落入了重建设、轻落地的陷阱。

2. 重核心文化，轻制度建设和文化落地

有些企业在文化建设中，核心文化一马当先，管理制度建设相对滞后，制度文化不能及时跟进，企业管理制度不能及时更新，致使企业文化建设缺乏支持和后劲，造成企业文化"虚化"。有些企业虽然重视制度文化建设，但是忽视制度变革和企业文化的有机联动，忽视了制度文化的具体贯彻执行；有些企业不重视制度文化建设，没有详尽的制度执行方案、执行评估系统。此外，许多企业缺乏一套科学合理的企业文化考核体系，导致贯彻落实企业文化的行动力度不够。在企业文化宣传贯彻方面，有些企业在员工培训时忽视对员工开展企业文化和提升综合素质的教育，使企业文化缺乏影响力，落入理念文化是巨人，制度文化是侏儒的陷阱。

3. 企业文化内涵不足，格局小、站位低、缺乏稳定性

有些企业的企业文化建设内涵缺失，格局小、站位低、不够稳定，难以持久。企业文化不同程度地受到不良传统文化中的官本位和人治思想等消极因素的影响。政府情结、权力崇拜、唯上是从、人治管理等现象普遍存在。企业文化的"人本"理念未能得到足够重视，有些企业仅停留在客户层面，缺乏对员工的人本关怀和关爱，不利于员工工作积极性的增强和工作效率的提高。很多企业的文化站位低、且格局不够，缺乏逻辑性和思想性，不具说服力，未形成稳固的深层次的企业精神、经营哲学和核心价值。企业文化受领导层主观意识影响大，不少企业因为领导的格局小，造成企业文化内涵不足；有的企业急功近利，虽有好的企业文化，却不能持之以恒。一方面，企业的文化一天一个调，令广大干部和员工无所适应，思想文化混乱；另一方面，频繁变动的企业文化缺乏历史继承性，致使企业文化没有根基，经不起市场风雨的考验。这些因素都会导致企业文化建设落入内涵缺失、格局不够、易变不稳的陷阱。

4. 企业文化建设"碎片化"，难以转化为企业系统性效能

有些企业的企业文化建设，缺乏统筹规划、东鳞西爪，呈现"碎片化"现象。一方面，企业文化的建设和培育缺乏系统的思维，缺少抓手和方法，常常挂一漏万，未能形成一套规范、完善、系统、严密的、科学的企业文化管理体系，从而难以落地实施，也不能形成合力。另一方面，有些企业对文化建设没有进行有意识、有计划的提升，文化构成元素未得到有效总结、提炼，导致企业文化激励、约束、凝聚功能不健全。

更为普遍的是，有些企业的文化培育途径缺乏创新，导致企业文化效能不足，不能转化为企业的核心竞争力，企业文化对企业绩效的影响和贡献不明显，限制了企业文化系统性效能的发挥。

总之，"碎片化"的文化建设，难以形成企业的软实力，更难以转化为企业的核心竞争优势。这是企业文化建设常见的"碎片化陷阱"。

无论是企业文化总体发展普遍存在的问题，还是企业文化建设过程中常见的误区；无论是企业文化与经营管理等关系的认知误区，还是企业文化落地有效性方面的陷阱，都会对企业文化的正确认知、设计谋划、系统建设、塑造培育、落地实施和企业文化的作用发挥、效果评估及企业文化的建设发展，产生诸多不利的影响，甚至导致企业文化建设的失败。所以，需要下大功夫，研究制定相关策略，解决企业文化建设普遍存在的有关问题，有效避免企业文化建设的误区和陷阱。这就是企业文化建设方法论要首先解决的重大问题。

第二节　国有企业文化建设的"五契合"构建模式

中国特色国有业文化建设和重塑的关键，在于如何把握住国有企业文化的中国特色。作为专门从事经济活动，为社会提供产品和服务的社会经济组织，世界上所有的企业都存在着共性，这就决定企业文化的模式也会存在相同的地方，我们的国有企业也不例外。中国特色国有企业文化模式的重构不是要从根本上抛弃以往的企业文化模式，而是要适应新时代国有企业发展的需要，在过去已经形成的企业文化模式基础上，加入中国元素，使国有企业的文化更加体现出中国特色，

以更有利于国有企业将这种特色作为优势发挥出来，更好服务社会，赢得市场竞争。基于此，在不断探索创新的实践基础上，我们提出中国特色国有企业文化"五契合"的构建模式。

一、实现党倡导的先进文化与企业文化的"契合"

实现党倡导的先讲文化与企业文化的契合，是国有企业文化重构的核心。以往国有企业的文化建设，由于受西方企业文化建设的影响，认为企业的文化就是主要管理者个人的意图。因此，在企业文化建设中往往比较注重企业主要管理者个人的因素，而在一定程度上忽视了党倡导的先进文化对企业文化的影响。使党的先进文化在企业文化建设中的作用减弱，导致国有企业的文化建设不能很好地体现出中国特色。事实上，中国特色国有企业的主要特征就是党的领导，党对企业的领导不仅体现在"把方向，谋大局，保落实"上，更表现在管思想、管干部和管文化上，而管文化的关键就是要领导企业文化的建设，实现党倡导的先进文化与企业文化的契合。

党倡导的先进文化与企业文化的契合，从企业文化建设的角度来说，应当包含三个方面的内容。

实现党组织与企业决策经营班子对企业文化建设和领导的统一。对许多西方的公司和国内一般民营企业来说，企业文化建设就是企业自己的事，毫无疑问就应该由企业的老板来负责。例如，美国的福特公司，其核心价值理念就是福特本人的思想，还有日本的松下公司、京瓷公司，中国的一些民营企业等，其文化无一不是公司老板个人的理念和主张。

但中国的国有企业不同。中国的国有企业是国家经济的支柱，是工人阶级最为集中和共产党员数量最为庞大的地方，是中国共产党执政的政治基础和物质基础，对巩固中国共产党的执政地位有着不可替代的重要作用，因此，党必须坚持对国有企业的领导，国有企业的使命责任和核心价值观也必须要体现党组织的意图，不能任由企业的主要领导一个人来决定。这样，企业文化的建设就必须要由党在企业的组织和企业的董事会及经理班子共同来领导并组织实施。

过去，在现代国有企业制度还未建立的时候，国有企业的文化建设也是由企业的党组织和行政领导共同领导和组织实施的，但由于企业实行的是行政领导负责制，企业的党组织对企业文化的领导常常处于要么有名无实，要么无力实施的尴尬处境之中，企业的行政领导面对党组织的存在，也不好独自实施企业文化建设，结果就使企业的文化建设在领导层面出现了"两张皮"的现象，你抓你的企业文化，我抓我的管理，互不相干。现在，随着国有现代企业制度的建立，明确了党组织在企业的领导地位和与企业董事会、经营班子的关系，从体制上解决了党在国有企业文化建设中的尴尬处境，为实现党组织与企业决策经营班子在企业文化建设上的契合奠定了组织领导基础。

按照党对国有企业领导双介入的要求和国有现代企业制度的特征，国有企业的文化建设应该由企业的党组织来领导，企业的董事会来决定，企业各级党组织和管理层共同组织实施。党组织的领导，主要是在前期提出开展企业文化建设的建议，在企业文化建设过程中，把握企业文化建设的方向和内容的正确性，使企业的文化符合党对文化建设的要求，与党倡导的文化在核心精神上保持一致，在董事会对企业文化的方案作出决定后，组织各级党、群、团组织去认真落实。董事会的决定主要是确定企业文化建设的核心价值观、实施方案和经费投入，各级党组织和管理层主要是共同组织实施，保证企业文化方案的推进和落实。

通过企业党组织、董事会、各级党组织和管理层的协调配合，有利于企业文化建设的方向保证、权威保证、经费保证和落实保证，从而实现企业党组织和企业董事会及经营班子在企业文化建设领导及组织实施上的契合。

实现党的文化建设目的和企业文化建设目的一致。在《中共中央关于党的百年奋斗重大成就和历史经验的决议》中明确提出，党领导文化建设的目的，就是要"为国家立心，为民族立魂"。作为党领导下的国有企业，毫无疑问，应当把党的文化建设的目的落实在企业的文化之中。因此，在新时期国有企业的企业文化重塑中，就要把企业文化建设从以往的为企业"立信、树形"的目的基础上，进一步提升为"为企业立心，为员工立魂"，通过把党提倡的优秀文化融入企业的文化之中，形成企业独特的文化，从而实现党的文化建设的目的和企业文化建设目的的契合。

实现党的思想政治工作方法与企业文化建设的互补。企业思想政治工作是党在国有企业发挥作用的一项重要工作，是通过宣传贯彻党的方针政策和科学、正确的道理，有针对性地解决员工的思想问题，帮助员工树立正确的人生观、价值观，使员工以积极的心态投入工作和生活，促进企业全面发展，是企业一切工作的生命线。企业文化则是企业在经营活动中形成的经营理念、经营目的、经营方针、价值理念、经营行为、社会责任、经营形象的总和，是企业个性化的体现，是企业的灵魂。二者在作用上虽然不完全相同，发力点和着力点也不完全一样，但都有一个共同点，就是通过培育正确的价值观，用精神激励来调动员工的积极性，从而增强企业的市场竞争力，为企业发展提供动力和保证。

在过去国有企业的企业文化建设中，在对企业思想政治工作和企业文化关系的认识和处理上，曾经出现过一些偏颇，要么是把企业文化完全代替思想政治工作，要么是将二者完全割裂，这都是不正确的。在国有企业文化的重构中，应当把二者结合起来，通过思想政治工作，用习近平新时代中国特色社会主义思想武装企业全体员工，使企业的核心价值观和经营理念体现出中国特色社会主义的共性；通过运用思想政治工作灌输教育的方法，把企业的核心价值理念变成企业全体员工的共识，为企业文化落地提供支持。同时，通过企业文化建设，总结提炼出企业自己的核心价值理念，突出企业文化的个性，形成具有中国特色的优秀企业文化，实现企业思想政治工作与企业文化的契合。

二、实现社会主义核心价值观与企业文化的"契合"

"富强、民主、文明、和谐、自由、平等、公正、法治、爱国、敬业、诚信、友善"，是中国共产党确立的新时代中国特色社会主义的核心价值观。这个核心价值观是在继承中国传统文明精华和世界现代文明优秀文化的基础上形成的，可以说是闪耀着人类文明光辉的先进价值体系，涵盖了国家、社会、个人三个层面的价值取向，是中国全社会所有群体和个人都必须遵循的基本价值准则。国有企业是国民经济的重要支柱，是社会主义制度重要的经济基础和重要组成部分，理应带头遵循社会主义的核心价值体系。因此，在国有企业的企业文化重构中，必须要将与企业有关的社会主义核心价值观吸纳进来，提炼国有企业文化的共性因素，实现社会主义核心价值体系与企业文化的契合。

将社会主义核心价值观中的"爱国"价值观纳入国有企业文化价值体系之中。

国有企业特别是中央企业,被称为"共和国的长子",是中国共产党领导下的新中国一手创建和培育起来的,自诞生之日起,就肩负着强国富民的重任,是国家经济建设和国防建设的主要力量,是国家经济责任、政治责任、社会责任的主要承担者,是建设中国式现代化和实现中华民族实现伟大复兴不可缺少的重要依靠。因此,无论是从出生还是所肩负的使命和责任来看,"爱国"都应该是国有企业的首要文化要素。

在以往一段时期,有些国有企业在进行企业文化建设时,受西方企业文化观念的影响,认为企业无国界、科学无国界、技术无国界,认为爱国这一价值观念太政治化和太落俗套,为了突出自己企业的个性,有意无意把爱国价值观从企业的文化中隐退或抹去,结果是在突出自己的个性时,把国有企业文化应有的共性也去掉了,使企业的文化失去了原本应有的中国特色。这是一种不好的现象,国有企业在自己的文化中故意抹掉爱国的价值观,岂不成了笑话。因此,在新时代国有企业文化的重构中,作为国有企业,应当理直气壮地把"爱国"作为企业主要的核心价值观,纳入企业文化的价值体系之中。通过实现社会主义核心价值观与企业核心价值观的契合,彰显出中国国有企业文化的特色。

将社会主义核心价值观中的"诚信"价值观纳入国有企业文化价值体系之中。
诚信,源于中国传统文化,是中国几千年来一直所倡导的经商职业道德,也是中国化的契约精神。中国历史上有儒、道、法、墨等多家学派,各学派的主张不尽相同,但在强调"诚信"这一点上,各派的主张却完全一致。儒家提倡,"仁、义、礼、智、信",把"信"纳入自己的价值体系之中,其创始人孔子在《论语》中回答学生政事中什么最重要时说,"足食、足兵、民心之矣"。当学生又问他,不得已首先丢掉哪一项时,他说,"去食,自古皆有死,民无信不立"。把"信"看得比吃饭和生命还重要。他还说,"言必诚信,行必中正"。墨家的创始人墨子说,"诚信者,天下之结也"。认为诚信是能够把天下人连接在一起的纽带。法家的韩非说,"小信诚则大信立"。主张诚信要从小小的事情上就要注意建立。受这一伦理思想的影响,中国历代的杰出商人和实业家也坚持把诚信作为企业经营之道,并都取得很大的成功。百年老店同仁堂之所以能长盛不衰,一个很重要的原因就是得益于对"童叟无欺,一视同仁""守信用,重人和"理念的信守与坚持。

新时代社会主义核心价值观将"诚信"列入其中,则是对优秀传统文化的继承。作为中国的国有企业，自然应将这一优秀的传统价值观纳入企业的核心价值体系之中，成为企业文化重塑的重要内容。

其实，"诚信"作为一种价值观，已具有普适性，被现代社会所广泛遵循。全世界优秀的企业都坚持把"诚信"作为核心价值观或经营理念，以此获得良好的企业声誉，从而赢得市场竞争。而我们的一些企业过去在这一点上恰恰做得不是很好。因此，实现企业核心价值观与社会主义核心价值观的契合，不仅是使国有企业的文化具有中国特色的需要，更是国有企业更好赢得国内、国际市场竞争的需要。通过将党和国家所倡导的"诚信"这一核心价值观融入企业的价值理念之中，必将会进一步强化企业的守信意识，提高国有企业的社会声誉，使中国特色国有企业以更好的形象走向世界。

将"敬业"价值观纳入国有企业员工行为准则之中。每一个工作着的人，无论从事什么样的职业都应该敬业。国有企业的员工自不必说，只有每一个管理者和员工都敬业了，把企业的每一件事情都做到最好，企业才能真正搞好。国有企业的员工是企业的主人，在企业工作就是为自己工作，敬业原本就是理所应当的。在国有企业早期的文化建设中，不少企业的企业精神中就一直有"敬业"二字，但在过去一些年，由于企业制度不完善，有些企业管理者不把员工当企业的主人看待，导致一些员工因此丧失了主人翁意识，不再把企业视为自己的家，把在企业工作看成是为他人工作，工作责任心和敬业意识因此就变得淡薄起来，敬业二字也从一些企业的文化中消失了。这是一个不好的现象。许多民营企业都在想方设法通过入股、高薪、让员工参与管理等方式来增强员工的敬业意识，我们国有企业天然就具备这种独特优势，为什么不发挥呢？现在将"敬业"这一社会主义的核心价值观纳入国有企业文化重构之中，重新树立为企业的价值观，通过突出国有企业的社会主义性质，来强化企业全体管理者和员工的敬业意识，既能重新继承国有企业过去的优秀文化传统，又能体现国有企业的企业文化特色。

三、实现企业文化与企业经营管理的"契合"

企业文化是企业的软实力，对增强企业的市场竞争能力有着不可替代的重要作用，这已被中外许多企业的成功实践所证明。多年来，我们许多国有企业也通过开展企业文化建设，使企业的形象不断改善，社会影响力不断扩大，内部凝聚力和市场竞争力不断增强，在激烈的市场竞争中实现又好又快的发展。可也有一些企业，企业文化建设虽然搞得轰轰烈烈，投入不少，一时名声大振，但企业的发展却没有多少起色，没过几年，企业就销声匿迹了。导致一个企业重视企业文化建设而经营失败的原因有很多，而其中一个重要的原因，就是这些企业只注重追求企业文化的形式，把企业文化建设和企业的经营管理相分离，搞成了两张皮，使企业文化不能全面融入企业的经营管理之中，无法发挥应有的作用。而解决这一通病的有效药方，就是要使企业文化与企业的经营管理紧密融合。

如上文所述，企业文化原本就是企业管理的一种方式，最早是作为一种不自觉的方式产生于企业的经营管理过程之中，直到美国的管理学家们对日本人的经营管理进行分析研究的时候，才将其提炼出来，命名为"企业文化"。所以，企业文化这一概念的提出，其初衷只是为了提升企业经营管理水平，因此可以说，没有离开了企业经营管理而存在的所谓"企业文化"。这也就是说，企业文化一旦离开企业的经营管理，便会显得毫无意义。但在企业文化刚开始引入中国时，许多企业一度看到的只是文化而不是管理，在企业文化建设的实际操作中，对其作用的发挥往往也是放在企业形象的树立，而不是放在企业声誉的提升上。树立企业形象和提升企业声誉，表面看似乎只有视觉和听觉的差别，作用都差不多，但实际上却存在着质的差异。因为企业的形象可以自己通过广告宣传等外在的方式来实现，是自己给自己树立的，而企业的声誉则必须靠产品和服务的口碑来实现，是社会给予企业的，需要的是内在的功夫。形象可以花钱买，声誉则必须自己创，而要创声誉就必须练内功，练内功就是要让企业文化在企业的经营管理中发挥作用。因此，在进行国有企业的文化重塑时，一定要将企业文化融入企业经营管理的各个环节之中，实现企业文化与企业经营管理的契合。

1. 对企业的定位进行文化意义上的假设

企业定位就是明确自己是属于什么性质的企业，现在是干什么的，将来要干什么，是企业经营管理的出发点和落脚点。企业文化的构建是要为企业的经营管理服务的，只有明确了企业的定位，才可能确定企业的愿景、使命和核心价值观，使愿景、使命和核心价值观的内涵与企业的追求相符，准确有效地体现在企业经营管理的各个环节之中，对企业的经营管理起到引导作用，从而实现企业文化的落地。

我们的国有企业有很多种类，有的是中央企业，有的是地方国有企业，有的是军工企业，有的是民品企业，有的是实体企业，有的是服务型企业，并且分属不同行业，不同的企业会有不同的追求目标、不同的责任和不同的经营战略及管理方式，这就需要根据自己企业的实际进行定位，使企业文化的设计与企业的追求相一致。我们过去有些国有企业的企业文化建设不成功，就是失败在对企业的定位上，不是依据企业的定位去设计企业的文化，而是拿一套看起来很好但实际并不符合企业自身定位的文化来套在企业身上，结果不合适，就成了华而不实、无法融入企业经营管理的花架子。

2．对企业的价值创造进行文化意义上的假设

企业存在的目的是要创造价值，企业文化建设的目的就是要提升企业创造价值的能力，只有找到企业的价值创造点和实现价值创造的关键在什么地方，企业文化的设计才有针对性。由于企业所处的行业不同，企业自身的优势和劣势不同，每个企业的价值创造点和价值创造的关键因素是不一样的。例如，军工企业的价值创造点是国家国防安全的需要，价值创造的关键因素是保进度、保质量、高性能和高可靠性；外向型企业的价值创造点是国际市场的需要，价值创造的关键因素是信誉、质量和性价比；高技术企业的价值创造点是技术创新，价值创造的关键因素是具有独创性和创新型人才等。这些不同的价值创造点和不同价值创造的关键因素都要体现在企业的核心价值理念之中，通过确立与之相适应的核心价值观来保证。搞军工的企业要坚持国家利益高于一切，把质量可靠性和时间进度放在首位，让成本服从质量进度。参与国际市场竞争的企业要坚持造福人类，把信誉置于首位。搞高技术的企业要秉持一日无创新，一日无企业，给创新型的人才以高报酬，以充分体现他们的价值。这样，才能使企业文化的作用在企业的经营管理中发挥出来。

3．对企业的关系构建进行文化意义上的假设

企业是一个组织系统，在这个组织系统中，存在着单位、部门之间，员工与

员工之间的相互关系，这些关系就像机器的齿轮和螺丝钉，紧密地联系在一起，通过相互传动来带动整部机器的运行，如果相互之间的关系协调顺畅了，机器的运行就正常高效，如果相互间的关系不协调顺畅，就相互掣肘，运行缓慢低效甚至瘫痪。因此，只有对企业内各个单位和部门之间，员工与员工之间的相互关系进行合理构建，实现整个企业各种关系的和谐，企业才能实现经营管理正常有效的运行。特别是我们大多数的国有企业，都是员工多、层级多、组织机构复杂的庞大系统，如果内部的关系构建不好，更易导致运行低效。因此，在企业文化重构中，必须从企业的关系构建假设来入手。

根据企业的愿景来确定企业组织结构的重要性排序。企业的愿景是企业的远大追求和美好希望，是企业全体干部员工通过奋斗能够实现的宏伟蓝图，也是企业进行市场竞争、追求发展要实现的终极目标。企业的组织结构是支撑企业经营管理运行的框架，想要盖成什么样的房子，就要打什么样的地基，立什么样的框架，这个框架的合理性取决于是否符合要盖房子的样式需要。同理，企业的组织结构的合理性也取决于企业的发展战略和引导发展战略的企业愿景。而组织机构的合理性就在于重要性排序，有了重要性排序，才能理清企业的管理体系，去掉冗余的层级和机构，合理配置资源，实现组织的顺畅运行。因此，企业只有根据企业的愿景来假设组织机构关系，依据单位、部门对战略目标和愿景实现的重要性排序来确定运行规则，其建立起来的组织结构才能符合企业发展战略的需要，支持企业战略目标和愿景的实现。

根据企业的使命来确定企业社会关系排序。国有企业的使命就是企业对国家和社会必须承担的责任，是企业存在的最重要最根本的意义所在。企业立于社会之中，依社会而存在发展，在经营过程中必然会与社会各方面形成关系，这些关系也会对企业的存在和发展产生不同程度的影响，正确地处理好这些关系，就能给企业的发展创造一个良好的社会环境，使企业获得良好的社会形象和社会声誉。而要正确地处理好这些关系，就需要依据企业的使命来确定这些各种各样的社会关系的重要程度，凡是对企业履行好使命能起重要作用的社会关系就是重要的，凡是对企业履行使命不重要的关系就是一般关系。

根据企业的核心价值理念来确定企业内部岗位的价值排序。企业的核心价值观是企业存在的意义所在，是企业发展的价值追求和经营管理全过程的根本遵循。

企业是由众多的人员来组成的，每个人按照不同的岗位进行工作，来实现企业经营管理的运行，这些岗位设置是否合适，岗位上的员工安排得是否恰当、是否有积极性、能否保证企业正常有效运行、能否实现企业的经营目标，其合理性就取决于企业的核心价值观。只有按照企业的核心价值理念来确定企业的岗位和人员的价值排序，才可能使不同岗位上的员工的价值得到合理体现，做到去掉冗员，留住企业发展所需要的真正优秀的人才，才能把合适的人放在合适的岗位上发挥合适的作用，让雷锋不吃亏，让对企业价值贡献大的人得到应有回报，减少甚至消除影响员工积极性发挥的矛盾冲突，从而保证企业内部协调有效地运行。

企业文化融入企业经营管理并不是要代替企业经营管理，而是要让企业文化之魂回到企业经营之体中，将企业的现代经营管理经验凝练为企业文化，树幡引路，壮气提神，使企业的经营管理有方向、有动力，从而提升企业的市场竞争力。

四、实现企业文化与新发展理念的"契合"

"创新、协调、绿色、开放、共享"，是中国政府针对经济新常态而提出的新发展理念，深刻揭示了经济建设实现更高质量、更有效率、更加公平、更可持续发展的必由之路，是新时期中国经济建设发展的治本之策和战略指引。

国有企业是国民经济建设的主要力量，是由党领导的国家重要的经济组织，是党和国家重要经济方针政策的忠实执行者，在企业文化重构时，应结合企业的实际，将新发展理念纳入其中，成为重要的经营理念原则，使企业的发展既符合新发展理念的要求，又得益于新发展理念的指引。

将"创新"理念贯穿企业经营管理始终。创新是企业发展的动力之源，科技创新是企业的核心竞争力。国有企业是国家科技创新的主体，肩负着重要的科技创新责任，在新时期，更应把科技创新作为保持企业自身优质高速发展的根本和动力源泉，在独有独创上下功夫，以更多的原创发现、发明，掌握新一轮科技竞争的战略主动，坚持不断地推进科技创新，把创新视为企业与生俱来的特征，不断营造有利于创新的良好环境，给科技人员插上自由的翅膀，让创新成为企业的一种习惯，就像血液一样，流淌在企业体内，敢领时代之先，敢蹚无人之路，实现持续不断的创新，成为科技创新的引领者。

受彼德·圣吉的影响，在我们国有企业以往的企业文化建设中，把建立学习型组织、提升学习能力，作为增强企业核心竞争力、实现长期持续发展的一个重要方式。进入新的时代，我们的科学技术要逐步由长期跟跑西方向与之并跑和领跑转变，这种转变，要求我们国有企业不仅要成为学习型组织，还要成为创新型企业。特别是在西方国家对中国不断加大核心技术封锁的情况下，更要把自主创新作为国有企业的核心价值理念。

用"协调"理念实现国家和企业的共同平衡发展。协调理念对国有企业来说，具有两重意义。一个是要履行好国家赋予国有企业的职责，为国家经济协调发展作贡献；另一个是要实现企业自身发展的协调。从第一个意义上说，协调是国家实现经济平衡发展的重要方略，而国有企业就是保证国家这一方略实现的重要平衡器。国有企业覆盖了国民经济的几乎所有重要领域，在国家经济中占有重要的分量。只有国有企业实现发展的平衡，国家经济才可能实现平衡。因此，处于不同行业的国有企业必须服从国家经济协调发展的总体需要，按照国家要求来决定自己的发展，当国家需要企业做出牺牲时，必须做出牺牲。从第二个意义上来说，企业也要通过内部协调来实现全面发展。就像一部机器只有每个零部件都能正常发挥各自作用，才能运转正常，一个企业要实现顺利发展也同样如此。这就要求企业要坚持协调理念，正确处理好人才、技术、产品、质量、效益、物质文明和精神文明等各方面的关系，实现平衡发展，达到质量、效率、效益和两个文明的同步提升。

用"绿色"理念指导可持续发展。绿色理念对于国有企业来说，就是对社会要承担环保责任，对自身要实现持续发展。国有企业是国民经济的重要支柱，是国家经济效益的重要创造者，但同时也是重要的能源消耗和污染物排放者，对生态环境好坏影响很大。因此，要坚持用绿色理念来引导企业的生产经营活动，认真执行国家的环保规定，在节能减排上下功夫，转变依靠高投入、高能耗、高排放的粗放型经济增长方式，为保护生态环境、实现人与自然和谐发展作出应有的贡献，通过自己的持续发展来保证国民经济的持续发展。在国际上，世界环境与发展组织已向所有国家的企业界提出了减少工业生产污染、保护自然环境的建议；在我国，国家在 2021 年的世界环境日已向世界提出了 2030 年前实现碳达峰、2060 年前实现碳中和的目标，对保护大气环境作出了承诺。作为国有企业，必须要带头去保证这一目标的实现，实现"绿色"发展。

用"开放"理念引领企业走向国际市场。对于国有企业来说，开放，就是要加强国际合作，大胆走向世界，通过学习借鉴国外的先进技术和管理经验，提升市场竞争能力，更好地赢得国际市场，实现更好的发展。国际化是国有企业的必由之路，只有能走进国际市场，与实力强大的跨国公司一较高下的企业，才能称得上是真正卓越的企业。中国特色的国有企业不是为保持中国特色而把自己关在国门之内，而是要带着中国特色更好地走向世界；不应具有中国特色而显得比西方企业差，而是因有中国特色从而比西方企业更优秀、更有竞争力。特别是面对西方的逆全球化的潮流，中国的企业更应当坚持改革开放，参与各种国际竞争，突破各种封锁，密切与国际经济交流，增强企业的国际竞争力。因此，开放，作为新发展理念的一部分，应深入持久地融进国有企业的文化之中。

用"共享"理念引领企业处理利益攸关方的各种关系。国有企业贯彻共享理念应当包含三层意思：一层意思是，社会主义制度下的国有企业是由党领导的国家和人民的企业，企业的员工都是企业的主人，企业的员工在用主人翁的责任感为企业的发展努力作贡献的同时，也应当合理地享受企业的发展成果。第二层意思是，企业应当坚持分配的公平公正原则，让每一个为企业发展作出贡献的员工享受到与他们的贡献相一致的待遇。因此，企业应当追求企业与员工的共同发展，把员工的利益摆在与企业的利益相同的地位，认真维护员工的权益，关心员工的身心健康，努力为员工创造良好的工作和生活环境，让社会主义制度的优越性在国有企业中充分显现出来。第三层意思是，企业与合作伙伴、客户、上下游供应商、社区等的关系，是一个企业生存发展的环境要素，对企业的发展至关重要，只有用"共享"的理念才能处理好这一系列复杂的关系，为企业的发展创造良好的生态环境。

五、实现"构建人类命运共同体"与企业文化的契合

"构建人类命运共同体"，是中国共产党在 2012 年党的第十八次代表大会上正式提出来的，是中国政府处理国际关系的基本价值观。其根本宗旨是把全人类的命运视为一体，在追求本国利益时，兼顾他国合理关切，在谋求本国发展中促进各国共同发展。其核心的内容包括四个方面：

国际权利观。即随着经济全球化深入发展，资本、技术、人员、信息跨国流动，国家之间处于一种相互依存的状态，一国的经济目标能否实现，与别国的经济波动具有巨大的关联性。各国在相互依存中形成了一种利益纽带，要实现共赢就必须维护这种纽带，即合理的国际秩序。国家之间的权利分配未必要像过去那样通过战争等极端手段来实现，国家之间的相互依存有助于国际形势的缓和，各国可以通过国家体制、机制来维持、规范相互依存的关系，从而维护共同利益。

共同利益观。即随着世界交通和互联网的发展，国家与国家、地区与地区、人与人之间的时空距离大大缩短，真正实现了"天涯若比邻"，人类已处在一个地球村中，各国公民同时也就是地球公民，全球的利益就是自己的利益，一个国家采取了有利于全球利益的措施，也就同时服务了自身利益。

可持续发展观。即随着世界经济的不断增长，资源大量消耗，地球生态遭到不断破坏，已成为影响发展的严重问题，必须寻求新的发展方式，实现可持续发展，发展既能满足当代人需要，又不对后代人满足其需要的能力构成危害的发展。

全球治理观。即由于全球化导致全球主体多元化，全球问题的解决成为一个由政府、政府间组织、非政府组织、跨国公司等共同参与和互动的过程，这一过程的重要途径是强化国际规范和国际机制，以形成一个具有国际约束力和道德规范力，能够解决全球问题的全球机制。

构建人类命运共同体展示了中华文明延续几千年的天下情怀，"以和为贵""协和万邦"的和平思想，"四海之内皆兄弟"的处世之道和"计利当计天下利"的价值准则，是凝结着中国智慧、符合当今世界大势的全球价值观，是新时期中国特色大国外交的生动实践，充分彰显了中国在国与国关系中的互相合作、公平竞争、和平发展的世界格局。

国有企业肩负着国家赋予的经济责任、政治责任和社会责任，在国际化经营的过程中，是国家外交战略方针的当然执行者，因此，在企业文化重构中应当把"构建人类命运共同体"理念融入企业的价值体系和经营理念中，指导企业更好地参与并赢得国际市场的竞争，成为具有世界格局的中国特色的国际化国有企业。

这其中，最为关键的是转化观念，形成自己的发展理念。

将国际权利观转化为合作共赢的理念。企业是经济组织，企业的竞争不同于国家间的竞争，国家在国际上要争取的是政治经济等各种权利，而企业在国际市场的竞争中要赢得的主要是经济利益。因此，国有企业要把构建人类命运共同体理念的国际权利观体现在合作共赢上，视竞争对手为利益共同体，不以有我无他、你死我活为竞争手段，在与竞争对手进行竞争时也要考虑到与竞争对手的合作，与竞争对手寻求共同的利益空间，坚持与竞争对手在竞争中合作，在合作的基础上竞争，通过竞争实现相互提升，通过合作实现共赢，获得各自应得的利益，共同为社会贡献价值。

将共同利益观转化为互利共赢。在国际化经营中，避免不了与当地政府、居民、生产方、供应商、用户等产生各种各样的关系，这些关系处理得好，就会得到各方面的广泛支持，获得良好声誉，有利于企业在当地市场取得成功；处理得不好，则会出现相反的情况。但要处理好这些关系，获得方方面面的支持，前提是要对各方都有利。因此，要将构建人类命运共同体理念中的共同利益观体现在互利共赢上，把有助于企业赢得市场的方方面面的关系，都看成一个利益共同体，把自己的利益与合作伙伴的利益绑在一起，为合作伙伴留下利益空间，把合作伙伴得利视为自己得利，以此实现双赢。

将可持续发展观转化为社会责任意识。实现可持续发展是国家提出的构建人类命运共同体理念中所包含的，对全球生态环境改善的一个重要承诺。实际上，每一个国家和每一个企业都是地球的公民，都对保护地球的环境负有责任。中国作为提出人类命运共同体理念的国家，我们的国有企业，更应该带头履行这一社会责任。因此，要树立强烈的环保意识，把保护地球环境作为企业重要的社会责任，以对全人类负责的态度和境界，坚持绿色生产、绿色发展，不把企业的发展建立在资源的大量消耗上，不以破坏环境和牺牲人类健康为代价来为企业牟利，努力成长为世界环保责任型的中国特色企业。

将全球治理观转化为企业伦理。构建人类命运共同体，需要形成全世界的各个国家、政府组织、非政府组织和跨国公司共同参与的全球治理体系，通过大家共同制定并自觉遵守规则、规范，来实现全球的安全和有序发展。不同性质的组织在其中会发挥不同的作用。作为经济组织的跨国公司，所起的作用应该是信守企业伦理，遵守国际和各个国家的环境保护法规、市场竞争规则和商品质量标准等。作为构建人类命运共同体理念倡导国的国有企业，应当比跨国公司做得更好。

因此，要站在关心人类命运、为人类造福的高度，将全球治理观体现在企业的伦理之中，做环境保护法规、市场竞争规则、商品质量标准的自觉遵守者，用超越跨国公司的境界和良好的信誉，树立中国国有企业在世界上的独特形象，赢得市场，为人类福祉作出贡献。

本章介绍的国有企业文化"五契合"的构建模式，从宏观层面勾画了国有企业文化所具有的框架内容。但是，要把这些框架和原则变成具体的文化体系，还需要从微观层面对国有企业的文化基因做进一步的探讨。

第三节 国有企业文化"六大优良基因"

通常，优秀的企业都具有其优秀的企业文化。人们不禁要问，那些成功企业的文化建设是否有规律可循呢？或者一个优秀的企业文化的标准有哪些？是否和人类一样，一个优秀的企业文化具有其自身的优良的基因图谱？搞清楚这些问题，对国有企业进行文化建设至关重要，特别是对国有企业进行企业文化重塑意义更是格外重大。

美国兰德公司花费20年时间，跟踪500家世界大公司，发现百年企业都有一些共同特点：人的价值高于物的价值，共同价值高于个人价值，社会价值高于利润价值，用户价值高于生产价值。在这些共性的基础之上，逐步形成了大致相同的优秀文化基因。

无独有偶，我们在对一众中国优秀企业的企业文化进行实证性研究时发现，尽管中粮集团、航天科技、中国电科、中国建材、海尔等国有企业以及优秀的民营企业华为等的企业文化各具特色，甚至在某些方面迥然不同，但是其文化背后的"六个优良基因"具有相当的普遍性，也向我们昭示建设一个优秀企业文化的本身所暗含的基本模式和主导方向，令我们印象极为深刻。

一、基于商业价值的"诚信文化基因"

诚信的商业价值观是一个企业立世的根本，是决定一个企业格局大小的关键，这种优秀的文化基因，为企业处理与客户、员工和相关利益者的关系提供了商业哲学上的指南，让企业无论是处于顺境还是处于逆境都能够沿着正确的道路砥砺前行，不会迷失自我。风靡日本的《论语与算盘》一书，通过源于中国传统文化的诚信商业价值观，对于日本商业文明发展起到巨大的推进作用，而这一诚信基因在推动亚洲现代商业文化上同样扮演了极其重要的角色。

诚信的商业价值观是企业在市场竞争中的基本游戏规则，企业一旦违背这些游戏规则，就会受到市场的抛弃。很难想象，一个不讲诚信的企业或没有职业化精神的企业，怎么能获得顾客的青睐、投资者和供应商的信任、社会公众的认同和尊敬，而这样的企业又怎能成功和持续发展？这些基本的商业准则，是企业必须遵守的底线之一。一些企业，包括全球性的跨国公司，正是由于没有遵守这些基本商业底线而在瞬间崩溃和消亡。例如，美国能源巨头安然公司的垮台和中国的德隆危机，就是源于信任危机。更具深层次的意义是，一个企业只有遵守这些底线，才能做到既可保证企业外部的适应性，又能保持内部的内生动力。

优秀的商业文化基因的具体表现形式多种多样，有认知方面的、具体概念方面的，也有具体行为方面的。例如，客户至上，客户是衣食父母，客户是上帝；客户是我们永远的伙伴；尊重客户，理解客户，持续提供超越客户期望的产品和服务；华为的"以客户为中心"就是华为企业文化的核心支柱。

有研究表明，正是这些优秀的文化基因造就了优秀的企业，这些优秀的文化基因可以在优秀企业日常的经营管理的行为中发挥作用：

卓越的组织灵活性。围绕客户需求，善于通过调整资源配置以适应环境的变化，千方百计地满足顾客的需求。在公司运作中表现为，不管组织有多大，都能像小企业一样运作，没有官僚主义，没有尾大不掉，没有大企业病。

非凡的快速反应。速度决定了商场上的成败。企业能对新的市场需求作出快速反应。多层管理不能妨碍企业作出快速决策的能力。纵然管理层级众多，信息和资源总是能够迅速传达到位，帮助企业对问题和机会作出快速反应，进而赢得顾客的信赖。

高效的授权机制。以市场为中心，建立有效的授权指挥体系，决策层能使执行者及时应对当地的市场情况变化，而不必等待母公司的批准，正所谓"让听到炮声的人指挥炮火"。进而更高效地满足市场的需要。

良好的内部沟通。具有开放式的沟通渠道以使市场信息能跨越多个层级及时传播。坏消息也可以在企业内部传播而不用担心会受到惩罚。企业内沟通的屏障很小，公司能有效地将合适的信息在合适的时候传达给合适的人，而这些离开企业的诚信是不可想象的。

二、基于人性的"人文文化基因"

优秀的企业文化必须是基于人性的。换言之，优秀的企业文化必须尊重人性，以人为本。一是人性化管理，即重视人、尊重人、关心人、理解人、信任人、发展人、激励人、成就人，注重感情投资，鼓励民主参与，确保利益公平，营造尊重、快乐和友爱的团队氛围。二是从利益分配的角度，不要只注重股东利益，而忽略客户利益、员工利益，适度提升员工利益的分配额度，找到企业发展的最佳平衡点。三是一个企业的文化只有基于人性本原，才具有较好的包容性，才能获得广泛的认同，进而才会具有凝聚人心的作用。任何一个企业的文化如果背离了人性，就是一种扭曲的文化。一种缺乏包容性的文化，不可能被员工、被消费者、被社会公众所认同。华为、IBM 和 GE 等企业之所以能有今天的成就和地位，与它们以人为本（尊重人性）的企业文化是分不开的。

具有这一文化基因的企业通常极具活力，具体表现为：

充满激情与活力。企业充满团体动力和个人动力，以及高度热忱。公司具有一个充满活力的工作环境，充满积极向上的正能量，向前、向前、向前是企业的主基调。员工们投身于组织并与同伴们为完成各自的目标而紧密合作、团结拼搏，极具团队精神。企业就是一个吸引人的令人振奋的工作平台。

强烈的人才导向。企业通行的领导风格是注重人力资源的开发利用。企业能认识到，要达到组织目标，就需要不停止学习和提高自身技能的人，并会安排一系列的学习活动和岗位轮换，以帮助每一个成员发挥其才干，对员工做到"是金子就要令其发光"。

形成命运共同体。员工以企为家，企业以员工为本。企业视员工为企业最宝贵的财富，为实现员工的利益竭尽全力。员工为企业的利益努力工作，无怨无悔。整个企业充满一种"和"的气氛、"家"的氛围。

三、基于企业发展的"战略文化基因"

杰克·韦尔奇认为："企业的根本是战略，而战略的本质就是企业文化。"优秀的企业文化必须是基于企业战略的，能够和战略协作共生、相互促进，更准确一点说，优秀的企业文化必须充分体现对战略的全面支持和引导功能。

企业文化不可能作为单一的附加行为独立存在，它必须结合企业的发展阶段和运营水平，服务于企业的发展战略。同样，不同的战略也会塑造和强化不同的企业文化。

企业战略的首要任务就是在企业文化的使命、愿景的引领下，制定和规划企业的发展蓝图和发展策略。企业文化决定着战略的制定和经营模式的选择，决定着战略的实施效果。战略的实施过程又会影响企业文化的发展和创新，彼此互相影响、互相支持、互相促进，不断提升一个企业的核心竞争力，使企业立于不败之地。

基于企业战略的企业文化会归纳和提炼企业的经验教训，指导企业提高自己的适应能力和发展能力，同时能够指导企业经营策略形成有效的解决管理难题的可行方案，成为实现企业战略的支柱，为企业战略管理的制定、实施、控制等提供正确的指导思想，形成与企业目标协调一致的价值判断、经营机制和行为准则，最终使企业战略管理能力持续提高，企业的核心竞争力持续加强。

基于企业发展的战略文化，在优秀企业的经营管理中，通常表现出坚定的业绩导向和强烈的价值驱动：

坚定的业绩导向。战略导向明确，企业的活动都建立在业绩的基础之上。一方面市场的成功可以为企业带来最佳的工作保障；另一方面是激励所有的员工尽其所能地为企业战略目标的实现而努力工作。大家集中精力对付外部的竞争对手和不确定性，而不会在内部为争夺资源而内耗，进而形成强烈的战略导向驱动力和强大的公司竞争合力。

强烈的价值驱动。战略意义明确清晰，在集中精力提升业绩的同时，企业文化会建立一系列强烈的价值观，为全体员工在高度动态的业务环境中的工作，提供稳定性、持续性和崇高的意义。使员工的工作充满成就感和自豪感，使整个公司始终充满活力和处于朝气蓬勃的氛围之中。

<mark>总是能够赢得战略性的成功</mark>。在企业面对巨大的不确定性时，企业总能够识别危机、辨别误区，未雨绸缪做出及时而正确的战略决策。有时也许有战术性的失误，但是鲜有战略性的决策失误，企业的发展平稳、有序、具有效率，虽然企业很少有激动人心的事情发生，却只见企业快速发展，日新月异，甚至一骑绝尘。

四、基于科学管理的"理念文化基因"

企业文化说到底是为管理服务的，其本身就是一种管理方式，因此，任何文化都不能脱离管理的目的。管理理念是企业经营哲学的具体化，是基于企业文化和战略，根据企业的经营哲学、企业内外部宏观环境和企业经营管理的实际需要设定的具体化的经营思路、经营策略和判据原则，是一个企业持续发展的总体谋划和管理偏好以及具体的行动纲领。在企业管理方向不够明晰时，企业文化能够帮助企业理清和修正管理理念存在的偏差，推动企业管理的正确发展。而管理理念在企业文化发展的基础上也会与时俱进，不断提升和完善，从而成为企业文化的刚性原则，为企业文化的发展提供动力。企业文化和管理理念必须相辅相成、高度契合，才能有效指导制度流程科学准确地建立、修正，并且不断地提高和完善。企业文化同时又要及时覆盖刚性制度无法达到的领域层面，去规范潜在的行为标准，建立心理契约，统一组织行为，为管理理念的实施保驾护航。

管理理念是通过企业文化塑造的。企业文化在价值观层面，深深影响着企业管理理念的形成、提炼和管理体系的建立，优秀的企业文化能把管理理念、管理系统、管理风格、管理行为，与企业的核心价值观融为一体。另一方面，管理理念对企业文化的有效落地起到重要的推动作用。企业文化的发展会面临各种困难和挑战，需要管理理念保驾护航，在互相支持中，推动企业的发展和战略的实施。二者的有机统一，能够使一个企业的管理系统既有较好的刚性，又有很好的柔性。

为解决企业在相关方面遇到的经营管理难题，一个优秀企业的管理理念体系需要包括以下几个方面：

<mark>发展类理念</mark>。是由一个企业的成功逻辑沉淀形成，在此逻辑的指导下会形成

具体的发展思路和系统要求，提升企业系统思考、发现问题和解决发展难题的能力，通常呈现出注重长远、运筹未来、未雨绸缪、富有远见的鲜明特点。

价值类理念。价值类理念是一个企业的生存智慧，赋予企业经营管理活动不同寻常的意义感。通过价值理念将管理理念转变为应对困难和挑战的能力。使企业的核心价值观通过管理理念找到落脚点，并在企业经营管理中具有很好的普适性和实际应用价值。通常一些著名的优秀企业，看起来规模巨大、结构复杂，但其实只需要几个极其简单的价值理念，就能为其提供发展所需要的全部动力，这就是神奇的文化基因。

经营类理念。企业发展中所要遵循的逻辑、标准、原则和规律，保证企业通过合理的经营模式而赢利。经营理念是企业管理中的桥梁，一边连接企业文化和管理经营，另一边连接客观市场规律。经营模式指导下的企业经营活动本质是对商业价值观的具体选择，好的经营理念是企业文化发挥效能的关键，应该成为国有企业文化建设和重塑的突破口。

人才类理念。人才理念是一个企业对人的总体认知的基本文化假设。人才理念是企业文化体系和管理理念中最需要关注的内容，人才理念通常要在团队合作的环境中，提出对个体的期望，同时关注个体在组织中的需要，尤其是职业发展需求，特别关注企业人才的获取、培育、使用以及企业人才环境的建设和经营。

具有先进管理理念的优秀企业通常具有以下明显特点：

企业组织精干高效。知道组织的价值，了解建立优秀组织的原则。所以能够做到组织的架构和员工队伍与企业的发展要求高度适配，没有无效的组织和无用的人员，也就是组织内部没有"脂肪"的容身之处，企业如同一个充满活力的"肌肉男"。因为企业要有足够的资源来完成企业目标，就要做到组织架构合理，需要"消瘦"得当、精干而富有活力。同时，优秀的企业总是上下思想一致，令行禁止，组织的每一个部分密切配合，有序运行达成企业目标。企业合理控制成本，充分利用所有的财力和人力资源为社会、国家、股东创造财富。

战略目标达成率高。好的经营理念和发展战略使得企业不管经营环境如何变化，组织的战略目标总能达到，不管企业经营遇到何种困难，总是有解决问题的有效办法，且未雨绸缪、谋划长远、基业长青。

抗风险能力强。一是对传统的经营风险具有了很好的规避能力，这源于一些好的经营理念已在可能出现风险的环节都做了明确的标记,使企业可以远离这些"雷区"。二是对于非传统的风险,好的经营理念像"疫苗",给企业提供强大的"免疫力",面对不确定性,什么"黑天鹅"、什么"灰犀牛",企业都能有惊无险地走出难关,不伤筋骨地稳健发展。

五、基于企业立世的"宗旨文化基因"

企业文化建设的首要任务是锚定一个企业立世的根本,明确企业未来发展的方向。这十分考验一个企业的宗旨文化是否很好地解决了企业生存与发展过程中最重要的3个基本问题:企业为什么而存在?企业未来的发展方向是什么?企业应该如何去做?

企业文化的源头和核心就是对这3个基本问题的研究和回答,进而明确企业的宗旨和目标,回答企业存在的目标和价值,为企业指明发展方向,用使命和愿景的形式给企业的生存和发展赋予哲学上的意义。

在企业文化体系中,使命是指企业承担社会责任、义务或自身发展所规定的任务以及企业形象的主观描述,反映了企业在社会中的哲学定位、指导思想,还有对市场、顾客、员工、伙伴和竞争对手的综合态度,是企业原力觉醒的根本出发点,决定着企业未来的发展方向和原则。因此,设立和提炼准确合理的企业愿景和使命是企业文化的首要任务。

在设定企业愿景和使命时,要考虑环境的复杂性、利益的需要、未来的发展变化和可能出现的危险、机会。要针对企业不同的发展阶段,分析最符合客观环境的核心条件。使命和愿景是一个企业的根本定位,只有具备了可以利用的物质条件,又有可发挥的能动性时,才能具有吸引力和生命力,才能聚集核心力量。

企业的使命一般是涉及多方的利益,各方利益的主次轻重必须在使命中得到明确陈述,要反映企业承担的重大社会责任,这种社会责任需要与企业的定位和能力相匹配,而不是随意确定和设立的,只有那些既能被企业承担又能被客观环境条件所允许的重大社会责任才有形成企业使命的可能。国有企业承担经济责任、政治责任和社会责任是对所有企业的普遍要求,具体到每一个企业,就应该根据企业的实际定位和能力来设计,进一步具体化,不能把三大责任简单堆砌,这样容易使企业使命虚化。

企业一旦具有了准确的使命，随之而来的使命感和责任感就会为组织和个人提供建功立业的强大动力，这也是基业长青、成就伟大事业企业的共同特征，这些都是企业文化中的宗旨文化所决定的，中国的航天科技集团、中国电科集团、华为公司，美国的 GE、微软等，都是如此。

在人的性格形成过程中，价值观会起到深入持久、不易改变的作用，企业文化也一样。在企业文化体系中，企业使命和愿景的设定就是最根本的管理之道，对企业文化的塑造、养成、积累和传承，具有重大而深远的作用。具有优秀宗旨文化（使命和愿景）的优秀企业一般具有如下特点：

强烈的价值驱动。企业文化通常会建立一系列强力的价值观，为全体员工在高度动态的业务环境中的工作，提供稳定性、持续性和崇高的意义。使员工的工作充满成就感、自豪感和高尚感，使整个公司始终处在充满活力和朝气氛围之中。不管是刚刚创立的新公司，还是已经营百年的老公司，每一个员工都能找到了工作中的非凡价值和意义，并充满高尚感地为之奋斗不息。

卓越的团队精神。在企业使命目标的驱动下，企业内部达到高度的团结和思想一致。团结协作的氛围浓厚，彼此关系融洽，在市场竞争中表现出强大的合力。每一个人都致力协作并且相互尊重，可谓"胜则举杯相庆，败则拼死相救"，展现强大的竞争实力，成为市场竞争的优胜者。

企业和员工的高境界。在企业使命和愿景的驱动下，企业和每一个员工在工作中表现出较高境界，知道企业的存在对国家、对社会的价值，知道自己的工作对企业的意义。员工看问题的角度、做事的态度和处理问题的方法都能表现出较高的境界。

六、基于自我变革的"自驱文化基因"

现代企业就是一个"类人化的复杂体系"，既有硬件又有软件，根据系统工程理论和生物学理论，企业的变革和演化还需要设立一个自我驱动的动力系统，这需要在企业文化构建时，加上一个自我批判、自我批评、自我变革的文化基因，这个基因对一个企业自身的发展和提升至关重要。

第四章 国有企业文化重塑顶层设计的系统方法

培育自我驱动变革的文化基因，是国有企业文化建设必须承担的责任。我们面临的是一个不确定的时代，无论企业想不想变革，想不想创新，企业都会时刻身处变化之中。变革是伟大企业必经的成长痛苦，只有自我批判、坚持积极变革，企业才能不断进步，不断适应新的竞争和挑战。自我批判、持续变革是一个优秀企业的固有底色，具有"自驱文化基因"的企业，通常表现为：

<mark>始终保持强烈的危机意识</mark>。生于忧患，死于安乐。一个百年卓企成功的关键就在于能始终保持强烈的危机意识。"自驱文化基因"的核心，就是在企业建立起普遍的忧患意识和危机意识。只有清醒知道企业会无时无刻不存在危机，企业管理者才会保持清醒，随时准备应对突然而至的各种风险，不管是"黑天鹅"还是"灰犀牛"。

<mark>具备"一叶知秋"、敏锐感知外部变化的能力</mark>。首先是对市场、政策环境的变化能够有所预判，变化发生后能够冷静分析由此带来的后果，并提出正确的应对方案；其次是对技术发展的趋势密切关注，对颠覆性的技术始终保持高度警惕，并能提前布局提出解决方案；最后是对竞争对手带来的变化高度敏感，无论是产品、技术，还是市场营销策略，都能先于竞争对手主动变化，化被动为主动。

<mark>变革通常来自内外两个方面</mark>。一方面是优秀的企业通常能够预知未来的变化，意识到企业现有的一切都会成为未来的负担和包袱，原来的优势会变成为未来的劣势，因此会从内部主动提出改革要求。另一方面，优秀的企业在发展过程中遭遇不期而至的危机与挑战时，能够立刻启动自上而下的广泛变革。无论哪一种，都要求企业能够在平衡被突然打破时保持企业的井然有序。

《华为的冬天》就是一个很好的案例。华为尚处于生机盎然的"春天"时，任正非就发出《华为的冬天》的警告。华为特别强调的自我批判能力，实质上是以一种强烈的自驱性的变革要求管理团队自我领导、自我管理、自我激励，让华为勇敢地走出企业的舒适区。自我批判的过程也是一个企业不断升华、成长和成熟的过程，这正是企业文化中最为稀缺、最为宝贵的地方。具有自驱文化基因的优秀企业通常表现出一些独有的特点：

<mark>时刻自省，内生活力爆棚</mark>。企业总是充满活力，感染周边人群。企业员工热爱竞争，欢迎竞争，主动应对各种困难和挑战。企业不断有波浪式的自我变革行为，企业的短板不断得到补强，追求的目标不断提高，企业的发展常常表现得日

新月异。

==企业敏感而有创新偏好==。敏感来自于危机意识和忧患意识，对环境的变化敏感、对技术发展的趋势敏感、对竞争对手的行为敏感，内部有较大的压力和竞争氛围，用企业的自我变革寻求发展的主动权。

==总能渡过难关赢得发展==。具有自驱变革文化基因的企业，无论遇到何种困难，企业总能化险为夷，非但平安渡过，而且往往能化危为机，赢得更大发展。

七、企业竞争力提升与优秀文化基因关联的底层逻辑

竞争力是一个企业整体素质和经营管理水平的集中体现，核心竞争力是一个企业克敌制胜的法宝。国有企业文化重塑要围绕提升企业竞争力展开。

核心竞争力是企业所有能力中最重要、最关键、最根本的能力。核心竞争力的强弱，决定了一个企业在市场竞争中的地位和命运。核心竞争力是由多种能力复合而成的，各组成要素不是杂乱无章的，而是有序的，存在内在的逻辑结构和机理。理论研究表明，能够使企业保持独有的持续竞争优势的核心竞争力应包括核心资源、企业文化和学习创新能力三个方面。

核心资源是构成企业核心竞争力的物质基础。如果企业没有核心资源，企业核心竞争力将成为无源之水；企业文化从企业内统一价值观，使全体员工都凝聚在企业长期战略目标之下，从而为企业保持独有的持续竞争优势提供了精神动力；学习与创新能力的作用是当企业外部环境变化时，能使企业保持持续的竞争优势，为核心竞争力保持旺盛的生命力提供强有力的保障。因此，核心资源、企业文化和学习与创新能力复合形成的企业核心竞争力是企业竞争优势的真正本源。

企业文化是影响企业核心竞争力最重要、最广泛的因素。它一方面影响企业人才、技术、品牌与信誉等企业核心资源；另一方面对管理能力、技术创新能力、营销能力等核心能力的形成、提升有着直接而深远的影响。IBM对世界500强企业的调查研究表明："建立适应知识经济的企业文化是世界500强的共同特征。它们出类拔萃的关键是优秀的企业文化，其技术创新、体制创新和管理创新则根植于它们独特的企业文化之中。"

企业文化对企业核心竞争力的培育具有重要作用。国际著名的兰德公司经过长期研究发现，企业的竞争力可分为三个层面：

> **产品层**。包括企业产品生产和质量控制能力，企业的服务、成本控制、营销、研发能力等；
>
> **制度层**。包括各经营管理要素组成的结构平台、企业内外环境、资源关系、企业运行机制、企业规模、品牌、企业产权制度等；
>
> **核心层**。包括以企业理念、企业价值观为核心的企业文化，内外一致的企业形象，企业创新能力，差异化个性化的企业特色，拥有卓越远见的全球化发展目标等。

这当中，产品层是表层的竞争力，制度层是支持平台的竞争力，核心层是核心竞争力。从这一结论中我们可以看出，企业文化对企业增强竞争力具有重要作用。

发挥优秀企业文化的基因功能，培育企业的核心竞争力。具体表现如下：

优秀企业文化的基因功能首先表现在凝聚力方面。 企业文化的凝聚力是指当一种价值观被企业员工共同认可后，它就会成为一种合力，从各个方面把其成员聚合起来，使每个员工产生归属感和荣誉感，从而产生一种巨大的向心力。优秀的企业文化如同企业的粘合剂，可以把员工紧紧地粘合、团结在一起，使他们目的明确、协调一致，形成强大的凝聚力。

以华为的企业文化为例，华为文化之所以能凝聚员工，关键在隐含在华为核心价值观背后的假设系统给企业提供巨大的凝聚力。例如，"知识是资本""智力资本是企业价值创造的主导要素""以奋斗者为本""不让雷锋吃亏"等一系列假设，奠定了一个高科技公司的价值分配逻辑。正是这种文化的假设系统使全体华为人认同公司的目标，并把自己的人生追求与公司的目标相结合，帮助员工了解公司的政策；调节人与人之间、个人与团体之间、个人与公司之间的相互利益关系。从而使得企业文化对华为人的行为发挥激励和凝聚作用，培育出惊人的市场竞争力。

善于利用企业文化的激励基因，培育核心竞争力。 企业文化具有使企业成员从内心产生一种高昂情绪和奋发进取精神的功能。企业文化把尊重人作为中心内容，以人的管理为中心。企业文化给员工多重需要的满足，并能用它的"软约束"来调节各种不合理的需要。所以，积极向上的理念和行为准则将会形成强烈的使命感、持久的驱动力，成为员工自我激励的一把标尺。一旦员工真正接受了企业的核心理念，他们就会被这种理念所驱使，自觉自愿地发挥潜能，为公司更加努力、高效地工作。

企业文化所形成的企业内部的文化氛围和价值导向能够将员工的积极性、主动性和创造性调动与激发出来，把人们的潜在智慧诱发出来，使员工的能力得到充分发挥，提高各部门和员工的自主管理能力和自主经营能力。

例如，美国通用电气公司对员工设定了很高的任务目标，但是在业绩考核方面却不仅以是否实现了目标为标准，而且将指标与去年同期比较，若没有完成指标，会充分考虑指标没有完成的原因，是环境因素还是个人问题。如果是个人问题，分析该员工与以前相比是否有较大的进步，并且以正面奖赏的形式对员工在成长的过程中遭遇的挫折进行鼓励，不像有些企业那样员工一犯错误就对其进行惩罚，这样就有效地保护了员工的创新精神。因此，通用电气的高指标不仅仅是一种考核标准，更是一种激励手段。优秀的企业文化总是着眼于提高企业的市场竞争能力，激发出全体员工的斗志和拼搏精神。

==优秀的企业文化可以利用其约束基因功能，规范员工的行为，增强责任感，提高企业的竞争力。==企业文化对企业员工的思想、心理和行为具有约束和规范作用，这种约束产生于企业的文化氛围、群体行为准则和道德规范。群体意识、社会舆论、共同的习俗和风尚等精神文化内容，会形成强大的、使个体行为从众化的群体心理压力和动力，使企业员工产生心理共鸣，继而实现行为的自我控制。

文化塑人。企业文化理念引导员工建立正确的是非观念、行为规范和做事的标准。对那些不利于企业长远发展的不该做、不能做的行为，常常发挥一种"软约束"的作用，为企业这个类人机体提供"免疫"功能。

回顾海尔的历史，张瑞敏通过"砸冰箱"事件，使海尔员工树立起了"有缺陷的产品就是废品"的观念。海尔从转变员工的质量观念入手，走上品牌经营之路。坚持"海尔创世界名牌，第一是质量、第二是质量、第三还是质量"的宗旨，不断地提高海尔产品的竞争力和美誉度，不断赢得与世界著名品牌的竞争，终于使海尔的产品誉满全球，走向世界。

诚然，企业文化一向是复杂多变的，但如果从基因工程的视角来看，这个复杂的社会亚文化现象，好像一下子变得清晰可见、简单明了。希望这个研究方法能够为国有企业文化建设和重塑提供更多有益的帮助，真正在中国国有企业文化建设和重塑中得到应用，取得理想成效。

第四节 国有企业文化概念设计的"七性总体法"

在做企业文化建设和重塑的总体设计工作之前，我们首先必须弄清楚一个问题：什么才是优秀的企业文化？什么不符合优秀企业文化的标准？管理大师彼得·德鲁克曾经告诫人们："没有目标指标、无法评价的工作终究会成为空谈。"遗憾的是，虽然企业文化作为一种管理实践在西方已经发展到了精细化管理的阶段，一些跨国公司也注重对企业文化进行定量评价和管理，并将之作为一种常规性管理手段纳入到整个企业管理体系之中，但至今还没有哪家企业、研究机构或专家学者能给出客观评价企业文化优劣的真正有效的办法，而这正是本节研究的重点之一。

因为在企业文化的概念设计阶段，不仅需要对企业文化形式的优劣作出判断，也需要对企业文化结构和内容、企业文化的效果作出评判，三者缺一不可。所以，我们在深入研究现有文化评价体系的基础上，进行综合、抽象、合并、提炼，形成对企业文化评判的要素和标准，力图解决企业文化概念设计评价阶段的难题。

显然，确定企业文化的概念化指标体系，是企业文化总体设计的重要步骤和程序，是从战略上决定企业文化的格局。其本质是从企业文化的形式、内容、效果三个维度抽象出理性的企业文化概念图谱，是对未来企业文化的影像投射，从根本上决定企业文化建设的成败。结合国有企业的特点，我们通过不同的研究分析，逐步形成国有企业文化的"七性"总体概念指标，即时代性、思想性、先进性、系统性、导向性、历史性和有效性，以此作为企业文化总体设计的原则，我们简称"七性总体法"。

时代性。就是国有企业的文化要引领企业文化建设的时代潮流，国有企业的文化无论是形式还是内容，无论是经营哲学还是核心价值观，无论是意识理念还是行为规范，都必须反映时代要求，符合时代潮流，"实现企业文化与新发展理念的契合"，着眼于国企的国际化经营的现实需要，实现企业文化与"构建人类命运共同体"的契合，使企业文化具有鲜明的时代特色。

可由此延伸出3个分项指标：一是时代潮流的符合性；二是时代要求的符合性；三是时代特色的符合性。

思想性。国企文化要以自身的文化假设为基础，针对企业经营管理的实际需要，形成一套"自圆其说"的理念体系，体现思想的穿透力和逻辑的说服力，通过国企文化的思维逻辑、思想意识、价值判断、行为规范，教化员工的心灵和言行，使国企文化内化于心，外化于行，"实现社会主义核心价值观与企业文化的契合"，形成国企文化强大的思想影响力。

可由此延伸出4个分项指标：一是逻辑的合理性；二是假设的哲理性；三是体系的完整性；四是理论基础是否坚固，能够自圆其说。

先进性。就是国有企业的文化要代表时代先进文化的前进方向，要紧跟世界企业文化建设的发展趋势，学习借鉴世界优秀的企业文化，扬弃落后的企业文化，保持国有企业的文化积极向上的活力。企业文化作为一个企业的意识形态，要符合先进的社会文化意识，继承传统文化的精华，反映当代的人文精神，形成有利于国有企业大国重器打造、有利于科学技术创新、有利于企业竞争能力提升的价值取向和拼搏进取的事业氛围，特别是"要与党倡导的先进文化相契合"。

由此延伸出3个分项指标：一是与党倡导的先进文化的契合性；二是与当代人文精神的符合性；三是是否含有落后文化的因素。

系统性。国有企业，特别是大型集团，其本身就是一个复杂的大系统，与之相适应的企业文化必须具有系统性。所谓系统性，就是企业文化自身的形态和内容具有多层次、全面性的指导能力和教化能力，同时，对大型国企而言，集团公司的总体文化和成员单位的子文化融会贯通、相互配合、相得益彰，形成体系化的集团企业文化。

由此延伸出4个分项指标：一是企业文化的结构是否完整；二是企业文化的体系是否完整；三是企业文化的层级是否全覆盖；四是集团公司的总体文化和成员单位的文化能否有效对接。

导向性。国有企业的文化设计，要充分体现导向性，在企业经营管理的各个层面,都要有明确的规矩和导向。作为国有企业,要旗帜鲜明、立场坚定,拥护什么,反对什么,要清清楚楚,绝不模棱两可。在企业站位、格局形成、价值判断、行为准则等方方面面都要体现国有企业大国重器的独特要求,使国企文化具有强大的导向作用。"实现社会主义核心价值观与企业文化的契合"。

由此延伸出四个分项指标:一是与社会主义核心价值观的契合程度;二是与企业的发展战略的契合度;三是企业建立的导向和国有企业大国重器的要求是否相适应;四是企业的导向性、价值判据、行为准则的清晰度和完整性。

历史性。文化是历史长期积淀的产物,中国的国有企业诞生于拥有5000年历史的古老国度,企业的文化是从企业科研、生产、经营、管理的实践中不断积淀出来的,根植于民族文化的土壤里,伴随企业的整个成长过程而形成,所以在企业文化概念设计中,要扎根于企业的历史沃土,体现企业文化的历史厚重感,使企业文化有深厚的历史根基,才能经得起风雨的考验。另一方面,要对民族传统文化优秀基因进行继承和发展,使国有企业文化具有强大的生命力。

由此延伸出5个分项指标:一是弘扬了哪些优秀传统文化;二是提炼了哪些企业历史形成的优良文化基因;三是对企业过去的文化是否有客观正确的评价;四是从企业文化的历史回顾中得到什么启示;五是对企业历史不良文化做了哪些剔除。

有效性。企业文化是否具有价值的唯一判据是企业文化的有效性。虽然企业文化的效果具有模糊性、延迟性,难以定量,但在企业文化概念设计阶段,我们应当始终坚持有效性是国企文化的生命之所在,始终以企业文化的有效性为总的设计指南,这包括三层意思:一是始终围绕企业经营管理的难点、痛点、短板,研究设计企业文化;二是借鉴世界一流企业文化的经验、做法,借他山之石以攻自己之玉;三是深入研究,系统构建,开出可用、有效的文化良方,使企业文化能够解决各种实际问题,"实现企业文化与企业经营管理的契合",充分体现出企业文化的有效性。

由此延伸出4个分项指标:一是是否找到了企业经营管理的难点、痛点和短板,以及与之相对应的企业文化建设的短板;二是是否借鉴了优秀企业文化建设的经验、模式和做法;三是企业文化建设是否具有创新性;四是企业文化解决现存实际问题的可行性评估。

各个企业可以根据实际需要，设置一类指标体系的权重，和二类指标的权重，以提高企业文化概念设计的科学性。

长期的企业文化建设工作的实践告诉我们，企业文化的概念设计阶段最具战略意义，也最难以把握，最容易出问题，最考验企业文化设计的功底。通过上述方法，能够有效解决企业文化概念设计阶段的主要难点和重大问题，并为企业文化建设的下一步工作奠定良好的基础。

第五节　制定企业文化建设指导思想的"四刀雕刻法"

在企业文化建设的实践中，我们深刻认识到，人们的任何行动都需要一定的指导思想引领，而指导思想具有战略性、纲领性、引领性，是工作目标、方向、思路、重点以及工作着力点、突破口等的高度概括和集中表达。只有确定了正确的指导思想，企业文化建设的政策措施、目标任务、保障机制的制定才有了基本遵循。

国有企业文化建设指导思想的提出，应该基于对文化建设规律的归纳分析，对形势任务的综合研判，对工作方案的精准把握和对方法、路径的运筹帷幄。在研究确立企业文化建设指导思想时，要重点关注如下四个方面的问题。从"塑造"文化建设的角度，我们称之为指导思想的"四刀雕刻法"。

第一刀，注重指导思想的宏观性、总括性。 国企文化建设的指导思想是带有指导性质的思想，是站在企业文化建设宏观的、总括的高度，提出带有纲领性、原则性的意见，提出开展企业文化建设工作所必须遵循的总原则、总要求、总方略，是设计具体目标任务、政策措施的依据和总纲，能够为企业文化建设工作的开展提供总的遵循和依据。

第二刀，注重指导思想的原则性、根本性。 指导思想的各个要素，无论是企业文化的理论指导，还是核心要求，无论是建设工作的着力点、切入点，还是文化建设的方法措施，甚至包括需要实现的目的、达到的目标等，都具有原则性、根本性，都有其丰富内涵、深刻意义和精准所指，是企业文化建设要必须坚持的底线，既是基本遵循，又是根本所在。

第三刀，注重指导思想的完整性、系统性。企业文化建设的指导思想实际上是一个层次清晰、逻辑严密的系统，涵盖了一个企业开展文化建设的基本遵循、基本原则、目标任务、工作措施、工作重点、工作抓手、实现路径、目标愿景等多个方面，要体现推动企业文化建设的决心，要注重覆盖面广，不留死角。

第四刀，注重指导思想的高度概括凝练。作为指导思想，必须尽可能表达得简练、精短，不能铺陈冗长。要概括不要具体，指导思想所包含的只能是带有宏观性、战略性、原则性的内容，不能把具体内容都写进去，成了具体安排；要紧凑不要散乱，文字表述上应力求做到逻辑严密、语言紧凑，是什么、为什么、怎么办、用怎样的措施、以怎样的状态、达到怎样的目的等应清楚有序，做到主题集中、层次分明、衔接紧密；要切实不要空洞，每个句子、每个词语都应有其确切含义，有很强的针对性；要独特不要俗套，同时，要把握个性，追求精准。

比如，中国电子科技集团公司在企业文化建设的谋划阶段，提出的企业文化建设的指导思想，就比较好地体现了这些要求。中国电子科技集团公司制定企业文化建设指导思想是："在新的发展时期，作为大国重器、民族脊梁的集团公司，迫切需要一个纲领性的新文化来指导集团公司的未来发展，这样的纲领性文化应该站在世界高科技企业科学发展的高度，科学分析集团公司内外部经营环境的基础上，进一步定位集团公司宗旨、使命，系统地回答集团公司管理经营管理发展的一系列基本问题，明确五大业态的基本发展目标、基本路径、基本原则、基本方法。建立起集团公司科学的价值观体系和重大基本经营体系。形成集团统一文化基础之上的心理契约和十几万员工的基本行为准则。指导集团公司未来的发展，走出一条国有高科技企业的创新发展之路。"

中国电科就是因为经过认真的提炼，制定了这个明确、清晰、真正管用的指导思想，在企业文化建设全过程中发挥了极其重要的指导作用，才使企业文化建设得到有效开展，建成了具有中国电科特色的企业文化体系。

第六节　确定企业文化建设总体目标的"五要素法"

对于一个企业的文化建设来说，方向无疑是第一位的。因为它关系到企业文化建设路径的选择和要达到的目标是否正确、是否适宜。只要企业文化建设的方向是正确的，即便速度慢一些也不是什么大问题；而如果方向有偏差，越是努力，就越是南辕北辙，越是一路狂奔，就越是事与愿违。

我们在研究中发现，企业文化建设，往往是在其方向和目标的确定上最容易出现问题。比如，有的企业存在"虚妄文化理想"，提出超过企业能力范围的宏伟目标，不够脚踏实地；有的企业会将目标定位在按照领导者和组织的意图塑造员工的观念、习惯和行为方式上，没有把重点放在实现"造企"与"塑人"的相互作用、相互促进这一根本目的上；更多的企业在企业文化建设中根本不知道如何设定方向和目标，或人云亦云、或照抄照搬，使企业文化建设的方向不准，目标偏颇，在一开始就步入误区，走入歧途。导致这一问题的原因主要是方法不得当，其实，对企业文化建设的方向和目标定位的确定也是有方法可循的。

一、确定企业文化建设方向的"三点定位法"

众所周知，方向的确定是一个战略性的议题，决定了企业文化建设的成败，值得各个企业高度重视，为了高效正确地设定企业文化建设的具体方向和目标，有些企业在企业文化建设实际工作中摸索出的方法可供借鉴。这里，我们重点介绍中国电科的"三点定位法"。

第一点，从企业的站位和格局角度来确定文化建设方向。正确的方向要求企业要有高站位，有大格局。企业站位不高，眼界就不会开阔；企业格局不大，就不会有大的担当，特别是像中国电科这样的重要国企，肩负重要使命和特殊责任，在设计企业文化时，一定要用高站位和大格局进行引领，使企业文化建设的方向目标与党和国家的期望相一致，与自己承担的重大责任相一致，与富国强军、建设世界一流企业的奋斗目标相一致。

第二点，通过对当代企业文化建设潮流的洞悉和把握来确定文化建设方向。企业要认真学习世界一流企业文化建设的潮流和方法，了解企业不同发展阶段最适合什么样的企业文化，分析哪些企业文化代表了当前先进生产力发展的要求，先进文化前进的方向。确定学习借鉴的对象和内容是否能代表新时代企业文化发展的潮流，同时，要时刻关注企业文化建设中的误区陷阱，始终保持清醒的头脑，用既符合世界潮流又符合企业发展实际的新模式、新方法建设所需要的企业文化。

第三点，通过对自身企业文化存在问题的清醒认知和深刻了解来确定文化建设方向。对企业自身的文化要有一个科学的诊断，哪些需要继承，哪些需要扬弃，哪些是长处，哪些是短板，哪些符合潮流，哪些必须向其他优秀企业文化学习借鉴。对这些问题的清晰回答，能为企业文化的建设制定一幅路标明晰的规划地图。

通过这三个方面要素的梳理，实现"三点定位"，企业文化建设的方向就大概清晰明了了。

二、"五要素法"

大致方向确定后，我们就要进一步深化研究以锁定总体目标。确定文化建设目标时，就是在上述三个要素的基础上，在"三点定位"所明确的方位内，再增加对两个要素的研究，确定企业文化建设的具体目标，称为企业文化建设总体目标确定的"五要素法"。

增加的两个要素，一是对企业自身战略的考量。企业的发展战略是什么？这是在研究企业文化建设目标时要着重思考的问题，因为企业文化的目标一定要围绕和服务于企业战略。在企业的成长和发展过程中，企业战略发挥着拉动作用，企业文化则从氛围打造和价值观聚焦等方面起到推动作用，驱动企业战略不断进步。一推一拉之间，既展现了企业文化的作用，又使得企业战略与企业文化产生价值互换，让企业文化的方向和目标与企业战略管理目标趋向一致。这是思考企业文化建设目标的一个逻辑起点。

二是对企业自身能力的考量。从某种意义上讲，目标就是能力的产物。广义的能力包括企业宏观环境的友好程度、社会文化的价值导向、经济技术的政策偏好、利益攸关方的期望值和关注点等。狭义的能力包括内部政策环境、内部文化环境、领导驾驭文化变革的能力、经济能力、干部队伍的专业能力、领导推动企业文化建设的组织能力等。这些因素和能力相互关联、互相制约和影响，共同将企业文化建设的目标锁定在一个相对可行的范围内，使之逐步清晰可见。

"五要素法"是一个典型的系统化思维过程，中国电科正是通过对这五个要素的系统思考，逐步明确了其文化建设的总体目标：

"按照时代性、思想性、先进性、系统性、导向性、规范性、有效性的综合要求，围绕企业发展战略，借鉴国内外企业文化建设成功经验，紧密结合企业实际，系统推进核心理念、经营文化、员工行为、品牌体系及视觉形象五大工程建设，打造企业优秀文化、明确经营管理的基本遵循，提供员工行为的基本准绳，树立国际知名品牌形象，实现以文化凝聚思想、以品牌创造价值，增强集团公司软实力和核心竞争力。以期通过新文化的建设，使电科集团拥有一个统一的价值追求，树立一杆全系统一的文化大旗，让优秀的国企文化独树一帜，在整个集团凝聚发展共识、形成共同语言、促成全系统在思想和行动上的统一，为电科的发展提供不竭动力的总体目标"。

由于方法有效，制定的目标符合实际，中国电科的企业文化建设目标迅速在全系统内达成共识，成为大家重塑电科新文化的共同追求，在中国电科的文化成功重塑的道路上发挥了很好的指导和引领作用。

上述方法适用于企业文化建设的初期，在运筹企业文化建设总体规划，设计顶层概念的阶段比较有效。但这还远远不够，因为在企业文化建设工程的具体推进工作中，还有许多难题需要解决，还需要研究更多的有效方法，这正是下一章要研究解决的主要问题。

第五章 塑造核心理念系统的设定方法

在系统探讨了国有企业文化建设的宏观命题，回顾了企业文化及其理论发端历程，以及在新时代开展企业文化建设的基本方法后，本章我们重点讨论国有企业文化核心理念系统的设定方法。对于企业的核心理念系统，在这些年的企业文化建设中，一直没有一个统一的定论。有的把企业的愿景、使命、价值观、经营哲学都当作企业的核心理念系统，有的只认为企业的价值观和经营哲学才是核心理念系统。在本书中，我们把企业的愿景、使命、价值观和价值信条归纳为企业的核心理念系统来进行讨论，重点研究在国有企业文化建设及重塑过程中，能够正确设定企业核心理念体系的有效方法。

第一节 核心理念系统的"三个哲学思辨"

德国的休·戴维森教授通过对宝洁、强生、杜邦等125个企业的领导者进行访谈，发现他们对企业生存和发展必须要面对的三个核心问题有着广泛的认同：我们在此是为了什么？我们将走向哪里？指引我们行动的信念是什么？这三个核心问题，实际上构成了企业最基本的哲学命题——从哪里来？到哪里去？要怎么做？而国有企业文化的核心理念系统的主要任务，实际上也是要回答好这三个哲学命题。

从哪里来？就是一个企业为什么要存在，它的使命目标是什么，它与同类型的其他企业相比，有什么不一样的责任。

到哪里去？就是一个企业有什么样的追求，为了实现自己的使命目标，它立志成为一个什么样的企业，设立了什么目标。

要怎么做？就是企业为了完成自己的使命目标，决定怎么做，用什么样的理念、原则指导自己的经营管理。

这三个问题，核心都是要解决"人格化"的企业的"理想信念"问题，在此，我们可以把企业"人格化"，这样更容易透彻地理解企业的核心哲学命题。实际上企业就是一个由人集合而成的"企业人"，他有生，有死，有成长过程，有生命周期，他作为一个独立存在的社会主体，自然会表现出群体性的立意和格局，群体性的社会意识形态，群体性的行为特征以及群体性的精神特质。

对这三个问题的回答，既要自问企业的"来处"、又要明确企业的"去处"；既立足于历史和当下，对企业已经经历的实践进行系统的总结凝练，又着眼于远景与未来，对企业将要经历的实践进行提前展望，真正为企业运作提供具有指导意义的哲学思想和精神动力。通过对这三个问题的回答，核心理念系统将企业的价值理念、精神格调和经营哲学系统集中地展现出来，并通过建立企业内共同认同、共同遵循的统一的文化语言，将从各个地方来，具有不同学历、不同背景、不同文化认知的众多个体的人汇聚在一起，从而成为企业的主导意识。因此，核心理念系统是整个企业文化系统不折不扣的基石，也是文化向心力中的那个"中心"。

长期的文化建设实践一再告诫我们，评价一个核心理念系统是否足够合格和优秀，首先就是看这个系统能否清晰而系统地回答这些问题，带领企业走出混沌，引领企业走向未来。不能够系统地回答这些问题的核心理念系统就是脱离实际的虚文化，只是一些漂亮的口号，实际空洞无力。

从这个认知出发，我们认为在提出企业文化的核心理念系统之初，如果企业站位不高，就不会有大格局。作为国有企业，无论过去、现在、还是将来，都始终要有崇高的信念，要将国家发展、社会人类的进步作为企业最重要的价值追求和文化理念。特别是重要国有骨干企业，绝对不能以实现经济价值为首要目标（实际上，全球实现基业长青的企业，都是将为社会创造财富、推动人类社会进步放在首要位置，始终提倡通过自己的知识、才能和产品为社会创造价值，而不是仅仅以赚钱为首要目的），要从国有企业的定位出发，为国家、为社会、为人民群众做更多的事情。如果这样的理想实现不了，主要有两个主要原因，一个是国有企业体制机制失败，不能吸引行业和领域内的精英、优秀人才来推动这种对人类、社会、国家有益的事业；另一个就是企业自身的文化格局不够高，核心理念出了问题，造成企业经营不善。当然，对企业的优秀人才、社会精英来说，这样的理想实现不了，不能在大格局的优质企业平台上和企业共同发展，也是个人人生价值和人生追求的一种遗憾。

例如，中国电科在文化重塑中在提炼新文化的核心理念系统时深入思考了几个命题：

> 中国电科，怎样代表中国，在国际上、在国际电子信息科技和产业领域树立形象和地位，特别是在国际分工体系中占据价值链的高端，保证国家的科技安全？
>
> 作为世界500强企业，中国电科，如何传递出"电科走向世界，世界走进电科"的胸襟和视野？中国电科，作为国家重点骨干企业，怎么样承接"一带一路"网络信息体系建设等国家战略？
>
> 中国电科，作为国家在电子信息技术领域的核心骨干企业，在国家科技创新、国家科技安全领域应扮演何种角色，做出哪些重要的贡献？

在对这些命题进行深入思考的同时，中国电科还延伸思辨，从以下几个方面进行了文化意义上的探讨，并达成基本共识：

一是要做好新发展理念下的顶层设计。在中央提出的新发展理念基础上，中国电科提出了创新、协同、效益、可持续、共享的发展方针，文化的顶层设计必须服从和服务于这个方针。

二是要体现中国电科核心业务的特点和要求。中国电科的核心业务，简而言之，就是安全与智慧。因此，在核心理念中一定要体现安全与智慧行业领域的特点要求。

三是要体现社会主义核心价值观，要代表先进文化的发展方向。社会主义核心价值观是中国特色社会主义的魂，是全社会的价值追求，代表先进文化的发展方向。

四是要面向未来，支撑和引领集团公司持续、快速、高质量发展。要充分体现文化对企业经营理念和干部员工思想的引领性。

正是在这样的多角度反复思辨的基础上，中国电科逐步聚焦了自己的核心理念系统。

第二节 核心理念系统塑造的"三维构建法"

在本节中，我们要系统探讨两个问题，第一个问题，就是核心理念系统的框架。核心理念系统要回答的三个哲学命题，实际上就已经勾勒出了核心理念系统的基本框架——使命、愿景和核心价值观（如图5-1所示）。从管理角度看，使命指的就是企业定位，愿景指的就是发展目标，核心价值观指的就是做事原则。这三者共同构成了核心理念系统的框架。实际上，这个框架模型也是全世界企业文化的通用语言，企业文化进入中国并经过多年沉淀后，这个框架模型已得到了大多数中国企业的认可。

核心理念系统的建立，就是通过对核心价值观、价值信条以及文化理念的系统性重塑，在企业内凝聚发展共识、形成共同语言、提供决策（行为）准则，促成企业上下在思想和行动上的统一。

下面，我们还是用中国电科核心理念系统的建立作为例子，来对此进行详细介绍。为了塑造好核心理念系统，中国电科基于对三个哲学命题的思辨和图 5-1 中的框架模型，提出了"三维构建法"：

图 5-1 核心理念系统的基本框架

第五章 塑造核心理念系统的设定方法

第一维是回答"我们为谁做什么",即存在的意义问题。针对这一问题,中国电科提出,国防、科技、电子信息是电科的本质特征,是中国电科成长、发展、壮大的基石,"军工电子国家队、科技创新骨干力量、电子信息技术领头羊"是中国电科的标签,必须要坚持军工核心不动摇,坚持科技创新为法宝,根植电子信息心无旁骛。

第二维是回答"电科将走向哪里",即未来方向的问题。对此,中国电科提出,中国电科是国家战略科技力量,是党和国家信赖的大国重器。国家的军事、科技、社会的安全是中国电科的首要责任,具有国际竞争力的世界一流企业是中国电科的发展方向。

第三维是回答"电科要怎么做",即行动的战略原则问题。对此,中国电科提出,"国家利益高于一切"是中国电科价值准则的终极判据,是中国电科的红色基因,并以此为发端,通过多向延伸来回答中国电科发展的战略方针和战略原则问题。

通过对这三个问题的回答,中国电科比较准确地找到了核心理念系统的基本定位,勾勒出了大致的框架轮廓,再通过对细节的反复锤炼,最终明确了完整的中国电科核心理念系统。在此基础上,中国电科又通过《文化宣言》来进行具体的展现:

《文化宣言》首先进行文化溯源,描述中国电科源远流长的军工电子文化、矢志不渝的电子科技创新史、与共和国共同跃动的事业发展脉搏,展现了中国电科集军工电子人、科技工作者及企业经营者于一体的风貌和对未来发展的渴求与奋斗,点明了中国电科的精神支柱、力量源泉。

其次是提出了使命、愿景、核心价值观和价值信条,通过核心价值观与其统领的价值信条,共同构成了中国电科的价值观体系。

有了核心价值观,为何要提出价值信条?会不会显得多余?

我们认为,中国电科这一做法不仅不多余,而且是一种创新。这是因为价值信条与价值观既有区别又有关系,二者并不完全相同。价值观强调人们认知活动的理性一面,而企业精神强调人们基于一定认知基础上,在实践行动中表现出来的情绪、心态、意志等精神状况;企业的价值信条就是企业精神,是企业在整体价值观体系的支配和滋养下,在长期经营管理中经精心培养而逐渐形成的,是全体成员共同意志、彼此共鸣的内心态度、意志状况、思想境界和理想追求。

价值信条的提出正是基于这样一种区别与联系：由于核心价值观的高度凝练性，无法完整地从字面上直接传达企业需要倡导的价值理念的全面内涵，所以提出价值信条，对核心价值观或进行诠释，或进行意义上的细化延伸，或进行内容上的补充，从而进一步增强其饱满程度，使核心价值观内涵更深刻，要义更拓展，将企业的价值追求更加完整地呈现出来。如果将核心价值观比作北极星，是方向和原则的核心定位，那么价值信条就如同北斗七星，是确立北极星的关键坐标。

比如，中国电科的核心价值观是"责任、卓越、创新、共享"，价值信条是："铁肩担大任""冲上山顶论英雄""联合起来办大事""做就做到最好""让创新成为习惯""共享才能共赢""创造幸福而有尊严的生活"。这当中，"铁肩担大任"这一信条，就是对核心价值观"责任"进行的更深刻诠释；"冲上山顶论英雄"这一信条，就是要集中体现电科人的绩观效、竞争观、卓越观、英雄观；"联合起来办大事"这一信条就是要发扬光大协同发展的优良文化；"做就做到最好"这一信条就是对核心价值观"卓越"的细化；"让创新成为习惯"这一信条就是将核心价值观"创新"变为行动的细化要求；"共享才能共赢"这一信条就解释了核心价值观"共享"的意义；"创造幸福而有尊严的生活"这一信条就是全体员工践行核心价值观"责任"的具体表现。通过这种相互衔接和补充，就使得中国电科的核心价值体系变得更加丰满、更好记忆、更容易传播、更容易落地。

实际上，国内外优秀企业都拥有明确的价值信条，比如本田的"追求技术与人的结合，而不仅仅是生产摩托车。人要有创造性，决不模仿别人；要有世界性，不拘泥于狭窄地域；要有接受性，增强相互之间的理解"，松下的"生产报国、光明正大、团结一致、力争上游、文明礼貌、顺应潮流、报恩报德"，同仁堂的"同修仁德，济世养生"等，都是结合自身实际提出的价值信条，对其核心价值观进行了很好的演绎和补充。

第三节　科学提炼企业使命的"灵魂双问法"

企业使命的提炼是企业文化建设过程中比较重要的一项内容。企业使命也被部分企业称为"企业宗旨",是企业核心价值观的重要组成部分。它主要是表述企业存在的意义,是企业进行所有活动的根本原因和终极责任的集中反映。我们常说的"幸不辱命",这个"命"就是做这件事的目的,是做事的人所承担的使命。同时,使命还要在综合考虑企业经营的基本指导思想、原则、方向的基础上,从企业存在的目的或对社会发展能够做出哪些贡献的角度提出。

一个企业给自己确立使命的真正意义在于,对外宣示一种责任,以树立形象,获得声誉;对内建立一个信念,表示一种决心,以自加压力,获得动力。一句话,赋予人格化的"企业"以生命存在的价值意义。领导力大师弗兰西斯曾做出这样著名的表述:"一个强有力的组织必须要靠使命驱动。企业的使命不仅回答企业是做什么的,更重要的是为什么做,是企业的终极目标。崇高、明确、富有感召力的使命不仅为企业指明了方向,而且使企业的每一位成员明确了工作的真正意义,激发出内心深处的动机"。在这段话中,"每一位成员"都能找到个人责任与企业发展的共同意义,从而产生凝聚力和归属感。犹如人们熟知的两个建筑工人工作的故事那样,第一个工人说我在垒砖,第二个工人说我在为爱筑家。第一个工人就是因为缺少使命感而缺少动力,第二个工人则意识到自己所肩负的使命,与服务对象的最终需求产生共鸣,个人也从能从工作中感到由衷的愉悦并产生积极性。

一个强有力的组织必须要靠使命驱动。纵观全球成功企业,都拥有富有时代内涵和个性特征的使命,比如航空工业集团将"航空报国"作为企业的使命;GE将"以科技及创新改善生活品质;在对顾客、员工、社会与股东的责任之间求取互相依赖的平衡"作为企业使命,迪士尼的使命是"为人类创造快乐(Make people happy)",波士顿咨询公司的使命是"协助客户创造并保持竞争优势,以提高客户的业绩",中国航天科技集团公司的使命是"创人类航天文明,铸民族科技丰碑"。这些优秀的企业都是用一种伟大而崇高的使命来鞭策和激励自己,从而实现不断做大做强。由此看出,确立一个有利于驱动企业不断进取,最终成为优秀企业的使命,对企业是十分重要的。

提炼出合适的企业使命是需要讲究方式方法的。在多年企业文化建设工作的实践中,我们找到了一个相对比较简单有效的做法,就是从回答"一是干什么,二是给谁干"这两个问题的角度来确定企业使命。由于企业使命是企业核心价值观的重要内容,是企业根本的内在追求,提炼企业的使命,就是对企业的灵魂发问，所以，我们把通过回答这两个重大问题来提炼企业使命的方法，简称为"灵魂双问法"。

第一问：干什么。对企业而言，"干什么"其实是企业的业务定位，这种定位要有巨大的包容性，不仅是对历史、现在，对未来的行业发展也要有所预判，最重要的是，它能给企业开展什么业务提供清晰的判断标准。为实现"为人类创造快乐"的使命，迪士尼的产品不断推陈出新，从开始的卡通画到现在的多元化经营，但迪士尼经营的从来不是某类具体的产品，而是"为人类创造快乐"这一灵魂，所以，大家可以看到，迪士尼的所有影视作品从来都是喜剧，没有一个以悲剧结尾的，这就是业务发展紧密围绕使命定位并取得成功的典范，很值得我们学习借鉴。

第二问：给谁干。我们现在都习惯于把这个"谁"统称为"利益攸关方"。有些企业的使命就是直接对利益攸关方陈述的，比如中国电子信息产业集团的使命就是"致力于将先进适用的电子信息技术和产品服务社会，维护国家信息安全，为员工提供实现职业梦想的舞台"，中国核工业建设集团的使命就是"奉献精品、成就员工、服务社会"。都包含了对利益攸关方的陈述。通常情况下，企业会结合自身情况，从回答这两个问题的方式中选择一种，作为表达企业使命的方式。

国有企业在确定使命时，与跨国公司和一般民营企业最大的不同就在于给谁干这一点上。因为国有企业有永远不能舍去的国家情怀，所以国有企业在确定自己的使命时，必须要考虑到对国家的责任，但这绝不能妨碍国有企业在确定企业使命时把目光投向全世界和全人类。就像前面提到的中国核工业建设集团的使命并没有直接提到国家一样，其他国有企业在确定自己的使命时，也没有必要直接提到国家，因为对于企业来说，使命既是一种责任，也是一种市场，服务人类和服务国家并不矛盾，相反，一个只把国家责任作为使命的企业是无法走向世界的，最终要以放弃世界市场为代价。今天的中国主张人类命运共同体，国有企业当然也要随之把服务人类作为自己的使命，以更好的走向国际市场。

第四节 科学规划企业愿景的"四重标定法"

企业愿景，就是企业通过努力能够实现的远大目标。它描绘出了大家期望看到的、愿意为之努力的、且通过努力可以一步步接近和达成的远景目标，是组织肩负使命而迈向未来的美好图景，是企业社会责任、价值观、使命追求与员工愿望的集中体现。其最重要的作用，对外来讲，能够通过展示承诺和追求赢得社会的信任和尊重，对内部来讲，能够创造万众一心的积极氛围，激励和引领企业每个员工朝着一个共同的方向努力，为实现企业的美好蓝图而奋斗。

纵观世界上的企业，凡是优秀卓越的企业，一般都有明确的愿景和远大追求，只有那些急功近利的企业才没有适宜的愿景。但对一个试图改变自己的企业来说，难的不是知道要制定企业的愿景，而是如何去规划组织一个适宜的愿景并将其实现。

企业文化大师奎因曾经说过："规划组织愿景并把愿景内容很好地传达给员工的能力，是一个企业领导者应该具备的能力之一……这也是成为领导阶层的必要条件之一"。因此，能够规划和塑造出一个美好的愿景，并让员工兴奋和产生积极的追求欲望，对企业来说十分重要。

我们国有企业在过去的文化建设中，一般都会提出自身的企业愿景，但普遍存在的问题是，要么是愿景的描述比较空泛，流于政治口号，有愿而无景；要么是追求的定位太低，仅限于做国内一流，不敢把目光投向世界。这与优秀的跨国公司形成了强烈的反差。优秀的跨国公司在规划愿景时，其目光投向的都是整个人类和全世界。比如，微软公司的企业愿景是，"让世界上每一台电脑都因为微软而转动"。波音公司的企业愿景是"领导航空工业，永为航空工业的先驱"。在中国已经开始走进世界舞台中心的今天，我们的国有企业都应该成为国际化的企业，企业的愿景规划也都应该"胸怀全球，放眼世界。"事实上，国家对国有企业提出"建设具有国际竞争力的世界一流企业"的要求，就为国有企业的愿景确定指出了一种方向。当然，国有企业行业不同、规模大小不同，愿景的制定只能根据企业的实际来进行，不能天马行空，只图高大上而不切实际。据此，我们总结一些优秀国有企业的成功做法，提出规划企业愿景的"四重标定法"，供大家在做企业愿景的具体规划时参考。

第一重是对标国际优秀企业。以同行业最优秀的跨国公司作为参照系来定位自己，不要局限于自己跟自己比。企业愿景虽然是企业自己对自己未来的定位，但这种定位是通过对比别的企业来显示的，因此，用来比较的参照系就显得尤为重要，所谓"法乎其上，得乎其中，法乎其中，得乎其下。"愿景可以帮助企业激励自己由小变大，由弱变强。作为大国重器的国有企业，如果不以最优秀的跨国公司作为标准，只局限于成为国内一流的企业，这样的愿景就称不上是合格的愿景。

第二重是要有超越一般企业的高境界。以全人类和全世界作为服务对象，不局限于国内，要把社会责任延伸到国际。作为支撑一个世界大国经济的国有企业，仅把自己的责任和目标定位在服务国家和民族是不够的，仅仅把服务国家和民族作为己任，是国有企业过去处于封闭状态且又弱小时的无奈，不能成为不把全世界和全人类作为服务对象的理由。愿景就是要展示一个企业是否敢于追求卓越，是否有异想天开的雄心，如果我们的国有骨干企业不把目光投向全世界和全人类，就等于是不敢与跨国公司竞争，没有走向世界的自信，因此，在规划愿景时，一定要有宽广的视野、更高的境界。

第三重是要具有可实现性。企业愿景与理想的最大不同就是它具有一定期限内的可实现性，不是遥不可及的，更不是乌托邦。企业愿景决定企业的发展战略，遥不可及的企业愿景就不可能作为依据和目标来制定具体的战略规划，也就对企业的发展失去了指导作用。一般情况下，企业愿景应该是企业通过若干个战略规划期的努力就可以够得着的。因此，在规划企业愿景时，一定要注意科学和理想的合理结合，不能脱离企业实际，只图用美妙的描绘带来精神上的一时痛快。

第四重是要具有激励引领性。可引领性是由愿景的时空维度来决定的，太过遥远和太不切实际不行，那会成为乌托邦，容易让员工听起来兴奋、看起来远，因而望而却步，反而会失去信心。但太实际和太容易实现又会显得短视，看不到远大的追求，也不易激发员工的动力。这两种做法都会使愿景失去激励引领作用。因此，在规划企业愿景的时，要定位在恰当的度上，既不要狂妄吹牛，也要避免过分谨小慎微、目光短浅，只求急功近利，而不敢有大的想法和长远追求。

第五节　核心价值观的凝练与升华

核心价值观是指组织在追求经营成功过程中所推崇的基本信念和奉行的准则，是指导全体员工行为的一系列基本准则和信条，起着行为取向、评价准则、评判标准的重要作用；同时，也是对如何完成使命、达到愿景的价值准则的界定。它将告诉员工怎么做才能使企业获得持续、和谐、健康的发展，怎么做才能使员工个人与组织共同取得成功，实现自我价值。比如，中国航天科技集团公司的核心价值观是"以国为重、以人为本、以质取信、以新图强"，表明公司是以"国家""人""质量"和"创新"作为坚守的信念和行事的准则。英国航空航天系统公司的核心价值观是"信任、创新、勇敢"，表明公司是以赢得客户信任，力求不断创新，强调勇敢作为信念和准则。从这两家公司来说，他们认为只有按照提出的核心价值观来做事，才能肩负起公司的使命、实现公司的愿景。

但是，对进行文化建设或重塑的国有企业来说，更关键的是如何才能提炼出符合企业实际、能够引导企业赢得市场竞争、实现不断发展的核心价值观，即实现核心价值观的升华塑造。

核心价值观就是企业核心精神的继承、发展和提炼，彰显的是企业鲜明的精神个性。因此，对企业核心价值观的塑造主要要注意把握以下几个方面。

一是要切合企业的实际。这种实际包括企业所在的行业、服务的对象和业务的性质等。只有核心价值观切合企业的实际，才能与企业要求相一致，起到规范和引领作用，被企业上下所认同。比如前面提到的英国航空航天公司的核心价值观，"信任"是针对航空航天产品的高风险性质来说的，"创新"是针对航空航天是高技术行业来说的，"勇敢"是针对航空航天飞行的需要来说的，都非常符合公司的实际，因此，这一核心价值观就能对该公司的存在和发展具有实际意义，也才会得到公司员工的自觉信奉和遵守。

二是要体现企业的要害。所谓要害就是决定企业命运、关系到企业生死存亡的最根本要素。企业在社会上存在，要遵循的价值观其实是比较多的，但只有核心价值观才是真正关系企业生存的命门，才能起到决定性的作用。比如中国航天科技集团"以国为重、以人为本、以质取信、以新图强"的核心价值观，就体现了"国家、人才、质量、创新"这四点决定公司命运的要害，失去国家、失去人才、失去创新、失去质量都会直接导致公司走向衰亡。

三是突出自己的特点。突出特点不是为了张扬，而是为了更好地生存发展。每个企业在激烈的市场竞争之中都要寻找最有利于自己的生存法则，这个生存法则就是企业的核心价值观。在同样的环境条件下，只有采用与别人不一样的法则，才可能走出自己的生存发展之路,这就要求企业的核心价值观必须要有自己的特点。当然,这种特点不是要完全抛弃所有企业都共同遵循的共性价值,比如创新、优质、服务社会等,而是要在这些共性价值的基础上,把自己的个性突出出来。

下面给出中国电科在文化重塑中对于核心价值观的提炼和表述,作为例子供给大家参考。中国电科提炼出来的核心价值观是"责任、创新、卓越、共享",对这个核心价值观的具体表述是:

"责任"是国企的庄严承诺。作为党和国家事业的政治基础和物质基础,中国电科肩负着神圣的政治、经济和社会责任。对国家、社会、客户、员工及合作伙伴负责是中国电科的天职和义务。中国电科因责任而生,凭责任而兴,担责任而强,每位电科人都是责任的担当者和履行者。

责任决定中国电科的地位、责任决定中国电科的格局。将责任放在核心价值观的第一位,因为中国电科是在党领导下的国有企业,不是能干什么就干什么,而是党和国家需要中国电科干什么,中国电科就要干什么,并且必须干好什么。责任和忠诚往往是联系在一起的,"一个不忠诚的人,能力越强,带来的破坏性就越大",用责任彰显电科对党和国家的绝对忠诚。因此,责任是中国电科的立命之本、责任是中国电科兴盛之道、责任是国之重器的第一要义。

"创新"是推动国企事业蓬勃发展的不竭动力。中国电科推崇创新,激励组织和个人大胆创新,营造有利于创新的生态环境,使创新成为推动中国电科发展的常态。创新是一种精神、一种思维、一种习惯,中国电科永葆对创新的孜孜以求和矢志探索,每位电科人都是创新的参与者和驱动者。

一日无创新,一日无电科。作为电子信息领域的骨干力量,最核心的是具有创新精神、拥有创新理念、构建创新生态、大力推动创新。如果丢掉了"创新"二字,中国电科就失去了蓬勃发展的动力,也就失去了存在的价值。在实践创新的过程中,电科人认为:观念创新是先导、战略创新是方向、管理创新是基础、机制创新是关键、科技创新是动力、市场创新是目标。

"卓越"是国企的事业标准和不懈追求。卓越凝结了中国电科人非我莫属的自信,舍我其谁的担当,敢为天下先的勇气和不达目的誓不休的决心。卓越是起跑线,是冲刺线,是永动机。我们拒绝平庸,不断超越,精益求精,做到最好。每位电科人都是卓越的创造者和引领者。

在竞争激烈的市场经济中,没有一个企业不将卓越作为追求的目标,这是一个企业与生俱来的特征。特别是在科技创新领域,只有足够卓越,才能跑赢对手。中国电科如果要长久可持续发展,要源源不断贡献出自身的价值,必须要向着"卓越"去迈进,朝着高质量发展去努力。

"共享"是我们的胸襟和情怀。 中国电科崇尚共享,以共享最大限度地凝聚更多的力量,成就更大的梦想。共享是一种智慧,一种哲学,更是一种幸福,与天和永续长青,与地和境利势顺,与人和同舟共济。每位电科人都是共享的耕耘者和收获者。

企业最大的成功源自全体员工,源自合作伙伴和利益攸关方,他们是企业的全部价值之所在,因此必须要将中国电科和全体员工、合作伙伴和各种利益攸关方紧紧地绑在一起,共同参与、共同思考、共同成就、共同分享,从而实现中国电科和全体员工、合作伙伴、各种利益攸关方的共同发展。共享是电科经营思想的核心要素、是营造电科生态的哲学武器,有多大的胸襟,就能成就多大的事业。

在核心价值观的表达中,责任和创新是中国电科成员单位用几十年直面挑战的担当换来的经验法宝——通过矢志不渝的创新兑现每个历史时期党和国家赋予中国电科的责任,也是中国电科面向未来必须要传承的思想结晶;卓越和共享是中国电科立足当下、挑战未来的关键原则——与所有的利益攸关方共享中国电科卓越的发展成果,成就更大的卓越与更多的共享。

这四个词在逻辑上自成一体,是中国电科的立世之基、行事之道、发展之源,展现着中国电科的宏大格局和宽阔的胸襟。

一言以蔽之,"责任"是中国电科的立身之本,它决定了中国电科的站位和格局,也是中国电科对所有利益攸关方的郑重承诺;

"创新"是兑现承诺的重要能力和方式,从系统论的角度分析,创新更是中国电科这个复杂的巨型系统有效运行的原动力,而且也是中国电科必须要具备的能力和态度;

"卓越"是兑现承诺的水平和态度,更是中国电科自身的行动标准,是类人化的中国电科的行事风格,是赢得客户信赖的底蕴,也是电科人的一张金色名片;

"共享"是中国电科的胸襟,是电科经营哲学的精髓,是营造中国电科良好生态环境的大智慧,在共享中共进、在共享中共赢,也是兑现承诺的切实行动。

中国电科这八个字组成的核心价值观,单独就每一句看,都比较普通,为大家所熟知,但组合在一起,就有了中国电科作为电子信息行业大型国有科技企业的鲜明特点,是对企业核心价值观的比较成功的提炼。

第六节　核心价值信条的定位与解构

上文说过,国有企业的核心价值观是关于"什么才是最有价值"的认知、主张和态度的核心判断标准,是处于引领和主导地位的价值取向。而国有企业的价值信条则是其价值观体系的支撑要素,是核心价值观的重要组成部分。如同北斗七星是确立北极星的关键坐标一样,价值信条是诠释、演绎和践行核心价值观的最好指针,是更接地气的"价值观",也可以称之为企业"一拖多"模式的核心价值观新体系。

那么,在提出价值信条的过程中,有哪些需要注意的地方?

一是要明确价值信条是具有企业自身特色的经营方法论的高度集合,一定要是符合当前和未来改革发展需要、在广大干部员工中得到广泛认同的理念或原则;

二是价值信条是用来对核心价值观进行演绎的,但是在文化设计时,不用一一对应,可以是一条价值信条演绎几条核心价值观,也可以是几条价值信条演绎一条核心价值观。

下面以中国电科的"北斗七星"价值信条为例,诠释国有企业应当如何设立自己的价值信条。

铁肩担大任,是中国电科担当使命、砥砺前行的旗帜。中国电科是强军富国的基石和民族复兴的脊梁,要时刻铭记国家利益高于一切,高举旗帜,不辱使命。要敢冲锋、敢亮剑、不懈怠,切实担当起报国、兴业、利民的历史使命;敢攻坚、敢较真、不推责,履行好时代赋予电科人的神圣职责。

"铁肩担大任"是结合中国电科国防军工企业、科技型企业、中央企业的多重角色对核心价值观"责任"的深入诠释,体现出中国电科人虽任重道远,但一直砥砺前行。所以,从"两弹一星"开始,到载人航天、北斗导航、探月工程、火星探测，多少国家重大工程中，都闪现着中国电科的名字；在奥运安保、抗震救灾等一系列国家重大事件中，也都有中国电科的身影。

冲上山顶论英雄，体现了中国电科绩效为先、崇尚实干的企业特色。中国电科强调务实作风，推崇结果导向，以在实际工作中创造出的价值、体现出的能力和态度为评价标准，激励全体员工艰苦奋斗、激情拼搏。使英雄无悔，建功立业定当回报。

"冲上山顶论英雄"体现的是中国电科人的绩观效、竞争观、卓越观、英雄观，也是对全体中国电科人勇攀高峰的肯定和激励。2013年1月18日，国家科学技术奖励大会在北京人民大会堂隆重举行，中国工程院院士王小谟同志被授予国家最高科学技术奖。他就是在预警机工程研制过程中涌现出的电科英雄，被誉为"中国预警机之父"。20世纪90年代，为了尽快装备预警机，我国开始寻求与世界军事强国的合作机会，但屡屡受挫。为了争口气，也为了不再被人"卡脖子"，作为军工电子国家队，中国电科向预警机研制的难关发起了冲锋。中国工程院院士王小谟联合十几位老专家上书国家，请求自主研制预警机。为发展预警机事业，王小谟始终坚守在科研最前线。2006年，预警机研制最为关键的时刻，他遭遇车祸、腿骨严重骨折，同时被诊断出身患淋巴癌！但他依然放不下对预警机事业的牵挂，病情稍有好转，又拖着病体赶往试验现场……正是这样一种精神，让中国预警机实现了从无到有、从有到优。

联合起来办大事，是中国电科攻坚克难、发展壮大的法宝。要以成员单位的广泛联合，合作伙伴的深度协同，提升跨部门、跨区域、跨领域的系统工程能力和大平台运作能力，形成体系化的综合竞争力。精诚协作，共铸宏图伟业。

"联合起来办大事"是对中国电科协同发展的优良文化的全面继承和发扬光大。"联合"的意义相当广泛，中国电科与兄弟单位要联合，与国际同行要联合，成员单位之间要联合，部门与部门之间要联合，人与人之间要联合，一起为共同的伟大事业不懈奋斗，形成强大合力。中国电科参与的每一个重大工程，都是不同的企业集团之间、内部成员之间大力协同的结果，比如北斗导航工程，中国电科就有多家单位参与其中，它们分别承担了星间链路地面管理系统、抛物面天线、S频段扩频统一系统、地面监测接收机和监测站、卫星电源子系统以及隔离器、特种电线电缆、导航射频芯片、星载测量型电路等关键元器件的研制任务，为"北斗"注入了强大的电科"基因",为其高精度、高连续、高稳定在轨运行提供了强大技术支撑。

做就做到最好,是中国电科追求卓越的做事风格。电科人绝不满足于已有的成绩,务求更高、更快、更强;要乐于发现问题,善于分析,精于解决,在每项工作中发现优化的可能,在每个岗位中拓展改进的空间,精益求精。要么不做,要做就做到最好。

"做就做到最好"是对"卓越"的进一步解读,它告诉中国电科人能够也应该在各自的工作岗位上做到更好,发挥出更大的价值。"做就做到最好"的宣言体现的是中国电科人的卓越风格和独特脸谱。比如,中国电科承担研制生产的世界最大单口径射电望远镜(FAST)的反射面单元系统,用了45万块1.1米左右、外形重复性很低的三角形面板,拼出4450块反射面板单元,从而拼接出30个足球场大的弧形反射面,精度却要求达到毫米级。没有"做就做到最好"的理念,是不可能取得成功的,《人民日报》对此做了专题报道。

让创新成为习惯,是中国电科发展强盛的DNA。电科人要具有开放的心态、开阔的眼界、活跃的思维,拥抱变化,应对挑战;要把学习作为创新的基础,不迷信权威,不被模式化思维羁绊,敢于走别人没有走过的路。积极创新,包容失败,使创新成为习惯。

"让创新成为习惯"向所有人传达创新不是一个"高大上"的概念,而是所有中国电科人工作的一部分,小到工作的改进和优化,大到重要技术的攻关突破,都属于创新的范畴,是对所有中国电科人的肯定和期望。创新是中国电科核心价值观的重要部分,成为每个中国电科人写在血脉里的习惯。中国电科常态化开展中国电科科技进步奖、技术发明奖、年度十大科技进展、十大创新团队、十大科技领军人才和十大青年拔尖人才的评选工作,给予每个获奖团队100至1000万元科研经费支持、每个获奖人才100万元左右的科研经费支持,用于开展前瞻性、预研性自主选题研究,并赋予相应自主支配权。另外,积极响应国家"双创"号召,将"双创"融入企业科技体制机制改革,以新的技术创新体系为基础,开展中国电科熠星创新创意大赛,整合开放科技资源,推进体制机制建设,加强合作交流,全面推进双创工作,为全国无数有志青年搭建了广阔的创业平台;熠星创新创意大赛的成功举办,引起了国家的关注,在2016年上升为中央企业双创活动。

==**"共享才能共赢"，是中国电科基业长青的哲学要义。**==我们要以分享的心态同利益攸关方结成命运共同体，用共享成就彼此的发展，切实做到与客户真诚合作、实现共赢，与伙伴并肩作战、携手共进，与员工荣辱与共、成果共享。在共享中共进，在共享中共赢。

"共享"蕴含着共享精神、共享经济的含义，从企业的角度就是把自身的发展成果建立在与周边环境和合作方的互利共赢之上，形成长久的发展之道；从个人角度就是打破保守心态，做到信息、能力的分享互助，形成一加一大于二的效果。基于此，中国电科全面加强了与军队、政府机构、企事业单位的战略合作，推动深度合作，实现互惠共赢。通过共享，全力打造中国电科生生不息的生态环境。

==**"创造幸福而有尊严的生活"，是中国电科对员工的郑重承诺。**==我们要为员工提供卓有成效的保障和激励，确保员工的发展状况、幸福指数及收入水平在同区域或同行业位于前列，使能够在中国电科工作成为一种自豪与荣耀。共同奋斗，使员工过上幸福而有尊严的生活。

有别于一般不将对员工的承诺写入企业核心价值观的做法，中国电科将"创造幸福而有尊严的生活"列入价值体系的一部分，通过这个价值信条告诉全体员工，中国电科在为国家和民族的事业而奋斗，但同时一定会保障员工获得幸福而有尊严的生活。这是以人为本的庄严承诺，也是将中国电科的文化假设变成现实的关键管道。所以，中国电科在发展过程中，始终强调以员工为本，推动各成员单位加强与地方政府的沟通，切实改善员工的科研、办公以及居住环境，切实调整薪酬待遇，增强员工认同感、责任心与积极性，做到以电科为家，齐心协力推动中国电科大发展。

"四个核心价值"和"七个价值信条"，共同构成了具有电科特色的"北斗七星核心价值体系"。进一步展现了中国电科人的格局、胸襟、风范，展现了中国电科人的意志、品质和做事风格，凝练成电科独特的方法论，也将是电科宝贵的精神财富。

纵观整个价值观体系，它始终都在向中国电科全体干部员工以及外界表达：我们要怎么做事情，怎么一起把事情做好。它不仅仅是凝聚人心，更是中国电科这个舰队在新时代通用的旗语。只有也必须理解、秉持并切身践行这个价值观体系，中国电科才会更加从容地看待是非评判，才会更加笃定地面对来路，才会更加成熟地审视自我，才会更加自信地走向未来。

　　核心价值观"一拖多"的模式，可以说是中国电科在文化重塑中的一次成功尝试，它使核心价值观和价值信条，互为依托，相得益彰，形成一个完整的价值观体系，赋予抽象的价值观以丰富的内涵，用价值信条将相对单调的价值观予以深度解构，使晦涩的价值观更容易理解和落地，对我们国有企业在文化重塑中进行核心价值体系的设计具有借鉴作用。

第六章 国有企业文化建设"九大实操方法"

把企业文化建设看成一项系统工程是再合适不过的,因为建设企业文化就是在塑造一座企业的精神大厦。所以,如果将科学研究中的系统工程管理的方法应用于企业文化的建设和管理中,也应该会收到意想不到的良好效果。为此,我们结合企业文化建设的实践有意识地进行探索和总结,欣喜地发现了二者之间存在的共通之处。系统工程管理中常常会用到关键路径的工程管理概念,在国有企业的文化建设中也存在一些关键的路线图。这些关键路线图,正是企业文化建设的一众原则、方法、规定和要求,它们如同里程碑和指南针,标记出企业文化建设的关键环节、重点任务、管控要点,锁定企业文化建设的关键路径,指引出企业文化建设的方向,决定着整个企业文化建设的战略走向,是整个企业文化建设工程的基础。关键路线图是否科学,是否正确,在战略和战术两个层面上直接关系到企业文化建设的成败。因此,把握住了这个路线图,就是找到了整个企业文化建设的有效方法。通过归纳总结,我们认为关键路线图涉及九个方面的内容,因此我们将其统称为企业文化建设的"九个实操方法"。

第一节 通过提炼"科学文化假设"塑造国企文化的灵魂

在国有企业文化建设中,企业的管理者们经常想搞清楚的问题便是,到底是什么决定了企业文化的质量、内涵、品位和格局?是什么在背后支撑着企业文化的使命、愿景和核心价值观?这是国有企业文化重塑需要解决的核心问题。

企业文化理论之父埃德加·沙因曾指出,理解企业文化内涵时面临的最大危险就是把企业文化想得过于简单。一提到企业文化,就只想到企业的做事方式、礼仪仪式、内部氛围、激励与薪酬体系、价值观等。其实,这些都是企业文化的外在表象，并不是企业文化的本质。

企业文化可以解构为三个层级：第一层级是人工饰物表象，如内部环境、人际氛围、管理制度、工作流程等；第二层级是价值观；第三层级是共同默认的假设，这是企业文化的最深层级，是源于对企业成功不断复制而产生的共识，是企业文化真正的灵魂。

埃德加·沙因认为，从企业文化的本质看，企业文化就是企业的精英团队在共同解决外部生存问题和内部整合问题的过程中，习得的一系列共同默认的假设的集合。由于这些假设使企业运行良好并创造了企业的成功，所以被精英团队不断传授给新成员，并作为越来越多的成员在解决类似问题时共同遵循的正确方式。这种方式在企业成功不断被复制时被不断强化，最终形成企业特有的文化体系。所以，建立好了企业文化的科学假设，就抓住了企业文化的本质，也就抓住了企业文化建设的关键。

例如，中国电科在企业文化建设中，广泛收集以往成功的和不成功的诸多案例，同时不断学习借鉴世界一流的企业文化，深耕细作，挖掘成功和失败背后的文化成因，寻找科学的文化假设在哪里。在企业文化的各个层面，提出一系列科学的文化假设：

> 在研究电科定位时，提出"国之重器"的假设。
>
> 在确定电科终极价值判断时，提出"国家利益高于一切"的假设。
>
> 在探究电科价值创造本源时，提出具有时代特色的"电科新价值论"："我们认为，在知识经济时代，各种要素对高科技企业价值贡献的重要性排序，一是知识，二是管理，三是劳动，四是资本。四大要素共同作用，创造了中国电科的全部价值"。这是高科领域关于"新劳动价值论"的文化假设，可谓石破天惊。
>
> 在确立电科价值分配原则时，提出"奋斗者必有所得"的假设。
>
> 在确定科技创新重要性时，提出"一日无创新，一日无电科"的假设。
>
> 在改革高科企业员工激励机制时，提出"知者有其股"的假设。

第六章 国有企业文化建设"九大实操方法"

> 在确定企业发展战略时,提出"八大战略支点"的假设。即"坚持以军为本,坚持以民为主,坚持国际化,坚持科技立企,坚持整体优势,坚持平台策略,坚持开放共赢,坚持人才强企"。
>
> 在确定企业员工塑造方向时,提出了"七型员工"的假设。即"学习型、责任型、创新型、专业型、服务型、激情型、感恩型",为企业员工的培训修炼指明了方向。

这一系列文化假设,展现了中国电科新文化的独特魅力。

这种科学文化假设的寻找过程,提升了电科企业文化的站位,张大了电科企业文化的格局,丰富了电科文化的内涵,增加了电科文化的逻辑穿透力和历史厚重感,不但使中国电科的企业文化具备了鲜明特色,更是重塑了电科文化的灵魂。

第二节 用"双螺旋模式"促进文化与战略的互励融合

生物学在描述 DNA 时有一个"双螺旋"理论,我们在研究企业生存发展时,发现企业也有自身的"双螺旋",那就是文化和战略。杰克·韦尔奇认为:"企业的根本是战略,而战略的本质是企业文化。"企业文化建设要服务企业战略、紧扣企业战略,通过企业战略体现企业文化的价值。企业战略的重要任务就是在企业文化的使命、愿景的指引下,绘制企业发展的路线图,又在企业文化的支撑下实现企业的蓝图。

企业文化和企业战略是企业的一对"双螺旋"。企业文化决定着战略的制定和企业经营模式的选择,战略的实施过程又会促进和影响企业文化的发展和创新,彼此互相作用,推进企业不断发展。

企业文化决定了一个企业自身的生命力是否强大,企业战略则决定了企业如何面对多变复杂的生存环境。企业文化的建设紧扣企业的发展战略,与企业战略就不会从鱼水关系变成油水关系,企业文化效能的发挥就有了基础和前提条件，使企业上下充满活力，从而达成企业的战略目标。另一方面，企业战略目标的完成，又强化了企业文化价值观对企业员工的影响，推动已实施成功的管理理念、管理机制、企业价值准则的落地和固化，推动企业文化进一步发展、进一步成熟。

这条"双螺旋"纽带，将企业战略和企业文化紧紧联系在一起，互相支撑，互为基础，互相作用，产生强大的合力，推动企业战略目标的达成，推动企业文化的提升，进而推动整个企业的不断发展。例如，华为公司在早期确定自己的发展战略时，就把通信技术开发和产品制造定为公司的战略，明确宣布永远不进入服务行业。依据这一战略，公司就把华为的价值观定位在不追求利润的最大化，而是追求技术水平的最高峰，只要是没有高技术含量的业务，再赚钱也不去干，从而咬定青山不放松，集中力量于5G技术的开发，确保了华为在5G通信领域成为全球一流公司，最终达成了自己的战略目标。

所以，国有企业在企业文化重塑过程中，要始终坚持这个"双螺旋"，实现企业文化和企业战略的互激互励、协调共生。

第三节 用"双星定位"法锁定企业文化建设的重点所在

企业文化建设的重点正确与否，决定着企业文化建设能否成功，有些企业的文化建设之所以不成功，甚至劳民伤财，没有效果，其中一个很重要的原因，就是企业文化建设一开始就没有找对路子，没有找准重点，甚至是南辕北辙。那么，用什么方法来确定企业文化建设的重点呢？我们在实践中找到一种"双星定位"的方法，借鉴北斗卫星导航系统通过两颗卫星来确定位置的方式，来确定企业文化建设的重点。

根据卫星导航的原理，通常我们通过三颗卫星的交叉定位来确定地面物体的位置。而在我国北斗导航的初级系统中，由于一时不能发射多颗卫星，就采用两颗卫星来进行定位，同样能实现较好的效果，该方法被称为"双星定位"。借鉴这一原理，在企业文化建设中，我们坚持问题导向，将企业存在的管理问题和企业存在的文化问题，作为定位的"双星"，帮助企业寻找企业文化建设的重点，实践证明这是保证企业文化建设事半功倍的有效方法。

随着管理科学的发展，文化管理成为现代企业管理的重要方法，但是，文化管理绝不是就文化谈文化，也不是就管理谈管理，而应该是就管理问题谈文化，就文化问题谈管理，这两类问题必须互相交集，就像道家的太极图，黑白相交，两点对应，才能通过交叉定位来找出企业文化建设的重点所在。

首先，要从管理入手，研究明晰企业发展、企业经营、企业管理中存在的主要问题、面临的主要困难和挑战以及企业的战略短板等，找出需要解决的问题。针对这些问题，从文化角度进行深入分析，寻找导致问题产生的文化根源，提出问题的文化解决方案。这个解决方案就隐含了企业文化建设的重点，这个重点是管理问题在企业文化中映射出来的，因此，是真实可信的，不会误导企业文化建设。

其次，要明确企业文化本身和企业文化发展存在的问题。要寻找企业文化本身的问题和短板，现有的哪些文化问题制约了企业的发展？哪些必须改革？哪些必须扬弃？要解决企业现存的问题、发展的问题，还需要哪些新的文化要素？要塑造什么样的新文化？这种以问题为导向的思维方法和工作原则，能够有效寻找到企业文化建设的重点所在，保证企业文化建设精准高效。

中国电科在企业文化建设中就是这样做的。中国电科成立后，相当一段时间，内部管理都不是很顺畅，成员单位各自为政、互相内耗，恶性竞争的现象时有发生，这种内耗极大地削弱了集团的整体市场竞争力。针对这一问题，他们在企业文化建设中首先就从文化角度，通过广泛听取基层职工群众的意见，进行细致认真的分析，找到导致这些问题出现的原因：成员单位在集团组建前长时期独立存在，为了自己的生存发展而形成了以自我为中心的单打独斗的企业文化。找到问题根源后，他们在企业文化建设中就把重点放在核心价值观和企业愿景的统一上，用统一核心价值观和愿景来引导成员单位团结一致，共同向一个目标前进，同时，该集团特别注重培育合作文化，以"共享"作为集团的核心价值观，将"联合起来办大事"提升为集团的核心价值信条，在集团内部达成对合作共赢的新文化的认知，从而理顺了内部管理关系，最大限度地解决了内部恶性竞争问题，使重塑的企业文化产生了实实在在的效果，也赢得了普遍的认可。

第四节　通过强化"组织落实"来保证企业文化建设成功

　　国有企业的文化建设是一项系统工程，特别是对于大型国有集团公司来说，范围上，要覆盖全集团，需要上至集团总部，下至成员单位，多级子公司的密切配合，才能开展好；时间上，要跨越若干年，需要持续不断地推进实施，才能取得理想成效；资源上，要动用大量的人力、物力、财力，才能提供有效保证；内容上，涉及集团核心价值文化的提升、理念体系的重塑、经营哲学的提炼等众多方面；复杂性上，既要把原有文化中不适应需要的部分去掉，又要对新的文化予以系统性的重塑，同时还要聚焦建立企业文化和经营管理的桥梁，发挥文化管理的效能，推动企业一系列深层次的变革，促进企业的转型升级，使国有企业成为真正的大国重器。

　　这些特点决定了国有企业文化建设工作需要统一全系统内的思想和认知，需要对集团历史文化进行传承和扬弃，需要提炼一系列文化理念和文化假设，需要赋予集团愿景、使命、价值观以时代内涵，得到全系统员工的认可和赞成，真正成为引领企业发展的一面精神旗帜，为国有企业的发展提供强大的精神文化动力。对于这样涉及全体员工的思想意识领域、覆盖经营管理各个环节、花费巨大企业资源、面临巨大建设风险的复杂系统工程，做好组织落实是最根本的需求，也是企业文化建设和重塑成功的前提条件。

　　所谓做好组织落实，就是在企业文化建设过程中，需要做到高层思想统一和共同努力，企业领导高度重视、深度参与，企业"一把手"亲自领导、全程指导、全力支持；组织精兵强将和高水平企业文化专业人才齐上阵，各层级协同工作，专家团队提供咨询。真正做到组织落实、责任落实、工作落实、资源落实。

　　做好组织落实的第一个要求是，企业"一把手"必须高度参与。企业文化建设关系到企业的立魂树形，不同于企业其他一般工作，非企业"一把手"亲力亲为不行，别的领导不可替代，也无法替代，是典型的"一把手工程"。这是因为：

　　企业"一把手"是企业文化的第一需求者。企业"一把手"最熟悉企业的经营战略，最了解需要什么样的企业文化。优秀的企业领导者正是通过企业文化来梳理发展逻辑，寻求规律，找准策略，把握节奏，洞悉机会，推动企业发展。

企业"一把手"是企业文化的第一塑造者。从某种意义上讲，企业"一把手"的高度决定了企业文化的高度，企业"一把手"的格局决定了企业文化的格局。日本的松下幸之助认为自己一生最大的成就就是培育了松下文化，美国的杰克•韦尔奇亲手培育的 GE 文化成为通用公司最宝贵的财富和强大无比的核心竞争力，中国的任正非精心塑造的华为文化成为中国民营企业文化建设的一面旗帜，这些优秀的企业文化无一例外都深深打上了企业领导者的个人烙印。中国的国有企业与西方企业和国内的民营企业在企业文化的决定方式上虽然存在一些差异，但"一把手"的作用同样是十分重要的。

企业"一把手"是企业文化建设的第一推动者。企业"一把手"通过高瞻远瞩，把企业文化摆放到突出重要的战略地位，提高全企业对企业文化重要性的认知；通过亲自领导、亲自部署、亲自组织、亲自指挥企业文化的建设工作，确保建设工作能坚持到底；通过坚持不断地宣讲布道，让员工了解、认识、赞同企业文化所倡导的价值观和精神信条，使广大员工接受企业文化，认可企业文化，并转化为自己的行为准则；通过身体力行带头践行企业文化，保证企业文化取得实效。

做好组织落实的第二个要求是，将企业总部各部门的领导、各成员单位的领导有效组织到企业文化建设的队伍中来。使他们在各自的领域参与和领导企业文化的建设工作，成为企业文化建设的重要力量。

做好组织落实的第三个要求是，建立一支高素质的专业队伍。企业文化建设涉及面广、要求高、难度大，唯有高素质的专业队伍才能胜任，要让国家一流的企业文化专家加入专业团队，一流的专业团队才能创造一流的专业工程，这是保障企业文化建设质量和水平的关键，也是组织落实的最重要工作之一。

总之，只有通过强而有力的领导落实、组织落实、人力落实、财力落实和保障落实，才能保证企业文化建设的成功。

第五节　用"责任链条"搭建企业文化建设成功的阶梯

企业文化理论告诉人们，培育一个成熟优秀的企业文化是一个长期的过程。

实际上，企业自创始之日就已经开始积累和形成自己的文化，这种原生态的企业文化伴随着企业成长不断发展，并对企业成长产生重要影响。在企业初创期，创业者的文化底蕴、基本素养、价值观念和基本管理方法形成了企业文化的原始基础，并通过价值判断和行为准则的积累和沉淀，逐步形成企业文化的基因；在企业成长发展期，企业文化通过帮助企业理清发展方向、帮助企业在战略层面做出选择，逐步发展形成初步的框架体系；在企业成熟发展期，企业文化主要致力于打造企业的核心竞争力，促进企业持续发展，把企业共同默认的隐性假设提炼形成大家认同的、明确的价值观念，并上升为体系化的企业文化。

通常，一个原生态的企业文化发展成为优秀的企业文化的过程是极其艰难和曲折的，首先，优秀的企业凤毛麟角，许多原生态的企业文化都随着企业的失败而消亡，没有机会成长为优秀的企业文化。其次是，相当一部分原生态的企业文化因为培育不力而难以发展成为优秀的企业文化。例如，在企业文化培育的过程中，就有不少企业常常会出现因高度问题、清晰度问题和执行力问题而影响企业文化向优秀发展的情况，导致企业文化虚化，成为无力、虚浮的口号，无法发挥应有的效能。

所谓高度问题，就是企业的定位和境界不够高、格局不够大，对企业文化的认知不够深刻，责任意识不强，制约了企业文化的成长和发展的空间；所谓清晰度问题，就是思路不清、观点难以明确，使企业文化飘忽不定，不能稳定成熟；所谓执行力问题，就是因为没有高定位和清晰的思路，就无法提出有效的行动机制、保障机制和激励机制，导致文化的概念无法落地成为务实的制度体系和行动计划，从而出现"文化墙上挂，行动地上爬"的现象。

这些问题看似复杂难解，但根源还是领导的问题，是主要领导不重视，各层级领导责任不落实的问题。要在一个企业建成优秀的企业文化，首先就要用企业文化建设的"责任链条"搭建成功的阶梯，形成完善的责任体系。这个责任体系主要包括三层：

第一层是企业高层领导的责任。高层领导包括企业的整个领导班子，都对企业文化建设负有责任，尤其是企业的"一把手"，更是企业文化建设的第一责任人，要把加强企业软实力建设，培育优秀企业文化作为第一责任牢牢地扛在肩上，把企业文化建设成效作为评价领导业绩的第一判据。

第二层是企业文化建设专业团队的"操盘手"责任。专业团队是企业文化建设的主力军和直接责任者，负责企业文化建设的具体实施、组织推进，是高层领导推动文化建设的助手和依靠力量。专业团队站位的高度、工作的态度、专业的能力、工作的方式，直接影响企业文化建设水平的高低。

第三层是企业中层领导的责任。一个企业的文化建设必须是从企业战略到企业经营，从规划制定到计划执行，从研发管理到生产运行，从市场开发到销售服务，从号召要求到具体行动的全过程。这些过程不能仅仅靠一两个负责企业文化建设的部门或专业团队，而是要驱动企业各部门、各系统同步推进，企业的中层领导就是所在部门落地企业文化建设的第一责任人。

例如，在中国电科在企业文化的建设过程中，就是把握责任落实这个核心，建立起贯彻集团上下的"责任链条"。一是成立集团企业文化建设领导小组，集团相关领导为成员，集团"一把手"任领导小组组长，领导全集团的企业文化建设工作，研究决策企业文化建设的重大问题，研究批准集团企业文化建设的发展规划、年度计划，保障企业文化建设所需的人力、物力和财力，领导和组织企业文化建设的重大活动。二是成立集团企业文化建设办公室，负责集团企业文化建设工程的组织实施和具体推进；三是成立文化建设专业团队，组织全集团的企业文化专家，按照五大工程的要求，以课题组模式开展文化工程研究，制定计划，形成方案。

与此同时，通过文化搭台、业务唱戏的形式，驱动集团全系统同步开展相应工作，一岗双责，将职能管理部门的企业文化建设和落地的任务与责任进一步明确，发挥职能管理部门在企业文化建设中的主力军作用。

通过这一系列动作，使集团的企业文化建设形成了贯穿集团上下的"责任链条"，做到了层层有责、层层负责、层层落实，使企业文化建设实现了效率和效果的双提升。

第六节 通过"体系化推进"保证企业文化建设整体效果

木桶理论告诉我们，决定木桶容积量的，是木桶的最短板。进行企业文化建设也是这样，只要有一个方面甚至一个环节出了问题，往往就容易功亏一篑。因此，要做好企业文化建设工作，也需要借鉴"木桶理论"，运用系统思维、体系思维，重视"木板"打造的统筹兼顾，采取"体系推进、分步实施"的方法。

一、进行系统化的文化诊断

文化诊断就是在企业文化建设或重塑开始时，对企业文化现状进行摸底，为设计新的企业文化提供参考依据的一项工作，是企业文化建设的先导性工作，也是体系化推进企业文化建设的第一个系统流程，肩负着为整个企业文化建设奠定基础、指明方向的重任，意义重大。具体工作模块包括：

对企业文化的现状进行系统评估诊断，发现当前存在的最关键的问题是什么。主要目的是摸清"家底"，通过对企业的文化发展历程和文化资源进行全面盘点，系统了解本企业文化的真实状况。

进行正确的归纳整理。以科学的企业文化体系和基本原理为依据，对企业文化资源进行分门别类的归纳整理，通过对大量文化现象的观察研究，概括出具有指导意义的文化诊断的结论。

作出科学的分析判断。通过科学分析、研究、判断，把握企业文化的优势和劣势，明确存在的问题和差距，提供可靠的决策依据，指明企业文化建设或重塑的努力方向。

形成系统性的诊断分析报告。企业文化诊断，不仅要对企业内部分析，更要打开眼界，向外学习借鉴。诊断要根据企业实际和文化现状，分析企业文化形成的背景及原因、存在的薄弱环节，找到最关键的问题；向外学习借鉴是从企业管理经营的特点和规律出发，结合行业、技术发展的趋势，以科学的企业文化理论为指导，学习借鉴其他优秀企业文化成果和做法，有针对性地提出体系化的企业文化建设的策划方案。

二、设定企业文化建设体系化的目标体系

目标体系的建立是体系化推进企业文化建设的第二个流程，它是在科学诊断

分析的基础上，形成企业文化建设的指导思想，明确企业文化建设的目标体系，研究确定实现目标的路径和方法，系统指导、部署、塑造、推进和实施企业文化的建设工作，确保企业文化的建设能够有目标、有计划、体系化地推进。主要应包括如下具体任务：

确定企业文化的战略目标。这个战略目标必须和企业的总体战略目标相呼应，与企业的重大经营方针相一致。

确定企业文化推进的重点和原则。包括企业文化的理念识别、行为识别、形象识别，文化宣导的主要方式、制度体系的关键原则等。

确定推进企业文化建设工作的规划和实施计划。规划要有可行性，符合企业的实际。计划要合理、有节奏、有评估、有检查、有方法，具有良好的可操作性。

形成明确的工作目标体系。从诊断分析的信息和调研访谈的内容中提炼最精髓的文化因素，针对最需要解决的问题，推进形成明确的工作目标体系和下一步工作的规划。主要目标成果包括企业文化核心要素、企业文化手册大纲、企业文化战略规划、企业文化推进规划和实施计划、企业文化识别体系等。

三、体系化推进企业文化的设计与塑造工作

设计与塑造是企业文化建设实施阶段的重要工作，这个阶段通过对企业文化识别体系进行多层面的个性化设计，使企业文化的特征能够一目了然。

搭建企业文化识别体系的流程通常包括四部分：了解现状、分析要素、构建体系、具体应用。

研究设计企业文化的理念体系。目标是确定全体员工的价值观，这是企业文化的核心，决定一个企业的命脉和兴衰。

研究确定企业文化的视觉识别体系。包括企业文化视觉识别体系的总原则、关键要素、统一的模式。还要理清标识的范围，包括企业标识、广告语、服装、印刷品等。以此规范员工行为礼仪和精神风貌，树立企业良好形象。

研究确定企业文化的行为识别体系。对内包括对员工的宣导、培训、行为规范的确定、企业导向的明确等。对外包括企业的经营行为、社会责任的展现等。

研究确定企业的品牌体系。包括企业品牌的定位、企业品牌的战略、企业品

牌的标识、企业品牌体系的构建等,形成规范化的企业品牌架构体系,提升企业品牌的知名度和美誉度。

这个阶段的需要取得的主要成果是:企业文化的理念体系、企业文化的视觉识别体系,企业文化的行为识别体系(员工行为规范)、企业品牌体系、企业经营文化纲要、企业文化宣言(包括理念的诠释、核心能力辞典等)。

第七节 掌控"关键环节"保障企业文化建设质量

在明确了方向目标、确立了指导思想、做好总体方案设计后,我们还需要对企业文化建设中将会遇到的一些问题进行提前谋划,包括:如何建立企业全体对企业文化及其重要性的正确认知?如何提升企业文化建设工作的质量?如何充分发挥领导在企业文化建设中的作用?如何进一步拓展文化的内涵?如何确保和提升企业文化建设的效果等,一句话,就是要掌控"关键环节",做好各阶段的重点工作,体系化推进新文化建设工程的实施,确保企业文化建设的质量。要做到这一点,也需要一些具体而有效的方法。

一、做好企业文化建设"前期阶段"的准备工作

在正式开展企业文化建设之前,首要问题其实是要在企业内部,建立一种全员对企业文化建设本身及其重要性的正确而共同的认知。这是后续建设工作能够得以顺利推进、产生效果而不是制造新的混乱的基本前提。这些认识,主要包括但不限于以下3个方面:

正确认知企业文化,把握企业文化建设的内涵和要点。企业文化的定义有很多种,这给人造成企业文化很玄奥的感觉。如前所述,其实企业文化并不复杂,它是一种企业管理思想、管理科学和管理艺术。企业价值观是它的核心。以企业价值观为核心的理念、标识、策略、制度和流程等是它的表象和支撑,以企业价值观为核心的企业行为是它的具体体现。企业文化建设不能与思想政治工作、精神文明建设相混淆、相等同,更不能与经营管理相脱节。

第六章 国有企业文化建设"九大实操方法"

企业文化建设是一项长期的系统工程，不可能一蹴而就，需要长远规划，有目的、有步骤地不断推进。通过全面构建个性化的企业文化体系，加强宣贯和推广力度，才能使企业的核心理念入脑入心，并转化为员工的自觉行为。只有这样，企业文化才能真正发挥作用，成为推动企业不断发展的动力源泉。

全面提高企业领导和员工对企业文化建设的积极性。 全面提高企业领导和员工对企业文化建设的认识，这是企业文化建设的重要起点。企业文化建设的首要保障条件是一个企业的董事长、党委书记、总经理能够大力支持和推动，企业领导能够统一思想、认识到位，才能引领好本企业的企业文化建设。

同时，企业生产经营活动的主体是员工，所有员工的理念和价值取向的相互作用及融合，形成了自己的企业文化，因此企业文化建设必须全员参与，必须调动全体员工的积极性和创造性，让全体员工自觉投身到企业文化的建设中来。另外，企业文化建设是一个系统工程，特别是对大型国有企业而言，它要求总部和各子公司互相配合、共同参与，有机地将企业文化与生产经营活动紧密结合起来。

更重要的是，企业领导者要表现出带头支持和践行自己企业文化的信心和决心。

转变观念，提高对企业文化重要性的认知。 观念是行动的先导，缺少正确思想观念指引的行动注定是没有出路的。首先要更新观念，客观认识文化建设在企业发展中的作用，充分认识企业文化是企业生存和发展的内在需要，是企业赢得市场竞争优势的迫切需要，是提高干部员工队伍素质的有效途径。

其次，要改变传统思维方式对企业文化建设的束缚。摆脱唯行政管理、唯上的思维定式，改变重形式、轻结果的企业文化建设方式，从实际出发，结合企业特点寻找企业文化建设与企业经营管理的结合点，在企业文化建设中融入更多先进的思想、文化、理论成果，并将企业文化精神渗透到员工思维方式、工作和行为习惯中去，积极探索先进文化建设的新途径。

最后，要树立先进的文化机制理念，以"个性与共性相结合"的文化方针为指引，整合现有企业文化资源，提炼其中的精华，构建高品质的文化体系，并以企业的制度文化、行为文化、物质文化建设为重点考量，增强企业文化建设的可行性。

二、提高企业文化"建设阶段"的工作质量

企业文化建设是一个持续不断的过程,要提高企业文化"建设阶段"的工作质量,主要从两大方面着手,一是在企业文化集中建设阶段,二是在企业文化常态化运行阶段。

1. 提高企业文化集中建设阶段的工作质量

做好统筹规划,保障企业文化建设工作的高效能。要把企业文化建设提升到企业发展战略的高度统筹考虑,重点是制定好中长期规划,使企业文化建设保持连贯性、统一性;特别要精心做好年度工作计划,使企业文化建设具有可操作性,各种工作措施能够落到实处,保质保量;建立推动文化建设的工作机制的形成,把企业文化建设纳入企业日常管理之中,使企业文化建设成为企业各部门和广大员工上下联动、齐抓共管的常规工作,推动企业文化建设不断深入,不断取得实效,同时加强监督考核,确保规划、年度计划能够保质保量地实施执行。

发挥员工的主体作用,保证企业文化建设的高质量。员工是开展企业文化建设的主体,也是提高文化建设工作质量的保证,企业在开展企业文化建设过程中,要坚持广泛发动员工、相信和依靠员工,让员工自始至终参与企业文化建设的全过程,充分发挥员工的积极性、创造性,使企业文化建设成为引发员工心理共鸣、签订心灵契约、形成共识的过程,通过提高员工对企业文化的认同感和践行企业文化理念的自觉性、主动性,从根本上保证企业文化建设的质量。

注重特色和创新,保证企业文化建设的高水平。世界上没有两片完全相同的树叶,企业的文化也一样。企业文化建设一定要体现企业的个性特点,突出企业自身特色。在进行企业文化设计时,要调查研究,注重继承发扬企业长期形成的优秀文化积淀,准确把握企业的发展方向;要认真探求企业究竟需要什么样的文化,企业的使命、愿景和核心价值观等核心理念要注意体现企业的行业特色、地域特色和经营特色;要与时俱进,企业的管理理念、管理模式要创新,管理制度、文化个性也要创新,用特色和创新保障企业文化建设的质量和水平。

2. 做好企业文化常态化运行阶段的深化建设

建立完善的企业文化运行的保证体系。企业要着眼于长远发展战略，不断学习培训，将企业文化作为一种战略来实施，作为一种运行体系来保障。

一是构建好企业文化建设的运行机制。设置专门机构承担起企业文化建设的职责，制定好企业文化发展的战略目标；企业总部要在整合各子公司的企业理念和核心价值观的基础上，制定企业文化建设纲要和企业文化发展的具体目标，各子公司要结合本单位实际制定企业文化建设推进和实施方案；在构建核心理念系统、行为规范系统、形象识别系统的基础上，编制好企业文化手册，将企业文化运行机制文本化。

二是要构建好企业文化建设的保障机制。把企业文化建设的必要经费列入年度预算，做到专款专用，并逐步提高比例，加大对企业文化阵地和活动场所、设备等基础设施的投入。

三是要构建好企业文化建设的考核激励机制。把企业文化建设纳入企业发展战略和生产经营管理工作之中，纳入领导班子的业绩考核之中，实现企业文化建设与企业各项工作同部署、同检查、同考核、同管理。制定切实可行的考核指标，建立企业文化建设的测评和考核激励机制，对企业文化机制运行效果定期进行测评。

制定动态的企业文化建设规划，加强文化建设。企业文化建设是一个长期过程，企业应正确把握企业发展规律，制定动态的企业文化建设发展规划，把确立科学有效的企业文化建设良好机制作为企业管理的重点工作；将企业文化建设机制与人才激励机制、企业管理机制、战略发展机制相结合，加大企业文化的资金投入，建立企业文化资金预算制度、考评激励制度和动态监控评估预警机制等。

企业还应积极探索企业文化深度培育建设的途径和载体，重视企业文化评价体系建设。在提升企业文化建设质量的过程中，尤其要避免以下几种负面行为，也可以称为企业文化建设的负面清单：

> 跟风。视企业文化为时尚，看别的企业搞了自己就跟着行动，但浅尝辄止，有一蹴而就之心，无长期努力之意。

缺乏系统的规划设计。很多企业各项工作都有年度计划，唯独企业文化建设工作没有计划，工作开展的随意性很强，缺乏全面完备的策划方案和详细可行的长远规划。

缺乏制度保障。企业的管理层对企业文化的重视不够，没有把企业文化建设作为企业发展战略的重要组成部分来看待，没有把企业文化建设纳入日常管理活动之中，企业文化建设工作缺乏一套完善和行之有效的制度保障。

对企业文化体系的表述修改频繁。企业文化要素经常发生重大变化，给企业和员工带来很大的思想混乱和价值困惑。

三、发挥企业领导在企业文化建设中的重要作用

再次强调，企业领导者在企业文化建设中扮演着"七个重要角色"，即本企业文化的创造者、倡导者、培育者、组织者、指导者、示范者、激励者。企业领导者的思想水平、文化素养、格局和胸怀，以及对企业文化建设的认知程度等，对一个企业的文化建设尤其是企业核心文化的构架和内涵起着十分重要的作用。只有把企业领导者的综合素养、战略远见、主导作用与广大员工参与的基础作用、主体作用结合起来，才能真正创造出有生命力的企业文化，才能真正使优秀的企业文化成为企业领导者和全体员工共有的精神家园。

强化企业领导在文化建设中的作用。企业领导要使自己具备适合社会主义市场经济要求的文化素质和正确的经营思想，要科学理解、准确把握企业文化的内涵，准确定位企业文化的内容、层次；要深度培育企业文化，把国企的经济责任、社会责任、国家民族责任作为企业文化建设的重要内容；将企业文化建设与国有现代企业制度的建设相结合，科学界定企业权责体系，实现企业文化建设的领导推动与员工参与相统一、员工发展与企业发展相统一、企业文化与品牌核心相统一。

提高企业领导自身素质，适应企业文化建设的需要。企业领导的素质直接影响企业文化建设的质量和水平。企业领导要不断提高和完善自身素质，在深刻理解企业文化功能、意义的基础上，明确界定企业使命、愿景和核心价值观，精心

塑造企业精神；不断强化创新思维素养，更新思想观念，使自身与企业宗旨、使命、核心价值观积极融合；善于发现现有企业文化与理想目标的差距，制定计划及时进行企业文化革新，建设适合企业发展的新企业文化。企业领导要不断提高自身的统御素养，重视加强与员工沟通，重视员工培训，提高员工素质；鼓励带领员工参与企业文化建设，发挥员工创造性，使员工成为企业文化的自主传播者。企业领导还要善于培育和挖掘企业文化建设人才，加强企业文化的人力资本建设。

增强企业领导与企业文化的良性互动。 企业文化具有动态性。企业领导的个人特质会以其行为和决策影响改变企业文化建设的状况，成熟的企业文化体系又会反过来约束企业领导的行为选择和行为能力。企业领导要不断增强对自身行为改变的认识，及时做出相应调整，向着有利于企业文化健康发展的方向规范自身行为。在企业发展的不同阶段，企业领导应准确把握企业文化发展规律，使企业文化与企业发展以及自身相协调。企业领导还要具有创新意识，注意听取采纳员工意见，发挥企业文化的引领、表率作用，不断提升企业文化境界。

第八节 通过"文化搭台、业务唱戏"来保证企业文化建设成效

任何时候都要记住，企业文化建设不是企业的目的，而是手段，企业的目的是要实现业务的发展。但如何认识企业文化和业务工作的这种关系，是令一些企业领导人和企业文化管理者颇感头痛的问题。这当中包括如何在日常的企业业务工作中找到企业文化建设的基点？如何使企业文化发挥实际作用？企业文化管理者如何有所作为？我们经过不断地探索，终于找到一个有效的方法，就是通过"文化搭台、业务唱戏"来解决这些顽疾和难题。

21世纪是文化管理的时代，所谓文化搭台，就是将企业的管理提高到文化管理的层面。过去那种物化的、机械的、僵硬的、命令式的管理，已不适应现代管理的要求。企业管理者要运用文化的力量和非经济的手段对员工进行管理，完成由过去管"身"到现在管"心"的转变；从以前的就发展研究发展，转变为就文化研究发展，从以前的就管理研究管理，转变为就文化研究管理。建立起文化平

台，找到企业文化和业务的结合点，把企业文化作为企业的核心竞争力，作为企业管理进步的更高层次，使企业的各个专业在文化搭建的平台上，一展身手，各显其能，建功立业。

一、文化搭台，优化氛围

企业文化作为现代化生产的一种新兴管理理念，是在管理科学和行为科学基础上逐步演变产生的，是在科学技术迅速发展、社会化水平不断提高、市场竞争日趋激烈的条件下发展起来的。搭建文化平台的目的，就是以精神（情感）的、物质的、文化的手段，满足员工物质和精神方面的需求，以提高企业的向心力和凝聚力，激发员工的积极性和创造性，提高企业的效益。

搭建文化平台，成就事业发展，就是使企业核心文化融于企业的经营理念、管理方式、价值观念和道德规范等多方面，形成有企业鲜明特色的文化氛围，表现出强大的感染力、同化力、教化力和驱动力，为企业的发展提供澎湃的正能量。

当前，在市场经济条件下，国有企业面临严峻挑战，竞争日趋激烈。这就要求企业树立与时俱进、开拓创新、勇于进取的竞争观念。在深化企业体制改革，建立国有现代企业制度的过程中，不仅要用经济的纽带来协调利益关系，更要用文化的纽带来调整员工的思想观念，为深化改革提供精神动力、思想保证和有利于积极进取的文化氛围。

二、文化搭台，专业唱戏

企业文化建设要与企业专业发展相生相伴，使企业的各种专业借助文化搭建的平台，获得更好的发展、更大的成效。一个企业专业要长久繁荣、不断发展，就必须以高起点、高层次的企业文化为依托，紧紧围绕提高专业的核心竞争力来推进企业文化建设，不断把先进的经营理念融入企业专业发展战略，把转变观念贯穿于提升企业专业水平的全过程，打开专业发展的新思路，拓展专业发展的新空间，树立专业发展的新理念，使企业文化建设与企业专业的各项建设相融合、相促进、相协调，把企业专业发展的新成果作为评判企业文化成效的重要标准。

三、文化搭台，战略出彩

紧密结合企业发展的实际，从战略的高度，前瞻性地关注企业发展过程中的重大问题，聚焦企业领导做出的"大政方针"的落实，将对企业有利、对发展有利、对员工群众有利的正确价值观念，进行选择、延伸、实践、检验和提升，形成战略思想推动力。同时要及时关注企业领导的重要讲话所包含的战略思想、战略观点，将战略思想实践化，将战略观点理念化，将战略理念行动化，将战略行动普遍化，最后，回归文化的本源，将所有的战略行动思想化、文化化。

通常，企业领导的思想、战略和重大决策是企业文化生成的重要价值来源和实践动力。在企业管理经营的过程中，企业领导会根据具体情况，提出许多解决经营管理难题的方法和观点，这些观点和方法一般是针对特定问题，不一定具有普适性，有些观点和方法虽然有效解决了某一具体问题，但缺乏系统性，缺乏更广泛范围的适用性，这就需要企业的文化平台能够及时将企业领导的战略思想、重要观点归纳总结，深化提升，使之条理化、系统化、理念化、理论化，进而指导整个企业的经营管理实践，为企业领导的战略思想提供及时而有价值的文化服务，使企业领导成为文化建设的主要角色，借助于文化平台使企业的战略思想得以实现，这也是文化平台最重要的功能价值之一。

第九节 通过搭建"文化与制度的桥梁"来实现企业文化落地

在企业文化建设过程中，一项重要工作就是将企业文化的要求体现到企业的制度建设中去，在企业文化理念和各项具体规章制度之间建立起"一一对应"或"一多对应"的关联关系，使企业的制度体现企业文化倡导的理念，符合企业文化的价值导向，使企业文化倡导的方向和企业制度所约束的方向保持高度一致，这是企业文化建设需要关注的重点之一。

企业制度是实现企业目标的有力措施和手段，通常以责任制度、规章、规范、条例、标准、纪律、指标等形式呈现出来,是企业管理活动的硬要求、硬规范,通过明确、有形的要求规范和约束员工行为,员工一般是被动遵照执行。而企业文化是一种软约束,它是通过隐含的、无形的、非强制性的方式,约束员工行为,鼓励员工积极创造,员工是主动、自觉自愿地按照文化的要求行事。更为重要的是,无形的企业文化要通过有形的制度表达和反映,有形的企业制度必须接受企业文化的指导。二者只有进行有机融合,相互促进,才能够真正将这种硬要求/软约束转变成为员工的自发行为。许多企业的文化建设效果不佳或最后以失败告终的一个主要原因,就是没有实现文化理念与规章制度的有机融合,而是将文化管理与制度管理割裂开来。

在企业管理活动中,文化管理和制度管理是一块硬币的两面,同样重要,永远不能相互替代。制度通常是具体的、有限的,制度再周密也不可能穷尽对所有事项的规定,而文化是无形的、宏观的、整体的,能进入制度触达不到的地方,时时处处都能对人的行为起到约束作用。企业制度要把企业文化奉行的价值观、倡导的行为方向等固化为刚性的要求、流程和行为规范,成为企业管理的一种具体形式。通常,在企业文化和企业制度融合互动时要注意以下几点:

> 企业制度要根据企业文化的变化同步进行相应调整,企业文化要和企业制度达到动态平衡;
>
> 企业制度建设必须注意系统性、完整性,突出重点,并与文化相统一;
>
> 企业制度建设要切合实际,具有可操作性,粗细适度,简单有效,可以适度超前,但要和企业文化的发展方向保持一致。

同时,在企业文化建设过程中,要注意加强对制度载体的建设,当文化管理中出现需要倡导的行为方向时,就需要快速固化形成管理过程中可以执行的行为规范和工作标准,管理制度就是文化管理的最好载体。

例如,中国电科在企业文化建设的过程中,始终把制度建设作为重点,取得了良好效果。针对以往企业文化落地缺乏桥梁和纽带的实际情况,专门设计了《经营文化纲要》,就集团公司经营管理的各个环节、各个层级进行了文化上的指导,建立了企业文化和企业制度间的桥梁和纽带，使集团公司管理制度的建立和发展有了明确的文化指引。

与此同时，在企业文化落地的过程中，他们还明确设置了企业文化和企业制度匹配性诊断的重要环节，根据企业文化的要求，特别是对照《经营文化纲要》所倡导的方向、所提出的理念，对企业的制度体系进行全面的诊断分析，指出原有的制度与企业新文化矛盾、对立、冲突等不相容的部分，经过系统的修改、完善和提高，全面提升了企业文化和企业制度的相容性和匹配性，不仅加快了企业新文化被全集团接受、认可的进程，而且企业新文化通过企业制度具备了强大执行力，有力促进了全集团的转型升级，保持了企业的健康快速发展。

第七章 创立企业"宪章"——编制《经营文化纲要》

作为中国最成功的高科技民营企业,华为公司的成功经验中很重要的一条,就是培育出华为极为优秀的企业文化,这个优秀企业文化的标志就是人们耳熟能详的《华为基本法》。也可以称之为华为公司的"宪章"。

《华为基本法》一个非常重要的特点就是将企业的核心理念系统融入到经营管理之中,从文化的角度对企业的经营管理提供了基本的遵循,具有企业"宪章"的功能。同时这一做法,也彻底解决了企业文化建设中长期面临的落地难的顽疾,为企业文化建设积累了成功经验,值得国有企业在进行文化重塑时借鉴。

国有企业文化重塑的一个核心任务,就是要通过文化建设,为国有企业的发展提供基本的遵循,不仅能够搭建起企业经营管理与企业文化之间的桥梁,实现企业文化与经营管理的效融合,更需要企业的核心价值体系能够发挥企业"宪章"的重要引领和规范作用,有效地指导企业的生存和发展。这就需要我们大胆创新,寻求一种有效的方式,创造出一种有效的文化载体,这就是我们下面要论述的重点——《经营文化纲要》。

我们论述的根据更多来源于中国电科,是他们在这方面首先做了大胆的探索,在企业文化建设和重塑的过程中,创新出《经营文化纲要》这样的文化载体形式,不仅建立起电科文化和经营管理之间的桥梁和纽带,而且赋予《经营文化纲要》具有企业"宪章"的功能和意义,使国有企业的文化建设达到一个崭新的高度,也为一众国有企业文化重塑提供了有益的参照。

第一节 《经营文化纲要》设定的底层逻辑

探讨《经营文化纲要》在国企文化建设和文化落地中的作用,首先要了解《经营文化纲要》的特点。通常，在企业文化建设中，许多企业为了让企业文化落地，一般都会制定一个企业文化纲要，其中的内容一般是对企业的愿景、使命、价值观及企业精神的表述，各级组织的责任、保障措施和各种规章制度及行为规范等，基本都不太会涉及企业的经营管理。而《经营文化纲要》与一般的企业文化纲要最大的不同点，就是将企业的经营管理纳入企业文化之中，与企业文化融为一体，使企业的《经营文化纲要》成为一个覆盖企业经营管理各方面的完整体系。

《经营文化纲要》由总纲、业务、管理、保障监督等有关部分组成，涵盖国有企业从经营管理到党的建设的全部方面。

在总纲篇中，明确企业的定位、宗旨、愿景、使命和核心价值观，企业的责任、员工地位、基本政策和发展战略，企业的治理体系、组织构架及调整原则，企业的基本管控模式、管控方针、管控原则，以及总部与子集团或分公司的定位等。

在业务篇中，明确军品经营（承担军工任务的企业）、民品经营、国际化经营、科技创新、资产经营与资本运作等企业主体业务的目标定位、理念原则、发展路径和基本方略。

在管理篇中，明确运营管理、人力资源管理、财务管理、品牌管理、质量管理、安全管理、保密管理、风险管理等企业专业管理的目标定位、理念原则和基本措施。

在保障监督篇中，明确党的建设、文化建设、监督与约束等工作的目标、基本原则和基本方法。

整个《经营文化纲要》构成企业由总部到成员单位的职责体系，由计划管理、综合管理、职能管理到党务管理的管控体系，由军品（军工企业）、民品、科技创新到国际贸易的业务体系，由核心价值观到经营理念及原则、路径、策略、方法的文化体系，理顺企业内部的管理关系，成为统领企业文化和经营管理的纲领性文件。

在企业文化建设和重塑经验交流时，许多专家学者经常会问到，国有企业在企业文化建设和重塑中，为什么要制定这样一部《经营文化纲要》？这个创意来源何处？中国电科制定《经营文化纲要》的初衷又是什么？

回答这些问题既复杂，又简单。说简单，是因为《经营文化纲要》是一个的极好的文化载体，通过它可以解决企业文化和经营管理"两张皮"的顽疾，为企业文化的落地建立一个有效的桥梁和纽带。它能够将企业文化的核心理念融入经营管理，明确企业的定位与核心价值、基本战略、基本构架、基本管控和经营管理的基本问题，系统阐述解决经营管理矛盾和内外重大关系的原则及优先顺序。能够有利于形成从文化到管理的心理契约，实现整个企业从价值观念的认同到思维方式的转变，完成基于科研生产经营活动的价值体系建设，使企业管理体系具有高度一致性，为企业的经营管理提供一个基本的遵循，帮助企业走出混沌。

说复杂，是因为制定《经营文化纲要》本质上就是要创立一个企业的根本大法，使其具有企业"宪章"的功能和意义，建立起一套完整系统的新文化体系，使企业文化真正成为经营管理的灵魂。显然这是极具挑战性的文化创新工程。要做到这一点，就要在《经营文化纲要》体系的安排和内容设置上，解决如何实现文化与经营管理的深度融合，发挥文化引领作用和如何搭建核心理念系统与制度的通道，实现文化落地两个问题。因为如果企业的文化与管理不能实现深度融合，经营管理的价值观就很难与企业文化达成一致，文化就无法成为管理的灵魂，发挥引领作用；如果企业核心理念系统与管理制度之间没有通道，生产经营活动的价值体系就无法形成，企业管理体系也就很难建立。而《经营文化纲要》的制定，就能比较好地解决这些问题。从中国电科的实践看，《经营文化纲要》至少有三个方面的重要意义。

一是为多层级包括新整合的大型国有企业在企业文化建设中实现母文化对子文化、主体文化对支流文化的引领，找到了一种新的方式。我们的国有企业许多都是大型企业，大型企业的特点是层级多、分布广。例如，有的企业设置了多达6个管理层级，分布于全国甚至全世界。总部和成员单位之间，处于不同地区的成员单位之间，在文化上必然会存在很大差异，特别是一些由多个企业整合在一起的新企业，其文化差异更大。如何让企业的母文化和主体文化居于支配和主导地位，起到对子文化和支流文化的引领作用，保证企业文化的统一性，是大型国有企业开展文化建设必须解决的问题。在以往的企业文化建设实践中，许多企业为此费尽心机，一直在寻求有效的解决方式，但是效果并不尽如人意。如果采用制定《经营文化纲要》的方式，让企业的主体文化全面融入企业经营管理和其他各项工作之中，发挥引领作用，不仅能为企业母文化和主体文化支配地位的确立奠定制度基础，也能为母文化和主体文化对子文化和支流文化的引领找到一种新的方式。

二是为大型国有企业文化的落地探索出一种可行的有效方法。中外几十年来企业文化建设的实践证明，企业文化落地与企业文化本身一样重要。不能落地的企业文化就是空中楼阁，除了劳民伤财，毫无价值。对于一个已经实施了文化建设的企业来说，如果已建设的文化不能发挥应有的作用，一般不是企业文化的核心价值观出了问题，就是企业文化的落地出了问题，而往往更多的便是文化落地出现问题。

企业文化的落地问题是关系到企业文化建设能否成功的一个十分关键的问题。特别是大型国有企业，业务面广、管理机构多、下属成员单位多、员工组成复杂，更是给企业文化的落地增加了难度。如果针对这种情况制定《经营文化纲要》，架通上下联系的桥梁，疏通文化灌输的渠道，就能将企业的使命和核心价值观直接注入基层的制度之中，变为员工的行为规范，为企业文化的有效落地找到一种可行的有效方法。

三是为企业文化与企业经营管理实现有机结合提供了一个可供借鉴的范本。企业文化是企业的软实力，但是，这种软实力的作用必须要通过企业的经营管理才能体现出来的。在以往许多企业的文化建设中，把企业文化和企业经营管理搞成"两张皮"，各吹各的号，各唱各的调，使企业文化游离于企业经营管理之外，无法与经营管理融为一体，因而不能真正发挥其应有的作用。《经营文化纲要》把企业的愿景、使命、核心价值观分解为指导各类业务和各项管理的具体责任、目标、理念和原则，形成系统完整的经营文化体系，使企业的文化与经营管理有机地结合在一起，通过企业文化对企业经营管理及其他各项工作的全面引领，彰显出企业文化软实力的作用，为企业文化融入企业经营管理、实现有机结合，发挥企业文化的软实力作用提供了一个值得借鉴的范本。

第二节 用"理念"实现企业文化与企业经营管理的深度融合

企业文化是企业的"意识形态"，其软实力作用的发挥和价值创造，是通过价值观的塑造、企业伦理的培育、企业形象的树立、企业声誉的提升和精神动力的提供体现的，而这些最终都必须仰赖企业的经营管理予以实现。企业经营管理和企业文化原本是融为一体、共生共存的，只要有企业，就必然会有企业经营管理和企业文化。上文我们就已经介绍过，企业文化原本就是存在于企业管理之中的，只是在企业管理由以物为主的科学管理阶段进入到以人为主的行为科学管理阶段后，西方的管理学家们从日本和美国的一些优秀企业中，发现了它在管理中的特殊作用，并将其分离出来进行研究，企业文化这才被独立出来。

但是，把企业文化独立出来进行研究，并不意味着企业文化是完全可以脱离企业的经营管理而独立存在的。事实上，日本人的企业文化从始至终就没有离开经营管理而独立存在过。所以，企业文化从根本上来说，也是一种管理方式，企业文化的出现只是表明企业管理进入了一个新的阶段。但企业文化进入我国后，曾经就被视为与企业管理相并列的独立存在，导致不少企业的文化建设与企业管理出现"两张皮"的现象，与管理脱离的企业文化就像离开了大地的安泰一样，无处着力，作用不能得到有效的发挥。

汲取以往一些国有企业开展企业文化建设的经验和教训，在企业文化建设中，企业一开始便应当下定决心改变把企业文化建设与企业经营管理相分离的做法。以往的做法一般有两种方式，一种方式是在制定企业文化建设纲要时，粗线条地加入一些对企业管理的要求，例如，撰写几条有关"管理理念""营销理念""经营哲学"等的条目；另一种方式是在制定企业管理纲要时，粗线条地加入一些与文化有关的内容，例如，罗列几条有关"制度文化""行为文化"等的章程。但是，前者突出的是企业文化，后者突出的是企业管理，都不能很好地解决文化和管理"两张皮"的问题。如何解决这一问题，用什么方式来实现企业文化和企业经营管理的结合呢？多少年来一直是国有企业文化建设过程中遇到的最棘手的难题，从来就没有得到真正的解决，这个企业文化界的"哥德巴赫猜想"，使无数国有企业的文化建设遭遇"滑铁卢"。

总结以往国有企业文化建设成功的经验和失败的教训，经过大量的研究分析，我们认为最好的方式就是通过制定《经营文化纲要》，将企业文化和企业经营管理紧密地融合在一起。在《经营文化纲要》中，企业应按照企业的使命、愿景和核心价值观的要求，针对企业的每一类主营业务和管理的性质及特点，确立具体的

第七章　创立企业"宪章"——编制《经营文化纲要》

经营理念和管理原则,作为对企业经营管理的引领,从而实现企业文化和企业经营管理的深度融合,从根本上解决企业文化和企业经营管理的分离问题。

例如,中国电科作为军工企业在这一点上就做得比较好。他们以企业使命、价值观为核心,在军品经营上,提出了"国家利益高于一切""设计装备就是设计战争""超越军队期望"等理念;在一般业务发展上提出"突出主业,坚持体系化专业化发展路径,科学布局,积极发展战略性增长点"等理念;在国际化经营上,提出了"开放合作,互利共赢""市场国际化,人才国际化,资源国际化"和"树立国际品牌,占领高端市场"等理念;在人力资源管理上,提出了"人才是企业最宝贵的财富""奋斗者必有所得"和"让企业成为天下英才的首选之地,成为干事创业、实现梦想的最佳舞台"等理念。在财务管理上,提出了"是企业就必须赢利"和"财务风险是企业最致命的风险"等理念。

这些分门别类的理念和原则,既是对他们的核心理念系统的分解细化,又具有很强的针对性,就像水渗透进泥土一样,融入企业具体的经营管理之中,引领着经营管理的具体活动,从而使企业文化和企业经营管理实现有机融合。

第三节　疏通使命、愿景和核心价值观融入制度的渠道

制度是文化的载体,无形的文化只有渗透进有形的制度之中才能得以显现。一种新的企业文化要被员工普遍认同必须经过很长的时间,而把文化融进制度则可以大大缩短这个过程。因此,企业的文化要变成企业的行为,要变成员工的行为,都离不开制度,只有将企业的使命、愿景和核心价值观融入制度之中,变成具体的行为规范,才能为广大员工所遵循。久而久之,当制度的文化内涵被员工心理接受并自觉遵守时,文化就真正落了地,企业文化就真正形成了。企业文化的核心就是企业的使命、愿景和核心价值观,所以,将企业的使命、愿景、核心价值观融入企业的各项规章制度之中,形成制度文化,是实现企业文化落地的关键。

但是,道理虽然明白,可真正做到并不是一件很容易的事。以往许多企业文化建设失败的案例,往往都是由于缺少核心价值观进入制度的有效途径,导致文化理念的要求无法进入具体管理制度之中,最终一直悬在空中,无法着地。特别

是特大型的企业，业务面宽、下属单位众多、管理层级复杂，从总部到基层，各种各样的规章制度无数，要想把抽象的企业使命、愿景和核心价值观直接笼统地放进各项制度之中，就好比将粗绳穿入针孔那样难。这一难题最棘手的部分，就是如何将企业使命、愿景和核心价值观变为可以进入规章制度的精神文化，而通过制定《经营文化纲要》的方式，就能较好地解决这一难题。

具体的做法是：在《经营文化纲要》中，将企业的使命、愿景和、核心价值观进行梳理分解，细化为更为具体的理念原则、追求目标和路径方法，从顶层到中层，根据经营业务和管理内容的不同，分别传递下去，作为制定规章制度的指导原则和精神。作为国家大型军工企业的中国电科，在这一点上就进行过有益的尝试。我们用《中国电科经营文化纲要》中，对企业使命、愿景和核心价值观进行的细化分解作为范例来进行介绍。

例如，对"引领电子科技"这一使命，在《中国电科经营文化纲要》中，就将其分解到科技创新这一主营业务中，延伸扩展为"通过持续的科技创新，使以预警探测、指挥控制、电子对抗、通信传输为代表的核心系统技术跃居世界前列，使以视频监控、网络安全为代表的产业技术引领世界发展，在电子信息科学技术的前沿性、基础性必争领域实现由跟跑、并跑向领跑转变，形成引领全球行业发展的独特优势"这一科技创新的具体追求目标。

同时，进一步延伸为"通过实施自主可控战略、颠覆式创新战略、'长板领先战略'，聚焦关键核心技术；突出发明专利和国际标准制定，在关键技术'命门'和重大技术领域争取主动；在基础研究和前沿技术领域取得突破，在优势技术领域实现引领。"等三条具体的路径。

对"铸就安全基石"这一使命，就细化到军品经营这一业务上，细化为"坚持致力于国防和军队信息化建设，着眼于打赢信息化战争，不断增强基于信息系统的体系作战能力，努力构建信息主导、体系支撑、精确作战、联合制胜的信息化装备体系"的追求目标和一系列的发展路径。

还例如，"创新"这一核心价值观，在军品领域就分解为"建立从概念研究、技术创新到产品研发的开发链和体系带系统、系统带整机、整机带基础产品的产业链"等具体创新路径；在民品领域就分解为"坚持创新发展，不断提升在技术产品、市场谋划、商业模式、组织机制等方面的创新能力"等具体创新理念。

第七章 创立企业"宪章"——编制《经营文化纲要》

这种方式真正的意义在于，通过《经营文化纲要》建立起了企业理念与具体管理制度连接的中间环节，找到了企业使命、愿景和核心价值观进入相关制度的路径，使企业各级组织在制定有关制度时，有所遵循，能比较准确地将企业的使命、愿景和核心价值观等核心理念融入其中，从而为企业文化的落地创造有利条件。

通过研究我们还发现，提炼企业的使命、愿景和核心价值观并不是十分困难，难的是这些企业文化的核心理念太抽象、不具体，很难直接拿来指导企业经营管理的具体实践，离企业具体生产实践活动的距离太远。所以，一些企业虽然下了很多功夫，提炼出很好的核心理念，但就是不顶用，没有效果。这是国有企业在文化建设中最为常见的问题，长期以来，一直困扰着国有企业的文化建设。

实践证明，企业的使命、愿景和核心价值观固然重要，但真正决定企业文化建设成败的一般不是企业文化的核心理念本身，而是能否建立起企业文化的核心理念和企业经营管理之间的桥梁和纽带，能否将核心理念细化和延伸，将企业文化核心理念这个"粗绳"细化成各种各样的"纤维"，可以穿入企业经营管理各项工作的"针孔"，用文化的"纤维"牵引经营管理的具体活动，进而用这种文化的"纤维"，编织出企业规章制度之"网"，企业文化才能落地生根，发挥效能。

通常人们误认为企业的使命、愿景和核心价值观便是企业文化的全部，这是因为这部分文化具有可视性，是极地冰山露出水面的山峰，清晰可见，人人都可以一观而知。然而，水面下巨大的文化冰山之基，却容易被忽视，不为人们所关注。许多国有企业的文化建设就是犯了这方面的错误，因而出现本末倒置的问题。

华为的核心文化大家都耳熟能详："以客户为中心，以奋斗者为本，坚持长期奋斗"。人们以为学了这三句，就学到了华为文化的精髓，有些企业照搬照抄回来，仍然不见效果，原因是华为文化核心理念的背后，是水面下巨大的文化冰山之基，它是由一个个复杂多元的理念、规则体系，一个个由华为文化编制而成的制度体系，一个个由华为20多万员工践行文化的行为体系所支撑形成的强大的华为文化基础。没有这些支撑作为基础，华为的核心文化就是水上的青萍，毫无根基，经不起风雨，更谈不上力量。

很多企业感到华为的文化好学不好用，可以复制但难有效果，道理就在这里。因为他们只是学习到华为文化的皮毛，甚至没有接触到华为文化的真谛。企业文化作为一个企业的核心竞争力，难以模仿、难以复制的道理也在这里。

由此可见，作为民营企业典范的华为公司的《华为基本法》和作为国有骨干企业的中国电科的《中国电科经营文化纲要》，才是企业文化建设的精要之作。它们真正把握了企业文化建设的精髓，分别铸就了中国民营企业和中国国有企业文化建设的巅峰之作。

第四节　通过全方位灌注形成企业强势的主体文化

每一个企业都必须拥有处于强势地位的主体文化，这是企业形成统一的价值观和增强内部凝聚力的根本保证，也是国有企业开展文化建设或重塑的主要目的。美国著名管理学家迪尔·肯尼迪认为，强文化是制胜之道，他说，"日本人成功的主要原因，就是由于他们有一种有持续能力的、可以在全国范围内维护的一个非常强大而且有凝聚力的文化。"所以，一个企业要取得成功，建设自己的主体文化，并让这个主体文化成为强势文化是非常必要的。

但对于我们许多国有企业来说，要形成自己的主体文化并不是一件容易的事情。特别是在几十年的国有企业改革过程中，许多国有企业经过多轮的兼并重组，内部的组织结构和文化都发生了巨大的变化，形成了各种各样的类型。有的是由一个大企业兼并众多的小企业而组成的，被称为"收养型"的企业；有的是由政府决定，将几个大企业合并而成的，被称为"捆绑型"的企业；有的是由政府部门直接转变过来，被称为"翻牌公司"的企业；有的是把原本分散、各自独立的企业合并为一个新的集团，被戏称为"先有儿子后有爹娘"的企业。这些企业虽然情况各不相同，但都面临着需要形成自己的主体文化的紧迫问题，特别是那些"捆绑型"和"先有儿子后有娘"的企业，问题更显得突出。这些类型的企业，在组建成新的企业前，成员单位都已经存续了很长时间，一般都有几十年的历史，有的甚至已经超过半个世纪，在相当长的一段时期里，这些企业都是独立经营，已形成自己的管理体系和企业文化，有的甚至已经建立了相当完整的企业文化体系，组成新的企业后，内部的文化冲突很快凸显出来，面临着进行管理体系再造和文化体系再造的双重任务，既要建立全系统统一的管控系统以实现集团化运作，又要建设全系统统一的文化系统以形成企业强势的主体文化。而通过制定《经营文化纲要》，就使管理体系再造和文化体系再造这两个问题同时都能得到很好的解决。

一、以核心价值观为引领，建立统一的管控体系

在《经营文化纲要》中，企业首先可根据使命、愿景和核心价值观的需要，按照企业化的要求，对企业的宗旨、治理体系、组织构架、组织机构设立和调整的原则，都做出明确的规定，从而搭建起符合现代企业运作需要的组织模式，为解决企业新组建后内部存在的运转体制不顺的问题，提供新的模式和清晰的路线图。其次是可按照集团化运作的需要，对企业的管控方式进行新的规范，对集团管控的目标方针、管控原则、战略管控、规划管控、财务管控、平台管控都做出明确的规定，为解决过去存在的成员单位单打独斗，形不成综合竞争优势的问题提供可行思路和办法。

二、将主体文化进行全方位覆盖和灌注，形成统一的价值体系

通过制定《经营文化纲要》中，企业可明确宣布，企业新确立的使命、愿景和核心价值观是企业文化的核心理念，是企业坚定的追求和不变的信条，全体员工应自觉践行企业新的文化，从而让企业的使命、愿景和核心价值观成为全体员工共同的理想信念和奋斗的行动指南。同时，以核心价值观为引领，对企业所有的业务经营和所有的内部管理，包括党的建设工作的目标定位、原则理念、发展方向、发展路径、基本方法和措施等各个方面，都提出思路和要求，通过这种文化的全面渗透，为形成企业统一的价值体系，提供有力支撑。

想要建立起强势的主体文化，在企业内形成统一的价值体系非常重要，但是，仅仅把主体文化建立起来还只是走出了文化建设的第一步。我们知道，一个企业统一价值体系形成的前提，是企业员工对企业价值观的认同，要让全体员工认同企业的价值观，除了企业领导者要以身作则，时刻亲自践行、言传身教，并对全体员工不断地进行宣传灌输以外，还有很重要的一点，就是要不同岗位上的企业员工，在自己的工作中都能随时感受到企业核心价值观的作用。一些企业的核心

价值观之所以成为只是挂在墙上的口号而不能变成员工的行动指南，很重要的一个原因，就是企业的核心价值观与员工之间存在距离，员工不能在自己的具体业务范围内感觉到核心价值观的存在，而《经营文化纲要》正好把这种距离拉近了。通过《经营文化纲要》，不论是企业的干部还是普通员工，不论从事科研还是从事管理的，都能清楚地知道企业的使命、愿景、核心价值观和宗旨，了解员工与企业的关系及价值分配原则，看到企业的发展战略、发展方针、管控方式，一句话，能够深切地感受到企业新文化的存在和对自己影响。这就为核心价值观深入员工的心灵，成为企业强势的主体文化提供了有利条件。

第五节 用《经营文化纲要》实现核心理念的相对固化

企业的使命、愿景和核心价值观是企业的信念和经营哲学，其相对稳定性与永续性，是实现企业基业长青的重要因素。美国著名企业家小沃森曾说，"一个企业组织如果要应付世界的不断变化与挑战，除了基本的信念之外，企业在向前进时，必须准备改变本身的一切，组织中唯一神圣不可侵犯的东西应该是它营业的基本哲学。"小沃森讲的信念和经营哲学，实际上就是指我们今天企业文化中的使命、愿景、核心价值观和经营理念。从中外成功的百年老企，如同仁堂、福特、惠普等知名企业的历史中，我们也能清楚地看到这一点。同仁堂的经营理念自提出来以后，一百多年至今未变。惠普的核心理念自从1938年提出以来，就一直引导着公司发展。所以，一个企业就像一棵大树一样，枝叶可以随着季节和环境的变化而变化，但决定其生命的"原气"不能丧失，一旦丧失，必然枯萎。但要做到这一点，仅仅靠企业领导者的决心是不够的，特别是在领导人更换相对频繁的国有企业，更是如此。因此，必须要找到一种能够保持企业文化稳定持续的有效方式。而通过制定《经营文化纲要》，就能在一定程度上解决国有企业文化轻易发生变化的问题。原因如下：

第一，以纲要形式出现的文件一般都是企业的纲领性文件，是企业最根本的母制度，对企业的使命、愿景、核心价值观、宗旨、基本管控、基本政策、发展战略、经营理念和原则都做出了明确的规定，具有非常高的权威性，对企业其他一切规章制度起着规范和引领作用，直接影响到企业一系列规章制度的制定。如果纲要内容发生颠覆性变化，就有可能对企业产生普遍性的影响，导致企业出现信念的迷失、思想的混乱，最后直接影响到经营管理，使企业丧失软实力，失去核心竞争力，发展受到巨大损害。所以，企业对纲领性的文件一般都不会轻易变动或废除，这就为企业文化的持续提供了制度上的保证。

第二，融文化与管理于一体的纲要，一般来说，比单纯的企业文化或单纯的企业管理文件对企业干部员工的影响要大，更容易渗透到企业的经营管理之中，为广大干部员工理解和接受。企业的使命、愿景、核心价值观和经营理念一旦被企业广大干部员工接受并认同，就会深深地印在他们的心灵深处而不易被抹掉，从而为企业文化的持续获得群众基础。文化的特点就是接受认同很难，而一旦接受认同之后，就是恒久难变。当然，"徒法不足以自行"，企业员工对企业使命、愿景、核心价值观等的认同，也不是仅靠一纸规定所能达到的，还需要做大量深入细致和长期的培育工作，不过，纲要的制定确实可以起到重要的典章作用。

第三，世界上没有绝对不能变、永恒保持的东西，企业的使命、愿景、核心价值观等企业文化核心理念的坚持更只有相对性。而且，我们所说的一切，都是建立在企业文化的核心理念是正确的，是符合企业的发展实际的假设基础上的。任何企业，都必须学会随着外部环境的变化而不断改变自己，如果发现自己长期固守的使命、愿景和核心价值观等信念已不适合企业生存发展需要，也必须坚决改变，以重塑新的富有生机活力的文化。就像沃尔顿所说，"你不能只是继续做以前行得通的事，因为你四周的每样事情都在变化。想要成功，你必须站在变化前面。"企业制定《经营文化纲要》的真正价值，不是要我们保持企业的文化永久不变，而是在我们需要保持优良的企业文化时，提供一种有效的方法。

《经营文化纲要》是搭通企业经营和文化之间联系的重要桥梁，是实现企业文化融入企业经营管理的有效方式。每一个企业都可结合自己文化和经营管理的特点，制定自己的《经营文化纲要》。但由于国有企业普遍存在着许多共性的东西，在《经营文化纲要》的制定上，也自然会存在共同点，这就使我们制定一个通用的范本成为可能，在本书后半部分，我们将结合实际经验，给大家提供一个可供参考借鉴《经营文化纲要》完整模板和比较详细的制定指南。

第八章 推动文化落地——"企业文化标准管理体系"

在研究解决文化落地的难题之前，我们有必要回顾企业界在解决质量问题时走过的道路，也许会给我们一些有益的启迪。

在美国人戴明发明质量管理体系之前，质量问题一直困扰着全世界所有的企业，每个企业都苦于没有更好的方法来提高自己企业的质量管理水平。当然，面对质量管理的众多难题，企业家、企业各个层级的管理者、工程技术人员，都不间断地进行了大量的艰苦探索，也提出一些行之有效的解决质量问题的方法和措施，同时也取得了一定的成效。但是，这些方法和措施多是就事论事，基本上是头痛医头，脚痛治脚，离散而不系统，盲目而不科学。直到质量管理体系的横空出世，才彻底改变了质量管理的被动局面，并引发一场世界范围的质量革命，使世界范围内的产品质量实现跨越式的提升和进步。

在中国引进质量管理体系前，当时的中国企业为了提高产品的质量问题也是费尽了心机，提出各种各样的口号，例如，"质量就是生命""质量就是效益"……以提升员工对质量重要性的认知，这些口号也确实有一定的效能和作用，但是如何将这些口号和认知转变为实实在在的行为措施，一直没有很好的办法，许多企业对于解决企业的质量问题一直是口号满天飞，措施不落地。缺乏抓手，没有管道，老虎吃天，无法下口，直到引进了质量管理体系，才给中国企业的质量管理带来了翻天覆地的变化，有效地解决了质量管理的各种难题，革命性地提升了中国产品的质量。

似曾相识，这个状态和目前国内企业文化建设的情景十分相似。许多企业的企业文化建设也是口号满天飞，热热闹闹，就不见成效。企业上下也认识到企业文化的重要性，也不惜代价加大企业文化建设的投入，但是效果总不令人满意，企业文化建设要么"两张皮"，要么飘在空中，难以落地，难以产生实效，困扰许

第八章 推动文化落地——"企业文化标准管理体系"

许多多的企业，成为久治不愈的顽疾。甚至有些企业对自己的文化建设感到极度的疲劳和深深的失望。要解决这个困扰企业文化建设多年的普遍性难题，必须寻找新的革命性的办法。

我们通过深入研究企业文化建设存在的各种难题，借鉴质量管理体系的方法模式，结合国有企业的实际，创建了"企业文化标准管理体系"，用建立企业文化管理平台的方式，系统性地解决企业文化管理难以落地生根和发挥实际效能的历史性难题。实践证明，这是一种有益的创新探索，对推进国有企业的文化建设具有重要意义。

第一节 如何设立《企业文化管理手册》

我们认为，企业文化的深植落地，要贯彻落实好达标、过程和效果三种导向，就需要针对建设、运行和提升三个阶段的不同任务目标，建立起一整套可以操作的管理体系。要建立并完善这套管理体系，参考质量管理等成熟体系的做法或许是一种可行的思路。

质量管理体系的实践告诉我们，企业文化的落地工作与质量管理一样，都是企业的一项长期工作，涉及企业的各个工作环节，涉及从上层领导到下层员工的全体成员，是一项系统性极强的工作，需要通过创建"企业文化标准管理体系"，使企业能够建立一种体系化的文化管理平台，创建企业文化工作的载体，找到企业文化工作的抓手，实施系统化的解决方案，整体性地推进工作，久久为功，才能见到实效。

在建立"企业文化标准管理体系"时，至少有两个方面的工作要做：

一是建立管理手册，结合上文提到的三个阶段的不同任务目标，对整个管理体系及其运行的 PDCA 循环进行规定；

二是建立程序性文件，针对企业文化建设中的理念体系、经营文化、行为规范等的执行落地，提出一套相对标准化的操作办法，设计出一套文化管理流程，通过持之以恒的推动，达成落地深植的目标。

我们首先探讨关于企业文化管理手册的编制问题。一个完整的企业文化管理手册，至少应该具备 7 个方面的内容：

一、管理体系适用的范围

范围包括两个方面，一是管理体系适用的主体范围，即管理的是谁的文化，一般包括实施的企业本身、其下属的二级企业或者内设的部门；二是管理体系适用的对象范围，即管理文化的哪些方面，一般包括三个方面，也就是上文所说的三个阶段的具体任务——企业文化建设的管理、企业文化运行的管理和企业文化提升的管理。

第一个方面，企业文化建设的管理，是指以企业文化建设目标为策划的输入，利用管理的系统方法有序地识别过程，确定过程的输入、输出及所需开展的活动，并作出相应的规定。

第二个方面，企业文化运行的管理，是指为企业文化工程落地所需建立的一整套体系规范，主要包括支撑核心理念、经营文化纲要、员工行为规范等落地的程序性文件，也可以包括支撑视觉识别系统和品牌管理系统落地的程序性文件，还包括支撑"企业文化标准管理体系"运行的其他文件。

第三个方面，企业文化提升的管理，是指对企业文化工作目标的实现状况定期进行评审，将"如何改进过程"作为评审的重点；根据评审结果寻找与企业文化工作目标的差距，提高"企业文化标准管理体系"的有效性和效率，确保持续改进。主要是制定"企业文化标准管理体系"考核办法，对检查评价予以规范。

二、管理体系的工作目标

工作目标包括两个方面，第一个方面是企业自身的文化管理需要实现的工作目标，例如，要建立什么样的企业文化体系，在内聚合力、外树形象、提高品牌知名度和文化认同度等方面要达到什么样的目标等；第二个方面是对下属企业和部门的工作目标进行规定，例如，下属企业应根据总体要求和基本原则实现母公司文化在本企业的落地延伸，职能部门应针对自身承担的职责，根据总体要求和基本原则考虑专项文化建设问题。上述两个方面都需要明确自己的工作目标。

管理体系工作目标的设置，一般应遵循以下几个原则：

> 与企业战略经营方针、企业文化管理原则保持一致；
> 具有挑战性、竞争性；
> 可测量、可检查、可评价；
> 要考虑到文化建设、改进的阶段性要求，目标要有导向性；
> 要根据企业文化建设的成熟度和业务发展的要求适时更新。

三、管理体系的组织架构和责任分工

一般包括领导小组和工作小组两个方面。

领导小组的主要职责是：把握企业文化建设的总体方向，领导企业文化建设的全局工作，决策企业文化建设的重大事项，为企业文化建设提供资源支撑。

工作小组的主要职责是：在领导小组领导下，根据职责分工，组织落实企业文化建设工作要求，组织开展文化的对接和推进落地工作，开展工作指导、监督与考核。工作小组还可以根据分工的不同，下设核心理念、经营文化、行为规范、视觉系统、品牌体系等若干专项工作组，分别负责不同任务的对接和推进落地工作，开展有关制度建设和宣贯工作，组织、指导相关要求的落实，并进行监督、考核。

在分工体系中，也可以对企业员工在文化管理中的职责进行明确，一般应包括：全员均应参与企业文化建设、运行和改进工作，树立文化建设人人有责的意识；知晓企业文化管理原则、相关的企业文化管理工作目标、企业文化建设内容、不服从企业文化管理的后果等。

四、管理体系的资源保障

资源保障一般包括组织结构保障、人员保障、经费保障和宣传培训保障。

组织结构保障。主要是指设立企业文化建设领导机构和执行机构，认真研究管理体系要求，正确地执行管理体系，使全员深刻理解企业文化管理体系的重要性，化解执行过程中的各种矛盾，确保执行到位。

人员保障。主要是指设立有专业能力的企业文化专员，负责企业具体的企业文化建设工作，具体负责文化建设中的媒体宣传、活动策划等，负责塑造企业形象、制定与组织实施企业文化活动方案等。

经费保障。主要是指设立企业文化建设工作专项经费并纳入财务预算，确保运行环境的保障、设施设备、宣传器材、企业 VI 以及其他活动所需资金投入到位。

宣传培训保障。主要是指加强阵地建设，为企业文化建设活动的开展提供专门的活动场所、设施保障，确保企业文化建设工作的顺利推进。为了让员工理解"企业文化标准管理体系"，应充分利用各种媒体进行宣传，使员工能够深入了解、接受"企业文化标准管理体系"，并且支持体系的推行。

五、管理体系的运行要求

一般包括策划、宣传培训与沟通、载体三个方面。实际上是在"企业文化标准管理体系"中，对 PDCA 循环中"P"和"D"两个环节的工作进行规范。

策划。主要包括对编制企业文化建设、运行和提升的任务进行规划，提出目标；对企业文化落地与深植有关管理制度提出要求；对将企业文化管理的工作目标分解成为阶段性工作任务和计划进行规定。其中，阶段性工作任务和计划包括但不限于以下内容：

> 企业文化阶段性工作目标；
> 企业文化阶段性重点工作；
> 工作分工、计划进度；
> 资源保障。

同时，要对这些具体计划的运行与实施进行明确，这种明确是以结果和目标为导向的，一般一个特定的企业文化实施过程应明确以下要素：由谁来做、什么时间做、什么地点做、做什么、如何做、做到什么标准才符合要求、形成什么记录和报告。

<mark>宣传培训与沟通</mark>。主要包括加强对文化理念及相关案例的宣传力度，通过内宣实现全员对企业文化的认同，使之内化于心、外化于行；通过外宣扩大企业文化的影响力，提升品牌的竞争力。制定企业文化培训计划，以核心理念、经营文化纲要和员工行为规范为重点内容，针对中高层管理者、基层员工，采取多种方式，分层分类开展培训，并将企业文化纳入新入职员工培训范围，不断提高员工的意识和企业文化素养。确保企业文化管理制度、规范等文件和要求能够在上下级企业、部门之间得到沟通、传递和落实。

<mark>载体</mark>。主要包括承担企业文化的宣传和实施的载体，包括但不限于：

> 业务载体，结合科研生产特点及工作实际，考虑将科研生产活动、经营管理、市场公关、品牌推广和服务保障等方面的具体工程或项目作为载体。
>
> 品牌载体，以产品或商品为品牌载体，实施精品工程，发扬工匠精神，精益求精，不断提高品牌的客户忠诚度和社会认知度。
>
> 宣传载体，包括对外宣传片、产品说明书及包装、网页、办公系统、标志标识、展览展示和文件等。
>
> 环境载体，包括工作区、办公环境（含装饰装修）、宣传墙、橱窗以及其他形式的各种载体。

六、管理体系的考核评价

考核评价主要解决的是"企业文化标准管理体系"PDCA 循环中"C"环节的问题。一般来说，"企业文化标准管理体系"的考核评价可以采取自我检查评价、内部督查考评、第三方评价 3 种方式。

<mark>自我检查评价</mark>。企业及其下属企业和部门可以对照企业文化考核标准有关文件要求实施自评。

内部督查考评。 由企业文化工作小组负责牵头组织，通过建立企业文化考核标准和考核程序，以定期检查或者专项检查的方式进行，督查考评的结果通过企业的绩效考评系统予以应用。

第三方评价。 通过外部审计或者第三方机构实施评价。

考核评价部分，最主要的是要建立符合文化管理阶段性要求、导向清晰、目标明确的考核评价办法，并确保考核评价结果能够与企业的绩效考评系统挂钩，通过强有力的评价与应用，进一步强化企业文化的权威性和强制性。

七、管理体系的改进要求

改进要求主要解决的是"企业文化标准管理体系"PDCA 循环中"A"环节的问题。主要是规定企业文化建设领导小组要对照工作目标落实情况检查发现的问题，进行原因分析，举一反三，采取改进措施，持续改进"企业文化标准管理体系"的适宜性、充分性和有效性，实现企业文化的闭环管理。同时，要根据企业内外部形势、发展阶段等的重大变化，对企业文化自身的提升工作进行研究，提出新的工作目标与任务安排。

持续改进活动可包括：

> 分析现状并进行评价，识别在哪些方面需要改进（寻求改进的机会）；
> 确定改进目标；
> 制定改进方案并对方案进行评审；
> 落实职责及有关资源，并实施改进方案；
> 对方案的实施情况进行监督和检查，确定是否有效（与改进的目标比较）；
> 对有效的措施正式采纳，形成必要的文件（或进行文件的修改）；
> 再评价，寻求新的改进机会。

以上 7 个方面，只是管理手册的核心内容。企业可以结合自身的实际，对手册的内容进行细化和完善。

第二节 如何设立《企业文化管理程序性文件》

企业文化的管理,仅有管理手册是不行的,手册是针对整个企业文化建设工程的推进实施的,对于各个子系统而言,还是显得宏观,这就需要我们针对不同子系统的建设运行和提升改进,提出相应的管理办法,也就是程序性文件。

企业文化管理程序性文件的提出,完全可以参照企业标准范式。因为虽然各个子系统的工作内容不一致,但并不妨碍我们从各个子系统的工作中提取共性过程,然后通过程序性文件将这个共性过程固化下来,实现管理的相对标准化。

一般来说,企业文化管理程序性文件主要包括以下9个方面的要素:

前言。主要交待本执行程序的编制依据、提出单位、起草单位和起草人。

范围和工作目标。主要对程序性文件的对象和适用范围,以及该程序性文件实施想要达成的工作目标进行明确。如《文化宣言的程序性文件》,就规定了文化宣言在落地执行过程的对接、研究部署、学习宣传、推广展示、主题活动、检查和修订等程序,其工作目标是让全体员工熟悉掌握企业使命、企业愿景、核心价值观、价值信条、文化理念等内容,发自内心认同并遵循公司文化,并将这些理念融入到经营管理中,进而统一思想、凝聚人心、激励斗志、引领发展。

引用文件。主要明确该程序性文件提出或制定时引用的相关文件。需要说明的是,根据企业标准的管理要求,被引用的文件中的有关条款是通过引用而成为该程序性文件的条款,对于其中注明日期或版次的引用文件,其后的任何修改单(不包括勘误的内容)或修订版本都不适用于该程序性文件,但提倡使用程序性文件的各方探讨使用其最新版本的可能性;而没有注明日期或版次的引用文件,其最新版本可以适用于该程序性文件。

术语和定义。主要是对程序性文件中的术语和定义进行解释和规定。

职责。主要对包括企业文化建设领导小组、工作小组、专项工作组以及各下属企业和相关职能部门在内的各个责任主体,在推进该程序性文件落地过程中应当承担的职责进行明确。

计划制定。主要是根据管理手册的对计划的规定,对该子系统根据工作目标和总体安排，按阶段、按要求提出工作计划做出规定。一般包括企业总体计划、子公司计划和责任部门的专项工作计划。

工作实施。主要是根据管理手册对运行的规定，对该子系统推进落地的工作过程或者关键动作进行规定。

【案例】以中国电科的文化宣言子系统推进落地的程序性文件为例，工作实施部分可以分为5个关键动作：

> 学习宣贯。包括培训学习、平台宣传，既要提出学习的形式、内容、要求与分工，也要明确宣传的对象、内容、要求与分工；
>
> 对接规范。主要规定下属企业和部门在使用和宣传文化宣言的具体内容时，必须遵守的规范，以及允许采取的拓展行为；
>
> 推广展示。主要对文化宣言的推广展示要求作出规定；
>
> 主题活动。对企业通过设置不同分主题、采用不同活动形式开展文化或者其他活动，对文化宣言进行宣传推广固化的动作进行规定和引导；
>
> 负面清单。主要是对在推进文化宣言深植与落地过程中组织或者员工的行为列出负面清单，杜绝负面清单行为对文化宣言落地的不良影响。

在这里尤其要注意的是对接规范的问题。核心理念的深植与落地，是企业文化深植与落地中最核心、最具统领性的部分，尤为重要。尤其是对特大型的国有企业来说，更要作出详细的、强制性的规定。例如，在中国电科的核心理念对接规范中就明确了以下几条原则：

> 对于《核心理念手册》中明确的"企业使命、企业愿景、核心价值观及核心价值观统领下的价值信条"三条统领内容，全系统各单位必须保持统一，在表述及诠释上，不能有任何形式的修改。
>
> 对于各单位原有的与企业使命、企业愿景类同的表述，需要保留的话，可以将原企业使命更名为企业定位、原企业愿景更名为企业目标，作为本单位对集团公司核心理念的内容对接，如果不需要保留或未曾开展企业文化核心理念

第八章 推动文化落地——"企业文化标准管理体系"

建设,则完全使用集团三条统领内容。

各单位可以提出最能够代表自身特色文化的企业精神,层级上与集团三条统领内容并列,并需要对企业精神进行充分诠释。

各单位可以在"集团三条统领内容+企业精神"的牵引下,结合实际需要,添加能够对具体生产经营发挥重要指导作用的业务类理念或职能类理念,这些理念均应统一命名为"XX理念",原则上不限条目。

各单位形成的文化手册需在版式、体例上与《核心理念手册》保持一致,涉及企业名称部分需变更为本单位名称。

各单位在开展文化可视化工作时,要在会议室、楼道、展厅、文化展板、网站、宣传片、内外部传统媒体及新媒体等能够传播核心理念的载体上充分展示"集团三条统领内容+企业精神",传播载体上原有的理念需要全部更换。

为了避免走样、打擦边球,各单位在完成核心理念对接后,需将相关内容提交上级单位审定。

检查与考核。 主要是根据管理手册对检查与考核的规定,明确对该子系统实施检查考核的主体、检查考核方式与内容、检查考核结果的应用等内容。例如,针对文化宣言子系统的落地,其检查内容可以包括但不限于:是否在醒目位置张贴文化宣言主要元素;是否有培训学习留存的记录表、签到表等活动记录;是否有能够围绕核心价值观等企业文化宣言主要元素形成的宣传稿件;是否组织新员工进行企业文化知识测试;有没有检查原有制度和新修订的制度是否符合文化核心理念要求;是否存在负面清单上列出的行为。还可以通过抽查员工谈话谈心等方式,了解员工对企业文化的了解和认同度。

同时,可以对检查考核结果的应用进行规定,例如,国有企业可以将检查与考核结果纳入党建工作考核体系进行考核,考核不符合要求的责令及时整改,整改仍不符合要求的将进行通报或批评;对不认同企业核心理念的员工,不予提拔使用。

文件修订。 主要是根据管理手册对改进的要求,对程序性文件自身的修订进行规定。当该程序性文件在落地、执行过程中发现有不符合落地、执行要求的问题时，或者执行程序对应的文化子系统出现变更时，工作小组应及时修订文件内容，报领导小组审核通过，各责任主体按照新修订的文件开展落地、执行工作。

以上 9 个要素，是对照企业标准提出的编制企业文化管理程序性文件的核心要素。以上要素在编制过程中，可以根据不同子系统的自身特点和要求的不同，进行扩充或适当更改。例如，经营文化纲要子系统，因为其规定的方面很多，与企业战略规划、经营管理等各项业务融合的要求更高，我们在编制程序性文件时，可以对内容适当予以丰富，包括要明确经营文化纲要与经营业务的融合关系及主要内容，建立经营文化对接规范与管理流程，同时要对文化理念与具体业务的融合点进行识别……具体的区别，我们可以通过附件中的示例进行对比和了解。

第三节 "企业文化标准管理体系"有效运行的精要解析

用建立"企业文化标准管理体系"的方式来推进和保证企业文化建设，是国有企业文化建设的新尝试，在可以查证的国内外关于企业文化的文献中未曾发现先例，在国内企业文化建设实践中也未见过类似的做法，由于新，因此从理论到实践都还有一个完善的过程，特别需要企业文化的有关专家和更多的企业文化建设实践一同来完善。但用这种方式建设企业文化所取得的良好效果已经在实践中显露出来。

一、真正建立了企业文化管理的工作平台

《企业文化管理手册》和《企业文化管理程序性文件》是"企业文化标准管理体系"的两大支柱，其中《企业文化管理手册》是对"企业文化标准管理体系"进行总体设计的系统性文档，根据《企业文化管理手册》，可以建立起企业文化管理的工作平台，设立一系列企业文化管理工作的抓手，制定一系列企业文化管理的流程，将原来散乱的、碎片化的、随意化的企业文化管理工作，变得系统化、标准化、规范化和平台化，使企业文化的管理工作由随意管理、经验管理，提升到科学管理的新阶段。

二、真正建立了企业文化工作的抓手

《企业文化管理程序性文件》是企业文化管理的操作性文档，它将企业文化管理工作具体化、可操作化。例如，《经营文化纲要执行程序性文件》，其执行程序文化设计的逻辑就是，在企业文化落地管理过程中，要使得《经营文化纲要》对本单位业务工作的指导"无死角、无障碍"，使各级党组织的政治核心作用充分体现，使党的建设对中心工作真正起到"把方向、管大局、保落实"的作用，由经营文化衍生为管理流程，由管理流程固化为制度文件，最终以制度设计来实现《经营文化纲要》的落地实施。

三、真正建立起企业文化和企业经营管理的"桥梁"

企业文化作用于企业具体经营业务上通常有显性和隐性之分，一般分为4个层面：第一，精神层；第二，制度层；第三，行为层；第四，展现层。例如，《经营文化纲要执行程序性文件》针对企业文化的行为层面，细化落实《经营文化纲要》精神理念，主要通过与企业经营管理活动5个方面的融合，渗透到战略规划、重点项目、人力资源、财务、品牌、质量、安全等方方面面，以及渗透到各层级人员的经营管理行为中。

文化与战略规划融合。 以公司使命、愿景和价值观为指导来制定目标和战略；把企业文化的推进与战略规划的实施紧密结合起来。通过文化理念为企业发展确定方向，通过文化理念来满足和支撑战略规划的实现。

文化与"三重一大"决策事项的融合。 "三重一大"事项是改革发展的关键，决策的成败决定了企业的生死，国资委党委明确规定党组织在"三重一大"决策上作用要前置、要有效发挥，企业文化和"三重一大"决策融合，可以体现在范围、程序、责任追究上面，这是企业党建发挥作用的很好抓手。

文化与运营管理机制的融合。 需要对现有制度文件进行梳理、完善，对业务流程进行再造、优化，以建立起畅通的、灵活的、有控制力的流程与制度体系。与文化相辅相成的机制设计才是有益的，相反，当制度、流程与文化相冲突时，将会起反效果。要真正坚持以企业文化为引领来开展各项业务经营活动，摒弃与企业文化理念相左的习惯和行为。

文化与绩效考核的融合。 把企业核心价值观和行为准则作为对各部门、业务单元、子公司等组织绩效考核的重要标准，是实现企业文化落地的重要保障手段，以此来设计指标体系，可以确保企业文化的精神要义快速注入企业日常的科研、生产等经营管理活动中，以考核结果来激励和约束各部门来学习、贯彻和落实企业文化。

文化与人力资源的融合。 把企业文化的核心理念和人才理念贯彻到人力资源管理的全过程，将企业的价值观体系与用人标准结合起来，根据文化理念来制定长期的人力资源战略规划；导入职业生涯规划，建立能力素质模型和员工胜任力指标，设计培训体系，开发培训课程，实施教练式培训，将经营文化根植在每个人的心里。

四、真正建立起制度化的责任体系

许多企业的文化建设之所以不成功，一个重要的原因是责任不落实，责任不到位，责任覆盖面太小。与质量管理体系一样，"企业文化标准管理体系"也强调全员参与企业文化建设，要求建立层层落实的责任体系（责任主体包括各业务单元、各职能部门、子公司），进行科学的责任分解和责任落实。其中包括：

明确相关责任部门。 例如，根据《经营文化纲要》在各业务单元和职能部门落地实施的统一要求，根据业务工作与经营文化融合点的梳理，落实由综合计划部、管理研究中心、军工部、产业发展部、民品市场部、国际化经营部、科技发展部、资产管理部、人力资源部、财务部、质量部、安全保卫部、保密办、纪检监察审计部、所办、党群工作部等归口管理的职能部门对应负责各业务单元的军品经营、民品经营、国际化经营、科技创新、资产经营与资本运作等分业态和职能管理条线的经营文化落地工作。

明确相关接口责任主体。 具体涉及军品经营（综合计划部、军工部）、民品经营（产业发展部、民品市场部）、国际化经营（国际化经营部）、科技创新（科技发展部）、资产经营与资本运作（产业发展部、资产管理部）、运营管理（综合计划部)、人力资源管理(人力资源部)、财务管理(财务部)、品牌管理(质量部)、质量管理(质量部)、安全管理(安全保卫部)、保密管理(保密办)、风险管理(纪检监察审计部、所办)、党的建设和文化(党群工作部)、监督和约束(纪检监察审计部)等15个条线的职能板块,明确了各个职能归口管理部门的工作职责,落实了初步的融合工作内容,从而将所有涉及经营文化的业务工作全部纳入《经营文化纲要执行程序性文件》的适用范畴。实现了用制度化、全员化的责任体系来保障企业文化建设的高水平。

五、"企业文化标准管理体系"运行需要注意的问题

"企业文化标准管理体系"的创建,为系统性地解决企业文化建设中常遇到的管理难题、落地难题,找到了一种有效的方式,为实现企业文化建设的科学化管理探索出一条新路。但是,建立体系并不意味着企业文化建设就会自动成功、万事大吉,如何保证体系有效运行也是很重要的一个方面。这里需要特别强调,在"企业文化标准管理体系"日常的运维过程中,还需要高度重视以下5个方面的问题。

坚持好"集团统领,协同共建"的核心原则。 对于大型国有企业集团来说,坚持"集团统领"尤为重要。"集团统领"是指企业文化对接要以集团公司为主导,以集团文化为核心。这种落地对接,对象是全体成员单位,并且一直要延伸到全级次的下属企业,根本目的就是要建设统一的集团文化,用统一的文化凝聚起大家对事业的共识,将整个集团捏合在一起,真正形成凝聚力和战斗力。

同时,还要发动各级单位"协同共建",共同参与到企业文化建设中来,确保企业文化建设既能在集团层面形成文化合力,又能够凸显出各级单位个性化的文化基因。这样做的目的,一方面是为了继续发挥成员单位在长期发展过程中形成的优良传统;另一方面是为了彰显成员单位的特色,给集团文化带来新鲜活力,避免千篇一律。

牢固树立标准化的思想。 管理体系的建立,只是为企业文化建设的深植与落地提供一种可行的思路。企业文化是否深植与落地,尽管可以感受、体会得到,但确实很难形成一个量化的标准,但可以像提升产品的质量水平以及企业的质量管理水平那样,通过不断规范并持之以恒地推动企业文化深植与落地的行为,一

点点去接近和实现目标。在这个过程中，坚持标准化并持之以恒地推动标准化的落地至关重要。如果仅仅因为企业文化深植与落地的效果难以量化、难以显性地进行衡量，就忽视企业文化管理的标准化，那么"企业文化标准管理体系"的落地就是一句空话。

在管理手册与程序性文件之间建立接口。 程序性文件是管理手册的扩展和延伸，其编制的主要思想和核心原则，应该与管理手册高度一致；管理手册是程序性文件的统领，确保程序性文件之间保持共同的编制标准，而不是各自为战、自成一体，通过行为的一致性和高度协同，让整个企业文化建设工程保持系统性和整体性。

保持持续改进的思想。 企业文化不是一成不变的。优秀的企业文化本身一定具备一个特质，那就是与时俱进。特别是在现在这样一个外部形势急剧变化、新技术日新月异的时代，企业文化不仅要能够像质量管理那样持续改进，而且更应该体现其与时俱进的敏捷性。只有这样，企业文化管理作为与人的思想观念和具体行为联系更加紧密的管理形态，才能够真正深入人心、落地生根。

建立逐级负责的责任体系。 各单位在对接中都是不同的责任主体，其中集团负责集团文化建设和二级单位的文化建设，二级单位负责承接集团文化，指导三级及以下单位的文化建设。在逐级负责的过程中，一是要注重实效不要搞形式主义；二是要持续推进，不要搞"一阵风"。领导小组、工作小组要思考怎样进行考核，真正将那些落地对接比较好的单位识别出来，将做得不到位的也识别出来，不断督促推进。

第二部分　实践探索篇

——国有企业文化建设的实证研究

第九章 《经营文化纲要》总纲篇

总纲是《经营文化纲要》（下文简称《纲要》）的灵魂。总纲部分需要明确企业的定位、宗旨、愿景、使命和核心价值观，企业的责任、员工地位、基本政策和发展战略，企业的治理体系、组织构架及调整原则，企业的基本管控模式、管控方针、管控原则，以及总部与子集团或分公司的定位等内容，对国有企业最重大问题进行制度文化上的总体安排。

第一节 关于企业宗旨的内涵

通常，在《纲要》总纲中，要集中阐释企业文化所蕴藏的企业宗旨、经营哲学、企业使命、企业核心价值观等重要问题，这些问题是企业境界和格局的集中体现，关系企业的生存发展。

面对企业未来发展的巨大不确定性，优秀的企业文化不仅要能够为企业发展提供强大的内驱动力，更重要的是要能够帮助企业锚定自身发展的历史定位，建构企业的经营哲学，绘制发展蓝图，指明发展航线，指引企业冲过激流、绕过暗礁，向着理想的彼岸破浪前行。

一、国有企业的企业定位

企业的定位是企业愿景、使命、核心价值观和经营管理的依托和出发点，只有找准了企业自身的定位，才能够摆正企业的位置，找到经营的正确方向，制定正确的发展战略，让社会和客户对企业有一个客观正确的认识。如果找不准企业的定位，就可能会误导自己，误导社会，甚至沦为笑话。因此，在《经营文化纲要》的制定中，首先就要明确企业自身的定位。

国有企业的企业定位，其内容应包括企业的性质、专业及水平、规模，在国家、社会、行业中所处的地位等，有的是由国家和地方政府来明确的，但除了一些地位和作用比较特殊的企业外，大多数情况下，对面向市场的企业，国家和地方政府只会给予大致方向的原则规定，更多还是要由企业自己来确定。

在前面的章节中曾经论述过，企业定位真正要做的其实就是回答 3 个问题，一是企业是谁？二是企业要往那里去？三是如何前往？但要把这 3 个问题回答准确，却不是一件容易的事情，我们一些企业很长时期都不能对自己进行正确定位，因为定位是企业的重大问题，是对各种复杂约束的最优解，体现了企业的眼界、格局和担当。要做好企业定位需要从三个维度入手。

在对企业内外部环境和优劣势进行科学分析，对行业发展趋势进行科学预测，对国家、军队、客户、利益相关者期望正确把握的基础上进行判断。"不识庐山真面目，只缘身在此山中"。企业的定位是要在自身从过去到现在，再向未来的走向中得出的，因此，需要跳出企业，从外部来看，跳出现在，从未来来看，才可能找到恰当的定位。

把企业放在国家或地方发展格局中进行考量，找到企业在国家或地方所处的地位、所起的作用，据此进行判断。国有企业是国家的，保留或建立一个企业，国家或地方政府都会有一定的目的或需要，因此，企业的定位还需要放在国家或地方的大盘中来确定。例如，中国电科把自己定位为"国有重要骨干企业，中央直接掌管的战略性团队，在国家的发展格局中具有举足轻重的重要作用"，就是这样得出来的。

把企业与国内外同行进行比较，找到自己在规模、科技水平、管理水平、市场占有率、国际化程度、企业声誉、形象和影响力方面所占的分量，据此进行判断。企业定位一个重要方面就是明确自己的发展方向，因此，除了国家的明确要求外，企业还应根据自身实际来确定往什么方向发展。

通常，经过上述三个维度的中和与平衡，就可以给企业一个科学、合理、恰当的定位。

二、国有企业的企业责任

在全世界的企业文化建设中,企业责任已经成为一个非常重要的内容,所有企业都要明确自己的企业责任,国有企业自然也不例外。因此,在《纲要》中必须要明确国有企业的责任。但国有企业由于与国外跨国公司和国内民营企业存在性质上的不同,因此,责任也不完全相同。中国国有企业的责任是由国家统一明确的,主要有3种责任,即"政治责任,经济责任,社会责任"。有的国有军工企业为了突出自己的作用,还加了一条"国家安全责任",但也有人认为国家安全责任实际就是社会责任,没有必要单独提出来。我们认为,社会责任虽然能够包含国家安全责任,但对于承担着重要军工任务的国有军工企业来说,把国家安全责任作为一项重要的企业责任单独列出来,可能更好,这有利于强化国有军工企业全体员工的国防意识,增强服务国防的使命感。所以,在国有企业责任的制定中,一般从事民品和服务的企业只要有政治责任、经济责任和社会责任就可以,但从事军工的企业,最好加上国家安全责任。

1. 政治责任

政治责任是中国的国有企业所独有的,是典型的中国特色。政治责任作为国有企业的首要责任被提出,源于国有企业是经济实力最雄厚、工人阶级最集中的领域,是中国特色社会主义的重要物质基础和政治基础,其政治责任主要应包括巩固中国共产党的执政地位,自觉服从党的领导等方面。因此,在企业政治责任的制定中,主要应注意明确和突出以下几个方面:

> 突出承担政治责任对企业的必然性、必要性和重要性。
> 坚持党对企业的领导。
> 写明企业承担政治责任的主要内容,即认真贯彻执行党和国家的方针政策,始终和党中央在政治上保持高度一致,坚决维护党和国家的利益等。

2. 经济责任

国有企业是经济组织，承担经济责任是本分，是天经地义的事情，但与其他经济组织不同的是，国有企业还是国民经济的支柱，是国家经济效益的主要创造者，每个国有企业大都是国民经济各个行业的骨干，尽管现在民营企业在经济总量上的占比已大幅上升，但无法代替国有企业在国民经济中的贡献和作用。根据这些情况，国有企业的经济责任主要应包括创造经济价值的责任和引领经济发展的责任。因此，在经济责任的制定上，要把握住以下几个方面：

> 写清楚企业在国家或地方经济中所占的地位，以突出表明本企业的责任。例如，强调企业是国民经济的支柱性、战略性产业，理应当仁不让为国家创造巨额财富，促进国家经济迅速发展等。
>
> 紧紧结合本企业的业务特点，突出企业应努力做本行业的领头羊，带动行业发展。

3. 社会责任

承担社会责任是所有企业应尽的义务。企业文化中通常讲的社会责任一般指自觉遵守法律、提供就业、保护生态环境、扶贫济困，处理好与社区的关系等责任。但对国有企业来说，还要维护国家利益，做好精神文明建设，履行好党和国家交给的紧急任务（如抢险救灾）等。因此在制定企业社会责任时，要注意把握以下几个方面：

> 表明态度，突出企业的社会责任意识，明确社会责任是企业必须要承担的义务；
>
> 把党布置的任务和国家的利益也作为社会责任；
>
> 把社会责任延伸到全世界和全人类，不要只讲对中国负责，这样容易降低中国国有企业的责任境界，降低中国国有企业的社会形象，不利于走向世界。

4. 国家安全责任

上文说过，国家安全责任一般是由国有军工企业承担的，但其实按照大安全的概念，国家安全远不止于军工行业，关系到国家重大利益的技术、信息、稀有资源，负责种子、生物基因开发生产的行业等，也有国家安全责任的问题，虽然这些可以纳入社会责任范畴，但对国有企业来说，单列出来也未尝不可，因为，国家安全责任是一项重要责任，更是一项光荣的责任。基于此，在安全责任的制定上，要重点抓住两个方面：

> 突出承担国家安全责任对企业的重要性，把承担国家安全责任作为企业义不容辞的光荣使命；
>
> 结合企业的行业特点指出承担国家安全责任的主要内容，突出其重要性，表明怎样去做好。

对国有企业而言，深刻分析以上4种责任，将为企业的使命、愿景、核心价值观的确立，战略方针、组织形态、管控模式的制定，奠定坚实的逻辑基础。

三、国有企业员工的地位

国有企业的员工是企业的主人和企业存在的基础，是企业价值的主要创造者，可以说，没有员工就没有企业，因此，国有企业在《纲要》中必须要把员工单独列出来，对国有企业员工的地位给予庄严的定位。

在企业宗旨范畴里对"企业员工"予以定义和解读，这在往常的企业文化建设中并不多见。这是因为受西方企业文化的影响，我们一些企业采用西方企业观点，容易把企业与员工割裂开来，只把员工看作为企业创造价值的工具，而不是企业的主人。《纲要》是国有企业的"法典"，在今天国有企业文化的重塑中，把员工写进去，既可以突出员工在国有企业中的地位和作用，表示企业对员工的尊重，也是对国有企业特色的一种彰显。在员工的定义和表述上，要注意把握以下几个方面：

==明确企业与员工的关系,从政治层面上突出员工的地位==。强调员工是企业的主人,员工和企业是根本利益一致基础上的命运共同体,彼此共生共荣、互为基础、互为前提。

==突出员工在企业中的重要作用,员工是企业发展的依靠==。结合企业的特点,描绘员工的能力、素质图谱,为员工修炼进步指明方向;注意突出科技人员、专业技能人员等知识型员工的作用,在知识经济时代,科技人才的作用日益凸显,这样做既突出了科技人员的地位和作用,为人才待遇的提高建立依据,也同时表明了企业聘用员工的价值取向,有利于吸引人才。

==突出员工的经济地位和企业对员工应负的责任==。明确员工参与管理和分配的权利及应享有的福利,鼓励和支持每一位员工以主人翁的态度关心企业的发展、积极参与管理,通过做好本职工作为企业目标的实现做出自己的贡献,获得应有的回报。

第二节　关于企业战略的定位

企业的战略是在企业文化的使命、愿景指引下,绘制企业的发展蓝图,谋划实现蓝图的根本路径,决定着相当长一段时期内企业发展方向的选择,直接关系到企业经营的成败。如果说文化是企业的灵魂,那战略就是企业的方向盘。因此,在《经营文化纲要》的制定中,必须对企业战略的定位高度重视。

企业战略一般包括战略方针、战略路径、战略支点等几个重要方面。

一、战略方针

企业的战略方针,是对企业发展的方向、目标、逻辑的高度概括,是企业战略的高度集成,具有相对长期的稳定性,是企业发展的战略性指南。它来源于企业过往的成功经验和失败教训,来源于对企业发展目标进行的战略假设和可行性分析,来源于对企业所处社会环境、组织结构、市场潜力、用户期望的科学分析和正确判断,来源于对实现战略目标的资源、优势、机会和挑战的精准把握。因此，在制定中要注意把握以下两点。

注意战略方向的正确性。企业的战略方针决定企业要往哪个方向发展，对企业未来发展具有重要的导向作用，如果企业出现方向性的错误，那就必然误入歧途，导致颠覆性的后果，世界上的企业因战略方向选择错误而导致经营失败的例子比比皆是。因此，制定战略，首要的一点，就是要确保战略方向的正确性。要把方向的假设建立在认真细致的分析和论证，对企业自身、外部环境和竞争对手清楚了解、判断，以及通过严谨分析获得的充分可靠的数据之上，不能仅靠领导者的胆略和感觉，更不能靠盲目拍脑袋。对国有企业来说，战略方向的正确性还要体现在与国家整体发展战略保持一致上。例如，国家要求国有企业要做优、做强、做大，因此，在战略方向的确定上就要考虑向这个方向发展。

注意战略目标的引领性。制定企业战略方针必定要明确企业的战略目标，作为企业事业追求和经营的依据。企业的战略目标包括企业希望达到的产值效益指标、产品的市场占有率、企业总体规模、在行业中的地位排序等，是企业境界和经营水平的体现。对新时期的国有企业来说，在战略目标的制定上应注意合理性。合理性就是目标的假设要有充足的依据，一定要从企业的自身实际和外部的市场条件出发，可以大胆假设，但更要小心求证。脱离实际，盲目追求高大上当然不好，但也一定不能为求稳当而太小、太低。企业领导者的胆量和雄心对企业战略目标的确定会有重要影响，优秀的企业和企业家往往可以将不可能变成可能。失去了引领性的战略目标从企业文化的角度来说也就失去了意义。过去中国许多大型国有企业，认为"世界500强"是遥不可及的梦想，后来把成为"世界500强"作为战略目标，现在许多都实现了。这就是战略目标引领企业发展的很好的例子。当然，要看到的是，我们进入榜单的更多还是"500大"而不是"500强"，与优秀的跨国公司相比还有一段距离，现在应把目标放在实现真正的"强"上。这就要把国资委提出的"成为世界一流现代企业"作为战略目标。

二、战略路径

企业发展的战略路径是企业实现战略目标的途径和经营方式选择，选择的正确与否，直接影响企业战略目标的实现，是企业战略制定中非常重要的一个环节。

每个企业实现战略目标都会有许多条路径,问题的关键是找到最合适那一条。对于中国的国有企业来说,现在主要的战略路径就是转型升级。因为中国的国有企业经过几十年的发展,取得了长足进步,但步入新的发展时期,要建立现代企业制度,实现成为世界一流企业的目标,遇到的发展瓶颈,是具有普遍性的、系统性的、长久性的各类难题,这些难题涉及企业的体制、发展方式、业务形态、驱动模式、能力建设、业务布局和主体责任等多个方面,而解决这些难题的最有效的方式,就是走深化改革之路,实现转型升级。

转型升级是国有企业实现战略目标的必由之路,但由于各个企业的具体情况不同,在具体内容的制定上,应结合企业自身实际来进行。在这一方面,中国电科确定的转型升级内容比较有代表性,值得借鉴。

中国电科在深化企业改革中,根据自身实际,把转型升级的内容确定为7个方面:

> 体制。由传统国企向全球化现代企业集团转型;
>
> 发展方式。由集团主导、各院所为基础的发展向战略管控下的集团化经营发展转型;
>
> 业务形态。由研发、制造型向研发、制造、服务型转型;
>
> 驱动方式。由资源投入为主的要素驱动向涵盖科技、产品、管理和模式创新的全面创新驱动转型;
>
> 能力建设。由任务能力型向体系效能型转型;
>
> 业务布局。由以军为核心、以民为主体向军民深度融合转型;
>
> 主体责任。由服务国防与国民经济向全面履行中央企业政治、经济、社会和国家安全责任转型。

三、战略支点

企业的战略支点就是企业实现战略目标所需要的支撑。战略支点与企业的规模有关，不同规模的企业，其战略支点的要素、层级和维度都不一样。这是因为中、小企业间的竞争经常是游击战、麻雀战，往往通过单独的一个产品、一项策略，甚至一个奇思妙想就可以赢得一场重要竞争。与之不同，大企业间的竞争通常打的是阵地战、正规战，具有整体性、战略性和全面性。更多地表现为企业系统与企业系统的竞争、企业体系与企业体系的对抗，是在战略层面一决高下。因为大公司、大集团涉及的专业领域众多，经营要素复杂，拥有多条产品线、多个产品平台的系列化产品和遍及全球的竞争对手，大企业的竞争战略会涉及多要素、多层级、多维度，会呈现完整的战略框架，构成全面的战略体系。国有企业一般都是大型企业，要实现国际一流的战略目标，在战略支点的确定上，应结合企业的实际情况，按体系化的需要，从产业、科技、人才、国际化和开放合作等几个方面来设计。

对于产业，应强调居于价值链高端和产业链关键环节，在国家重大产业领域形成控制力、影响力和带动力。这样才能成为行业的领头羊，才有利于支撑国有企业在国民经济中发挥主体作用。

对于科技，应强调以科技立企，全力打造世界一流的科技能力和创新生态，发展拥有自主知识产权的、世界领先的技术体系，聚焦基础性、前沿性和关键共性技术研究，形成在基础技术上的特殊优势，始终保持在技术上的领先地位。这样才能支撑企业做强、做大，成为能与跨国公司一较高低的世界一流企业。

对于人才，应强调人才强企，实行以人为中心的人本管理，凭借企业的使命与文化、成就与机会、政策与待遇，吸引招揽天下一流人才，培养造就一流人才，建立一支激情拼搏、团结奋进、能成就大事业的高素质人才队伍。这样才能支撑企业成为世界领先的企业。

对于国际化，应强调以国际化的视野统筹布局企业的发展格局，以国际化经营为突破口，学习国外优秀企业的管理经验，建立国际战略联盟，培育企业国际化品牌，提升企业产品在国际市场的占有率，不断实现市场国际化、资源配置国际化、人才国际化和研发生产国际化。这样才能支撑企业走向世界，成为国际化的企业。

对于开放合作，应强调开放共赢，建立战略联盟，与利益攸关方结成利益共同体，与各级地方政府建立战略合作关系，与高校、科研机构、企业建立战略伙伴关系，与世界最顶尖的企业（包括竞争对手）建立战略协同关系，以有利于优势互补、有利于资源共享、有利于互利共赢，支撑企业实现更好更快发展。

国有企业通过《纲要》的制定，可以走出战略的迷茫区，建立战略方针、战略路径、战略支点为核心的清晰的企业战略体系。

第三节 关于治理体系和组织架构

治理体系和组织架构是企业实现内部高效运转、取得良好绩效的先决条件。管理学、制度经济学告诉我们，治理体系和组织结构会在顶层上决定一个组织的竞争和生存能力。因此，在《经营文化纲要》中，要把治理体系和组织架构作为重要事项予以明确。

一、企业治理体系

企业治理体系是企业管理最基础、最核心的问题。经过多年艰苦的学习探索，业界已对国有企业的治理体系逐步达成一些共识：

第一，母子公司治理体系是现代国有企业制度建设的核心。要结合实际，以中国特色现代国有企业制度为基本模式，以母子公司为基本形态，构建中国特色的现代国有企业治理体系。

第二，要以规范化、企业化、集团化、市场化为具体目标，尊重企业治理的基本规律，提高规范化水平；从思想观念到经营行为，从组织架构到管理模式都要进行企业化改造；着眼于企业整体竞争合力的增强，提升集团化管理水平；以市场为中心，推行市场化的变革。

第三，具有中国特色、符合实际的集团公司治理体系找不到现成的模式和答案，只有靠我们自己不断探索和完善。特别是要加快研究，如何完善党的全面领导与法人治理结构相结合的、规范高效的母子公司治理体系，不断提升企业的治理能力。

二、企业组织架构

正像德鲁克所言,组织架构不是自发演变的,在一个组织中,自发演变的只是混乱、摩擦和不良业绩,所以设计组织架构需要思考、分析和系统的研究。

设计组织架构的第一步是对组织架构的基本构成单位进行识别和组织。所谓基本构成单位是指那些必须包含在最后的架构之中,并承担整个组织的"架构负荷"的那些业务活动。并且,基本构成单位是由它们所作贡献的种类来决定的。

战略决定架构,为了确保效率和合理性,必须使组织架构与战略相适应。有关架构如何工作,都必须从目标和战略出发。日常的经营管理、创新和集团高层管理协调这3种不同的工作必须组合在同一组织架构之中,组织架构必须一方面以任务为中心,另一方面是以人为中心,既要有一条权力的轴线,又要有一条责任的轴线。在国有企业的组织架构设计中,要考虑以下几个方面。

一是针对企业组织架构的一些固有难题,对推进企业化、集团化目标的实现提出切实有效的组织变革之法,探索一条清晰可行的路线,建立相应的落地机制。

二是制胜未来,组织先行。体系化、扁平化、平台化的组织建设,不仅有利于提高企业的经营效率、工作效率,更有利于核心业务驱动、核心价值创造和核心专业带动,企业化、集团化的治理架构的形成,将会极大提高企业的综合竞争能力。

三是呼应企业的战略,对企业战略的有效实施予以组织保障。无论是建设完整的、互为依托的专业生态链条,形成体系化的整体竞争格局,还是建立战略性经营平台,形成体系化的平台竞争优势,都使企业的重大战略实施找到了组织依托。

三、企业总部功能定位

现在的大型国有企业大都是多层级的大型集团公司,集团公司管控成功的关键在于总部功能的正确定位。集团总部应该如何定位、基本职能是什么?这是大型国有企业实现有效管控的一个关键问题,需要在《经营文化纲要》中予以确定。

集团总部功能的定位,首要的是管理定位和核心职能设计。一般集团公司的通病是:总部组织设置及内部管理相对薄弱;现有组织设置不能很好地支持集团战略发展；部门职责划分不明确，职能的缺失、交叉重叠现象较多；有的集团公司尚未建立适应市场化要求的激励和绩效考核机制；在投资管理、信息化管理、财务管理、人力资源管理等方面有待加强。这是在进行总部功能定位时要重点考虑的问题。

通常，集团总部的职能主要集中在战略管理、风险控制、运营协调和职能支持4个方面。战略管理主要是解决集团整体的发展问题和核心竞争力的培育问题；风险控制主要是解决集团的可持续性发展问题，提高集团的生存质量；运营协调主要是解决整个集团各业务的协同性问题，通过创造集团独特的母子公司优势，来实现集团业务的价值最大化；职能支持主要是通过集团总部的职能共享和业务共享来实现集团运作效率的提高，这些职能支持包括专业职能、管理平台、党建工作、企业文化、人力资源、信息系统和财务系统等。

企业总部功能定位是一个动态的过程，常改常新，不同时期有不同时期的突出问题，不同时期有不同的功能重点，规律地把握比较困难，刚性的规定太多不利于与时俱进。

例如，中国电科在他们制定的《中国电科经营文化纲要》中，对总部的功能定位就只做了原则性的、开放性的要求，从宏观上对总部建设进行指导：

"总部是全系统运行的司令部。我们要以战略目标和核心职能为根本基点，按照职能专业化的原则建立管理部门，实施战略管控、业务主导、资源配置、运营协调、文化引领、风险管控、职能支持。总部管理职能设立的原则是范围适当、授权充分、监管到位。"

"总部司令部的作用从根本上决定了集团公司经营的方向和管理的效率。决策科学、责任明确、协调及时、运转顺畅、精干高效，永远是总部建设的追求。"

四、企业组织架构调整原则

所有的企业都不可避免地要随时进行组织架构调整。对国有企业来说，组织架构调整要坚持7个有利于：

> 有利于实现企业整体利益最大化；

> 有利于保持企业的可持续发展；
>
> 有利于提高企业的整体竞争实力、发挥群体优势（1+1＞2）；
>
> 有利于提高总体规模经济效益、增强企业的整体抗风险能力；
>
> 有利于提高科技创新能力和产品质量；
>
> 有利于实现财务协同收益（如合理避税）；
>
> 有利于提高市场占有份额，减少不良竞争（垄断）。

企业在组织架构调整上常见的问题：缺乏目的性，盲目频繁"翻煎饼"；没有准则，随意调整组织架构，越调整职能越混乱，效率越低下；固守陈规陋习，以不变应万变，造成组织架构与企业发展的战略严重不适配，制约企业的发展。为了避免类似情况，中国电科在《经营文化纲要》中明确提出：

"组织架构一经建立,应在一定时期内保持相对稳定,以有利于政策的连续性、队伍的稳定性和战略经营周期的完整性,但必须保持组织架构对市场变化的敏感性,不断探索先进的组织架构模式。"这些原则既要求组织架构应保持相对稳定性，又要求保持组织架构变革的弹性，同时提出组织架构调整的目标和准则，使将来的组织架构调整有规则可循。

第四节　关于企业管控

企业管控是一门系统的管理科学，其精髓是系统解决企业的协同管理和控制问题，使企业"正确地做事"且富有效率。基本管控就是从制度流程和控制体系建设的角度，提出企业管控的核心思想、重要原则和管控方式。这也是《经营文化纲要》需要强调的一个重点。

一、企业管控的目标和基本方针

企业管控的目标方针是企业管控思想的集中体现，是企业管理实践的总结。

目标方针的提出,旨在从思想、理念层面保证企业管控"做正确的事情",在管控的方法和手段上"正确地做事"。

首先,要明确企业管控的目的是保证集团战略目标的实现。这是专门针对"为了管控而管控"的不良现象而设立的。在我们不少国有企业中,有些单位、部门经常迷恋于烦琐的管控流程,给基层增加了大量无效的工作,却恰恰忘记了管控的目的是什么。

企业管控的基本方针则从系统管理的角度出发,对有效管控体系的建立、各类系统要素的构成、管控系统有效运行的要素和条件、管控体系和其他经营工作的协同关系等作了制度性的规定和安排,使企业管控体系的建立、运行、改进和评价有了基本的遵循。

二、企业管控的原则

企业管控是一个复杂的系统工程,仅有基本方针是不够的,还需要一些具体原则作为支撑。所以,要在《经营文化纲要》中明确提出。企业管控要科学、合理,有效、有序,做到运维张弛有度,需要遵循分类管控原则、分级管控原则、例外管控原则和责任结果导向原则。

权责体系是一条贯穿企业上下的红线,通过权、责把整个企业连成一体,对企业的有效管控意义重大。分类管控原则是将复杂问题简单化,有利于提高管控的专业化和有效性;分级管控原则有利于自上而下逐级管控,形成有效的责任体系,调动各级责任主体的积极性,同时,防止越级和越权管理;例外原则是处理复杂问题的优选法,可以节省企业管理资源,领导资源,而将企业管理的重点集中在关键之点上,管理的重心集中在薄弱之点上;责任结果导向原则要求企业管控要始终做到责任与绩效相一致、结果与目标相一致,使企业的权责体系不会迷失方向。

对企业管控原则的制定,还要做到不仅使企业权责体系的建立、运行、变革、提升和评价有原则可循,而且针对企业管控的复杂性、多变性和特例性,避免教条主义,发挥经营管理一线各级责任主体的能动性、创造性,给企业管控体系的演化变革留下弹性空间,以保证企业各个层级在企业管控系统不完善的地方,在环境条件发生了变化的时候，能够按照企业的宗旨和战略目标要求，主动采取积极、负责的措施。

三、企业战略管控

企业战略管控是企业管控的重要组成部分，其作用是解决关系到企业发展战略的管理问题，特别是对于规模大、层级多，技术专业覆盖面广，成员单位自成体系，上下游产业关联密切又互相渗透，组织、协调、管理难度大的国有企业来说，更为重要。

战略管控是一种宏观性的管控，一般包括战略规划制定、业务发展方向确定、重大市场布局、重大资源配置、核心人才培养、思想文化建设等方面，其具体的管控方式主要是明确目标和路径，目的就是通过管控保持企业战略的一致性和持久性，将战略变规划、规划变计划、计划变行动，将企业总体战略落到实处，实现一张蓝图绘到底。

四、企业规划管控

企业规划管控是国有企业需要重视的另一个重要的管控手段，以往许多大型的国有企业只做到了战略管控，基本还是局限在宏观层面，而规划管控要深入得多，能够进入企业管理的中观层面，这对企业是很有必要的，特别是对于专业技术体系化强，集技术研发、产品生产于一体，管理层级比较多的大型国有企业，更有必要。因为，一项技术、一个关键器件、一个四级小公司存在短板或问题，都会导致整个研发制造工作的延误甚至失败，一个生产管理环节出现问题，都可能导致整个生产体系运行受阻，这就要求企业在一些关键的环节要加强管控，增强企业整体的工作效能。

规划管控的制定一是要强调规划管控的效率性，要通过周密的制度、严格的流程，构建有效的规划管控体系。二是要强调规划管控的效能性，要上接企业的战略，下联基层单位的经营，以保持企业整体规划的统一性，最终实现战略目标落地。三是要强调规划管控的体系化，企业制定好中长期发展规划、专项规划、区域规划和职能规划，各成员单位按照企业总体规划，根据自身功能和业务定位，制定业务专项规划及本单位子规划，以此来提升企业规划管控的科学化水平。

五、企业财务管控

企业财务管控是企业管控的重要方面，如同一条红线，要从上到下贯穿整个企业，在企业管控中居于中心地位。因此，必须纳入《经营文化纲要》。财务管控的方式取决于企业的经营模式，对实行集团化经营的企业来说，在管控方式制定上应包括3个方面的内容：一是要采取集中统一的财务管控方式，一条红线管到底，减少管控环节，提高管控效率，这是集团化经营的必然要求，也是世界通行的集团管控模式。二是要建立多级预算体系，明确财务管控工作的主要内容和相应的工作机制。三是要明确财务管控的主要目标。

六、企业平台管控

企业平台管控适用于采用母子公司管控模式，业务面宽，成员单位自成体系，而总部人数、机构相对比较少的大型国有企业。这些大型国有企业一般是由多家企业整合而形成的，企业总部的人员有限，管理的条件和基础有限，不可能靠总部机构的无限膨胀来解决企业管控的全部问题，而成员单位在长期的发展过程中，历史性地形成了许多管理资源，有比较强的独立运行能力，客观上已形成一个个相对独立的平台，因此，就需要采用平台管控的方式来进行管理。

平台管控要达到的目的是提升企业管控的专业化水平，解决弱干强枝型企业集团化经营的管控难题。因此，要注意既突出总部的权威，保证企业的战略和各项措施能得到严格执行，防止成员单位各自为政，又能让各个成员单位具有一定的自主性，从而使总部和各成员单位的积极性都得到充分发挥，优势资源都得到有效利用。

第十章 《经营文化纲要》业务篇

企业的业务是企业创造经济价值和社会价值的主要方面，是企业存在的前提和基础，也是企业的文化融入经营管理的重点和难点。过去一些企业出现的企业文化与企业经营管理"两张皮"现象，大多是因为企业文化与企业经营管理之间缺少联系，企业文化与企业业务相脱离，文化不能为业务引路。因此，必须通过制定《经营文化纲要》来解决这一问题。国有企业的业务几乎囊括了国民经济的所有主要方面，从生产型的企业到服务型的企业都有，但无论何种业态，都是企业文化建设融入中心工作的着力点之所在，在《经营文化纲要》业务篇的制定中，要针对不同业务的特点，从目标定位、理念原则、发展路径、平台建设和策略方法等多个方面，提出清晰而又明确的文化引领路线图。

第一节 关于军品经营

在中国的国有企业中，位列前十的，都是军工企业，还有许多企业虽然不是军工企业，但或多或少也承担着一些军工任务，所以，在《经营文化纲要》的制定中，军品经营是一个很重要的方面。

一、把军品业务明确为"经营"

在相当长的历史时期，中国的军品都是完全的指令性计划产品，由军方下任务、提指标，企业完成后，原封不动地交给军方，因此，对企业来说，军品任务不能算作市场，也就不能用"经营"这个词。现在，国家对军品的采购方式已经进行了改革，允许企业通过竞争的方式获得军品任务，军品业务应该也完全可以算作市场，纳入企业正常的经营范围。当然，把军品业务明确为"经营"，还包含了另一个很重要的意义，就是促使承担军品业务的国有企业在观念上进行突破，只有确立了"经营"这种观念，国有军工企业才能跳出"军品仅是一种国家交给的任务而不是一种商品"的传统认知，树立起"军品也是一种特殊商品，商品就要进行市场竞争"的新观念；才能从根本上转变长期存在的"等、靠、要"思想，认识到只有通过竞争才能在国内外军品市场上获取优势。

二、把军品列为企业业务的首位

军品是特殊的商品，在世界任何一个国家，都会被摆在重要的位置上，我们中国更应如此。因为军品的研发生产关系到国家的国防安全，在国有企业所承担的业务中当属重中之重。承担和完成军工任务，毫无疑问应当作为国有企业特别是国有军工企业最重要的使命、责任，在我们所有的国有军工企业进行文化建设、确立本企业的使命和核心价值观时，也几乎都是这样做的。因而，在《经营文化纲要》中，必须要把军品经营排在首要位置，旗帜鲜明地将其列为首责。

三、明确军品经营的目标

在军品采购方式改革前，军品的特殊性在于其发展方向的确定和具体研制、生产指标的下达，都不是由企业而是由国家来决定的，企业并没有太多的自主权。改革后，企业在认真准确地贯彻执行国家军品发展战略规划的前提下，完全可根据自己的企业战略、实际能力和外部的市场环境条件来确定自己的军品经营目标。但这个目标必须要符合企业的专业之长，体现企业的责任、使命和核心价值观。而且，只有确立了企业军品经营的目标，才能将企业的使命、愿景和核心价值观融入军品业务，落实到军品的经营管理之中，由责任变成行动，由承诺变成现实，从而争取到更多的军品业务，更能积极主动、创造性地服务于军队的武器装备建设，通过为军队提供世界一流的武器装备而使自己成为世界一流的企业。

四、明确军品经营理念

军品经营理念是企业核心价值观在军品业务领域的延伸，企业的军品经营必须要有正确的理念，这样才能保证军品经营能准确地体现企业的价值观，有清晰明确的指导思想。因此，在《经营文化纲要》中，必须要明确军品经营理念，用来指导军品的经营。军品经营理念既要体现军品在企业的重要地位，又要符合企业的实际，更要对企业的军品经营起到重要指导作用。

在承担军工任务的企业中，有的是负责高技术武器装备研制的，有的是负责常规武器装备研制的，有的是负责后勤保障装备研制的，差别比较大，但以下几点军品经营理念是相同的。

（1）国家利益高于一切。军品关系到国家的安全和最高利益，应当将其置于高于其他任何业务的位置。其实，在世界上任何国家，军品都是被赋予特殊的地位的，军工企业都是把服从国家需要置于首位，我们国有企业理所当然应该确立这样的价值观。

（2）设计装备就是设计战争。军品的先进性对战争形态有着重要影响，从海湾战争、伊拉克战争到科索沃战争，随着新的武器装备的不断出现，一直在不断催生新的战争形态，作为承担军工任务的国有企业，应该用超前的眼光和创新的思维，掌握武器装备技术发展的主动权，为应对下一代战争做好准备。因此，应当确立"设计装备就是设计战争"的理念，才可能保证研制出来的武器装备能够适应新的战争形态的需要。

（3）用制胜机理引领装备研制。军品是决定战争胜负的重要因素，研制符合战争需要的先进武器以赢得战争胜利，是军工企业的主要目的，因此，应当坚持用制胜机理引领装备的研制，先于对手研究出新的制胜机理，不断开发出克敌制胜的先进武器装备，增强军队打赢高技术战争的能力。

（4）超越军队期望。军工企业是为军队提供服务的，因此，企业不能只满足于服从军队的需要，还应努力超越军队的需要，开发出军队很需要而又想不到的产品，特别是对高新武器装备的研制，企业最了解武器装备的性能潜力、使用技巧和发展趋势，着眼于军队能力的提升，有责任、也有能力满足军队尚未发现的作战需求。因此，要把"超越军队期望"作为企业的一种理念追求。

把握住这几点，再结合企业自己的文化特点和所承担军工任务的种类，就能够制定出具有自身特色、符合企业实际并具有指导作用的军品经营理念。

五、明确军品经营发展路径

路径即方向，军品经营的发展路径，是企业核心价值观在军品业务中得以落实的重要保证。路径选择的正确与否，决定着企业军品经营的成功与失败。因此，企业在编撰《经营文化纲要》的军品经营篇章时，应当作为一个重要方面来加以明确。鉴于各个企业自身发展战略的不同和军品的复杂多样性，每个军工企业都应当根据自己的文化和专业特点来确定自己的军品发展路径。在这里，我们通过总结一些军工企业的成功经验，提出几点具有共性的做法。

（1）在军品发展方向上，要走出一条具有中国特色的武器装备发展之路。走中国特色的武器装备发展之路是国家的战略，作为承担国家军工任务的国有企业，必须与国家战略保持一致。

（2）在军品发展步骤上，要用跨越式和颠覆式思维走跨越式发展之路，实现由跟跑、并跑到领跑。承担军工任务的企业是推进国家武器装备技术水平提升的主要力量，必须走跨越式发展之路，才能使我们的武器装备发展走在世界的前头，为国防提供最先进的武器装备。

（3）在军品发展方式上，要由单一化发展向体系化发展转变，由独自研制向合作研制转变，发挥出中国独有的举国体制的优势，体系化是世界武器装备发展的趋势，合作研制是改变封闭保守的单打独斗模式、提高研发生产水平的重要方式，只有这样，才能适应国家武器装备发展的要求。

（4）夯实自主发展基础，自力更生、发奋图强的精神永不过时，核心技术是求不来、买不进的，必须不断提升核心竞争力，提出新概念，进行技术创新，制造出领先世界的武器装备。

六、坚持自主可控

武器装备建设关系到国家安全，实现自主可控才能破解西方国家的武器和技术禁运，才能在武器装备研制上彻底摆脱对西方国家的依赖，走出一条具有中国特色、独立自主的武器装备研制道路。因此，一定要在《经营文化纲要》中明确体现出来。要结合企业自己的实际和承担军工任务的特点，提出实现自主可控的方略。所谓"自主"，就是要争取主动，自己能主导，任何时候都不会受别人的左右；所谓"可控"，就是要在处于被动时也有应对之策，在任何情况下都不能被别人所控制。要做到这一点，就要明确自己在技术上的短板、软肋和"卡脖子"的关键核心技术，并作为重点解决的问题；就要始终坚持自力更生、发奋图强、艰苦奋斗、协同作战、开拓创新的军工文化，把武器装备发展的主动权牢牢地掌握在自己的手上。

第二节　关于民品经营

国有企业是国民经济的支柱，民品经营是国有企业实现经济价值的主要途径。同时，民品又是市场竞争最为激烈的领域，国有企业要直接面对国内外各种类型的企业的竞争，因此，《经营文化纲要》在民品经营章节的撰写上，必须要瞄准世界市场，坚持开放合作，注意突出对国家的经济责任和对国民经济的主体作用，走中国特色民品产业发展之路。

一、明确民品的目标定位

民品经营的目标就是民品发展要实现的结果，是企业民品战略的细化；民品的定位是民品在企业所占的位置，是企业民品战略的核心。民品的目标定位，决定着企业在民品发展上的追求和企业对民品发展的重视程度，是企业的愿景在民品业务上的具体体现，应当清晰而明确。

国有企业在民品领域的覆盖面极宽，有的是制造业，有的是建筑业，有的属于服务业，每个企业经营的产品不同，产品面对的市场竞争情况也会不尽相同，但在《经营文化纲要》制定中都必须明确目标定位，使民品业务的发展具有清晰的方向。在目标定位中，要注意把握以下几个维度：

> 明确民品在企业经营中的地位，特别是对于一些承担军工任务的企业，更要注意明确军品业务和民品业务之间的关系，确定民品业务在企业经营中的位置。
>
> 明确民品经营的内涵，确定企业民品的核心业务或服务种类及范围。
>
> 明确企业在民品经营上的奋斗目标，这个目标要与企业的愿景和发展战略保持一致。

二、明确民品经营理念

企业民品经营的理念是企业经营民品的基本指导思想和具体要求，决定着民品在企业经营中的地位和民品发展的基本思路及经营方略，是企业的核心价值观和经营哲学在民品经营中的具体体现，对企业民品的发展具有非常重要的指导作用。

每个企业民品经营的理念都必须从本企业的实际出发来制定，既要体现企业的文化又要具有很强的指导性，因此，作为国有企业，要明确符合本企业民品经营实际的理念，一般要把握好以下几个方面。

（1）既要超出具体的民品经营方法又要对民品经营能起到切实的指导作用。经营方法解决的是如何做出产品和怎样把产品销售出去的问题，而经营理念是要解决用什么样的产品和服务赢得客户从而赢得市场的问题。

（2）既要符合本企业民品市场的实际又要具有独特性。符合本企业民品市场的实际才会具有实实在在的指导性，具有独特性才能不步他人的后尘，走出自己的民品业务发展道路。

（3）既要有基点又不能划边界。有基点就是要守住基本盘和核心区，不能划边界就是不能将自己的民品发展范围封死。例如，有些国有企业在民品业务发展上提出以市场为先导，有的提出聚焦价值链高端和产业链关键环节，就是比较好地体现了这一点。

三、明确民品经营路径

民品经营路径一般是由企业的愿景、企业的民品发展战略、企业所在行业的特点、企业所掌握的核心技术的程度和产品所处的发展阶段，以及企业民品面对的市场情况等决定的。因此，在确定企业民品经营路径时，必须结合下面3个方面来考虑。

（1）正确把握企业愿景中民品所起的作用、发展战略上民品所处的地位、企业民品在同行业中所占的位置、企业民品在核心技术上达到的水平和企业民品当前的市场占有情况及未来的发展趋势。以此来确定民品经营的方向。

（2）通过认真分析本行业国际国内市场的变化情况，寻找民品发展的机遇，以此来确定新产品开发的种类和市场切入的时间及方式，抢占更多市场。

（3）搞清楚企业民品生产的上下游关系，以此来确定合作伙伴，提升进入市场的实力。

通过把握住这几个方面，就能有利于找准企业民品经营的路径。

四、明确民品经营的重点方向

明确民品经营的重点方向，就是要明确把什么作为企业的主要产业发展的问题。民品经营重点方向的选择是战略性选择，关系十分重大。历史上，因为方向选择错误而导致企业出现重大经济损失甚至破产倒闭的现象俯拾皆是。例如，麦道公司因在民航机动力选择上放弃喷气式，最终输给了波音公司；摩托罗拉因铱星计划的失败而出现重大损失……国有企业在确定民品经营的重点方向时需要注意以下几个方面。

（1）民品经营重点方向的确定要与企业的使命和国家产业发展战略保持一致。国有企业与一般民营企业最大的不同，就是国有企业是国民经济的重要支柱，是国家产业发展的主力军,在自己的行业领域一定程度上代表着国家,任何战略性的选择都要符合国家利益和要求,发展的重点方向不仅关系到市场竞争问题,还关系到企业对国家所承担的使命和国家的产业发展布局问题,因此,在确定民品经营的重点发展方向时,必须要考虑到这一因素。

(2)民品经营重点方向的确定要符合未来市场的需要。在市场经济条件下,国有企业的产业发展重点不仅要与国家总体战略保持一致,也必须符合市场的需要,因此,重点方向的确定必须要从市场的角度来考虑,离开市场需要去谈重点方向,就是缘木求鱼。

(3)民品经营重点方向的确定还要考虑企业的技术优势。民品产业的竞争根本上还是技术的竞争,只有将具有技术优势的民品产业确定为重点,才能具有市场竞争力,才能有发展前途。当然,在重点方向的确定上,歪打正着、种瓜得豆的偶然性和不确定性也是存在的,因此,企业还要密切关注新兴技术和新兴产业的发展趋势,敏锐捕捉可能形成大产业的新技术和新产品,及时培育,大力支持,抢占市场先机,下好先手棋。

第三节　关于国际化经营

在世界上,真正一流的卓越公司几乎都是国际化的,而成为国际化企业的前提就是国际化的经营。因此,国际化经营不仅是国有企业的主要业务之一,更是国有企业成为具有全球影响力国际化企业的必由之路。由于我们国有企业普遍国际化程度还不高,与世界一流企业相比,全球影响力还不够大。因此,在《经营文化纲要》制定中应当把国际化经营作为一个重要方面。

一、明确国际化经营的目标定位

国际化经营的目标定位决定于企业的使命、愿景、主营业务及其国际化程度,对有的国有企业来说,可能永远都不需要国际化,对有的企业来说,可能只需要部分国际化,而对有些企业来说,则必须完全国际化。因此,国际化经营目标定位的确定主要是对需要国际化的企业而言。

对仅需要部分国际化的企业来说，其目标定位的制定，主要要把握以下几个方面：一是市场的占有率和在市场上的话语权；二是全球重要区域国际经营网络建设的覆盖范围；三是产品品牌国际知名度和影响力的大小。

对需要完全国际化的企业除了上述方面外，还要加上这样几点：一是企业在国际地位上应达到的高度；二是企业融入国际市场的程度；三是企业在国际市场上的投资强度。

二、明确国际化经营理念

企业的国际化经营理念决定于企业的核心价值观和企业的行业特点，因此，在国际化经营理念的设定上，一是要与企业的核心价值观保持一致，能将企业的核心价值观在国际化经营上表现出来；二是要能体现本企业的特点，具有不同于国际上其他企业的个性特征；三是要符合所处行业市场的内在需要，例如，是要占领高端市场还是中低端市场；四是要体现出全球化的高度和中国国有企业的境界，在国际化经营中，绝不是只为自己赚钱谋利，而是要坚持实现双赢、多赢。

国际化经营理念最重要的是开放性，由于我们许多国有企业长期只在国内经营，市场、各种资源配置都在国内，习惯于依靠国内的资源，而往往容易忽略或不敢用国外的资源，从而导致经营理念比较封闭保守，因此，一定要学会站在国际化的高度来明确国际化经营理念。

三、明确国际化经营思路

国际化经营思路由企业国际化经营理念、战略，企业在国际市场上所占的地位，企业融入国际市场的程度，以及企业产品的特点和服务对象来确定。在制定时，一般应注意这样几个方面：一是要体现企业国际化经营理念的精神，符合企业的国际化战略；二是要明确而又清晰，既具有超前性又具有可行性；三是要符合国际市场的实际和企业的实际，与企业的科技水平、制造/服务能力相匹配；四是要包括如何主导市场，如何拓宽市场，如何塑造企业和产品品牌，如何提升企业的国际影响力和市场竞争力,如何通过国际市场配置资源等具体内容。

四、明确国际化经营的重要措施

企业国际化经营思路的实现,必须要有重要措施来加以保证,措施就是基本的策略。因此,制定国际化经营的重要措施,就是要找到企业国际化经营的主要策略。中国每个国有企业的情况不一样,自然也不会有完全相同的国际化经营策略,但由于国有企业存在着许多共性,所以,在进入国际市场进行经营时,也会有不少相同的地方。归纳起来,大概有以下几个方面:

(1) 促进国际化经营中的合力形成。国际市场的竞争就是高手的较量,在这种较量中,整体比个体更有优势,拳头比巴掌更有优势,有组织比没有组织更有优势。国有企业一般都规模较大,分布的面比较广,内部的专业面也比较宽,经常出现各自进入国际市场、单打独斗,甚至自相残杀、自毁阵营的内卷情况,容易被其他竞争对手各个击破。因此,在制定经营措施时,一定要考虑到如何形成合力的问题。

(2) 增强企业在国际市场的竞争能力。国有企业在国内往往都是各行各业的佼佼者,没有什么强有力的竞争对手,但进入国际市场后,情况就大不一样了。国际市场都是高手对决,国有企业面对的往往都是富有市场竞争经验、技术、经济实力强大的跨国公司,这就意味着国有企业的市场谋划方式、市场开拓方式、资源配置方式和整体方案解决方式,都要发生巨大变化,这种变化必然要求企业千方百计提升自己的市场竞争能力。

(3) 建立国际化经营内在动力机制。企业国际化经营的成功,很大程度上要依靠国际营销人员的积极性和主动性。因此,国有企业在进入国际市场后,就需要尽快建立一套有利于调动全体相关成员和国际营销人员积极性的体制机制,才能适应国际化经营的需要。

(4) 解决企业国际化经营的组织机构问题。国有企业的国际化经营往往点多面广、覆盖全球,在整体进入国际市场后,就必须对重复设立的驻外组织机构进行优化,形成由集团公司主导的经营网络,才能有利于实现资源的共享,发挥出整体优势。

（5）解决企业国际化经营的内部合作问题。在整体进入国际市场的情况下，就必须对所有产品和技术进行梳理和规范，对非竞争类产品和技术的合作进行引导，对有竞争的产品和技术进行协调，通过差异化来实现合作，以避免内部竞争，形成拳头，更好地面对国际市场的竞争对手。

（6）解决企业在国际化经营中的对外合作问题。真正的国际化企业必须实现从资源配置、人才、研发生产到市场的国际化。企业要通过国际化经营最终成为国际化企业，就一定要加强对外的广泛合作，通过生产经营的合作扩大市场，通过研发合作提高技术水平，通过建立产业园区实现产品生产本土化，获取更多更好的经济效益。

中国的不少国有企业在国际化经营方面已经颇为成功，但也有不少国有企业距离成为真正的国际化企业还有很长的路要走，那么在制定国际化经营措施时，就一定要注意多学习世界顶尖企业的国际化管理经验，他山之石可以攻玉。

第四节　关于科技创新

创新是企业发展进步的动力，是企业赢得市场竞争的根本所在。不管什么类型的国有企业都有创新的问题，但创新的内容会有所不同，对服务型企业来说，主要是管理创新，但对于实体型特别是科技型企业，本身就肩负着国家科技创新的重要责任，必然要把科技创新看作企业文化的核心和经营中的一项重要主业。因此，不可避免地要把科技创新纳入《经营文化纲要》，作为主要的内容来研究制定。

一、明确科技创新的目标定位

明确国有企业对科技创新的态度和科技创新对企业的重要作用，确定企业在科技创新上的追求目标。具体说来，应包括以下几个方面。

（1）明确科学技术在企业发展中的至高地位。一个企业靠什么立企，既决定于所依靠的事物对这个企业的重要性，也决定于这个企业对所要依靠事物重要性的认识程度。作为国有科技型企业，一旦离开科学技术就什么也不是。只有坚持技术立企，崇尚科学技术，始终把科学技术作为企业存在的基础和事业发展的主要依托，企业才可能存在下去，才可能实现企业的美好愿景。

（2）明确科技创新对企业的极端重要性。作为肩负国家科技创新重任的国有企业，保证自身的生存和履行好国家赋予的责任是两项最为重要的任务，要充分认识到科技创新对企业的极端重要性，把科技创新视为承担好这两项任务的根本之道、决定命运之道。国有企业要在市场竞争中立于不败之地，全靠坚持不懈的科技创新，一旦放弃了科技创新，企业就会沦为二流三流甚至末流，所有的企业愿景实现和使命履行都将变成空话。

（3）明确企业在科技创新上的主要目标。企业的科技创新决定着企业的未来发展，是企业发展战略的重要方面，既不能盲目进行，更不能脚踩西瓜皮，溜到哪儿算哪儿，必须要有明确的目标。企业科技创新的目标要与企业的发展战略目标相一致，应以国际的先进技术作为参照系，从跟跑、并跑、领跑3个方面来确定，使目标的实现具有可行性。

二、明确科技创新的理念原则

科技创新的理念体现的是一个企业对科技的认识深度、对科技创新的重视程度和对科技发展规律的把握程度，直接影响到企业一系列科技创新政策和措施的制定，应当格外重视。企业科技创新的理念原则应当与企业的愿景、使命和核心价值观相一致，具有自己鲜明的特点。每个企业的情况不一样，不可能有同样的理念原则，但作为国有企业，还是有一些共同的地方。这里我们提供一个典型的科技型企业——中国电科的科技创新理念，供大家借鉴：

一日无创新，一日无电科。这个理念突出了创新决定国有企业存亡的极端重要性和中国电科对科技创新紧迫性的认识。世界科学技术发展日新月异，充满激烈的竞争，每天都有企业因创新而生，因缺乏创新而亡，处于这一领域的国有企业，作为所处行业的国家队，不仅要靠创新来求得自我的生存发展，还要靠创新来实现对西方国家的赶超，成为全球的行业引领者，因此绝不能有丝毫的懈怠，必须要不断树立强烈的创新意识，时刻保持"一万年太久，只争朝夕"的紧迫感。

"让创新成为习惯"是企业发展强盛的DNA。这一理念，突出了养成创新习惯的重要性，体现了企业对创新文化作用的认识，应当成为企业的价值信条。习惯就是文化，只有让创新成为习惯，创新才能变成每位员工的自觉行为，创新才能永续，而"让创新成为习惯"一旦成为企业的基因，就会激发出企业血液中的创新天性和禀赋，有了这种天性和禀赋，企业就必然会成为创新型的企业。

敢领时代之先，敢蹚无人之路。这一理念突出了企业科技创新的雄心和勇气的重要性，体现了企业对科技创新精神作用的认识。科技创新就是突破时代还没有、他人还没做的科学技术，必须具有勇气才可能做到。企业要通过科技创新来实现成为世界一流创新型领军企业的目标，做本行业技术的引领者，就要不断树立这种敢于领先的壮志和雄心，提升这种敢于开拓的胆略和勇气。

良好的创新机制是科技繁荣的前提。这一理念突出了机制对科技创新的重要性，体现了企业对科技创新生态作用的认识。随着科技创新难度的加大，今天的科技创新，已经由过去靠个人关起门来搞发明的时代，进入依靠全社会和群体的力量进行的集群创新时代，要形成良好的创新生态，关键在于建立良好的创新机制，在内部形成生机勃勃的创新生态环境，让创新之花不断绽放。

给科技人员插上自由的翅膀。这一理念突出了宽松环境对科技创新的重要性，体现了企业对科技创新人文环境作用的认识。创新是科技人员作为主体利用科研手段这个客体进行创造的活动，科技人员的创造行为是受其心理情绪影响的，宽松自由的环境能使科技人员的聪明才智得到极大施展，而过多的束缚和过大的压力，必然给科技人员的情绪造成负面影响，导致其创造活动受挫。因此，给科技人员营造一个宽松环境，让他们在创新的世界里自由飞翔，对科技创新的成功极为重要。

知识价值化是激励科技创新的优选方向。这一理念突出了知识价值化对激励科技创新的重要性，体现了企业对科技创新中科技人员知识贡献的认识，体现了对科技人员的知识创造进行价值评价和价值分配的公平性和合理性。这一理念是民营企业普遍遵循的，值得国有企业借鉴。国有企业应当深信：当知识价值化普遍实行之日，就是科技强国建成之时。

三、明确科技创新的路径

路径选择就是一种战略选择。国家在科技创新上有明确的战略，作为国有企业，应与国家的科技创新战略保持一致。因此，在科技创新的路径选择上，应根据国家的科技创新战略，以世界发达国家的企业作为赶超目标来加以明确。

（1）由跟跑向并跑转变的路径。国有企业实现由跟跑向并跑转变需要几个条件：一是关键核心技术不再受制于国外；二是掌握一些西方发达国家未曾掌握的新技术；三是有足够数量的发明专利和国际标准。因此，在创新路径的确定上，就要采用重点突破的策略，把重心放在突破关键核心技术上，通过自主可控解决跟跑的问题，通过颠覆式创新和长板引领解决并跑的问题，通过发明专利和国际标准制定满足转变的条件，逐步从跟跑转向并跑。

（2）由并跑向领跑转变的路径。由并跑向领跑转变需要两个基本条件：一是掌握大量新技术，获得了与西方发达国家同等的技术优势；二是在未来可能出现的重大技术上处于优势，在关键技术上具有至高地位。因此，国有企业就要着眼未来，瞄准可能产生革命性影响的前沿技术和战略性领域的核心技术，采用集中力量办大事的策略，通过占领未来核心技术的制高点，由并跑转向领跑。

（3）实现领跑。领跑的条件就是一个，即在本行业的应用技术和前沿基础科学上都具有绝对优势，处于无人区之中。因此，国有企业就要采用弯道超越的策略，大胆去闯本行业技术的无人区，在前沿性、基础性的战略必争领域形成独特优势，以实现对全球的引领，以彰显中国国有企业在未来技术发展探索中的担当精神。

四、明确科技创新的基本方法

科技创新离不开方法的采用，方法是为了解决问题。科技创新的方法一般有两种，一种是用于解决怎样进行科技创新的问题，一种是用于解决怎样才能进行科技创新的问题，前者用于参与创新者，后者用于组织创新者。企业应从后者的角度提出科技创新的基本方法。国有企业几十年来曾取得过许多国内领先的创新成果，每年也会有数以万计的创新成果问世，但科技创新成果的国际影响力不够、创新平台不够开放、创新制度不够健全和顶尖的创新人才缺乏等是国有企业过去长期存在的影响科技创新的主要问题。这里提出的科技创新的基本方法，就是要从取得有影响力的成果、搭建创新平台、建立创新制度体系和造就领军人才队伍着手，创造有利于科技创新的环境和条件，有针对性地解决科技创新中存在的问题。

五、建立科技创新体系

企业的科技创新需要动员企业的一切优势资源来实现，这就需要建立科技创新体系，通过体系的建立来解决企业内部技术创新上存在的单打独斗等问题。因此，科技创新体系的建立，应从总部和成员单位之间，各专业之间，企业内部资源和外部资源之间等几个维度来考虑。正确地处理科技创新与市场、总体与分机、元器件与材料之间的关系，以及内部企业资源与外部社会资源之间的关系，以此来实现整个体系的顺畅，解决好科技创新与市场脱节的问题、系统创新与基础创新互不支持的问题、内外部资源不能共用的问题，从而保证科技创新体系的有效性。

六、营造创新氛围

科技创新的环境和氛围对企业进行技术创新的影响极大，因此，在企业的技术创新中，一定要考虑到创新氛围的营造。创新氛围的营造主要是集中阐述企业关于创新人文环境营造和创新型人才培养使用、流动、考评机制的基本思路，特别是要突出允许人才内部流动和宽容失败的思想，因为在国有企业中，人才的内部流动问题、以成败论英雄的问题一般都比较突出，在营造创新氛围中强调这一点，有利于集中人才搞创新，鼓励科技人员在科技创新中大胆尝试，没有后顾之忧。

科技创新是人类的一种创造活动，创新型人才的素质和创新氛围的好坏，都会直接影响到科技创新的效果。因此，在《经营文化纲要》中，企业还要建立与创新型人才特质相适应的发现、培养、使用机制，按照人才规律解决创新型人才的来源问题。没有人才的创新不过是重复的低水平劳动，而真正的创新型人才却有着与一般人不同的天赋，必须要用特别的方式去发现、培养和使用；要鼓励创新型人才在企业内横向有序流动，要让创新型人才找到适合其发挥特长的岗位和环境；要建立对创新型人才的考评机制，按照科技创新规律，让敢于探索、敢于冒尖的创新型人才得到鼓励，创新失败的人才得到客观公正的评价，改变那种"成王败寇"、不尊重科技创新规律的评价方式。

科技创新向来是风险挑战并存、成功失败共在，成功就是差一点失败，失败不过是差一点成功。所以，任何对创新失败的简单粗暴的否定，对创新失败者不负责任的蔑视打击，都是对创新规律的践踏，对勇于探索行为的阻碍。应通过对创新失败的宽容，昭显企业应有的境界。

七、明确科技创新的投入

科技创新的投入，是企业进行科技创新最有力的手段，也是企业是否真正重视科技创新的具体表现。因此，在《经营文化纲要》中必须要把科技创新的投入专门提出来。衡量科技创新的投入主要是通过投入的强度、投入的方式和投入的效果等方面。

从投入的强度来说，世界科学技术发展到今天，已由单一创新、浅层次创新进入到集群创新和深层次创新，创新难度的加大必然带来投入的加大，所以，投入的大小，已经成为影响创新水平和效益的决定性因素，这是企业在决定科技创新投入时必须要考虑的。

从投资方式来说，由于科技创新的投入日益变大，大到有时仅靠一个企业已难以承担，因此，应考虑优化创新资源投入机制，改变过去那种单一的投资方式和环境，拓宽投资的来源和渠道，坚持自主投入和争取外部资源相结合，改变过去以国家投入为主的模式，在加大企业自身投入力度的同时，积极争取社会资源，实现资源聚集，集中力量办大事，探索新的举国创新机制和体系。

科技创新的投资要向世界一流企业看齐，向世界一流的高科技公司那样重视创新投入，因为国有企业的竞争对手就是世界一流企业，如果在科技创新投入上不能达到甚至超过世界一流公司的水平，那国有企业在科技创新上就永远只能步人后尘。世界顶级的高科技企业都重视创新投入，中国的华为公司，每年将收入的10%作为创新开发资金，因而取得了众多世界领先的科技成果，成为超越世界通信和智能电子领域众多一流高科技企业，甚至令美国整个国家都感到害怕，要拼命打压的优秀企业；美国的苹果公司每年用于新技术开发的投入居全球IT企业之首，因而成为世界一流的卓越企业。因此，国有企业也应在科技创新上加大投入，把华为、苹果这些世界一流的卓越企业重视科技创新投入的成功做法作为榜样。

一个企业在创新投入上决心的大小，取决于这个企业的眼界。这种决心不仅表现在发展顺畅的时候,更表现在发展遇到困难的时候,有些企业在发展遇到困难时,首先就是减少甚至放弃科技创新的投入,结果导致恶性循环,使企业失去再生的机会。因此,在《经营文化纲要》中,还应有企业在发展遇到困难时科技创新该如何投入的内容,突出明确,企业即使在经济效益出现困难时,也应坚持通过多种方式保证创新投入只增不减。

八、坚持科技创新的开放合作

国有企业的科技创新,既要站在巨人的肩膀上前进,吸纳一切优秀的创新资源为我所用,同时又要拒绝盲目跟随,坚持核心技术自主开发。因此,在《经营文化纲要》制定中,对科技创新一定要突出强调开放和自主。

从开放的方面来说,在全球经济一体化、科学技术迅猛发展的今天,要在科技创新上不断取得进步,最便捷和有效的办法就是进行广泛的合作。国有企业在国内可以与著名的大学、科研院所、企业开展多种形式的合作,在世界上也可与美国、欧洲、俄罗斯、日本等发达国家的科研机构、大学和企业开展各种技术合作与交流。现在,以美国为首的西方发达国家害怕中国在科学技术上超过他们,不断在高科技领域对中国国有企业进行封锁和打压,阻断与我们的科技交流,这是一种歧视,也是西方国家不自信的一种表现。

作为中国的国有企业,在科技创新上应当站在构建人类命运共同体的高度,从全人类的利益出发,秉持积极开放的合作态度。从自主方面来说,要坚持站在高处看未来,能够引领前瞻,敢于独辟蹊径,拒绝盲目跟随,对关键核心技术一定要坚持自主开发,牢牢把握合作的主动权。因为合作只能解决后来者跟上的问题,要实现后来者居上,还必须靠自己。把科技创新的希望寄托在别人身上,不把关键核心技术掌握在自己手中,只会成为别人的附庸。在坚持自主的前提下去开放合作,这是一个国有企业应有的清醒认识。

九、促进科技创新成果转化

把科技成果转化为生产力,把技术变成经济效益,是科技创新的基本目的,也是科技创新能持续进行的前提条件。我们的国有企业每年都会取得数以万计的科技成果,但最终能够转化为商品走上市场,获得较高经济效益的却还不是很多。国有企业要把握科技创新的价值规律,找到科技成果转化的有效方法和途径,明确以商业成功作为技术创新的导向,建立打通创新成果应用于军民品、军民领域创新成果互用和创新成果整个企业共享3个出口,让创新成果变成商品、走进市场、创造效益。

第五节 关于资产经营与资本运作

资产经营与资本运作是非金融类国有企业经营业务的拓展,是国有企业为支持产业发展而采取的一种融资方式。一方面,许多大型国有企业都有庞大的资产沉淀在各成员单位,未能很好地发挥作用,需要盘活;另一方面,许多新技术需要开发,许多新产品需要形成规模经济,这就必须要改变过去全靠国家和企业自己投入的模式,通过资产经营与资本运作,多渠道筹集大量社会资金予以支持。因此,开展资产经营与资本运作业务是国有企业很必要的选择,应当作为《经营文化纲要》的一项重要内容来加以明确。

一、明确资产经营与资本运作的目标定位

对从事产品经营的实体性企业来说,资产经营与资本运作的内涵不完全相同,资产经营是在产品经营的基础上,借助于企业资产的流动与重组而展开的战略性、超常规的经营活动,以实现企业效益的最大化;资本运作则是利用市场法则,通过资本本身的技巧运作或资本的科学运动,实现价值增值和效益增长。但二者本质上都是利用资本市场,对企业所拥有的一切有形与无形的存量资产,通过流动、裂变、组合、优化配置等各种方式进行有效运营,以最大限度实现增值的一项业务活动。因此,在确定资产经营与资本运作的目标时,应当从以下几个方面来考虑:一是要与企业的愿景和核心价值观保持一致。二是要考虑产品的市场前景,根据产品的规模对资金的需求来确定。三是要根据企业产业发展战略对资金的需

要来确定。

资本运作的目标决定资金的投向,保证资金投向正确、用得其所是关键,只有与企业的愿景和核心价值保持一致,把准产品的市场才能把准正确的投资方向,只有服从企业的产业发展战略才能实现投资的根本目的。

二、明确资产经营与资本运作的理念原则

在资产经营与资本运作的理念原则的制定上,一般有以下几个共性的方面需要注意把握。

(1)服从和服务企业的整体战略。"服从"就是资产经营与资本运作必须听命于企业的整体战略需要,根据企业的经营战略来确定资产经营与资本运作的方向,不能被资本市场所左右,想干什么就干什么;"服务"就是资产经营与资本运作要围绕企业实现战略目标的需要来开展业务,实现战略目标需要怎么干就怎么干,不能被单纯的利益所左右,怎么能赚钱就怎么干。从而清楚地定位资产经营与资本运作在企业发展中所担当的角色和存在的意义,对资产经营与资本运作业务的开展起到定向作用。

(2)明确由企业总部主导、突出重点、效率优先、稳妥有序。由总部主导是基本原则,就是强调资产经营与资本运作业务必须由企业总部来牵头引领,业务开展必须体现集团公司的意图;突出重点、效率优先是基本经营方略,就是强调资产经营与资本运作在资金支持上要把企业重点发展的战略性产业、能够尽快见到效益的产业放在首位;稳妥有序是具体的运作方法,就是要既扎实又有计划、有步骤地开展业务,防止因盲目冲动的资产经营而出现问题。

(3)明确资产经营不是权宜之计,而是长久之策。这是企业确立资产经营与资本运作业务应有的基本态度。权宜之计和长久之策是有根本区别的,一个是临时的战术之举,用过即罢,一个是基于战略性考量而确定的经营方略,需要长期坚持。把资产经营作为长久之策表明资产经营是企业整体业务不可缺少的组成部分,企业对资产经营这项业务会坚持不懈进行,在处理这项业务时不能有短视行为,必须从长远出发。

(4)强调建立独特的商业模式。资产经营能否成功,采用什么样的商业模式

很重要，建立独特商业模式是资产经营成功的关键，这样才能走出一条具有自己特色的资产经营之道。

（5）强调高效的管理团队是资产经营成功的保障。这是每个国有企业都要有的基本认识，因为资产经营是一项专业性很强、变数很大、对机遇把握捕捉要求极高的高回报和高风险并存的业务，对效率效益的要求必然很高，因此，管理团队能否实现高效益和高效率，就成了能否保证资产经营成功的一个关键因素。

（6）强调资产经营是一把双刃剑。这是企业对资产经营利弊关系的认识和自我警醒。资产经营是一项既获利大又充满风险的业务，成功的资产经营可以给企业带来高额的利润，而失败资产经营也会亏致企业血本不归，损失巨大。每个企业开展资产经营业务都会面临成功和失败，认识到资产经营的这种双刃剑性质，就是看到了资产经营存在的巨大风险，在开展资产经营业务时一定要慎之又慎，始终保持利弊判断上的清醒。

三、明确资产经营和资本运作的路径

对国有企业来说，资产经营与资本运作的路径一般有 3 个方面：一是利用产权机制，用资本的力量推动企业新的重点产业的发展；二是采取资产重组、对外融资、盘活资源等方式支持主营业务的发展；三是探索利用股票、债券、基金市场来获取效益。这三种方式中，第一种是解决如何利用投资来支持产业发展的问题，第二种是解决如何通过融资来支撑主营业务发展的问题，第三种是解决如何进入金融市场的问题。

资产经营与资本运作业务往什么方向发展是由企业的实际需要来决定的。企业要加快发展，开发新技术和做大产业是必由之路，而开发新技术和做大产业必须有资金支持，这些资金来源以前基本上都是依赖国家投入，现在必须转变观念，由自己来解决，这也是国有企业开展资产经营与资本运作业务一个很重要的目的，解决的方式只有两个：一是对外融资，二是盘活内部资源。

利用产权机制瞄准战略目标市场，更大规模、更高起点调动资源，走对外融资支持产业发展之路。特别是对于那些处于战略性新兴产业领域，投入很高、竞争激烈的产业，产权机制可以起到四两拨千斤的带动作用，只有通过产权机制，

利用企业的技术和产品优势，迅速调动大量社会资源，进行压强式投入，才能在战略目标市场快速形成竞争优势，达到用资本的力量推动企业发展的目的。

采取资产重组、盘活资源等方式，推动资源向核心业务聚集，走盘活内部资源支撑核心业务发展之路。由于体制等各方面的原因，一些大型国有企业在过去相当长的一段时间里，业务发展一直存在着抱着金碗没饭吃的问题，内部虽有大量资源，但都是分散沉淀在各成员单位，发挥不了聚集效应。通过资产重组和盘活资源支持核心业务发展，就是集中力量办大事、发挥内部现有资源作用的有效方式。

四、明确资产经营与资本运作策略

国有企业在资产经营与资本运作上的策略，应立足于主营业务的需要，围绕怎样为主营业务解决发展资源问题而确定，要具有很强的针对性，突出支持主营业务发展这一根本目的，与企业军品经营、民品经营、国际化经营和科技创新战略保持一致，体现服从和服务企业总体战略的理念。

军品业务是特殊业务，从资产经营与资本运作的角度支持军品业务发展，关键是要解决好如何放大军工资产的效应问题。对此要采取两种做法。一是通过军工资产证券化促进军民融合深度发展。这是发挥军工资产作用的策略，就是将可作民用的军工资产通过证券的方式提供给民品产业使用，支持民品产业发展，再通过民品产业发展反哺军品发展，以此实现军品、民品的深度融合。二是通过军工项目市场化实现社会融资，探索为军队国防提供运营服务的商业新模式。这是以项目牵引为军品发展吸纳资金的策略，就是在军工企业不能整体上市的情况下，以单个军工项目为牵引吸纳社会资源，支持军品发展，以放大军工资产的效应，找到一条为军品业务发展争取更多资源的商业模式。

民品业务是使用资金的大户，如何用好有限的资金和如何聚集更多资源支持民品发展是资本运作要解决的主要问题。对此应采取两种策略。一是投资策略，即通过企业总部引导资本平台的投入，推进产业梯度发展。二是融资策略，即通过上市公司和优质非上市公司的资本运作和价值管理，并以这些公司为核心进行公司的重组和整合，加大融资力度。

国有企业要成为国际化的企业,进行全球化资源配置以提升竞争实力、开展境外并购以扩大规模、实现本土化经营以占领市场,就必须利用好各类投融资平台,资本运作可以在企业成为国际化企业的道路上提供有力的支撑。

科技业务对资本的需要主要集中在技术创新和产品的转化上。通过资本层面的合作解决前沿性、短板性技术开发的资金问题,快速掌控价值链关键环节,组建风险基金,开辟资金来源,构建融资、退出机制。以解决产业化所需资金的策略,找到融资的途径、投资的重点,对科技创新业务提供有效支持。

五、公司上市

公司上市不仅是一种极为重要的融资方式,也是实现企业规范化管理的一个重要机会。公司上市应根据企业的实际情况重点考虑4个方面:一是要按照企业的总体发展目标确定公司上市以后的布局,公司上市的各项安排都要服从企业的整体战略;二是对大型多层级的企业来说,下属子公司都要配置资产经营平台;三是能整体上市的企业要争取整体上市,不能整体上市的应尽量让符合条件的下属子公司上市。四是一定要突出强调市值管理,保持对进入资本市场的谨慎与清醒。

六、明确资产经营与资本运作的管控责任

加强管控,明确责任,保证资产经营与资本运作和企业战略保持一致。

服从和服务于企业的总体战略是企业资产经营与资本运作的根本目的,以支持主体业务发展。

由总部负责整体谋划才能从企业的全局和总体战略需要的角度去考虑资产经营与资本运作的问题,防止出现目的偏差。特别是一些大项目的运作,涉及面宽,动用资源多,由总部负责更有利于项目的运作成功。

七、明确资产经营与资本运作的风险防范

资产经营与资本运作必须加强风险防范。因此,必须建立层级决策制度,以

解决源头防范问题；建立风险管理、内控制度和资金动态监管制度，以解决过程防范问题。

同时，还要明确，在总体成功并且风险可控的前提下，允许个案投资失败，反对一切偏离集团公司战略目标、有悖于企业管理理念、无助于企业主营业务发展的无价值资产经营与资本运作，体现企业对资产经营与资本运作的鲜明态度和立场，以表明企业把资产经营与资本运作的战略意义看得比战术意义更重要，把投资方向的错误看得比一般具体操作上的失误更具危害性，更加不可原谅。之所以要如此强调，是因为资本运作过程中有时会存在许多难以预料和不可控的因素，这些因素导致的投资失败一般都不是操作者故意为之，只是一种战术上的失败。对个案的原谅，有利于鼓励操作者大胆开展工作；而偏离战略目标和背离管理理念的资产经营与资本运作行为，则是关系到企业价值选择的原则性问题，不坚决反对，就可能导致公司经营战略和管理理念失效，动摇根本，造成严重后果。

第十一章 《经营文化纲要》管理篇

管理是企业最重要的基本功，也是企业文化融入企业经营并发挥作用的重要管道。与优秀的跨国公司相比，管理水平不高一直是一些中国国有企业的短板，提高经营管理水平是国有企业成为世界一流现代企业的必由之路，因此，国有企业的文化重塑中，必须要将管理纳入《经营文化纲要》中，让企业文化充分融入企业的管理，在引领企业管理水平提升上更好地发挥作用，从而体现出企业文化的管理功能。

第一节 关于运营管理

运营是企业日常经营活动的主线，运营管理的好与坏直接关系到企业运行的效能，也是企业文化在企业执行力和综合素质上的一种体现。企业的运营管理一般包括计划管理、项目管理、市场管理等几个方面，从企业文化的角度出发，在运营管理部分的制定上，要针对以下3个方面，把握住各自的重点。

一、计划管理

企业经营管理的大逻辑是要将愿景变成战略、将战略变成规划、将规划变成计划、将计划变成行动，最终落实。所以，计划是确保企业愿景实现的最基础，也是最关键的环节。而要确保计划的落实，第一是要确保计划目标符合企业规划要求。第二是要确保计划得到正确和坚决的执行。第三是要做到计划执行过程信息的及时反馈。第四是要保证调度管控得当。第五是要做到考核奖励到位。因此，在计划管理部分的制定上,要明确要求年度经营计划必须围绕企业总体战略目标来设计,通过建立经营目标体系和计划责任体系,以实现企业的战略变规划、规划变计划、计划变行动。

二、项目管理

项目管理是为了完成一个特定任务或者目标而计划、组织、鼓励员工进行资源控制的过程或活动,是企业计划管理的另一种形式。国有企业在经营活动中,除了要对企业的整体工作实施计划管理外,有时也需针对特定的项目进行管理。因此,就有必要将项目管理纳入《经营文化纲要》。项目管理的一般实施过程是,在有限资源的约束下,运用系统管理的方法和理论,对项目涉及的全部工作进行有效的管理,即从项目投资决策开始,到项目结束的全过程进行计划、协调、组织、指挥、控制和评价,以实现项目的目标。在这个过程中,企业文化的作用主要体现在4个方面:一是能够影响投资决策的正确性;二是能够影响团队的合作;三是能够影响计划的执行力;四是能够影响项目的完成质量。

因此,在纲要制定中,要注意重点突出以下几方面的内容。

(1)要强调项目管理的一体化理念,突出项目管理的系统化特点和团队合作的重要性。

(2)要强调项目管理的价值理念,突出企业投资的项目在实现目的上需要与企业的愿景和发展战略保持一致。

(3)要强调项目管理的效益理念,把企业核心价值观融入项目具体考评体系之中,通过文化激励来增强项目团队的执行力和责任心。

三、市场管理

市场管理是企业经营管理的重点。国有企业要实现世界一流的目标,就必须在市场管理上也达到世界一流。与优秀的跨国公司相比,中国的国有企业在市场管理上还在一定程度上存在着市场意识淡薄、市场理念不适应市场竞争需要,市场管理方式落后和内部竞争严重等问题,导致国有企业应有的优势不能得到很好的发挥。针对这些不足，《经营文化纲要》的制定应结合本企业的具体情况，重点明确4个方面。

（1）根据企业的核心价值观明确企业的市场经营理念，包括市场开发理念、市场服务理念和国际国内市场一体化理念等，目的是形成企业自己与众不同的市场观，以赢得有利于市场竞争的优势。

（2）根据企业经营管理体系明确市场的排序，突出市场在企业经营管理中的地位和导向作用，肯定市场经营人员的价值。

（3）结合企业的特点，明确市场与技术开发、产品生产及质量之间的关系和责任，以形成人人都注重市场的局面。

（4）根据企业的规模和管理层级建立市场经营体系，明确各级市场职责和内部竞争规则，建立利益共享机制，理顺内部关系，防止企业内部出现恶性竞争，以形成市场竞争合力，解决同质化竞争问题，实现企业整体效益最大化。

第二节　关于人力资源管理

人力资源管理是企业最核心的管理。一位著名企业家曾说：人才不是核心竞争力，对人的能力进行管理的能力才是企业的核心竞争力。人力资源管理正是通过以文化人，开发资源，培训员工，打造队伍，激励奋斗者，为员工创造具有高投入度、高满意度、能够发挥潜能的工作环境，塑造企业的核心竞争能力。正是基于这种考虑，在《经营文化纲要》制定中，要注意把握以下几个方面。

一、明确人力资源管理的目标定位

目标定位是人力资源管理工作的方向指南。《经营文化纲要》要明确指出，作为国企，特别是国有高科技企业，人才对企业具有特殊重要性，这也是国企文化中对人的第一假设。例如，中国电科认为，自己作为高科技企业，身处充分竞争的电子信息行业，没有任何自然资源可以依赖，一没有矿山，二没有油田，赖以生存的首要宝藏和资源都在员工的头脑里，因此，人才是中国电科的生存之本、竞争之本、胜利之本。

《经营文化纲要》要明确国企人力资源管理的目标,这个目标一般包括:通过建立科学规范、运行高效的人力资源管理体系,创造自我激励、自我约束、优秀人才脱颖而出的有效机制,营造人才辈出、人尽其才、才尽其用的良好氛围,从而打造一支有理想、有抱负、高素质、高境界的强大人才队伍,为企业发展提供坚强有力的组织保障和人才支撑。

二、明确人力资源管理的理念原则

仅有目标方向是远远不够的,做好具体工作还需要理念原则的指导。因此,《经营文化纲要》要明确提出人力资源管理的理念,集中体现一个企业人力资源工作的指导思想。从许多优秀国有企业的成功经验看,一般有这样一些理念原则。例如,

人才是国企最宝贵的财富。突出体现国有企业的人才观,把人才放到最重要的位置,是整个人力资源工作的总的指导思想。

让优秀人才进得来、留得住、用得好。既指出了人力资源工作的重要环节,又提出了评价人力资源工作好坏的标准。

坚持在事业价值的创造中成就人才价值。提出人才价值创造的新的理念、新的机制,用事业平台成就人才价值,用人才价值成就事业的辉煌,让人才培养回归到事业价值创造的本源。

是金子就要让其发光。这是国企广纳人才的一面旗帜,更是国企对人才的庄严承诺。国有企业的事业需要广纳天下贤才,同时人尽其才、才尽其用。

奋斗者必有所得。这是国有企业人力资源管理的又一个重要假设,奠定了人力资源激励体系的逻辑基础。是指导国有企业激励体系建设的总的指导思想,不仅体现国有企业"以奋斗者为本"的企业文化,而且架起了企业激励文化落地的桥梁。

让企业成为天下英才的首选之地,成为干事创业、实现梦想的最佳舞台。这是对人力资源工作的总的要求,也是从事业发展、人才向往、成就个人梦想三个维度,定义人力资源工作的最终评价标准,使国有企业的人力资源建设工作有了明确的奋斗目标。

三、明确人力资源的管理原点

国有企业人力资源的管理原点,即人力资源管理的出发点,就是如何实现人力资源管理的公平公正。因此,在《经营文化纲要》中要明确国企做好人力资源工作的几个基本假设:

(1) 国企看待员工的规则。国有企业的全体员工无论职务高低,在人格上都是平等的,在管理上都要公正、公平、一视同仁。

(2) 评价的4个基础规则:

> 国企员工统一的核心价值观是对员工做出公正评价的基础。
>
> 对每一个员工提出明确的目标任务是对员工工作绩效做出公正评价的依据。
>
> 员工在工作目标达成中体现的作用、效果和业绩是对员工进行奖励的根据。
>
> 员工在本职工作中表现出的水平、素养和潜力是公正评价员工能力的客观标准。

这4个基础规则构成了人力资源工作公平、公正的基础。

(3) "三不唯"的求实规则。不唯学历、不唯资历、更不唯关系,不是看你懂什么,而是看你会做什么,更要看你干成什么。

这些假设就是国有企业实现人力资源管理公平公正的基石。

四、激励奋斗

国有企业人才文化的一个突出特征就是激励奋斗。因此,要把如何激励员工奋斗作为一项管理的重要内容纳入《经营文化纲要》,用这一重要价值观奠定国有企业人力资源工作的主基调。

（1）提出符合国有企业价值观的导向原则。国有企业奉行绩效优先、兼顾公平的责任结果导向原则，这是人力资源评价激励工作的总规则。

（2）明确国有企业与员工之间的重要"游戏规则"。包括：鼓励员工在真诚协作与责任承诺的基础上进行合作与竞争；为员工发展提供平等的机会与条件，员工依靠自身的努力与才干争取企业提供的机会；依靠工作积累和终身学习提高自身的素质与能力，依靠创造性的劳动达成工作绩效，成就个人梦想。

（3）提出国有企业激励奋斗的分配原则。强调国有企业的价值分配政策要保证让奋斗者、贡献者得到合理回报，反对攀比和平均主义的"大锅饭"。

五、明确人力资源管理体系

体系建设是人力资源高效发挥作用的基础。随着国有企业集团化管理的推进，人力资源工作显得越发重要，所涉及的范围和要素越来越多。要将员工作为企业最宝贵的资源进行开发，就必须要求人力资源工作具有良好的体系。

经过多年的探索，一些国有企业创新出"六体系"人力资源开发模式，需要在《经营文化纲要》中予以明确，即清晰的岗位责任体系、科学的干部评价体系、适宜的人才选用体系、完备的队伍建设体系、公平的绩效考核体系和高效的激励约束体系。这6个体系对国有企业做好人力资源工作具有很好的指导作用。

六、明确人才队伍建设的标准、目标和架构

人才队伍建设是人力资源的重要工作之一，其核心在于弄清企业人才队伍的结构是什么以及通过什么样的途径予以实现。这需要在《经营文化纲要》中重点说明。

（1）设立国有企业人才队伍建设的高标准。对标世界一流企业，提出"世界一流企业必须有世界一流人才"的论断，以世界一流企业的人才队伍为国有企业人才队伍建设的标杆。

（2）提出国有企业人才队伍建设的高目标。对国有企业而言，其事业的广博性和重要性，决定了企业必须广揽天下英才为我所用，要坚持吸纳一流人才，不

拘一格选用人才，把满足需要的各类人才汇聚到自身事业中来，打造具有国际竞争力的人才队伍。对于高端的特殊人才和稀缺人才，可以不求所有，但求所用。

（3）提出"四支高素质人才队伍"的科学架构。

> **重点打造具有企业家素养的高层次职业化经营管理人才队伍。**企业家是稀缺资源，也是国有企业人才队伍结构中最突出的短板。打造具有企业家素养的高层次职业化经营管理人才队伍，是国有企业人才队伍建设的首要任务。
>
> **培育高端专业技术和系统集成级领军人才。**许多国有企业都是高科技企业，承担大量科技攻坚任务、大量国家系统工程任务、大量卡脖子技术的攻关任务，虽然企业人才济济，但是高端专业技术人才、系统集成级的领军人才仍然不能满足需要，必须加快培养。
>
> **建设大市场开拓与大营销活动团队。**市场开拓和营销是国有企业由于历史原因形成的短板，有好的产品却推销不去，有好的项目却不能形成好的产业，因此，国有企业迫切需要培养一支具有大市场开发能力和能开展大营销活动的团队。
>
> **塑造高素质技能人才队伍。**日本的电器、德国的汽车之所以风靡世界，打遍天下无敌手，是源于他们都有世界级的工匠队伍。大国工匠，国之瑰宝，许多国有企业就缺乏一支高素质技能人才队伍。

（4）提出培养"四支高素质人才队伍"的基本途径：把有潜质的经营管理人才选派到有开创性、挑战性、经营管理难度大的急难险重的岗位进行培养锻炼，促进干部成长；对基础好、潜力大的技术人才，加任务、压担子，促进科技人才成长；通过采取重要市场攻关、高难度市场开拓等方式的锻炼，促进市场营销人才成长；通过项目锻炼、实操培训等多种形式，促进专门技能人才成长。

七、明确领导干部的标准和培养选拔方式

在日常管理中，我们无数次地见证了领导者对企业的重要作用。一个岌岌

可危的企业、公司、院所，在一个高水平领导干部的带领下，很快能够扭转被动局面，转危为安，赢得发展，走向巅峰；一个基础很好，实力强劲的企业，在一个低水平的领导干部的率领下，会一步步走向衰败，无可挽救，令人心痛。同样的资源，在不同领导干部手里，结果大相径庭。群众常说："干好干不好，关键在领导"。因此，企业在《经营文化纲要》管理篇的制定中，应在系统总结国企领导干部队伍建设中的成功经验和失败教训的基础上，根据党中央的要求，结合自身实际，从领导干部标准、领导干部选拔方式、领导干部培养目标、领导班子配备原则、领导干部培养方式和负面清单等方面，提出企业的领导干部队伍建设新模式。

（1）明确领导干部的标准。建立企业领导干部素质结构图谱，明确选用标准，以此作为干部培养修炼的方向。

（2）明确"四家"干部选拔培养目标。坚持将自身培养和市场化选用相结合，把那些认同企业的文化、敢担当、想干事、能干事、清正廉洁的优秀人才选拔上来，把他们培养成为改革发展的思想家、业务谋划的战略家、重大工程的指挥家和经营管理的企业家。

（3）明确领导班子配备标准。领导班子的战斗力来源于整体功能与合力的形成。总结多年来一些国有企业的经验和教训，在领导班子配备上，应遵循这样一些原则，即要做到班子年龄梯次合理、知识结构互补、个性结构相容、特长结构多元。把懂团结、会团结作为评价班子成员的重要标准，把能否形成和谐相容，既讲风格也讲原则，既看重个人的贡献更注重集体作用的良好风气，作为衡量领导班子是否合格的重要标准。

（4）提出领导干部培养方式和负面清单，体现公平公正的企业价值观。按照干部的成长规律来培养干部，通过必要的台阶，递进式地历练、培养，促进干部成长，不对任何人预设晋升路线图，坚决反对照顾性使用干部，对特别优秀的人才敢于大胆破格使用，但破格不能出格。

同时还应提出严厉的负面清单，明确提出，对出现个人腐败和道德失范现象，或者在其管辖范围内出现群体性腐败事件的干部，不论其有多大的才能和贡献，都将不再使用。

八、明确企业家的培养标准

国有企业要实现成为国际一流企业的目标,需要大量优秀的企业家。真正优秀的企业家具有很大的先天性和独特性,如松下幸之助、韦尔奇、乔布斯、宋志平、任正非、张瑞敏等都是个人天赋加特定环境下成长出来的,但是,纵使天赋再好的人也需要培养。因此,在《经营文化纲要》管理篇的制定中,应把企业家的培养列为一项十分重要的内容。

通过深入研究,人们发现优秀企业家通常具有8个基本素质,这8个基本素质也是企业经营管理人员自身学习修炼的目标和方向。

(1)具有哲学家的智慧。优秀企业家通常具有动态思维习惯,凡事喜欢追本溯源,善于通过把握事物的本质和核心来认识问题、解决问题,善于认知事物发展的逻辑和内在规律。

(2)具有经济学家的认知。一个优秀的企业家必须像经济学家一样,能清楚地认识经济现象,了解宏观经济环境和经济实体,引导自己的企业适应形势,找到可行的路径。

(3)具有政治家的远见。一个优秀的政治家,要眼光远大,不仅能看到过去、现在,更能看到未来。企业家也同样如此,不仅要清楚企业的现状,更需要着眼于企业未来三五年、十几年,甚至二十年的发展。

(4)具有军事家的韬略。如同军事家一样,一个优秀企业家要有过人的胆略和魄力,有胆有识。在面临重大决策时,能够当机立断,不瞻前顾后。在解决复杂问题时,总能胸有成竹,见识高人一等,措施高人一筹。

(5)具有外交家的周全。如同外交家一样,善于应对各种错综复杂的事务和局面,化解企业的各种矛盾和危机,平衡企业和社会的多种关系。

(6)具有谋略家的道行。作为一个优秀的企业家,做事要老练深沉、决策要进退有度、管理用人要恩威并济,内外事务纵横捭阖,万事都能明察秋毫,应对适度。

(7)具有资本家的干练。一个优秀的企业家,要有资本家的至极精明,充分利用各种资源，使企业获取合理的利润，发展壮大，报国惠民。

（8）具有策划师的思维。一个优秀的企业家必须是一个优秀的策划大师，能够调动各种资源，引领市场潮流，把握市场动态，掌握消费心理，提高市场占有率，同时能够扬长避短，用智慧帮助企业度过困难和危机。

应把这些素质作为我们国有企业培养企业家的参考标准，结合本企业的实际，明确培养的方式和途径。

九、发挥专家队伍的作用

国际一流企业首先应具备一流的科技水平，而高层次的专业技术领军人才是企业各专业领域的旗手，是实现企业科技水平一流的核心力量。因此，在人力资源管理中，要把培养世界一流的专业技术领军人才，充分发挥专家队伍的作用作为重点。具体措施包括：为专家队伍打造运转顺畅、协调有效的事业平台；完善专家队伍嵌入科研管理和市场开发流程的运行体系，使专业技术人才的作用得到更好发挥；建立科学合理的考核评价体系，消除制度性缺陷，建立良好的激励机制，使专业技术人才更好成长。

十、建立高效的教育培训体系

未来社会的成功者将是那些比竞争对手学习得更快的组织和个人。建设学习型组织，把学习当成一种工作方式、思想境界、生活风尚和社会责任，才能避免在激烈的竞争中落伍淘汰。有鉴于此，国有企业要着眼于学习型组织建设，把对员工的教育培训提到重要的地位。

要在《经营文化纲要》中明确提出，建立和完善企业的教育培训平台，要办好企业自己的"黄埔军校"，在学习型组织建设中发挥重要作用。统筹内外部教育培训资源，突出针对性和有效性，系统赋能、贴近实战，全面提升教育培训质量，实现全系统员工能力和素质的不断提高。

十一、建立人才交流机制

人才交流是实现人力资源合理利用的有效手段。国有企业，特别是大型国有企业，往往是人才高度聚集的地方，人才积压和利用不当，造成不应有的人才浪费，是一些国有企业人力资源管理常常出现的问题，因此，在《经营文化纲要》中要明确要求，通过建立人才交流机制来实现人才在企业内部的合理流动。

要强调根据企业发展战略和人才战略建立管理干部和科技专家的横向、纵向交流制度，包括交流的原则、方式、条件和相关政策等，以实现人才在企业内有组织有目的地流动；要强调建立人才交流的保障机制，为人才跨地域交流创造条件，解决交流人才的各种后顾之忧。

十二、建立绩效考核体系

绩效考核是国有企业经营管控的核心内容，是促进一个企业发展的主要动力源泉，也是一个公司经营管理和企业绩效文化建设的最佳结合点。企业基于长远发展方向和愿景，通过一系列有效的整合与绩效评价，使员工逐步确立企业所倡导的共同价值观，逐步形成以追求高绩效为核心的绩效文化。

绩效考核纲要的制定要与企业的核心价值观保持一致，一般需要明确以下几个方面。

（1）鲜明地提出企业的绩效文化理念，作为绩效考核的指导。例如，中国电科通过提出"责任结果导向"这一理念，奠定了全面绩效考核的逻辑基础，以责任为依据，以结果论英雄，考核简单明了，导向清清楚楚，体现了简洁、务实的工作作风。又通过提出"有一份贡献必有一份收入，有一份收入必有一份考核"这一理念，将国有企业原有按劳分配的传统理念和绩效考核新机制有机地连在一起，构建推动企业发展的利益机制，反过来又促进了企业绩效文化的深入落地。

（2）明确企业绩效考核模式，做到全员覆盖，不留空白，层层分解，人人担责。建立起纵向到底、横向到边、覆盖全员的全面经营管理绩效考核体系，将绩效目标层层分解，确保人人有目标、能度量、可考核，充分体现"有一份贡献必有一份收入，有一份收入必有一份考核"。

（3）明确要求建立符合企业实际的全面经营管理绩效考核体系。在考核体系的指标设计中，引入经营业绩、持续发展、重点任务、保障约束等共性指标，并根据成员单位的战略定位、业务特点、发展阶段、工作重点等个性指标，量身设计多条跑道和相应的规则，发挥全面经营管理绩效考核的指挥棒作用，促进各项责任落地、经营目标实现。

十三、明确对高科技企业价值创造的新认知

人力资源管理的价值认知是企业核心价值观在人力资源管理上的体现，是决定企业分配方式的理论依据。到底是谁创造了价值？企业价值如何分配？知识型员工如何管理？如何激励知识型员工的创造性、积极性？这一直是困扰国有企业特别是国有高科技企业最基本、最本质、最核心的问题。因此，在《经营文化纲要》中，要明确提出企业自己的价值认知观，明确提出解决这些问题的方法论，并以此作为评价员工贡献的重要假设。

根据新的时代价值创造的特点和国有企业的性质，国有企业人力资源管理的价值认知应包括下面这些新的思想认知：

（1）在知识经济时代，各种要素对高科技企业价值贡献的重要性排序：一是知识，二是管理，三是劳动，四是资本。四大要素共同作用，创造了一个企业的全部价值。

（2）知识和贡献应成为分配政策的导向，激励奋斗者和贡献者，使知识型员工的收入与其知识创造的价值正相关。坚持让创造价值者收获价值，确保价值分配向扎实而有激情的奋斗者和做出优秀业绩的贡献者倾斜。

（3）"知者有其股"。知识型员工是国有高科技企业的主人。要探索各种要素参与分配的新模式，实行股权、期权、分红等激励措施，特别是要尽快解决国有企业知识型员工持股问题，只有实现"知者有其股"，才能从根本上重构推动国有企业持续快速发展的动力机制，进而奠定价值分配的公平基础。

十四、明确薪酬管理原则

薪酬管理是人力资源管理的主要内容,在《经营文化纲要》中要提出企业薪酬管理的重大原则。

(1)明确把坚持效率优先、兼顾公平、持续发展作为确定薪酬的根本原则。

(2)提出企业薪酬的调控机制。明确在薪酬调整时,要把握劳动力的市场价位、人才市场价值、单位的经济效益、个人的实际绩效"四个要素",通过这四个要素的综合作用,决定薪酬增减的正常机制。

(3)提出企业薪酬的激励方向和例外管理原则。一般可明确企业的薪酬基于岗位价值和业绩导向,实行差异化的多元薪酬结构,激励奋斗者和业绩优秀者,彻底打破"大锅饭"。建立科学合理的岗位和职级体系,以岗定薪、岗变薪变,贡献越大、收入越高,使想干事、能干事、干成事的员工成为最大的受益者。

另外还要强调,企业要保持薪酬体系的弹性,当企业处在事业高峰时,要保证员工收入随着单位效益增长不断提高,在企业发展处在低谷时,也要着眼长远,适当降薪,共渡难关。目的是要表明企业与员工是一个命运共同体。

十五、明确劳动用工的标准和要求

劳动用工是企业人力资源管理的重要方面。进入新时代,国有企业面临的市场竞争会越来越激烈,对员工素质的要求也将会越来越高,这必将对劳动用工的管理提出更高要求。因此,《经营文化纲要》必须要结合企业实际,针对以往国有企业的用工短板,明确新的企业劳动用工标准和要求。这些要求应该包括,建立以合同契约化管理为核心、岗位管理为基础的用工制度,要严格把好入口,畅通退出渠道,使人员能进能出成为常态,不断优化企业的人员结构等内容。

另外,要在《经营文化纲要》中注意强调国有企业用工的偏好。

(1)认同本企业的企业文化。只有认同企业文化,才能享有企业提供的全方位成长机会,才能成为企业需要的有用人才;反过来,一个不认同企业文化的员工,在企业也会寸步难行,处处受阻,难以发展。

（2）勤奋敬业。勤奋是一个员工积极工作态度的集中体现，是衡量员工是否可以造就的前提条件，勤能补拙。敬业是国企员工的基本素质，也是国企对员工的基本要求，唯有勤奋且敬业的员工，才能实现个人和国企事业的共同发展。

（3）忠诚实干。在国企员工的价值观中，忠诚占有重要的地位，对国家忠诚、对党忠诚、对事业忠诚，是国企员工政治过硬的必要条件。实干是国企员工的作风，实事求是，扎扎实实，不图虚名，但求实干。忠诚实干的员工在国企才会有辉煌的前程。

同时，基于以往的教训，为保持国企员工队伍的激情与活力，还要旗帜鲜明地提出，国企绝不会搞"铁饭碗"。

第三节 关于财务管理

财务管理是对企业资金运动全过程进行决策、计划和控制的管理活动，其实质是以价值形式对企业的科研生产经营全过程进行综合性的管理。企业的主要目的是获取更多的利润，这就决定了财务管理在企业管理中的核心地位。一方面，企业的生产经营活动是由产供销等环节组成的，而财务管理贯穿于企业生产经营活动的全程，企业通过财务管理可以更好地分配资金，保证企业资金用到实处，从而更好地促进企业发展。另一方面，财务管理提供的财务信息又是企业决策的重要基础资料。现代企业面临的市场环境越来越复杂，财务信息可以为企业经营活动提供参考依据，为企业做出正确的投资决策提供支持与帮助，从而为企业创造更多的赢利机会，为企业愿景和战略目标的实现打下坚实的基础。企业的文化对财务管理的影响，主要表现在目标、原则和方法上，因此，在《经营文化纲要》管理篇的制定中，就要从这几个方面入手。

一、明确财务管理的目标定位

财务管理是企业管理的基础。财务管理目标是一切财务活动的出发点和归宿，是评价企业理财活动是否合理的基本标准。制定财务管理目标是现代企业财务管理成功的前提，只有有了明确合理的财务管理目标，财务管理工作才有明确的方向。因此，企业应根据自身的实际情况和市场经济体制对财务管理的要求，科学合理地选择、确定财务管理目标。

首先，要强调财务管理必须为企业战略服务。作为企业管理的核心，财务管理的目标必须与企业的愿景和发展目标相一致，必须服务于企业的总体战略。

其次，要明确全面预算管理在财务管理中的重要作用和目标要求。具体体现如下4个方面：

（1）通过实施全面预算管理来促进企业发展战略和经营目标的实现。预算作为计划的数量化，不仅明确了企业一定时期的经营总目标，而且也明确了各个部门的具体工作目标和努力方向，为企业提供了经营目标的一个全面框架，可以使企业的发展战略规划和具体行动方案紧密结合，从而实现"化战略为行动"。

（2）通过全面预算管理所具有的沟通和协调作用，提高企业运作效率。通过实施全面预算管理，明确各单位的分工，减少各单位操作中的隔阂，防止部门之间出现不协调现象，提高运作效率；通过预算编制协调企业资源，使资源达到最优配置，并通过预算的执行控制、分析、调整，使企业实现整体战略目标。

（3）发挥全面预算管理对企业实施内部控制、防范企业风险的作用。在全面预算的制定和实施过程中，使企业自身所处的经营环境、拥有的资源与企业的发展目标保持动态平衡，对企业在此过程中所面临的各种风险进行识别、预测、评估和控制。

（4）发挥全面预算管理考核各部门业绩的激励作用。通过全面预算为企业内部考核提供依据。企业要根据全面预算的完成情况，在分析各部门实际偏离预算的程度和原因的基础上，进行详细的分析；根据实际情况进行总结，在企业范围内统一调整预算或改进本身的工作，划清责任、评定业绩、实行奖惩，从而调动部门和员工的积极性。

二、明确财务管理的基本原则

国有企业的财务管理也要有自己的原则和理念，这个原则和理念应来源于企业文化的核心理念，并体现出企业财务管理的特点，对企业财务管理起到正确的引导作用。因此,在《经营文化纲要》制定中,应当对企业财务管理的基本原则和理念进行明确。各个企业的文化和管理方式不同,财务管理的基本原则和理念自然也不会相同,但鉴于国有企业都具有相同的性质和文化根基,在提炼财务管理的基本原则和理念时,可以从以下几个角度进行考虑。

(1) 从企业必须赢利的角度去考虑。国有企业是经济组织,赢利必然要成为第一目的,一家不能赢利的企业,就没有存在的意义。在这一点上,国有企业与其他性质的企业并无两样。

(2) 从与业务合作的角度去考虑。企业的财务管理和业务发展是共生共荣的关系,从这个角度去考虑,才能找到财务管理工作的正确定位。

(3) 从稳健谨慎、精益求精的角度去考虑。企业财务管理可以通过预测、核算、控制、分析、考评等方法,及时掌握全企业的生产经营动态,全面分析存在问题,提出改进管理的方法和措施。同时,财务信息要对企业的各种管理提供决策支撑,特别是企业的一些重大决策,要求提供的财务信息不仅要及时有效,更要精确无误,否则会给企业带来灾难性的后果。所以,必然要求谨慎、稳健,精益求精。

(4) 要从财务风险是企业最致命的风险的角度去考虑。无处不在的企业经营风险常常会让企业的收益偏离预期目标,财务管理要做"企业风险的第一吹哨人",为企业的发展保驾护航。

三、明确财务管理的基本路径

财务管控体系是实行财务管理的主体,一个企业财务管控体系的健全与否直接关系到企业财务运行的效率和质量。要使企业财务管理实现预定的财务目标,必须加强企业财务管理体制的改革与建设,找准管理的基本路径。企业财务管理的基本路径一般包括以下几个方面。

(1) 建立企业全面预算管理体系。全面预算管理是企业内部进行控制的有效工具,是集控制、激励、评价等功能于一体、综合贯彻企业经营战略的管理机制,处于企业内部控制的核心地位,是为数不多的几个能把组织的所有关键问题融合于一个体系之中的管理控制方法之一。

（2）建立企业资金集约管理体系。企业资金集约管理体系，一是能够通过现金流收支实现"按日排程"，运用信息化技术，科学预测资金流入时序，合理控制资金流出节奏，实现企业融资精准管控、运作精益安排、安全智能监控。二是能够通过资金收支实现集中管理，实现资金支付由"分层分级"向"总部集中"转变，促进账户管理更集约、业务处理更高效、资金备付更集中、安全管控更智能。

（3）建设企业财务信息系统。建立企业整体预算管理和财务监控信息系统，有利于强化总部对下属企业的财务监管，为企业财务管理工作的长久发展打下坚实的基础。

四、建立全面预算管理体系

全面预算管理体系是一套科学完整的指标控制体系，具有内容全方位、参与全员性、流程全程化的特点，是利用预算对企业内部各部门、各单位以及所属公司的各种财务及非财务资源进行分配、考核、控制，以便有效地组织和协调企业的生产经营活动，完成既定的经营目标，对保证企业经营计划和目标的实现具有非常重要的作用，因此，在《经营文化纲要》制定中，必须要明确建立企业的全面预算管理体系。

全面预算管理体系的构建，包括健全完善全面预算管理组织架构、打好全面预算管理编制基础（包括明确各部门职能、优化编制方法、强化编制审核）、加大管控力度、建立预警机制、完善企业全面预算管理考核机制、加快企业信息化建设、培育新的企业预算文化等方面的内容。

全面预算管理体系的建设是实现企业战略目标的重要举措之一，因此，还要特别强调，要通过全面预算管理体系的建立和有效运行，实现优化资源配置、提高运行质量、改善经营效益、加强风险管控，做到"事先算赢""规划变计划、计划变预算、预算变行动"，保证企业战略规划与经营计划的顺利实施。

五、明确资金管理的要求

资金是企业的"血液"，保证企业资金始终流动正常，对引导企业资源优化配置、提高经营绩效具有重要作用。因此,《经营文化纲要》须把资金管理纳入其中。

(1) 明确企业资金管理的方式,这种方式要有利于构建企业的资金集约管理体系,发挥企业资金集约管理的作用,把有限的资金用好。

(2) 明确企业资金集约管理在财务管理中的核心地位。

(3) 明确企业资金管理必须达到的目的。即第一要能加强企业总部对经营的直接控制力;第二要能调剂资金余缺、减少贷款规模、减少财务费用;第三要能增加银行信用;第四要能控制财务风险。

第四节 关于品牌管理

品牌是企业文化在企业经营上的直接体现,品牌战略是企业经营管理的重要战略。现代社会已经步入知识、信息经济时代,市场进入壁垒的降低和产品、技术、服务等方面竞争的日趋平稳,促使企业逐渐将竞争重点放到品牌塑造上,通过品牌优势形成企业的差异化竞争优势。跨国公司长期占据品牌优势,在市场竞争中处于有利地位,而我们许多国有企业在相当长的一段时间里品牌意识淡薄,不重视品牌建设,导致在市场品牌竞争中非常被动。国有企业肩负着建设世界一流企业的重要使命,按照国资委的要求,世界一流企业要做到"三个领军""三个领先""三个典范"。其中"三个领军"中就包括品质领先,"三个典范"则包括成为全球知名品牌形象的典范。品牌战略正上升为国家层面的重要战略,国有企业应以此为契机,切实增强品牌意识,通过自主创新能力提升品牌形象,提高企业的总体竞争力。因此,在《经营文化纲要》中,必须要把品牌战略管理放在十分重要的位置,通过实施品牌战略,强化品牌意识,明确品牌定位,培育创造出有竞争力的品牌。

一、明确企业品牌战略的目标定位

打造特色鲜明的中国品牌是国有企业成为世界一流企业的必然选择。国家战略也要求国有企业着力打造中国知名品牌,国资委《关于加强中央企业品牌建设的指导意见》要求中央企业，要"大力实施品牌战略"，国务院印发的《中国制造2025》要求推动"中国产品向中国品牌转变"。因此，国有企业应当把打造中国品牌作为一项使命和责任，把打造世界一流品牌作为目标。

二、明确企业品牌建设的理念原则

我们国有企业的品牌建设长期与世界一流企业存在较大的差距，原因很多，但其中一个比较重要的原因就是理念落后，品牌意识缺乏。因此，必须要根据企业的核心价值观确立先进的品牌理念原则，引导企业的品牌建设。品牌理念一般包括品牌价值观、品牌资源观、品牌权益观、品牌竞争观、品牌发展观、品牌战略观和品牌建设观等，作为国有企业，在品牌理念提炼上，可以从以下几个方面入手。

（1）从品牌与企业的关系入手，提出品牌是国企的名片。品牌对内可以提升员工的自豪感和对企业的归属感，对外可以提升企业价值。确立这样的理念，有利于增强企业打造品牌的使命感，提升品牌在企业中的地位。

（2）从品牌与市场的关系入手，提出品牌就是市场。对企业而言，品牌具有维权、增值、形象塑造、降低成本等功能，能够为企业的产品特色和外观包装提供法律保护；品牌资产暗示了一定水平的质量、良好的客户体验和与身份、品味相关的心理感受；品牌忠诚为企业提供了可预测的需求，同时建立了竞争壁垒；品牌能够提高企业在行业内的知名度，有利于增加合作伙伴。可以说，赢得了品牌，就赢得了市场。因此，确立这样的理念，有利于在企业内突出品牌的作用。

（3）从品牌建设的目的入手，提出一流的企业打造一流的品牌，一流的品牌成就一流的企业。品牌的地位就体现了企业的地位，通过对两个一流的追求，有利于增强企业品牌建设的责任感。

（4）从品牌建设与员工的关系入手，提出每位员工都是企业品牌价值的创造者、分享者和维护者。

企业的建设是一项复杂的系统工程，必须充分调动全体员工的积极性，走群策群力的品牌培育道路。这一理念有利于强化全体员工的品牌意识，激励员工做企业品牌价值的创造者，企业品牌建设的维护者和分享者。

三、明确企业品牌建设的基本路径

企业的品牌培育是一项复杂的系统工程，涉及的要素很多，解决的难度很大。例如企业的品牌家底如何弄清，现有的品牌如何处理，未来的品牌如何布局，到底有多少领域需要培育品牌，不同领域的品牌培育有何不同，企业和各个单位在品牌培育中的角色和定位……特别是在我们国有企业的品牌影响力还明显小于西方跨国公司的情况下，要走出一条新的品牌建设之路，找准品牌建设的基本路径就显得十分重要。

从国有企业的普遍的实际出发，品牌建设的路径应从这几个方面去考虑：

（1）对同时从事军品和民品业务且以军品业务为主的企业，应考虑按照市场导向、以军带民、体系推进的路径实施品牌建设，在军工领域打造"企业主品牌+产品品牌"，在民品领域打造"领域品牌+重点产品品牌"。选择这样的路径有利于借力军品优势，实现军品、民品品牌互相支撑，快速提升整体品牌影响力。

（2）对单纯从事民品业务的企业，应考虑按照市场导向，打造"企业主品牌+产品品牌"。选择这样的路径，有利于借力国有企业的名声优势，实现企业影响力和产品影响力的相互促进。

（3）对走上国际市场的企业，应考虑借力品牌在国内的影响力优势，打造国际主品牌+多种灵活品牌，形成"一主多元"的品牌布局。"隐形冠军"概念首创者、德国管理学家赫尔曼·西蒙说过，在"中国最具价值品牌500强"中，有67%的品牌在国内的价值超过95%。这意味着大部分的中国品牌只是在国内强大，全球化程度远远不够，未来还需要持续突破。但他的话也向我们指出了借力国内走向国际的可能性。

同时，还要强调建立统一的品牌架构体系、统一的品牌管理体系、统一的品牌识别系统、统一的品牌传播推广机制和统一的品牌危机管理机制，这样有利于企业品牌战略的统一实施，集中力量培育品牌，避免资源和管理分散。

在市场经济环境下，品牌不是自然形成的，而是企业精心培育的结果，因此，在《经营文化纲要》中必须要明确企业品牌培育的方式和方法。

（1）对军品品牌的培育。

军品是特殊商品，也需要重视品牌，许多从事军品业务的跨国公司都是靠品牌优势占领了国际军品市场。我国的军工企业在遵守国家规定和国际相关规则的前提下，也要培育军品品牌，把防务产品推向国际市场。

军品品牌的培育一般要从这样几个方面入手：

建立军品品牌架构。统一使用企业品牌，重点打造强力的核心要素品牌，提升各级配套产品的价值和市场知名度，提升集成产品的品质、形象和溢价能力，促进企业产品的通用化、系列化和组合化。

建立有效的军品品牌管理流程。建立企业军品品牌的闭环管理流程，制定要素品牌管理办法，对产品分类、明星产品的培育、品牌的筛选、品牌建设、品牌退出等，分别制定管理办法，实现军品品牌的规范管理。

制定军品要素品牌筛选标准。这些标准包括5个方面，即战略性，就是对国家军队安全有重大贡献，对专业领域有战略性意义，对集团公司军工业务发展有巨大贡献的产品。关键性，就是在重要武器装备/平台/系统起核心关键作用或实现技术自主可控。先进性，就是在国际和国内处于领先地位，获得国家科技奖项。应用领域的普遍性，就是在军队多个武器装备/平台/系统或在军队大量列装，应用广泛。发展前景广阔，就是军队多个武器装备/平台/系统应对未来战争需求的主要发展方向，国际武器装备技术的前沿领域或近阶段应用需求高速增长。

打造强力品牌要素。通过树立子领域明星品牌，更好地占领细分市场。

（2）对民品品牌的培育。

建立民品品牌架构。明确在民品产业领域打造"领域品牌+重点产品品牌"，就是以企业主品牌为核心，建立领域品牌体系。通过统一、背书等品牌模式，建立多元化品牌与企业主品牌的联系。汇集各产业领域的品牌知名度，提升企业主品牌在全球的影响力。

民品品牌培育的基本原则。强调要占据价值链高端、产业链的关键环节，在市场中处于领先地位；具备核心技术，具有自主可控的产品；具有较强的发展潜力；品牌具有较强的知名度、美誉度、忠诚度；经营状况良好。

第五节 关于质量管理

质量文化是企业文化的重要组成部分,是企业核心价值观在产品生产制造上的具体体现,也是实现企业文化引领企业发展的关键环节之一。因此,在《经营文化纲要》制定中,要作为一个重要的内容,从以下几个方面加以明确。

一、明确质量管理的目标定位

国有企业一般承担的都是国家重大专项工程、重大系统工程,这些产品和服务都关系到国计民生,其质量不是简单的市场竞争或者经济效益问题,而往往关系到企业对国家、社会的使命和责任。同时,国有企业要成为世界一流的企业,质量是重要的通行证,必须要以一流的产品质量和真诚的服务,走质量制胜之路,才能实现世界一流的发展目标。这两方面的要求,决定了国有企业对质量管理目标的定位,应包括必须要建立符合国际要求的质量管理体系、企业产品质量零缺陷、为全球客户提供最优质的产品和最好的服务等内容。

二、明确质量管理的理念原则

质量管理目标的实现要靠先进的理念来引导。这些理念既要先进,又要切合企业的实际特点,能弥补企业原有质量观念上的短板,提升企业员工的质量意识,指引企业实施质量管理。一般应从以下几个角度去入手提炼。

(1) 从把质量视为企业的生命的角度,这样能把企业的发展与质量绑定在一起,有利于警醒企业的全体干部员工。

(2) 从对国家民族强盛的角度,这样可把企业的使命与质量联系在一起,有利于激发全体干部员工的责任心。

(3) 从对人类负责的角度。这样可把全人类的利益与企业的质量联系在一起,可以提升企业的追求质量的境界。

（4）从把质量视为企业尊严的角度，这样可把企业的荣辱与质量联系在一起，有利于唤起干部员工的自尊心。

（5）从细节决定成败，做就做到最好和零缺陷的角度，这样可以给员工提供遵循标准，有利于引导员工的行为。

（6）从质量就在每个员工手里的角度。这样有利于唤起员工的质量成就感并直接感受到质量责任，实现质量责任的压力传递。

三、明确质量管理的基本方法

质量管理的方法是抓好企业质量管理的关键。具体的方法应结合企业的特点来制定，形成自己的管理特色。一般应包括：建立全员参与的质量工作体系，实现质量管理的全组织参加、全员参与、全过程控制；明确企业质量管理工作的重点，便于抓住要害；加强素质培养和作风建设，以提升保证质量的能力；强化责任意识和执行力，以保证质量管理制度规范的正确有效执行；积极借鉴先进的质量管理经验，推广优秀的质量管控模式，不断提高量管理水平。

四、明确质量管理的基本路径

质量管理的路径决定质量管理的方向。从一些大型国有企业的实践看，主要有两条路径：

（1）通过建设覆盖整个企业、覆盖产品全生命周期的质量管理体系、法治化质量责任体系、标准体系和准入机制、质量工程技术体系、军地一体化服务保障体系（军工企业）、专业化质量培训和人才培养体系，实现质量的体系化管理。

（2）通过建设质量文化，发挥质量文化的凝聚、辐射、激励、规范等作用，通过质量文化建设，使员工接受并认同组织的质量愿景、质量使命、质量价值观和质量目标，增加员工对组织的质量要求的认同感和依存感，为企业营造良好的质量意识和质量氛围。

五、明确质量责任

建立质量责任制是企业开展全面质量管理的一项基础性工作,也是企业建立质量体系中不可缺少的内容。

质量责任制应明确规定企业每个人在质量工作上的责任、权限与物质利益,形成横向到底、纵向到边的责任网络体系。质量责任制一般有企业各级行政领导责任制,职能机构责任制,设计、制造、检验、包装、服务等环节的责任制,以及车间、班组和个人责任制。

在落实企业质量责任制中,要特别注意强调以下 5 个问题:一是必须明确质量责任制的实质是责、权、利三者的统一,切忌单纯偏重任何一个方面;二是要按照不同层次、不同对象、不同业务来制定各部门和各级、各类人员的质量责任制;三是规定的任务与责任要尽可能做到具体化、数据化,以便于考核;四是在制定企业的质量责任制时,要由粗到细,逐步完善;五是为了切实把质量责任制落到实处,企业必须制定相应的质量奖惩措施。

第六节　关于安全管理

安全是人类最重要、最基本的需求,是人的生命与健康的基本保证,一切生活、生产活动都源于生命的存在。安全管理体现的是企业的人本文化,是企业应当放在首位的重要工作。员工是企业之本,员工的安全是员工能够齐心协力凝聚力量,转化成生产力为企业带来利润的第一前提。安全生产不仅涉及员工,还包括对整个社会的职责,关系到企业能否在社会中健康地生存发展。因此,在《经营文化纲要》中,要明确安全管理的工作目标,理念原则和基本路径等管理要素。

一、明确安全管理的目标定位

企业要把安全管理工作放到突出重要的位置,因此,在安全管理目标的定位上必须强调，安全是企业的第一效益、管理者的第一责任和员工的第一幸福，是国有企业科学健康持续发展的重要保障，是不可逾越的红线。

同时，还要从机制、体制、工作效果等层面设定企业安全管理工作的具体目标，为企业的安全管理工作提供有效指导。一是建立安全生产管理、运行和监督的长效机制；二是形成与企业发展高度适应的安全生产保障能力；三是保障员工安全健康，支撑和促进企业全面、协调、可持续发展。

二、明确安全管理的理念原则

安全文化作为企业文化的一个部分，需要符合企业实际的理念来指导安全管理工作，这些理念要与企业核心价值观保持一致，可从以下几个方面着手提炼并加以明确。

（1）从以人为本、安全优先、生命为大的角度来提炼。这样既体现了以员工为中心，把每一个员工的安全放到优先位置考虑，又突出了敬畏生命、尊重生命、珍惜生命的内涵，有利于提高安全管理工作的重要性。

（2）从保安全就是保生命、保健康、保幸福、保发展的角度来提炼。这样能将安全生产与员工宝贵的生命、员工个人的健康与家庭的幸福、员工个体与企业的发展有机地联系在一起，有利于增强安全管理工作的价值。

（3）从科研服从安全、生产服从安全、试验服从安全、效益服从安全的角度去提炼。这样能够把安全与企业的业务工作联系在一起，有利于突出安全工作的作用，引导员工增强自觉遵守安全管理的意识。

三、明确安全管理的基本路径

企业安全管理工作事关重大，人命关天，要真正做好，必须要找准正确的路径。这个路径要根据企业的实际来确定，一般可从以下几个方向去选择：

（1）从建立工作体系，形成工作基础，到抓好组织落实，培养高素质专业团队的方向。

（2）从营造安全生产、文明生产的良好氛围，到创建规范化、信息化的安全管理平台的方向。

（3）从构建定量化、专业化的评价体系，到建立科学有效的监督机制，形成符合企业安全管理工作实际的方向。

四、明确安全责任

安全责任是做好安全工作的核心，因此，在《经营文化纲要》中，要对安全的责任进行明确。需要明确的内容一般有这样几种：建立安全管理责任体系，形成安全工作的责任链条，实现安全工作人人有责；

建立统一领导、分级管理、党政同责、一岗双责、失职追责的责任机制，实现安全管理人人负责；对安全管理工作提出明确的负面清单，针对安全工作的突出问题和顽疾划出红线，防止对安全工作敷衍了事的不负责任行为。

第七节　关于保密管理

保密管理是军工企业和负责重要机密项目的国有企业必不可少的一项重要工作，是国有企业对国家承担使命和责任的体现。毫无疑问，应当纳入《经营文化纲要》。在《经营文化纲要》制定中，对保密管理主要要注意以下3个方面。

（1）在保密管理目标定位上，要强调保密工作是一项全局性、长期性、基础性工作。其目标是要建立满足企业保密工作需要、符合国家要求的保密管理体系；建设一支专业性好、责任心强的保密管理队伍，形成人防、技防完善到位的保密网络。

（2）在保密管理理念原则上，要强调国家利益高于一切，保密责任重于泰山。从对保密工作重要性的价值判断，保密工作与业务工作的关系，保密工作与个人利益的关系这3个维度来提炼保密管理的理念原则。将保密工作和国家安全、事业发展、家庭幸福以及个人前途紧密联系在一起，形成利益链条，使保密工作和具体业务工作密切相关，使保密就是保国家安全、保事业发展、保家庭幸福、保个人前途成为企业员工的共识。

（3）在保密管理基本路径和方式方法上，要根据国家的要求，结合企业的实际来确定。一般要重点明确这样几个方面。

一是系统构建企业保密管理工作体系。突出"定密管理、涉密人员管理、网络保密管理"三大要素，奠定企业保密管理工作的基础。

二是对保密管理工作体系的三大要素的建设，分别提出定性的建设标准和目标。其中，定密管理要"规范化、精准化、信息化"，涉密人员管理要贯彻"不想泄密、不敢泄密、不能泄密"的工作标准。而网络保密管理作为保密工作的重要领域，是失泄密的多发地，对网络保密管理工作要提出"全过程、全覆盖、全要素"的工作标准。

三是对企业保密管理工作体系有效运行提出科学的标准和现实的目标要求。保密与业务要能够深度融合，保密工作和业务工作互相促进；制度流程要完备，流程能够有效运作，制度要全部覆盖；保密责任清晰，形成明确的责任链条；管理体系健全，要素齐备，形成合力，体制机制完善；技术防范有力，形成较强防控能力。

第八节　关于风险管理

国有企业在生产经营活动中，由于企业内外部环境的不确定性、生产经营活动的复杂性、企业能力的有限性，随时都可能导致风险，这些风险通常表现为企业的实际收益达不到预期，甚至严重的会导致企业生产经营活动失败，直接影响企业愿景和战略目标的实现。因此，在《经营文化纲要》制定中，必须要把风险管理作为一项重要的管理方面纳入其中，加以明确。

一、明确风险管理的目标定位

风险管控是企业经营管理的重要手段，发挥着其他管理手段不可替代的独特作用，主要表现在如下 5 个方面：帮助企业在风险面前做出正确的决策，提高企业应对风险的能力；有利于保护企业资产的安全和完整，保障企业的经济效益，实现国有资产（股东）价值和利润的最大化；有利于企业经营目标的实现；有利于促进决策科学化，降低决策风险；可以为企业提供安全的生产经营环境。

国有企业的事业发展越大，出现风险的概率就越大。企业主要的经营风险体现在战略风险、市场风险、运营风险、财务风险和法律风险等多个方面，针对这些风险，企业需要建立全面风险管理体系。

从国外的做法看，全面风险管理的实质包含两个层面，分别是全面风险管理目标体系和全面风险管理管理要素。其中，目标体系包含：

> 战略（Strategic）目标，即高层次目标，与使命相关联并支撑使命；
> 经营（Operations）目标，高效率地利用资源；
> 报告（Reporting）目标，报告的可靠性；
> 合规（Compliance）目标，符合适用的法律和法规。

管理要素包含8个方面：内部环境、目标设定、事项识别、风险评估、风险应对、控制活动、信息与沟通、监控。按照这些目标和要求，建立企业全面风险管控体系，实现对企业经营全过程、全要素的覆盖，促进企业经营风险的识、评、控、管、处能力不断提升，确保将风险控制在企业可承受的范围内，确保重大风险的有效处置，保护企业不因灾害性风险或人为失误而遭受重大损失。

二、明确风险管理理念原则

建立完善的风险管理机制，对企业面临的风险采取应对和控制措施，是保证企业目标实现和企业可持续发展的重要保障，企业通常要建立和运用以下一些原则。

全面性原则。企业实施全面风险管理，就是要求风险管理工作要覆盖总部、各成员单位及其全资和控股公司的所有业务、部门和人员，渗透到决策、执行、监督、反馈等各个环节，风险管理覆盖全级次、全业务、全流程，不留任何死角。全面性原则是现代企业风险管理最为重要的原则。

重要性原则。全面风险管理要有重点、有侧重。在全面识别和评估企业面临的众多风险，建立企业风险事件库的基础上，要甄别出关系到企业发展的重大、重要风险，集中优势资源围绕重大、重要风险制定出实用、有效的风险应对策略和措施，确保企业在重大、重要风险面前，有预警、有预案、应对有效。

适应性原则。企业由于组织规模庞大、管理层次众多、经营方向多元化和经营规模的不断扩大，势必导致经营风险不断增加，对风险的嗅觉敏感度降低。因此，必须使企业的风险管理与单位经营规模、业务特点相适应，并随着情势的变化随时加以调整，发挥好风险管控的保驾护航作用。

成本效益原则。要讲求实效，平衡实施风险管理的成本和因为实施管理而避免的损失或产生的效益，以适当成本实现对风险的有效管理。

把风险发生率降到最低，把已发生的风险损失减到最小，着重做好如下工作：明确企业战略，确定风险管理规划；通过企业集团管控模式，确定企业对子公司的风险管理模式；通过明确总部定位，确定企业总部的主责风险；通过明确总部职能设置，确定总部主责风险的对应责任部门；通过权责界面划分，确定总部与子公司的风险责任划分。

三、明确风险管理的基本方法

全面风险管理体系建设，需要紧紧围绕企业战略发展目标，以提升企业总部管控能力为核心，以梳理业务流程、加强内控建设、明确职责为基础，创新管理机制，提升执行力，通过评估风险和加强管理，不断完善和优化现有风险管控体系，进行全员、全方位和全过程的风险控制，努力增强全员风险意识，落实风险管理流程，培育具有企业特色的风险管理文化。由此可见，开展全面风险管理，涉及很多新内容、新规定，是一项复杂的系统工程，需要总结提炼出一套基本方法予以指导。

（1）"六个体系"的风险管理具体方法。这六个体系包括组织体系、责任体系、业务体系、工作体系、能力体系和改进体系。

（2）企业风险控制专业化的具体方法。企业要持续、广泛、深入收集各类风险信息，在识别所有业务风险点的基础上，建立针对具体风险的预警指标体系、管理报告体系、风险防范体系、应急处理体系和责任追究体系，使企业的全面风险管理体系发挥更高的效能。

（3）风险控制管理与经营业务融合发展的基本方法。要很好地发挥全面风险管理体系的效能和作用，需要建立覆盖所有主要业务和风险点的信息化系统，将风险管理手段和措施深度嵌入各项经营管理活动流程。

（4）专业化人才队伍建设的新方法和新思路，为全面风险管理提供手段和人才方面的支撑。

第十二章 《经营文化纲要》保障监督篇

《经营文化纲要》保障监督篇的内容主要应有党建工作、群团工作、企业文化管理和企业监督与约束等几个方面。之所以将这些方面纳入其中，是因为：

第一，这是中国特色现代国有企业制度的根本要求。中国特色现代国有企业最鲜明的特点就是党的领导，因此，在《经营文化纲要》中纳入党建工作和群团工作的内容，正是这一特色的体现。第二，这是中国的国有企业做优、做强、做大的必然需要。中国的国有企业要做优、做强、做大，成为世界一流企业，离不开强有力的方向保障、思想保障、组织保障、文化保障和监督保障，而党、工、团在企业的作用，正是实现保障监督的最重要的体现，是国有企业独有的政治优势。

第一节　关于企业党建工作

从国有企业成长的历史看，早在革命战争年代，中国共产党就在革命根据地建立和发展公营经济，兴办了一批兵工、土产、盐业等军需民用工业企业和商业机构，为革命胜利发挥了重要作用。新中国成立后，中国共产党领导创办了一大批国营工业企业，企业党组织带领广大党员和群众为构建独立完整的工业体系做出了卓越贡献。改革开放以来，党组织教育引导广大党员干部积极投身改革，带领国有企业实现了跨越式发展，积累了"要治厂、先治党"的重要经验。党的十八大以来，党中央对深化国有企业改革作出重大部署，进一步强调加强党的全面领导和发挥党委（党组）"把方向、管大局、保落实"作用、基层党组织战斗堡垒作用和党员先锋模范作用，为国有企业注入了创业动力、创新活力、创造实力，国有企业规模效益持续提升。

历史充分证明，中国国有企业的发展史，就是一部坚持党的领导、加强党的建设的历史，这既是国有企业一路走来不断发展壮大历史经验的深刻总结，也是国有企业改革发展始终沿着正确方向不断前进的根本保证。因此，国有企业开展企业文化建设，一定要牢牢抓住筑牢"根"和"魂"这个核心，从方法论的角度去思考如何在企业改革发展过程中坚持党的领导、加强党的建设的命题。这也是《经营文化纲要》的应有之义。

党的十八大以来，习近平总书记着眼于坚持和发展中国特色社会主义、实现中华民族伟大复兴的中国梦，按照"五位一体"总体布局和"四个全面"战略布局，运用马克思主义立场观点方法，科学总结我国国有企业改革发展实践，提出了关于国有企业改革发展和党的建设的一系列新思想、新观点、新论断，形成了内涵丰富、逻辑缜密、相互贯通的理论体系。特别是2016年10月10日，党中央召开全国国有企业党的建设工作会议，习近平总书记出席并发表重要讲话，深刻阐述了国有企业改革发展和党的建设的一系列重大问题，形成了关于新时代国有企业党的建设的重要思想。

党的十九大又作出了中国特色社会主义进入新时代的重大论断，把习近平新时代中国特色社会主义思想确立为我们党必须长期坚持的指导思想，提出了新时代党的建设总要求，发出了深化国有企业改革、推动国有资本做强、做优、做大，培育具有全球竞争力的世界一流企业的动员令。这对我们深刻领会习近平总书记关于新时代国有企业党的建设的重要思想的科学内涵，准确把握新时代国有企业党的建设的实践要求，开创新时代国有企业党的建设新局面、推动国有企业改革发展取得新成就提出了新的任务和新的要求。

要完成这一新的任务，就必须结合自身实际，找到在国有企业坚持党的领导、抓好党的建设的方法论。

一、明确党的建设的目标定位

党的领导是国有企业独有的政治优势。国有企业在巩固党的执政基础、支撑国家经济发展和保证国家安全上所承担的特殊责任及所占的分量，决定其必须要毫不动摇地加强党的建设，在任何时候都要与党中央在思想上政治上行动上保持高度一致，保证党的各项方针政策在全系统得到全面正确的贯彻落实。因此，对党的建设的目标定位，一定要牢牢把握住如下几个方面。

一是必须要保证党对企业的领导充分实现。二是必须做到无论管理体制如何变化、经营机制如何调整，都要坚持党的领导。三是在任何时候都要与党中央在思想上政治上行动上保持高度一致，保证党的各项方针政策在整个企业得到全面正确的贯彻落实。四是时刻加强党的建设，始终确保国有企业广大党员干部员工听党话、跟党走。

二、明确党组织具体职责

党的组织是实现党的领导和发挥党的作用的基础。在《经营文化纲要》中，要特别强调，必须按照党章要求建立党组织，实现党组织全覆盖并有效开展党的工作。

企业党委（党组）发挥领导核心作用，各基层党支部发挥战斗堡垒作用，全体党员发挥先锋模范作用。

企业党委（党组）书记和各成员单位党委书记应认真履行好党建工作第一责任人职责，各级领导班子成员应按照"一岗双责"的要求，认真履行好党建工作责任。

将党组织的具体职责放在首位，是因为基层党组织是党的组织体系的重要基石，党的建设根基在基层、重心在基层、活力在基层，基层党组织的建设对于我们党巩固执政地位、提高执政能力、实现执政使命具有特殊的重要性。习近平总书记在2016年全国国有企业党的建设工作会议上强调，全面从严治党要在国有企业落实落地，必须从基本组织、基本队伍、基本制度严起。党的基层组织是党在社会基层的战斗堡垒，是党的全部工作和战斗力的基础。加强基层党组织建设，既是推动全面从严治党向基层延伸的必然要求，也是提升基层组织力的客观需要，是深化国有企业改革发展的重要保证。

三、明确党组织工作机制

在《经营文化纲要》中，要按"两个融入"的要求，强调：一是将党建工作要求写入企业章程，用企业的根本法，明确党组织在企业治理结构中的法定地位，明确国有企业党委（党组）发挥领导作用，把方向、管大局、保落实，明确党组织在决策、执行、监督各环节的权责和工作方式，为坚持党的领导、加强党的建设在企业的具体落实提供制度依据。二是从把党的机构设置、职责分工、工作任务纳入企业的管理体制、管理制度、工作规范的角度，推动坚持党的领导、加强党的建设与加强企业治理的有机融合，形成工作支撑。使党组织成为企业治理结构的有机组成部分，形成党对国有企业全面领导的治理结构。

四、明确纪律约束

党的纪律是企业党组织在企业经营管理中发挥作用的重要保证。因此，在《经营文化纲要》中要明确提出，严守党纪和党规没有选择项。企业的各级党组织必须坚决贯彻执行党中央关于全面从严治党的重大决策部署，牢固树立不抓党风廉政建设是失职、抓不好党风廉政建设是渎职的观念，架起党的政治纪律、组织纪律、廉洁纪律、群众纪律、工作纪律、生活纪律等纪律的"高压线"。各级党组织必须认真履行好党风廉政建设主体责任，企业纪检组和各成员单位纪委必须认真履行好党风廉政建设的监督责任。

第二节　关于企业群团工作

国有企业的工会和共青团组织是在党的领导下，支持和帮助企业实现愿景、使命的重要力量。工会是企业职工群众的组织，是企业联系职工群众的桥梁和纽带，也是企业开展文化活动的主要组织者，能够团结动员企业广大职工以主人翁的态度关心和支持企业发展。共青团是青年人的组织，青年人朝气蓬勃，有闯劲，敢创新，是企业的生力军，有共青团组织的团结带领，就能够引导企业的青年人成为企业发展的重要力量。因此，在企业《经营文化纲要》制定中，要特别强调发挥群团组织的作用。

（1）明确群团工作是党的工作的重要组成部分，各级党组织要从事业发展的高度加强对群团工作的领导,健全群团组织,支持群团组织依法依章开展工作,发挥群团组织作用。

(2)强调广大职工群众和青年是企业事业发展的基础力量。各级群团组织要不断提升自身的政治性、先进性和群众性,把职工群众团结凝聚在党的周围,团结凝聚在事业的周围,为实现企业使命和愿景做出积极贡献。

(3)明确表示为群团组织开展工作创造条件,提供支持,保证群团组织能正常开展活动。

在这当中,特别要注意强调支持工会开展维护职工权益活动,行使好监督权和民主管理权,因为这是国有企业特色和优势的体现。

各种性质的企业都有工会组织,但中国国有企业与工会组织的关系同其他类型的企业与工会组织的关系不一样。因为中国的国有企业是人民的,企业的工会组织代表的企业职工群众也是人民的一部分,企业领导班子和工会组织都是在党的领导下,用不同的方式共同为企业的发展发挥作用,其根本目的是一致的。工会行使监督权,目的是通过行使民主管理权,防止企业违规经营,损害国家和企业的利益;工会开展维护职工权益的活动,目的是保护企业职工群众的利益,增强广大职工的主人翁意识。这些从根本上都是非常有利于企业发展的。

第三节　关于企业文化管理

企业文化是企业的灵魂,是企业赢得市场竞争的软实力,但企业文化不会自动发生作用,必须通过企业对企业文化的管理来实现。特别是作为国有企业,在企业文化建设的管理上,比其他性质的企业要更为复杂一些,因此,《经营文化纲要》也必须把企业文化的管理列入其中,作为一项重要的内容来制定。根据中国国有企业的实际,总结以往企业文化建设的经验和教训,对企业文化建设的管理一般要明确和强调以下几个方面。

(1)明确建立从上到下的企业文化管理体系,在企业党委和董事会的领导下,实施企业文化管理。在这个管理体系当中,要明确要求企业的各级党政领导都参与其中,以形成党政工团齐抓共管的格局。

在一些国有企业以往的企业文化建设中,就是由于管理体系不健全,不能形成全员参与,党政工团齐抓共管的格局,只把企业文化当成是党组织的事,导致企业文化流于形式,不能融入到企业的经营管理之中真正发挥作用,有鉴于此,在《经营文化纲要》中,必须加以强调。

(2)明确企业文化各级管理组织的职责,从企业董事会、各级党政班子都要明确职责,共同对企业文化建设负责。在这当中,要特别明确企业党委(党组)、董事会和经理班子各自在企业文化管理中的职责,强调党委(党组)对企业文化的领导职责,董事会对企业文化的决定职责,经理班子对企业文化的执行职责,基层单位对企业文化的落实职责,使得企业文化建设各负其责任,防止出现要么抢着管,要么都不管的现象。

以往国有企业的企业文化建设一般也是由企业的党群部门来负责的,但由谁来领导、由谁来决定并不完全明确,导致责任不能落实。现在应随着国有现代企业制度的建立,在《经营文化纲要》中明确下来。

(3)明确建立企业文化建设管理相关制度。包括企业文化建设实施程序、企业文化推进制度、企业文化考评制度和企业文化建设奖惩制度等,形成一套完整的企业文化建设管理机制。

在这当中,特别要强调制定《经营文化纲要》,并作为企业文化建设和经营管理的基本规章。因为过去不少国有企业的文化不能落地,流于形式,未能切实发挥作用的原因,很大程度上就是因为缺少《经营文化纲要》这样一部企业的基本法典,不能架通企业文化与企业经营管理之间的桥梁,导致企业文化与企业经营管理相脱离,形成"两张皮"。

第四节　关于企业监督与约束

监督与约束是保证国有企业规范运行、健康可持续发展,实现做优、做强、做大的目标和愿景,成为国际一流企业的重要保障。构建企业内部监督体系,是国有企业全局性、长期性的工作,是维护国有资产安全的迫切需要。按照习近平总书记指示要求,整合监督力量,形成监督合力;强化出资人监督效能,把管资本为主和对人监督结合起来,坚决改变内部无人监管、外部监督不到位的问题。因此,在《经营文化纲要》制定中,必须要把监督与约束作为重要方面进行明确。主要应包括以下几点。

一、明确目标定位

在监督与约束的目标定位上,要明确建立权责明确、制度完备、运行有效的多层次、全方位监督约束体系,实现监督约束的有力、有效。

监督与约束的有力、有效,是企业监督与约束必须要达到的目标,只有实现这个目标,监督与约束才能发挥实效。

二、明确理念原则

监督与约束的理念原则,是企业对经营管理实施监督与约束的观念指引和根本要求,是国家要求和企业核心价值观的体现,因此,在制定时要注意从以下几个方面进行考虑。

(1) 从监督与审计全覆盖的角度。从这个角度可以增强企业监督与约束的覆盖面,有利于防止疏漏,不留死角。

(2) 从业务谁主管、监督谁负责的角度。从这个角度可以强化企业各级管理的责任意识,明确责任主体,实现监督责任与业务的主管责任保持一致,有利于"点"的监督与约束到位。

(3) 从所有的业务流程的关键环节都能得到有效监控的角度。从这个角度可以强化对企业关键环节的监督与约束,有利于把控住重点。

(4) 从所有员工都是监督者,所有员工都要受到监督的角度。从这个角度可以强化企业全员的监督意识,有利于动员人人参与监督管理。

三、明确监督约束重点

抓任何工作都要学会抓重点,企业的监督与约束也一样。企业的监督与约束根本上还是防止国家和企业的利益受损,而容易造成国家和企业利益损害的,关键还是处于企业关键重要岗位、握有权力的少数人员,而不可能是普通岗位上广大的职工群众。因此,在《经营文化纲要》中,要明确监督与约束的重点。根据国有企业的实际,就需要监督的重点对象而言,一般有企业各级领导干部、重要部门和重要岗位人员。就监督与约束的重要内容而言,一般是企业重大决策事项、重要人事任免、大额资金使用情况和重要规章制度执行情况等。

四、明确基本方法

监督与约束是企业的大事,要实现监督与约束有力、有效的目标,方法非常重要,因此,在《经营文化纲要》中也应加以明确。根据一般监督与约束业务的特点,从一些大型国有企业有效的做法看,基本的方法大概应包括:

(1)抓好机制的建立。建立干部自检、独立监察的闭环管理机制。明确各层级管理人员的具体监管责任,使控制与监督贯穿全流程,把服务与监控融入全流程。

(2)抓好体系的建立。在流程中设立若干监督与审计点,不断推进和完善计划、统计、审计既相互独立又有机合作的闭环管理体系,形成更加开放、透明、高效的审计系统。

(3)抓住重点和要害。抓住关键人、关键事,多层次、全方位,没有例外、不留死角。

五、明确对干部的监督

国有企业的干部在企业的经营管理中担负着重要的责任,同时又掌握着重要的权力,这些权力的不当使用会给企业造成重大损失,影响企业做优、做大、做强。因此,干部是监督约束体系中的"关键人",是监督约束的重点对象,在《经营文化纲要》中,必须强调对干部的监督。

对干部的监督要以正面教育为主、预防为主、事前监督为主,防患于未然,用负面清单的方式告诫干部、提醒干部。要用常态化的日常管理监督,代替手术刀式的突击检查,做到警钟长鸣,为干部干事创业营造良好的环境和氛围。

六、明确责任追究

责任追究是保证企业政令畅通、规章制度有效执行的必要手段。只有严格、及时的责任追究，才能真正确保企业政令畅通、规章制度有效执行。在《经营文化纲要》中，要明确责任追究的对象、内容和方式方法。强调对违纪、违规行为进行责任追究，实行问责制，追溯责任者、主管者、领导者对事件应负的责任，并给予相应处罚，维护纪律和规章制度的严肃性，保证企业健康运行。

责任追究在企业经营管理中很重要，但不能成为目的。因此，要明确要求，在进行责任追究时，应坚持实事求是、客观公正。一个犯了错误的干部，不一定是坏干部，一个不犯错误的干部，也许是平庸的。对犯了错误的干部，要对错误的性质进行分析，主要看本质、看主流，避免把干部和员工都变成谨小慎微的"君子"，使组织失去生机和活力。对犯错误的干部不能一棒子打死，要通过分析其所犯错误的本质，为勇于担当的干部提供容错纠错的环境；同时，还要注意强调，要防止严管的环境造就能力平庸的干部，责任追究的不良示范会树立错误的用人干事导向。对敢想、敢干、敢闯的干部在经营过程中遭遇不可抗拒的风险时，要坚持正确评价、一分为二，只要决策流程合法合规、没有个人私利，主要责任都应由组织承担。

第十三章 《员工行为规范》

《员工行为规范》的制定，是加速企业文化形成最重要的一步。企业的核心理念系统建立之后，要真正将之落实到企业日常的经营管理行为中，必须要通过组织和个人两个管道才能实现。《经营文化纲要》解决的是如何将核心理念转化为企业的组织行为的问题。在此之外，我们还需要找到一条管道，将核心理念落实到企业全体干部员工的具体行为之中，解决企业员工个人行为的问题。这就要建立员工知行系统，也就是《员工行为规范》。

通常来说，《员工行为规范》是在企业或单位范围内，针对所有员工提出的，是企业或单位员工应该具有的行为特点和工作准则。它带有明显的导向性和约束性，通过倡导和推行，告诉员工"要怎么做"和"不能怎么做"，从而使员工形成自觉意识，起到规范员工言行举止和工作习惯的作用。通俗一点，就是让全体员工"做好自己该做的事""待好自己该待的人""负好自己该负的责"。每个企业都会结合自身实际制定本企业的《员工行为规范》，但从企业文化建设的角度去考虑《员工行为规范》的制定时，重点还要做到如何让企业所倡导的文化在员工的具体行为中体现出来，通过《员工行为规范》的制定来保证企业文化的有效形成。

第一节 将文化融入员工行为

《员工行为规范》制定的关键是要将企业文化融入员工的行为规范之中，实现文化核心理念与战略思想、管理制度、组织体制、业务流程等内容相结合，经过梳理提炼出从文化出发，能够符合战略需求、管理实际和流程工序的，针对员工个体的行为引导和约束。使企业文化从顶层落到实处，通过将文化核心理念的要求变成员工行为规范，督促全体员工知晓企业文化、理解企业文化、践行企业文化，使企业文化在员工心中扎根、在工作岗位中体现、在日常行为中彰显，使员工知行合一，对企业文化从"我知道了"转变为"我要这样做"，将核心理念转化为自觉追求和行为习惯，在工作中做出符合企业文化要求的决策和行动，从而将企业的文化风格展现给同事、客户、合作伙伴和社会各界。

但是，由于文化理念融入员工行为规范是一个把理念转化为行为，把精神变物质的过程，要像盐融入水一样，精微细致，其难度还是比较大的，处理得不好就容易出现"两张皮"的现象。因此，在具体的做法上就要注意把握以下几个方面。

一、把握"三个要点"

做到三个结合。将正面倡导行为和负面清单结合起来，将企业通用规则和本企业的特色文化结合起来，将对全体员工的普遍要求和针对特定人员的个性要求结合起来。例如，海尔公司的员工基本行为规范由倡导的行为和抵制的行为两部分组成。诚实可信、热忱敬业、主动负责、为用户创造价值被列为倡导的行为，反之，凡是与倡导的行为相悖的，都被视为抵制的行为。又例如中粮集团，其基本行为规范分为两部分，第一部分是被称为"忠良品格"的《中粮人行为准则》，主要包括勤勉尽责、守信合规、得体规范、脚踏实地、敬畏规则等；在此基础上，针对经理人这个特殊群体，又提出了《中粮经理人职业操守十四条》。

要注意明确《员工基本行为规范》提出的重点。这个重点就是要将核心理念融入和指导员工的思想及行为，诠释全体员工如何更好地肩负使命、追逐愿景、践行核心价值观及其统领下的价值信条。其中要着重解决两个问题：明确提出企业提倡什么、反对什么；讲清楚企业员工应该具备什么样的行为特点，也就是企业员工的"脸谱"。

要把文化理念转变为具体行为要求，尽量避免文化理念在员工行为规范中同语反复。要把文化理念变成更精细的语言，具有可操作和可执行性。例如，企业文化的核心价值观倡导创新，在《员工行为规范》中，就要尽量用如何创新的具体要求去表现，不要处处都重复创新二字。许多企业的《员工行为规范》缺少可操作性，就是因为不注意这一点。

二、坚持"三条原则"

做到文化理念行为化。就是要围绕企业的核心价值观来明确员工做什么？怎么做？将文化的导向转化成员工的具体行为。例如，红军时期的《三大纪律八项注意》，就是最为经典的行为规范，其中"第一，一切行动听指挥，步调一致才能得胜利"。这里面"步调一致才能得胜利"是一种文化范畴的理念，而"一切行动听指挥"是行为范畴的具体动作。这一经典的行为规范，轻松实现了从文化理念到红军战士具体行为要求的有效转化，简单明了，深刻好记，令人叹为观止！

做到行为规范区别化。就是要将对全体员工的普遍要求和针对特定人员的个性要求相结合，针对员工的分工不同、职务不同、工作性质不同，分门别类明确员工规范行为。例如，针对领导干部制定领导干部行为规范；针对经营管理人员制定经营管理人员行为规范；针对专业技术人员制定专业技术人员行为规范；针对市场营销人员制定市场营销人员行为规范；针对专门技能人员制定专门技能人员行为规范等。

强化行为底线意识。就是要推动正面倡导和负面反对相结合，通过正面倡导来起到引领规范作用，通过负面反对来起到促进警示作用。明确哪些是必须应有的行为，哪些是坚决不能有的行为，为员工规范自身行为提供依据和指导。过去我们许多企业在《员工行为规范》的制定上往往只注意从正面要求，没有设置负面清单，导致对员工警醒提示不够。

与此同时，要考虑到企业的特点，根据企业的规模和管理层级来制定。企业规模小、层级少的，就制定成统一的行为规范，一竿子插到底；企业规模大、层级多的，可以只制定框架，把需要强制统一地明确下来，其余部分给成员单位留出自行设计的空间。

三、根据职员工类别制定相应的行为规范

制定员工通用行为规范突出文化的统一性。主要针对企业全体员工提出，具有对所有员工的普适性。在员工通用行为规范中，重点是要把企业的核心价值理

念体现出来。

制定职业行为规范突出个性。由于企业的员工存在着职业的差异，不同职业的员工要有不同的行为规范要求，才能更精准、更有效地发挥引导和约束作用，因此，要针对不同职业、不同类型的职员工，制定有针对性的行为规范。

制定常用礼仪规范。主要针对不同场景下干部员工的行为礼仪提出规范。包括上班下班礼仪、仪容仪表礼仪、工作场所礼仪、会议培训礼仪、接打电话礼仪、接待礼仪、拜访礼仪、介绍礼仪、握手礼仪和餐饮礼仪等。

第二节 关于员工通用行为规范的制定

通用行为规范的对象是企业全体员工，因此，它是整个企业的行为公约。作为行为公约，必须以社会主义核心价值观为统揽，完整地体现企业使命、愿景特别是核心价值观和价值信条的要求。由于国有企业的愿景、使命和核心价值观同时要体现党和国家的共性和企业自己的个性，因此，国有企业员工的行为也应体现时代性、社会性、民族性和企业的个性。中国电科制定的《员工行为规范》就极具特色，他们对员工的行为要求主要包含7个方面，即学习、责任、创新、专业、服务、激情、感恩。下面，我们就以此为例展开说明。

一、对学习行为的规范

企业要成为学习型组织，企业的员工就必须成为学习型员工。特别是科技型企业和员工构成以知识分子为主的企业更应该如此。因此，就需要制定学习行为规范。学习行为规范的制定关键要把握住3个要点，即"愿学""会学""学以致用"，通过对这3个关键点提出正、负面清单，来对员工的学习行为进行规范。

针对"愿学"这一点，其内容规定，在正面，要倡导善于学习，持之以恒，养成学习习惯，自觉学习、主动学习、终身学习；勤于思考，带着问题学。与之对应，在反面，要反对懒于学习，不主动、不愿意学习新知识。督促员工增强学习自觉性。

针对"会学"这一点,其内容规定,在正面,要倡导在学习中认真思考,以学习促进思维方式和工作方式的转变,拓展解决问题的思路和方法。与之对应,在反面,要反对浅尝辄止,不求甚解。督促员工掌握学习方法。

针对"学以致用"这一点,其内容规定,在正面,要倡导勇于实践,学以致用,结合工作实际学习,把学习的理论知识和专业知识运用到具体工作中,解决好工作中碰到的实际问题,在工作实践中深化与丰富学习。与之对应,在反面,要反对员工脱离实际,纸上谈兵。督促员工注意学习的务实性。

二、对责任行为的规范

有责任感是国有企业员工应有的基本素质,国有企业的员工只有成为责任型员工,才能履行好自己的职责,与企业一起,肩负起国家赋予的经济责任、政治责任和社会责任。因此,在责任行为规范的制定上,关键要突出"勇于担责""认真履责"和"遵章守纪"。

针对"勇于担责"这一点,在正面要突出"勇"字,把重点放在"铁肩担大任",树立强烈的责任意识,敢于担当,勇于承担急、难、险、重任务,为国家、社会和企业多做贡献等方面。与之对应,在反面,要反对员工对事业和工作没有责任感,缺少责任心,遇到责任往外推,遇到困难绕着走,遇到矛盾向上交。从而增强员工的担当精神。

针对"认真履责"这一点,在正面要突出"认真"二字,践行"做就做到最好"的价值信条,把重点放在对工作高标准、严要求,忠实履行岗位职责,对每一项工作尽职尽责,力求做到最好,不达目的不罢休等方面。与之对应,在反面,要反对员工以各种理由推脱交办的任务,斤斤计较分内分外工作。督促员工养成做事情就要做到最好的习惯。

针对"遵章守纪"这一点,在正面要突出把纪律和规矩摆在前面,自觉遵守国家法律法规、集团公司及本单位各项规章制度,保守国家和企业的秘密等方面。与之对应,在反面,要反对无视规章制度,合则遵守、不合则放弃;讲私情,爱脸面,对待熟人网开一面。督促员工懂得按章法和规矩办事。

三、对创新行为的规范

创新型国有企业必然要求员工善于创新，努力践行"让创新成为习惯"的价值信条。但对于不同职业和岗位的员工，关于创新的要求是不一样的。因此，在制定通用的创新行为规范时，一般要把握住"愿创新""敢创新""会创新"等几个基本的方面。

针对"愿创新"这一点，在正面要突出一个"愿"字，重点放在让创新成为习惯，善于把握事物发展规律，创造性地开展工作等方面。与之对应，在反面，要反对安于现状，故步自封，不思创新。督促员工克服思想上的懒惰和保守。

针对"敢创新"这一点，在正面要突出一个"敢"字，鼓励大胆探索，敢于尝试，敢于挑战权威，勇于打破砂锅问到底，不惧失败，刻苦钻研，攻坚克难，不断取得创新成果。与之对应，在反面，要反对不及时接受新事物，不借鉴行业内先进的方法、技术、成果等行为。督促员工提升胆量，摆脱创新上的畏首畏尾。

针对"会创新"这一点，在正面要突出"做就做到最好"，鼓励不断改进工作方法，从细小处做起，细心思考每一个工作环节，优化提升每一个工作流程，从每项工作中拓展提升的空间，不断提高工作的质量和效率等行为。与之对应，在反面，要反对不支持、不积极参与各项改革创新等行为。督促员工凡事想方设法做到最好。

四、对专业行为的规范

主要是对"敬业"这个社会主义核心价值观的延伸，针对企业自身专业对员工的专业行为进行规范。在这一规范的制定上，关键要抓住热爱专业，强化正规化、职业化建设和争做所在专业的佼佼者，体现高素质的专业精神两个方面。

针对"热爱专业，强化正规化、职业化建设"这一点，在正面要鼓励热爱自己的专业，干一行、爱一行。与之对应，在反面，要反对甘当外行，水平低下，不够专业。督促员工强化专业修炼。

针对"争做所在专业的佼佼者，体现高素质的专业精神"这一点，在正面要鼓励争做行家里手,努力掌握专业知识,扎实提高专业能力,干一行、精一行。与之对应,在反面,要反对业务不精,说外行话、办外行事。督促员工产生专业自尊心。

五、对服务行为的规范

员工的服务行为在很大程度上关系到企业的形象。因此,对员工的服务行为规范,主要是规范员工与内外部客户进行交互时的主导意识。在规范制定中要注意把握"服务意识""服务能力""服务对象"等几个关键点。

针对"服务意识"这一点,在正面要突出时时事事以客户为关注焦点,以客户的成功作为评价工作价值的重要依据等要求。与之对应,在反面,要反对怠慢客户,敷衍客户,不关心客户需求,视服务为儿戏。督促员工时刻想着服务。

针对"服务能力"这一点,在正面要把重点放在努力提升服务素养,培养热情而富有亲和力的服务态度,提供周到而富有专业性的优质服务等方面。与之对应,在反面,要反对员工态度冷漠,响应迟缓。督促员工提高服务本领。

针对"服务对象"这一点,在正面要倡导千方百计让客户满意,守信尽责,言行一致,用心服务,想客户之所想、急客户之所急、帮客户之所需;同时强调,要以服务的心态对待工作的上下游、上下级。与之对应,在反面,要反对员工轻诺寡信、言行不一,对客户不一视同仁。

六、对激情行为的规范

激情是员工做好工作的内在动力。对激情行为进行规范,其目的是要唤起员工的激情,激励员工始终保持对梦想和事业的热忱与追求,防止员工懈怠、斗志衰退。因此,在规范的制定上,要把关键点放在"事业心强、充满活力""执行力强、积极主动"两个方面。

针对"事业心强、充满活力"这一点,在正面要突出热衷事业,认同企业战略与理念,热爱所在工作岗位,忠诚履行岗位职责,对从事的事业咬定青山不放松等内容。与之对应,在反面,要反对工作不求上进,当一天和尚撞一天钟。从而提升员工的工作积极性。

针对"执行力强、积极主动"这一点，在正面要突出满腔热情做好工作，充满活力，雷厉风行，说到做到，马上行动，不打折扣，努力把正确的事情做正确等内容。与之对应，在反面，要反对员工工作拖沓，敷衍了事。从而提升员工的工作主动性。

七、对感恩行为的规范

感恩是一种美德。对感恩行为进行规范，其目的主要是传承"知恩图报"这个优良的文化传统，让员工懂得感恩而增强道德意识。因此，在内容制定上，正面要倡导以感恩的心态对待国家、对待社会、对待单位、对待同事、对待家庭；珍惜工作岗位，用优异的工作成绩报答国家、报答社会，为自己和家人创造幸福而有尊严的生活；孝敬父母，尊老爱幼，对亲人负责，常回家看看，多陪伴家人；以感激的心态对待团队合作，搭台不拆台，补位不越位，主动合作，积极协作，将自己的知识、经验、技能与团队分享，通过共享实现共赢。与之对应，在反面，要反对不忠不孝，忘恩负义；反对自私自利，损害国家、团队和他人利益；反对寡恩薄情，缺少人情味。以避免员工成为国家、社会和家庭的"白眼狼"。

第三节　关于领导干部行为规范的制定

领导干部行为规范是针对负责国有企业经营管理的领导干部制定的，在新的时期，要贯彻落实习近平总书记提出的"信念坚定、为民服务、勤政务实、敢于担当、清正廉洁"好干部标准和"对党忠诚、勇于创新、治企有方、兴企有为、清正廉洁"的国有企业领导人员标准。根据好干部的标准要求，结合国有企业自身的核心价值观和实际工作需要，参考一些国有企业已经制定的干部标准，可考虑从坚定信念、担当务实、创新协同、提升学识素养、廉洁自律、绩效贡献、关爱员工7个方面制定企业的领导干部行为规范。

还有的企业，根据企业领导的能力素质模型，从战略思维能力、经营管控能力、市场反应能力、塑造团队能力、文化引领能力等几个方面，制定出企业领导干部能力修炼规范，取得了很好的效果。

一、对"坚定信念行为"的规范

对"坚定信念行为"进行规范，其目的是让领导干部坚定理想信念，对党忠诚，坚决与以习近平同志为核心的党中央保持高度一致，严守党的政治纪律、组织纪律及各项纪律；自觉用习近平新时代中国特色社会主义思想武装头脑，增强"四个意识"、坚定"四个自信"、做到"两个维护"；坚决贯彻执行企业的战略目标和工作部署。对"坚定信念行为"进行规范，其目的是让领导干部坚定理想信念，对党忠诚，增强纪律意识，按照党中央对党员领导干部的要求，管好自己的行为。

因此，在具体规范上，在正面要重点突出在思想上政治上行动上与以习近平同志为核心的党中央保持高度一致，增强"四个意识"、坚定"四个自信"、做到"两个维护"；认真学习宣传贯彻习近平新时代中国特色社会主义思想；坚决贯彻执行党和国家的路线方针政策以及企业的战略部署；认真践行企业核心价值观等内容。在反面，要反对领导干部理想信念不坚定，政治立场不稳定；反对随意更改组织决定、投机取巧式的变通和打折扣等行为；反对在重大原则问题上是非不明、立场不坚定；反对对错误的言行态度模糊、不敢斗争。

二、对"担当务实行为"的规范

对"担当务实行为"进行规范，其目的是要让干部有担当，能务实，因此，在规范制定上，在正面要重点突出4个方面：

（1）认真履行国有企业的使命和责任，积极主动承担国家层面的急难险重任务；

（2）认真履行岗位职责，敢于直面矛盾和困难，积极主动承担挑战性任务，经常深入基层调查研究，问计于职工群众，及时解决实际困难和问题；

（3）面对复杂局面，敢于站在第一线，坚韧不拔、攻坚克难，坚定不移地实现既定目标；

（4）勤奋工作，求真务实，发扬钉钉子精神，在切实抓出成果前绝不松手。

在反面,要反对以下行为:不愿意承担重大任务;承担后拿不出解决问题的办法;出现问题达不成既定目标时不愿意承担责任;不愿意深入基层调查研究,对基层情况不了解、心中无数;抓工作缺乏恒心和韧劲,不一抓到底、不求实效等。

三、对"创新协同行为"的规范

对"创新协同行为"进行规范,目的是要让领导干部在工作中勇于创新,注意协调配合。因此,在具体规范的制定上,在正面要重点突出4个方面:

(1)勇于开拓进取,坚持科技创新、管理创新,增强集团化、企业化、市场化、国际化、信息化意识,不断提升企业的核心竞争力;

(2)具有大局意识,能站在战略全局高度积极推动团结协作,努力营造合作共赢的良好氛围;

(3)主动联合、积极协同,遇事能够共商互谅,不搞无谓争论,不搞无序竞争;

(4)注重团结,增强合力,坚持科学民主决策。

在反面,要防止出现以下行为:面对深化改革的新形势,拿不出新思路、拿不出新办法;拿出的新思路、新办法不切合实际;实施过程中出现问题无法掌控局面、无法解决出现的问题;作为主导方不积极主动沟通协商,作为协同方不能提供有效的支撑和帮助,因利益造成冲突时站位不高、推诿扯皮、主动代表局部或小团体利益,不能顾全大局,讨论问题时意气用事、搞小圈子,不能努力促进共赢局面的形成;重大决策不执行民主集中制,独断专行等。

四、对"提升学识素养行为"的规范

对"提升学识素养行为"进行规范,其目的是要让领导干部坚持学习,提高素养。因此,在规范的制定上,在正面要重点突出3个方面:

(1)不断学习新知识、新理论、新技能,拓宽知识面,努力提高把握形势的能力;

(2)及时掌握新形势、新情况、新变化,勇于接受多岗位锻炼和急难险重任

务的考验，丰富工作经历，积累工作经验；

（3）拓宽全球化视野，不断提升现代企业运作管理能力。

在反面，主要是反对对新知识不敏感、不学习、不掌握；对本岗位职责范围内工作的新趋势、新情况、新变化不研究、不思考；对本岗位职责范围内好的经验不提炼、不总结；学用脱节，对新变化产生的新需求，提不出新见解、新思路等行为。

五、对"廉洁自律行为"的规范

对"廉洁自律行为"进行规范，其目的是要让领导干部保持清正廉洁，自己管好自己。因此，在具体规范的制定上，在正面要重点突出3个方面：

（1）自觉遵守党的政治纪律、组织纪律和各项纪律，严格自律；

（2）敬畏权力、管好权力、慎用权力，保持拒腐蚀、永不沾的政治本色；

（3）坚决反对形式主义、官僚主义、享乐主义和奢靡之风，为人正直，作风正派，阳光诚信，清正廉洁。

在反面，要重点反对为政不廉、滥用权力，为自己及亲朋好友或特定关系人牟取私利，不给好处不办事，给了好处乱办事；纪律意识不强，对工作上的重大事项和个人重要事项不请示、不报告、遮遮掩掩或先斩后奏、边斩边奏、斩而不奏，身边的人有这类现象时不敢批评甚至以表扬代替批评；作风不正、"四风"问题时有发生等行为。

六、对"绩效贡献行为"的规范

对"绩效贡献行为"进行规范，其目的是让领导干部注重工作业绩和经济效益，不做一事无成的"混事者"。因此，在具体规范的制定上，在正面要重点突出3个方面：

（1）能够完成上级下达的各项重点任务和经营管理指标；

（2）能结合本岗位职责，制定具有引领作用的战略规划和可行的工作计划，积极推进改革创新；

(3) 注重价值创造，工作绩效得到组织认可、出资人认可、市场认可和群众认可。

在反面，要反对以下行为：在承担急难险重任务中，拿不出有效的措施和办法摆脱困境、打开局面；本岗位职责范围内可量化工作指标达不到同行业平均水平；在同行中没有较好的声誉或一定知名度等。

七、对"关爱员工行为"的规范

对"关爱员工行为"进行规范，其目的是让领导干部自觉关心员工的工作和生活，防止脱离群众。因此，在具体规范的制定上，在正面要重点突出3个方面：

(1) 走群众路线，充分听取群众意见，倾听群众呼声；

(2) 畅通员工职业生涯发展通道，积极维护员工的合法权益，让员工共享改革发展的成果；

(3) 关心员工身心健康，丰富文体生活，加大对员工的人文关怀，建立良好的激励约束机制，为员工舒心地工作、有尊严地生活营造包容和谐的良好环境。

在反面，要重点反对对员工在工作或生活中遇到的困难漠不关心；不了解员工的呼声和期盼；对员工反映的突出问题不闻不问、漠然处置等行为。

第四节　领导干部能力修炼规范

战略思维能力、经营管控能力、市场反应能力、塑造团队能力、文化引领能力，是对干部的一种更高要求，从表面看是一种标准，不是一种规范，但是，要提升这5个方面，背后必须要有行为来支撑，因此，我们也将其作为一种领导干部可参照进行能力修炼的更高行为规范提出来。

一、对"战略思维能力"的修炼要求

主要是要善于把握国际国内经济发展趋势和本行业发展规律，具备战略意识、全局性眼光和全球视野；善于超前谋划发展思路，及时把握发展机遇；善于根据企业实际情况制定可持续发展的战略规划，并有效组织实施。关键是有思路，针对当前改革发展的变化，敏锐捕捉战略机遇，提出促进企业跨越式发展、推动体制机制改革创新的思路、措施和办法。

二、对"经营管控能力"的修炼要求

主要是要善于经营管理，能够及时抓住并集中力量解决主要矛盾；善于调动各方资源为我所用，推动战略实施，达成战略目标；善于统揽全局，有效防范和管控风险，对重大问题和突发事件反应敏捷、判断准确、处置有力。关键是敢担当，面对复杂形势，能够采取有效措施管控风险，确保各项工作正常运转，各项业务正常推进。

三、对"市场反应能力"的修炼要求

主要是要善于准确把握市场经济内在规律，建立与之相适应的市场战略和策略；善于敏锐感知信息化条件下国际国内市场变化，快速作出反应；善于抓住机遇，科学决策，赢得市场。关键是能成事，面对激烈的市场竞争，善于分析市场，敏锐捕捉细微的市场变化信息，采取有效的市场策略，实现最佳运作效果；针对急剧变化的市场趋势或突发事件，能够迅速拿出有效的市场营销策略和对应办法，占得市场先机。

四、对"塑造团队能力"的修炼要求

主要是要善于发现、吸纳、培养、使用人才，为人才成长和作用发挥创造良好氛围；善于建立规则和体系，优化团队运作机制，有效发挥团队合力；善于凝聚团队人心，知人善任，培养团队能力，打造高绩效团队。

五、对"文化引领能力"的修炼要求

主要是要善于发挥自身人格魅力,带头践行企业文化;善于归纳先进的文化理念,塑造本企业优秀的文化体系;善于将企业文化和经营管理相结合,不断增强软实力。关键是培育文化,能够提炼出引领员工思想与行为的理念元素,善于用战略、制度、考评、奖惩、教育、培训等多种手段,使核心理念内化于心、外化于行、固化于制,以文化人;能够通过一流的产品、一流的质量、一流的服务,以及社会责任的履行、企业品牌的宣传、企业故事的宣讲、优秀管理经验的传播,展现企业的良好形象,提高社会美誉度,提升企业的软实力。

第五节 关于经营管理人员行为规范的制定

经营管理人员是企业的中坚力量,担负着上传下达的职责,是影响企业管理水平的重要群体,其行为规范的制定,应按照中央对经营管理人员提出的标准,延伸企业的核心价值观要求,围绕"培养做事风格、注重工作态度、提升执行能力、体现协作精神、强化服务意识"的目标,将经营管理人员行为规范细化为"严细有序、积极主动、高效执行、真诚协作、用心服务"等行为要素,从正反两面进行规范。

严细有序。严和细是经营管理人员做好工作必须要有的基本方法。针对这一点,在具体规范的制定上应重点突出工作严格要求,安排井井有条,说话讲究原则,办事不离政策,开会简洁高效;经常总结工作中的得失,不断提升业务能力等内容。

积极主动。积极主动是经营管理人员做好工作必须有的基本精神。针对这一点,在具体规范的制定上应重点突出积极开展工作,做到脑勤、眼勤、嘴勤、手勤、脚勤;主动承担任务,做好计划安排,未雨绸缪等内容。

高效执行。高效的执行力是经营管理人员做好工作必须要有的基本作风。针对这一点,在具体规范的制定上应重点突出认真领会组织意图,准确传达组织部

署，坚决执行组织安排，高效完成组织交给的各项工作等内容。

真诚协作。态度真诚，主动协作是经营管理人员做好工作应有的基本态度。针对这一点，在具体规范的制定上应重点突出多与各部门同事交流，坦诚有效沟通，直奔主题；做好方方面面的协调工作，营造和谐团结的工作氛围；具有全局观念，心往一处想、劲往一处使，齐心协力做好各项工作等内容。

用心服务。用心服务是经营管理人员做好工作必须要有的基本意识。针对这一点，在具体规范的制定上应注意突出树立服务意识，热情对待每一位前来办事的人员，想方设法为他们答疑解惑、提供帮助；立足岗位职能，发挥岗位作用，为组织和他人提供有效支持等内容。

对于经营管理人员，还要针对平常容易出现的问题，对应地制定一些行为规范的负面清单。例如，旗帜鲜明地反对以下行为：对组织安排的工作自主主张、擅自更改；只关注自己的"一亩三分地"，对需要协助的事情不积极、不配合；工作敷衍了事，马马虎虎，办事拖沓，不讲效率；门难进，脸难看，事难办；阿谀奉承，看领导脸色办事等。

第六节　关于专业技术人员行为规范的制定

专业技术人员是建设世界一流创新型国有企业必不可少的主要群体，其行为规范的制定，应按照中央对专业技术人员提出的要求，着眼于企业核心文化的落地，围绕"培育拼搏精神、鼓励创新探索、激励刻苦钻研、倡导科学态度、明确市场导向"等目标来进行，结合企业的实际，将专业技术人员行为规范细化为"顽强拼搏、勇于创新、刻苦钻研、求实严谨、研以致用"等行为要素，从正反两面进行规范。

顽强拼搏。把顽强拼搏作为行为规范，是为了要求专业技术人员要有劲头，没有劲头，专业技术人员就难以去攻科技难关。针对这一点，在具体规范的制定上应重点突出勇挑重担、攻坚克难，积极主动承担科研攻关任务；甘于"十年磨一剑"，坚韧不拔，不惧失败，不达目的誓不罢休等内容。

勇于创新。把勇于创新作为行为规范，是为了要求专业技术人员要有胆识和勇气,没有胆识和勇气,专业技术人员就难以创新。针对这一点,在具体规范的制定上应重点突出勇于标新立异,对新技术、新领域坚持不懈地进行探索;敢于挑战最前沿的技术;敢于对技术问题提出质疑,挑战权威;探索新的技术路径,不断在独创独有上下功夫;善于博采众长,善于吸收他人智慧,善于协同他人共同创新等内容。

刻苦钻研。把刻苦钻研作为行为规范,是为了要求专业技术人员注意提高业务水平,业务水平提不高,专业技术人员就不能攀上科技高峰。针对这一点,在具体规范的制定上应该倡导瞄准国内外技术发展前沿和最新理论成果,向书本学,向他人学,日日学、日日新;对专业技术深钻细研,用百折不挠的精神攻克技术难题;对基础性、前沿性技术研究不怕苦、不怕累、不怕难,耐得住寂寞,持之以恒,不达目的,誓不罢休。

求实严谨。把求实严谨作为行为规范,是为了要求专业技术人员注意树立良好的科研作风,没有求实严谨的科研作风,专业技术人员就难以把科研工作做扎实。针对这一点,在具体规范的制定上应重点突出遵循科学规律,坚持实事求是,工作脚踏实地,做事一丝不苟;寻根问底,不放过一个疑点,不攻克技术难题决不罢休等内容。

研以致用。把研以致用作为行为规范,是为了要求专业技术人员注意把握科研方向,科研方向把握不准,就会劳民伤财,做无用功。针对这一点,在具体规范的制定上应重点突出围绕市场需求确定研究方向;在科研开发时,综合考虑设计、工艺、生产、质量、成本、市场营销等因素,努力提高科技成果转化率等内容。

同时,还要针对专业技术人员容易出现的问题,制定行为规范的负面清单。例如,反对浅尝辄止,半途而废;反对抄袭、剽窃他人研究成果,私人占有集体研究成果;反对心胸狭窄,拒绝与他人合作,对创新失败冷嘲热讽;反对研发与市场脱节等。

第七节　关于市场营销人员行为规范的制定

市场营销人员是一个特殊的群体,是企业走向市场的先锋,是保证企业的产品和服务赢得市场的重要力量。因此，市场营销人员的行为规范要突出企业核心价值观的要求，围绕"培育市场观念、提高服务标准、明确业绩导向、鼓励多方沟通、提升营销技能"这一目标来进行，将市场营销人员行为规范细化为"抢抓市场、服务客户、专注业绩、勤于沟通、精于营销"等行为要素，从正反两面进行规范，明确市场营销人员的工作要求。

抢抓市场。在"抢抓市场"这一点上，重点要求不断把握市场现状和发展趋势，目光敏锐；积极进行市场策划，努力探索营销策略，挖掘新兴市场和潜在客户；时刻关注市场动态，深入分析竞争对手，做到反应迅速、主动作为、措施得力。

服务客户。在"服务客户"这一点上，重点要求坚持诚信经营、互利共赢；想客户之所想，急客户之所急，为客户提供优质服务；善于向客户传达新理念，引领新需求，开拓新市场。

专注业绩。在"专注业绩"这一点上，要践行"冲上山顶论英雄"的价值信条，把业绩放第一位，锁定目标，积极行动，争抢订单，争当营销达人；克服困难，锲而不舍，促回款、避风险、创效益。

勤于沟通。在"勤于沟通"这一点上，重点要求定期与客户交流沟通，时刻了解客户需求，及时掌握各类市场信息，做到客户渠道畅通；掌握先进的营销理念和方法，熟悉相应的专业知识，深入了解产品特性，为客户提供专业的意见建议，为顾客解疑释惑。同时，要"外情内达"，及时将外部市场的信息，准确、全面、完整地传递到企业内部的相关部门。

精于营销。在"精于营销"这一点上，重点要求学习营销知识，掌握营销技巧，增强营销本领；不断提升法务、财务、技术、管理、外语等营销所需技能，坚持在实践中锻炼社交、公关能力。

对市场营销人员要特别重视对应地制定出一系列行为规范的负面清单。例如，重点反对以下行为：市场营销人员不关注市场变化，不积极开拓新市场，过分依赖现有的客户资源；不关心客户需求，对客户敷衍了事；急功近利，过分追求眼前利益，做"一锤子"买卖；轻诺寡信，损害企业的商誉、品牌和形象等。

第十三章 《员工行为规范》

第八节　关于专门技能人员行为规范的制定

专门技能人员是企业进行产品制造和服务的主体，他们的行为在很大程度上影响着企业产品制造的水平和质量。因此，在专门技能人员行为规范的制定上，应按照国家对专门技能人员提出的要求，践行企业"创新""卓越"的核心价值观，以"培育工匠精神、提倡勤学苦练、勇于革新发明、保障安全作业、做好技艺传承"为目标，结合企业的实际，将专门技能人员行为规范细化为"精益求精、勤学苦练、革新发明、安全作业、传承技艺"等行为要素，从正反两面进行规范。

精益求精。把精益求精作为行为规范的目的是要求专门技能人员把工作做细做好。因此，在这一点上，重点要求秉承工匠精神，干一行、专一行，把每一个细节做到极致，把每一个工艺做到完美，把每一件产品做到最优，践行"做就做到最好"的核心价值信条。

勤学苦练。把勤学苦练作为行为规范的目的是要专门技能人员把本领提高。在这一点上，重点要求努力学习各类工艺知识，在日积月累中提高专业技能，掌握精湛的技艺，打造个人的技术特点和绝活，努力成为能工巧匠，成为令人敬重的大国工匠。

革新发明。专门技能人员大多数都在一线工作，把革新发明作为行为规范的目的，是要增强他们的创新意识。在这一点上，重点要求积极参与技术攻关、技术改造和技术革新，努力解决生产工艺中的复杂技术问题，不断提高承担产品制造和工艺项目改造任务的能力和水平。

安全作业。专门技能人员大多数都在一线工作，把安全作业作为行为规范的目的，是要增强他们的安全意识。在这一点上，重点要求认真学习贯彻安全规章制度，严格遵守操作规程，遇到安全隐患果断处理、迅速上报，及时制止他人不安全的操作；勤检查、勤维护生产设备，保持设备和作业环境整洁有序。

传承技艺。技能是一种靠实践和师带徒才能获得的本领，把传承技艺作为行为规范的目的，就是要提高技能人员的传帮带意识。在这一点上，重点要求积极向技能好、业务精的人学习请教，结合现代化的生产流程对技艺进行优化，不断总结提炼工作经验，提高特殊技能，保护和传承好工艺绝技。

在此基础上，有些国有企业还制定了礼仪规范，通过更高的标准树立企业的良好形象。

《员工行为规范》为企业全体员工提供了一个统一的行为标准，表达了企业对全体员工的关注和期望。在向社会和员工宣贯企业一向以公平、公正、符合道德规范的方式正派经营，严格遵守相关法律法规，持守企业所传承的文化的同时，也将国有企业这个集体长久以来坚持的优秀传统详细、切实、有序地向员工展示，告诉每一位企业员工什么样的行为是符合这一集体的处事风格和原则，既为全体员工认知和践行企业文化提供了平台，也为不同地域、环境、岗位的员工互相认可，引发共鸣提供了工具，这样一个面向全员的、可以直接参照的文化引领，为将企业的核心理念外化于行，提供关键通道和有力支撑。

第三部分　典型案例篇

第十四章 中国电科文化建设历程

实践出真知。企业文化建设是一件实践性很强的活动，既需要正确的理论来引领，又需要可行的方法来指导，更需要成功的经验供借鉴。西方人习惯于重个性化，我们中国人习惯于追求共性，这种文化上的差异，使国有企业在文化建设上互相学习成为一大优势。中国国有企业文化建设一个最大的特点就是，不仅每个企业的文化有自己的个性，而且所有的企业的文化又都有着许多共性。这些共性来自国有企业都是由国家所有，都是公有制，都有相似的诞生成长历史，都带着红色革命文化和中国传统文化的基因，都由中国共产党统一领导，都实行统一的现代国有企业制度。因此，一个企业在文化建设上取得的成功经验，都可以供其他的企业所借鉴而不会出现水土不服现象。

中国电科是在国有企业文化重塑上启动比较早，做得相对比较成功，取得的成效也是比较好的企业。就我们所知，他们在企业文化重塑上的最重要之点是，不单纯为建设企业文化而建设企业文化，而是把企业文化与企业的经营管理紧密结合，针对新时期企业经营管理存在的问题进行企业文化建设，通过企业文化建设来解决企业存在的经营管理问题，使企业文化建设不仅为企业的长远发展培育核心竞争力，而且成为解决当下问题的一剂良药。基于此，我们将结合对中国电科企业文化建设实践的总结研究，对国有企业具体的文化建设实践进行深入的探索。

第一节 走进中国电科

企业文化之花生长于企业的土壤之中，要了解一个企业的文化，必须先了解这个企业。因此，在对中国电科的企业文化建设实践进行系统介绍之前，我们有必要先认识一下中国电科。

中国电科是于2003年3月成立的一家典型的高科技企业,其主体是原来直属于电子工业部的46家研究所,这些研究所大部分都是组建于20世纪五六十年代,所以,就渊源来说,中国电科的实际历史比国家正式决定组建它的时间要长得多。

中国电科成立时有10万名员工、46个成员单位,到2013年开始企业文化建设时,已经发展到15万名员工、57家成员单位、6家上市公司。这15万名员工中,科技人员占比近60%,包含中国工程院院士11名,国家级科技人才400多人,享受国务院政府特殊津贴人员200多人。在成员单位中拥有10多个国家重点实验室、20多个博士后科研工作站,一批国内一流的中试线、生产线、装配线和机械加工中心,形成了比较完整的研究、设计、试制、生产及试验能力体系和完备的质量保证体系,是中国唯一集电子信息体系、系统、整机、仪器设备和元器件于一体,以及唯一具备指挥控制、通信、雷达、计算机、情报侦察、信息战军用系统和民用综合大型电子信息系统与设备研制能力的集团公司。中国电科的科技实力、人才队伍和企业规模,即便与世界各国电子信息领域的著名高科技企业相比,也排在前列。

对于中国电科的实力和成就,也许,用一些数据和事例更能说明。中国电科在一些关键技术领域始终保持着国内领先甚至国际先进的地位,每年都要承接近百项国家级重要科研任务,多年来,已先后取得了近千项国内领先或接近国际水平的重大科技成果。截至2017年,已获得国家科技特等奖10余项,国防科技进步特等奖10余项,国家科技进步奖一等奖近20项,国防科技进步奖一等奖100多项;获得重大专利近1万项。

在中华人民共和国成立60周年国庆阅兵活动中,由中国电科研制生产,以空警2000、空警200预警机为代表的7型装备分别组成空中、雷达、通信3个独立方阵接受检阅。时隔10年,由中国电科研制的空警500预警机、高技术反隐身雷达等又一批更新的高技术信息化武器装备,在庆祝新中国成立70周年阅兵中公开亮相。这些装备都代表了当时中国甚至世界的先进水平。

在中国的"载人航天工程"和"嫦娥探月工程"中,中国电科在多个专项中承担规划和总体设计工作等重要攻关任务,是承担和完成这两项国家代表性工程的主要单位之一。

在中国自行研制的北斗卫星导航系统中，中国电科参与承担了卫星定位综合服务系统、电源系统、地面终端系统和检测认证服务等多项任务，是主要的参研企业。

在中国的国民经济信息化建设和国家重点工程建设中，中国电科先后承担并完成了国家公共突发事件应急平台系统，北京奥运会安保指挥中心系统，上海世博会安保项目，博鳌亚洲论坛、广州亚运会、深圳大运会安保解决方案等大型公共安全系统工程和国家电子政务网、全国气象雷达网、全国空中交通管理系统和轨道交通系统、500米口径大型射电天文望远镜天线等一大批国家重大信息系统工程的建设。

中国电科还积极履行社会责任，经常向社会展示责任型企业的形象。先后为汶川地震、玉树地震和舟曲特大泥石流的抢险救灾的应急指挥通信、卫星导航、气象探测、机载电子测绘、高原炊事保障等提供先进的电子信息装备及技术支持，成为抗震救灾指挥的重要信息支撑。

中国电科积极实施"走出去"的战略，拓展国际贸易市场，已初步建成覆盖全球重点市场的外贸营销网络。相继与几十个国家的政府部门和知名企业建立了合作关系，并代表国家参加多个国际组织，在国际市场上树立了良好的品牌形象。

将中国电科的这些实力和成就综合在一起，结论是：这是一家由中央直管的科技型国有骨干企业，是军工电子主力军，网信事业国家队，国家电子信息领域科技创新战略力量。

2016年，中国电科以408位的排名登上《财富》世界500强榜单，此后年年跃升，2022年位列第233位，成为持续进步的世界级企业。

国资委对中央企业经营业绩的考核是对国有企业最重要也是最为客观的评价。自2004年国资委对中央企业实施经营业绩考核以来，中国电科每个任期的考核等级均为A级，到2022年，已实现连续18个年度和6个任期获得考核A级，是所有中央企业中实现这一成就的仅有的8家企业之一，且位居前三名。

在激烈胶着的中美贸易战、科技战的硝烟里，中国电科旗下先后有海康威视等一众企业和十几家研究院所被美国列入制裁清单，这也从侧面验证了中国电科在中国高科技领域的重要地位。

这就是中国电科，一个具备了中国国有现代企业一切特征的特大型高科技企业，这样的企业必须要塑造优秀的文化来引领发展。

第二节　中国电科文化源流

中国电科的文化重塑是在中国电科原有文化基础上进行的，早在中国电科开展系统的文化建设之前，中国电科已经形成了自己的原始文化，这些文化是随着作为电科前身的各个研究院所一起诞生，与新中国的成立和发展同步孕育的，最早的历史，可以追溯到1950年。也就是说，新中国刚一建立，中国电科的文化源头就随之出现了。在此后的岁月里，中国电科的文化之源就随着共和国的发展而不断流淌，在国家主体文化的引导下不断孕育成中国电科自己的文化。

回顾中国电科文化的发展历程，可以大致划分为4个不同阶段，每个阶段都有不同的文化特征，这些特征无不包含着新中国的时代精神，一起构成了中国电科文化的基因。

一、百废待举、筚路蓝缕（1949—1953年）

中国电科文化起源的第一个阶段，是从新中国成立到1953年这一时期。这是中国电科文化发展历程的萌发阶段，也是白手起家的奠基阶段。在这一时期，各个科研单位的主要使命是服务前线、保家卫国。由于新中国刚刚成立不久，国家百废待举，处于筚路蓝缕的初创阶段，为了军队和国防建设的急需，就用在战争年代保留下来的电台、通信器材和设备维修保养人员，再加上从国民党军队接收过来的部分雷达通信设备和维修人员，组建形成新中国最初的电子工业基础力量，播下了新中国电子工业技术研究的种子。当时的主要任务只是为军队维修、研究、生产前方最为急需的通信、雷达器材。随着战后建设的恢复和对苏联合作的开展，科研手段和科研人才逐步加强，按专业技术发展的需要，不断分化成立了新的研究机构。由于这些机构最初都是部队建制，隶属国防部管理，因此，中国电科的文化里具有天然的红色基因。艰苦奋斗、艰难创业，"想部队之所想，急前线之所急，一切行动听指挥，刻苦钻研，增产节约，共克时艰"是这个时期文化的主旋律。

二、科技兴邦、使命担当（1954—1977 年）

中国电科文化形成的第二个阶段是从 1954 年到 1977 年的 23 年。这一阶段，从国家来说是对社会主义工业化建设进行探索，对电子工业打基础、上水平的关键时期，而对当时的各个研究所来说，却是夯实基础，大步迈进的时期。这个时期各个电子科研院所的主要任务是服务国防和国民经济现代化建设。服务国防，科技兴邦的使命担当是这个时期的主基调。在这 20 多年的时间里，中国的电子工业在党和国家的大力支持下，打基础、填空白、补短板、上水平，实现了突飞猛进的发展。研究机构成体系配置，技术体系成系统培育；一流人才不断充实科研队伍；一批高、精、尖项目得到立项实施；一批新技术、新产品取得突破，填补了国家空白，创造出多项全国第一，为"两弹一星"工程的圆满完成做出了突出贡献。极大提高了中国电子工业的技术水平和装备水平，为日后中国电子工业的高质量发展打下了人才、技术和物质基础。

在此期间，中国电科各个研究院所响应国家号召，退出部队编制，但是，依然展现出军人作风，精忠爱国，表现出艰苦奋斗的卓越品质。特别是在大三线建设中，党叫干啥就干啥，一切行动听指挥，打起背包就出发，传承红色基因，挥洒热血和汗水，用青春、热血和激情，书写了岁月的辉煌；用"自力更生、自主创新、团结奋战、三敢三严、顽强拼搏"的实际行动，镌刻下"国家利益高于一切"的文化丰碑。

三、军民结合、改革发展（1978—2001 年）

中国电科文化发展的第三个时期，是从 1978 年到 2001 年的 23 年。这一阶段是社会主义市场经济开创初期，也是各个电子研究院所的转型发展期。军民结合、改革发展是这个时期的突出特点。在这个时期，市场经济的浪潮给各研究院所带来前所未有的巨大冲击，大家从计划经济到市场经济，从"等、靠、要"到自己"找米下锅"，从茫然不知到自省自觉，从艰难挣扎到逐步适应，从故步自封到锐意改革，从畏惧风浪到勇立潮头，迈过了改革发展的急流险滩，经受了不同思想观念的彻底洗涤，实现了脱胎换骨、凤凰涅槃。

与此同时，电子科学技术飞速发展，催生军工电子信息装备不断进步，深处困境的各研究院所依然密切关注世界新军事革命的发展趋势，秉承国家利益高于一切的核心理念，自强不息，收缩战线，保留核心骨干力量；多研制，少生产，共度时艰；抓预研，攻难关，多做型号研制的技术储备；同时，坚持"以民养军"的发展方针，进军国民经济建设主战场，八仙过海，各显其能，分兵突围，逐步打开民用产品的巨大市场，研制出一大批适销对路的民用产品，为国民经济信息化建设作出了重大贡献。

海湾战争后，根据新军事革命的发展趋势，我国国防战略作出重大调整，军工科研经费大幅增加，一批国家级的重大军工工程紧急上马。信息化武器装备的研制更是被提到空前重要的地位，国防军工电子信息技术得到前所未有的高度重视；各个研究院所的研制项目、预研项目、生产项目大量增加。大量在多年"多研制、少生产"运行模式下积累的众多技术成果得到成功运用，催生了一大批信息化新技术武器装备，国防军工战线上积压已久的能量集中爆发，在弥补军队信息化武器装备的一些突出短板方面发挥重要作用，初步扭转了军队信息化作战能力严重不足的被动局面。

在此期间，中国电科的企业文化也在艰难困苦中得到进一步孕育，进一步沉淀和升华，其突出的特点表现如下：

一是初心不改，继续传承"国家利益高于一切"的红色基因，"军工报国、富国强军"的价值追求成为中国电科各成员单位度过这一困难时期的精神支柱。

二是锐意改革，解放思想，变封闭为开放，变保守为创新，抛弃一系列不合时宜的旧思想、旧观念，逐步树立起市场意识、竞争意识、成本意识、精细意识、质量意识，开始主动适应市场经济带来的各种变化。

三是"闯字当头、敢字为先、艰苦创业、顽强拼搏"成为这个时期的文化特色。许多研究院所在项目缺乏、人员流失的困难条件下，坚持创业，使中国电科特有的韧性、艰苦拼搏的精神、敢为人先的作风得到进一步的发扬光大。

四是单打独斗，搏命拼杀的"独战文化"在这个时期孕育形成，给中国电科特别能吃苦，特别能战斗的优良传统作风赋予了鲜明的时代内涵，打上了时代烙印。

四、万流归宗、创新跨越（2002—2018年）

中国电科文化发展的第四个阶段是从2002到2018年的16年。这一时期是中国电科万流归宗、创新发展的关键时期。党中央、国务院、中央军委高瞻远瞩，把握当代军工信息技术发展潮流和世界新军事革命的发展趋势，做出在原电子部46个研究院所的基础上成立中国电子科技集团公司的英明决策。被寄予国家厚望和人民重托的中国电子科技集团公司于2003年年初应运而生，成为中国第十大军工集团，也开启了中国电科高质量、高增长、快速发展的新阶段，标志着中国电科步入了史无前例的发展新时期。

这个时期，中国电科的文化伴随着一个个国家专项工程、国家重大工程、国家重大系统装备的研制，不断发展、不断演化、不断创新、不断积累，形成与市场经济相适应的、与世界新军事革命相协调、与科技创新潮流相得益彰的中国电科特色文化。

一是在艰难曲折又波澜壮阔的研制历程中孕育形成了"自力更生、创新图强、协同作战、顽强拼搏"的"预警机精神"，成为中国国防工业继"两弹一星"精神后又一宝贵的精神财富。"中国预警机之父"王小谟，在国外严密封锁，国内研究困难重重、条件严重不足的艰难情况下，带领中国电科科研团队，积极请缨，勇挑重担，向党中央立下生死状，成功研制预警机，在新中国国庆60周年阅兵式上米秒不差地飞过天安门广场，为国争了光，为民族争了气，成为忠实践行"国家利益高于一切"的国防精神、展示中国电科为国担当优秀文化的集中代表和鲜明符号。

二是形成了"冲上山头论英雄"的求实竞争精神、"做就做到最好"的追求卓越的作风、"共享才能共赢"的合作理念、"创新成为习惯"的创新思维、"人才是电科最宝贵的资源、充分发挥人才作用的管理能力才是电科的核心竞争力"等一系列文化假设，得到电科人的普遍认可和积极践行，丰富了电科传统文化，形成电科新的文化特色。

但是，这些优秀文化作为中国电科的宝贵精神财富，都是以自然的状态存在于中国电科的各个成员单位之中，需要挖掘、开发、整理、提炼，变成自为的存在，才能成为真正属于中国电科，能够在全集团灿烂开放的文化之花。这就是中国电科启动文化重塑工程的初衷。

从中国电科文化的起源到形成的四个阶段中，我们还可看到，有一条清晰的红线贯穿始终，这就是中国电科文化的红色基因。红色基因也是所有中国国有企业文化的共同基因，这个基因决定了国有企业文化的共性，也是我们通过研究中国电科文化来探索中国特色现代国有企业文化建设之路的基础。

第三节 特有的预警机精神

每个企业都会有自己的特色文化，中国电科也一样。在中国电科文化的发展历程中，"自力更生、创新图强，协同作战，顽强拼搏"的预警机精神，无疑是最浓墨重彩的一笔，可谓电光石火，荡气回肠，可歌可泣，令人难忘。

预警机是中国电科作为电子系统的总体单位与中航集团一起研制完成的大型国防装备，预警机的研制成功，填补了国内的空白，创造了诸多的中国第一。在预警机的研制过程中，中国电科有 11 名科技人员在进行试飞时因飞机失事而牺牲，这是中国电科历史上为一项工程任务完成付出代价最大的一次，中国电科对此刻骨铭心。因此，"预警机精神"，可以说是以王小谟院士为代表的中国电科广大员工，在预警机研制过程中用智慧与鲜血塑造出来的，具有鲜明的中国电科特色，是电科文化个性的展现。

考虑到预警机精神的形成是与预警机研制过程中许多动人的事迹联系在一起的，在这里，我们利用中国电科提供的资料，用讲故事的方式，对"预警机精神"进行详细介绍。

一、自力更生，挺起民族脊梁

外国军事专家曾经这样评价："一个国家如果有较好的预警机，即使战机数量只有对手的一半，也一样可以赢得战争。"预警机是现代空中作战体系的核心，是体现国家综合实力和科技水平的标志性装备，是现代战争中必不可少的"空中司令部"。如果说信息化武器装备是一个国家作战体系中的皇冠,预警机则是这个皇冠上的一颗明珠。

1982年,以色列使用 E-2C 预警机在黎巴嫩西海岸严密监视叙利亚导弹基地和空军基地,指挥众多战斗机,短短6分钟内就摧毁了叙利亚19个导弹营,在双方战机战斗力相当的情况下,竟然创造了81比0的空战神话!

海湾战争期间,伊拉克损失的39架战机中有37架是在预警机的发现和引导下被击落的,美国在战后总结经验时明确指出:"预警机是首要的指挥控制平台,没有预警机,美国绝不会参战。"

随着信息技术的迅猛发展,越来越多的国家期盼拥有预警机。但由于预警机属于技术高度密集型的研制项目,是对一个国家科技水平和经济实力的巨大挑战,所以直到现在,世界上只有少数几个国家拥有预警机研制能力。

我国拥有960多万平方公里的陆地国土,还有300多万平方公里的海洋疆域,要通过信息化技术捍卫国家主权、完成国土防空任务,实现空军向攻防兼备型跃升,军队就必须拥有预警机这样的"撒手锏"装备。

其实,拥有预警机,在几十年前就已是中国空军的梦想。早在20世纪60至70年代,中国就曾探索研制过"空警一号"预警机,但因技术匮乏和国力限制,只能抱憾中止。这架飞机最终只成为存放在航空博物馆内的一件展品。

进入20世纪90年代,中国周边的俄罗斯、日本等国都相继装备了预警机,连中国台湾地区也从美国购进了 E-2C 预警机。当时台海局势正日趋紧张,有台独分子甚至叫嚣:"有了预警机,我们的空军就对大陆拥有了绝对优势!"一名驻京的外国武官更是直言不讳地说,假使发生台海冲突,没有预警机的中国空军什么也干不了。面对如此严峻复杂的形势,中国空军拥有预警机的愿望日益迫切。

为解燃眉之急,中国决定由中国电科与以色列合作研制预警机。历经艰辛的谈判,终于达成合作协议。但就在合同即将履行之时,对方突然提出中止合同。

这对中国人民、中国军队和中国电科来说都是耻辱的一天。出于遏制中华民族崛起的目的,美国把"控制技术出口"作为扼制中国发展的一个重要手段,悍然强迫以色列单方面中止与中国已经签署完成的预警机合作研制合同。眼看着就要飞往中国的预警机突然被强行叫停,中央震惊,军队失望,中国电科的科技人员则是感到愤怒和愧疚。残酷的教训让中国电科深刻地意识到,在国防尖端领域,一个伟大而自尊的民族决不能幻想别人的恩赐,唯有掌握核心技术,拥有自主知识产权,才能将祖国发展与国家安全的命运牢牢掌握在自己手中。中国军队必须要有自己的预警机,中国电科必须要自力更生研制出中国自己的预警机。

于是在党中央、中央军委的英明决策下,中国电科与中航集团一起,怀着"一定要争口气"的雄心壮志,义无反顾地踏上了自主研制预警机之路。某年年初,"空警2000"研制项目正式启动。随后,"空警200"研制项目也擂响战鼓。

然而,预警机的研制绝非一条平坦笔直的阳关大道。系统顶层设计没有现成经验可供借鉴,分系统技术攻关异常艰难,关键元器件面临西方国家严密封锁……重重难题,一道接一道摆在中国电科全体参研者的面前。

但是,铁定心要研制出中国自己的预警机的科技专家们,并没有被这些难题所吓倒。王小谟院士,这位后来被称为"中国预警机之父"的著名雷达技术专家,带领整个预警机研制团队披荆斩棘,执着前行。

王小谟是一位既有战略远见又充满自信的科技专家,早在20世纪80年代,曾经在雷达领域屡建奇勋的他就敏锐地意识到了预警机对我国防空体系的重要性,义无反顾地投身到了预警机的预先研究之中,并逐步突破了预警雷达研制最为关键的"两高一低"技术。在20世纪90年代初,他又果敢地站出来,联合十几位老专家联名上书,请求自主研制预警机。这一主动请缨的壮举,在当时让很多人根本不敢想象。因为预警机研制是一项十分复杂且浩大的工程,而当时国内的各方面基础都十分薄弱,甚至连符合条件的微波暗室都不具备,在这种条件下研制预警机,有如角斗士赤手空拳与猛兽搏斗,胜算极小。而且,按正常进度,自主研制并形成装备,至少需要10年时间,如果拖延了部队装备,影响国家安全,这个责任谁能承担?一时间怀疑、否定和阻力,接踵而来。然而,王小谟却坚定地说:"中国人并不比外国人笨!外国人能做的,我们中国人一定能做到!我们不但要研制出预警机,而且还要研制出世界领先的预警机!"

自力更生不仅是一种精神,也是一种智慧。早在与外方合作期间,作为中方总设计师的王小谟便高瞻远瞩地部署了国内的同步研制,创造性地提出了采用大圆盘背负式三面有源相控阵雷达的总体方案,并掌握了一系列关键技术,为自主研制打下了坚实的基础。他还根据自身几十年雷达研制的经验,意识到我国疆域广大,需要装备不同类型的预警机,很早就提出了中国预警机要走大、中、小体系化的发展战略。后来的研制历程充分印证了他的远见卓识。

自力更生是一种决心，更是一种不惧生死的勇气。作为一位当时年近七旬的老专家，王小谟在预警机研制过程中始终坚守在科研最前线，奋战在现场。在戈壁滩上试验时，地面的温度时常超过40℃，机上的噪声经常大于90分贝，但他仍然和年轻人一起，在两个多月的时间里，每天坚持上机4个多小时，晚上经常加班到凌晨。2006年是预警机研制最为关键的时刻，王小谟在进行外场试验时，突然遭遇车祸，腿骨严重骨折，在被送进医院治疗时，又被诊断出身患淋巴癌。面对接踵而至的无情打击，当大家都忧心忡忡、为他担心时，他的脸上却时常露出镇静平和的笑容，每天只问预警机研制的进展，躺在病床上一边输液，一边和设计师面对面探讨交流，对自己的病情则只字不提。病情稍有好转，他就又拖着虚弱的身体赶到了热火朝天的试验现场。

自力更生的精神体现在预警机每个分系统的研制过程之中。作为我国第一个大型机载任务电子系统，预警机的顶层设计和综合集成的难度及复杂性前所未有。中国电科某研究院毅然决然地承担起这一重任，坚持用自己的力量去闯出了一条任务电子系统抓总之路。

要使预警机成为名副其实的"千里眼"，雷达是重中之重。"空警2000"采用的三面有源相控阵，是预警雷达最为先进的体制，属世界首创；"空警200"的有源相控阵雷达要突破宽角扫描的极限，也是世界级难题。但这些难题均被中国电科某研究所彻底解决。

指挥控制是预警机的"大脑"，而当时国内的指控系统从来没有搬上过天。多传感器数据融合、加装数据链，这些都是顶级难题，中国电科某研究所积极承担，靠自己的力量圆满完成了任务。

通信是预警机的神经网络，仅"空警2000"通信系统的设备就达20多类、30多种、100多个，系统集成的复杂度高，关键技术、关键问题层出不穷，而这些难关都在中国电科的某研究所面前让了路。

要使预警机工作统一步调，就要有导航分系统提供位置、坐标、时间基准，而其中众多关键技术受到国外的封锁，中国电科某研究所用技术的成功研发打破了西方的封锁。

为了使预警机"不仅能够发现敌人，同时也要防止被敌人发现"，提高预警机的综合分析识别能力和战时生存能力,中国电科某研究所积极请缨,联合A所、B所(化名),把电子对抗分系统的重担挑在了肩上,解决了电子对抗的难题。

预警机这样的大系统试飞测评和综合保障,在我国属于开创性的工作,没有现成方法可遵循、没有以往经验可借鉴,中国电科某研究所迎难而上,硬是把这块骨头啃了下来。

预警机上使用的关键核心元器件都是西方国家对中国禁运的,中国电科的有关研究所靠自己的技术进行研发生产,最终全部满足了整机系统的需要。就是这样,中国电科与兄弟单位一起,用自力更生精神催生出了中国自己的预警机。

二、创新图强,成就强军梦想

研制中国自己的预警机的关键,是自主创新。

然而,对技术的极高要求注定自主研制预警机之路绝非坦途。预警机将雷达、指控、通信、电子对抗、导航等大型电子设备在飞机上集成,横跨多个领域,代表了国家电子信息技术发展的最高水准。

但是,任何困难也挡不住为国争气的中国电科的科技人员。当时年仅38岁的高级工程师陆军,担任"空警2000"总设计师,他带领着一支平均年龄仅30出头的创新团队,全身心地扑在预警机的研制工作上。系统顶层设计第一个要解决的重大问题就是如何把预警机上的若干分系统、数百套设备有机结合起来,他大胆提出采用开放式体系架构,在机载电子设备的集成中,第一次引入特殊总线技术实现数据传输的构想,从而为系统搭建了一个强有力的"骨架"。这种开放式体系架构的创新,引领了世界各型预警机集成方法的新潮流。在"空警2000"之后,美国也开始采用这种技术,对它的E-2和E-3预警机进行类似的改进。

当时世界上的主流预警机,以美国的E-2、E-3为代表,雷达天线采用的是机械旋转的方式。中国电科预警机研制团队在借鉴国外成果的同时,坚持走自主创新的道路,一起步就决定采用最先进的有源相控阵雷达。有源相控阵雷达就像蜻蜓的"复眼",组成"复眼"的每一只小眼睛实际上又是一部小雷达。在各种类型的雷达中,这种雷达具有最好的"视力",对战场威胁的响应更为迅速。因此,拥有有源相控阵雷达,也就成为世界各军事强国武器装备研发的不懈追求,而中国电科在预警机研制上做到了一步到位，后来者居上。

不仅要完成预警机雷达"零"的突破，而且要领先一代，填补世界空白，我们能行吗？面对西方国家的封锁与怀疑，中国电科某研究所科研人员用睿智与坚定，给出了铿锵有力的回答。张良博士勇挑重担，担任雷达总设计师。在这个难不倒、压不垮的硬汉子的带领下，雷达团队怀着必胜的信念开始了艰难的攻关。

反杂波技术是机载雷达的核心技术之一。预警机升空后，往下发射无线电波，既会探测到目标，也会碰触到地面，地面反射雷达电波的能力要比目标强几十万倍，地杂波就像强烈的阳光让人晃眼一样，会使雷达在探测目标时从"千里眼"变成"近视眼"，甚至"盲眼"。20世纪70年代，当时中国在"空警一号"预警机的研制中，就是因为解决不了反杂波技术问题而无奈中止。雷达项目组迎难而上，把"两高一低"世界性难题踩在了脚下，研制成功了世界上功能最强的雷达信号处理器、性能最稳定的发射机和性能最好的有源相控阵雷达天线，使预警机雷达真正拥有了"明察秋毫"的"火眼金睛"。

难题还不止这些。对于有源相控阵雷达来说，决定成败的关键是要制造出性能优良的一只"复眼"，也就是收发组件。收发组件很小，在这样狭小的空间内集成一部部功能完善的小雷达，其难度可想而知。西方有专家曾经认为，在这个最具挑战性的技术上，中国无论在理论上还是生产能力上都不具备条件。可是，中国电科的专家们硬是没有条件创造条件也要上，通过多年的研究、创新，在收发组件工艺技术上实现了重大突破，研制出了高性能的收发组件，而且，比同期先进国家的同类产品还要更轻、更小、更稳定。

相控阵天线宽角扫描是世界性的技术难题。为了捕捉到任何一个方向上的威胁信息，雷达波束需要覆盖尽可能广的方位，但在传统教科书上，方位的极限是正负60°，在60°以外的范围，即使雷达能够工作，"视力"也将严重下降。因此，以往有一些专家认为，60°是一个不可能突破的禁区。在没有人知道哪条路可以解决这一难题的情况下，中国电科某研究所的科研人员大胆创新，改变思考问题的角度，突破传统的思维，终于找到了解决这一世界性技术难题的有效途径，实现了天线扫描角度范围的极大拓宽，创造了这一技术的世界之最。

预警机不仅依靠雷达执行探测任务，还需要指控、导航、通信等各大分系统的相互协作，才能担负起整个战场的动态管理功能。如果说雷达是预警机的"眼睛"，那么指挥控制系统就是预警机的"大脑"。指挥控制技术涉及国家的军事战略、战术思想，涵盖了多源信息处理、指挥、引导等多个专业技术领域。承担这一任务的中国电科某研究所的科研人员，合理规划，组织重大难题攻关，突破了机载多传感器数据融合、数据链分发和指挥引导等关键技术，为预警机装上了中国研制的机载指挥控制系统，改变了中国空军作战指挥模式单一的状况，填补了中国机载指控技术的空白。中国空军的有关人士因此自豪地说："没有数据链，我们只能单打独斗；有了数据链，就拥有了庞大的神经网络，使战场的耳目、大脑和拳头有机地连接起来，实现了作战的体系化。"

系统全机电磁兼容是预警机研制道路上的一块"拦路石"。人们坐民航飞机时，总是被空姐要求关掉手机、电脑等电子设备，以免干扰到飞机航电系统。而预警机上电子设备数量众多，既有雷达这样的电老虎，又有比收音机灵敏几万倍的接收设备，这些设备"脾气"不同，"秉性"各异，如果电磁兼容问题解决不好，这些设备之间因为互相干扰而不能协同工作，那么再高精尖的电子设备也只能是"散兵游勇"。

但是，电磁兼容技术也是公认的高难度技术。在计算量简直要用天文数字才能描述的情况下，电磁兼容工作组的工程师们通过无数次分析和试验，提出了先进的计算方法，建立了中国自己的大系统电磁兼容实验室，确定了众多设备协同工作的方法和准则，就像为庞大的乐队找到了指挥一样，预警机内几百套电子设备在他们的有序编排下，和平共处，各施所长，奏响出了和谐的交响曲。

国产两型预警机创造了世界预警机发展史上的数个第一，突破了百余项关键技术，累计获得重大专利数十项。一项项独特的设计思路和集成创新，使中国的预警机成为世界上看得最远、功能最多、系统集成最复杂的机载信息化武器装备。领域内首次提出的"网络化、多元化、轻型化、一体化"的新概念，引领了国产预警机从世界先进向世界领先迈进！美国政府智囊团詹姆斯敦基金会发表评论说，"中国采用相控阵雷达的'空警2000'和'空警200'，比美国的E-3C整整领先一代"。而这些花多少钱也买不来的核心技术，正是中国电科自主创新的成果。

有一种力量催人奋进，有一种激情使人昂扬，这就是"创新"的理想，它融化在电科人奔流的血液里,它书写在电科人前进的旗帜上。"路漫漫其修远兮,吾将上下而求索",为了国家的繁荣强盛,为了人民的幸福安康,中国电科人满怀激情地踏上了艰难曲折、充满探索的新征程!

三、顽强拼搏,谱写英雄篇章

中国预警机是一朵凝聚了无数智慧和创新的奇葩,中国电科的科技人员在预警机的研制中走过了艰难曲折的历程,谱写了一曲又一曲顽强拼搏、无私奉献的颂歌。无论是年过花甲的科技专家、年富力强的科研骨干,还是刚刚走上工作岗位的年轻人,有一点总是那么地相似,那就是:以苦为乐,百折不挠,以惊人的毅力和勇气,战胜常人难以想象的困难;忘我工作,无怨无悔,奉献自己的青春年华、聪明才智,乃至热血和生命。

这,就是预警机团队薪火相传的顽强拼搏精神。

中国电科某研究所的技术人员承担了艰巨的相控阵雷达攻关任务后,从系统立项研制开始就处于高速运转的状态,多年来他们几乎没有休息过一个节假日,夜以继日刻苦攻关,自谑为"白加黑,5+2"。在巨大的工作压力,超负荷的工作强度,从不间断的研制进程背后,是一个个拼搏的身影,一份份对国防事业的深深眷恋。

王卫华是雷达发射分系统负责人,在基地试验最紧张的时候,得知自己刚出世的孩子不幸夭折,突如其来的沉重打击让他一时难以承受,但他强忍着悲痛,坚守在工作岗位上,直到试验全部完成。雷达分系统的总师葛建军,自从承担了研制任务后,工作室就成了他的"家",在连续几年的时间里,只是偶尔才回趟家,以至于在他结束任务回家时,已经两岁多的儿子把他当成了陌生的"叔叔"。

"巾帼不让须眉"是预警机项目组里时常发生的事。在整个预警机研制过程中,到处都有女技术人员的身影,从总体设计,到软件开发,再到设备试验,甚至是试飞现场,她们都发挥了重要作用。

指控分系统的工程师赵晓莲是一名军嫂,由于爱人远在部队,家庭和工作的两副重担同时压在她柔弱的肩上。在进行外场联试时,由于整整半年不能回家照顾两岁的儿子，电话就成了母子俩唯一的连心线，每次通话，电话那头的儿子几乎都是在哭着喊"妈妈，妈妈，我想你，你快回家吧"。听到孩子的哭喊声，她也禁不住偷偷抹眼泪，但当同事们劝她抽空回去看看时，她却总是摇头说："等试验做完再说吧，孩子现在还不懂妈妈工作的重要性，等他长大了，一定会理解妈妈的。"

综合保障分系统副主任设计师栗金红在工作进行到最关键的时刻被查出身患癌症，突发的恶疾让她不得不住进了医院。在化疗进行到第六次时，她的身体已极度虚弱，头发几乎全部掉光，但她心里仍然放不下自己的工作，一次又一次地请求回到工作岗位。2005年6月12日，她在经历了无数次的昏迷后再也没有醒来，永远离开了她无限眷恋的预警机事业。

选择国防科技事业，就是选择了一种枯燥寂寞的生活，就是选择了非同寻常的困难和风险。在预警机研制现场，流传着这么一个顺口溜："技术人员真怪，常年出差在外，老婆没空去爱，小孩没人去带，生活节奏飞快，身体备感倦怠。"然而，为了国防科技事业，他们在所不辞！

预警机的研制成功与其说是干出来的，不如说是抢出来的，拼出来的。这是一项与时间赛跑的工程，更是一项挑战极限的工程。"空警2000"立项时，担任指挥控制系统总师的戚志刚还不到36岁，他带领项目组人员废寝忘食、不分昼夜地工作，解决了一个又一个技术难题。几年百折不挠的刻苦钻研，几千个日日夜夜心无旁骛的攻关，让他满头的青丝过早地花白了，可当预警机研制成功后，他却高兴地说："一生能有幸参加这项国家重点工程，是我最大的荣耀，即使头发全都白了，我也心甘情愿！"

预警机的整个研制过程都是困难重重的，而试飞阶段的艰辛更是超乎人们的想象。用于作战的预警机需要经过不同地理环境和不同气候条件的考验，这就决定了中国电科负责预警机研制试验的科技人员们要随着预警机的试飞一起"遭罪"。在试飞过程中，他们南下北上，经常风尘仆仆地辗转祖国的各个角落，从北国寒冬到南国炎夏，从大漠风沙到瀚海惊涛，时常经受冰火两重天的折磨。

在大西北试飞时，酷热的夏季，戈壁骄阳似火，连空气中都弥漫着一股烧焦味，风似乎都被烤糊了，封闭的机舱内温度更是达到70℃，在里面工作就像在蒸桑拿。特别是在天线罩里，空间又矮又窄，最高处不过1.5米，排线人员在里面只能半蹲着，既累又直不起腰，不到十分钟，整个人就像从水里捞出来一样，但大家咬牙坚持躺在机舱的地板上，完成了所有的调试工作。而到了寒冷的冬天，则又是滴水成冰，气温陡降至零下三四十摄氏度，即使裹着羊皮大衣也会瑟瑟发抖，手摸到设备好像就要被粘住一样，负责试验的工作人员只要连续工作二十分钟，手脚就都会冻得失去知觉。

试飞阶段的艰苦远不止气候。机舱内的噪声和颠簸也是折磨试验人员的元凶。近100分贝的噪声使面对面的交谈都要紧贴在耳边才能完成，每次下机后试验人员的耳朵都还在不停地轰鸣，两三个小时后都还听不清声音，这导致许多人相继患上了航空性中耳炎、习惯性耳鸣、偏头痛和脊椎痛等病症。机上剧烈的颠簸和震动让试验人员几乎每天都要经历难以忍受的恶心和呕吐，但这一切都没有难住大家，听不清话就打手语，吐了就挂个塑料袋，工作一定要坚持干。

在一次试飞中，飞机的氧气管道在9000米高空突然发生破裂，3分钟的时间，飞机从9000米猛降到3000米，失控般扑向地面，压缩饼干瞬间膨胀成了一个"小气囊"。但面对突如其来的危险，在生与死的考验面前，大家首先想到的不是自己，有的人不顾个人安危保护试验数据；有的耳膜已穿孔还在坚持调试试验平台；有的冒着生命危险，跑去给参试设备关电……就是这样的奋不顾身，就是这样的忘我工作，中国电科的预警机研制团队用自己的实际行动阐释了什么叫拼搏奉献精神。

四、协同作战，凝聚制胜力量

伽利略曾说："科学不可能一个人来承担。"预警机作为一项庞大而复杂的系统工程，涉及众多技术领域、多个分系统，其研制工作浩瀚复杂、环环相扣，任何一个微小环节的失误都可能迟滞研制进度，甚至导致整个研制任务的失败。因此，特别需要跨技术、跨行业，在时域和空域上高度默契的协同配合，才能形成合力，攻坚克难。

预警机的研制对中国电科来说是一场空前的大会战，全系统内外共有70多家单位数以万计的人员参加。为了争口气，把预警机项目搞成功，从集团公司到各个研究所，都将预警机项目作为"天字号"工程，组织精兵强将进行技术攻关，以签订军令状的方式，将任务层层分解。集团总部设立了行政指挥系统和技术指挥系统，建立起规范合理的专业分工、流程分配和协同工作的研发管理机制，明确各级、各类人员的职责，确保预警机的研制一路绿灯。

在行政指挥系统的指挥下，总师系统根据多个型号高度平行交叉的特点，搭建起适用于多型号同时研制的技术管理平台，提出了众多分系统参与的大型系统的联试措施。各单位建立起齐心协力、共同攻关的统筹管理机制，使团队合力得到了最大化的发挥。

雷达和电子侦察系统是预警机的"眼睛"和"耳朵"，这两个系统只有实现协同工作，预警机才能"耳聪目明"。在全状态首飞前，电磁兼容工作组预测到，电子侦察系统可能会受到来自大功率雷达的电磁波干扰。面对这个棘手问题，大家立即行动，工作组在进行了仔细的仿真分析后，大胆地提出建议：先把这两个系统安装到飞机上进行实际测试和验证。整整一个五一长假，系统总体、雷达和电子侦察系统共百余人，无一例外地24小时倒班，像陀螺般高速运转着。最后终于排除了干扰，实现了两个系统的"和平相处"。

通信分系统涉及数十家配套单位，数十种产品，他们的讨论会"规模"是最庞大的，常常有七八十人参加，从全面主持分系统的研制到合理安排项目组每个人的工作；从解决各个试验、试飞现场的技术问题，到与其他分系统、协作单位进行技术协调；从方案、大纲等各种技术文件的拟制，到设备订购、加工、出所……大家一起谈想法、提建议、理思路。系统负责人感叹，如果没有这种畅所欲言和集思广益，他们绝对无法建成目前国内最先进、最复杂、效率最高的机载通信系统。

微波功率管是使雷达成为名副其实的千里眼的最重要的器件之一，微波功率管在每部雷达上的用量达到了数千只。为了解决它的国产化问题，元器件分系统打破参研单位既有的分工和领域限制，组织跨地区、跨研究所的任务攻关。预警机研制任务把数十个研究所紧紧地凝聚在一起，在几年的研制过程中，各个所的科研人员情如手足、合力攻关，有困难了，互相帮着干；有进展了，及时和对方沟通自己的做法。通过努力合作，大大缩短了研制时间，在单项技术有差距的情况下，通过各环节的协作和科学的资源整合，只用了 6 年时间就追赶上了国外 20 多年才能达到的技术水平。

某年某月，预警机由南京转场到外地进行定型试飞。由于联试场地位于偏僻地区，无法调配搬运工和工具，但装满整整 28 节火车车厢的设备必须按时卸下并运到场地。在项目总师的统一指挥下，大家顶着烈日，不分单位、不论男女一齐上阵，靠着肩扛、手抬，艰难地一点点挪动，把上百吨的设备全部搬运到了联试场地，为试飞成功赢得了宝贵的时间。

兵马未动，粮草先行。后勤保障人员为了运送科研物资，不辞劳苦、翻山越岭赶赴科研基地。他们顶严寒、冒酷暑，风餐露宿；坐闷罐车、吃方便面，忍受蚊虫叮咬，仅一年的行程就达 5 万多公里。在长达几年的长途物资运送中，无一例事故发生。在每个科研基地，总能看到保障人员前后忙碌的身影，参研人员感慨地说，"几乎在每个外场，来得最早、走得最晚的都是后勤保障的人"。

在中国电科 47 个研究所中，大多数的单位均参与了预警机工程的研制和配套协作。在我国军工电子研究开发史上，还从来没有哪一个产品的参研单位如此之多，涉猎领域如此之广，是预警机工程把中国电科各个成员单位紧密地联系在了一起。预警机工程取得的一系列重大突破，无一不是团结协作的成果，无一不是群体智慧的结晶！

某年某月，我国第一部自行研制、具有自主知识产权、承载着几代军工电子人心血和汗水的预警机直插苍穹，全状态首飞成功。预警机的研制成功充分显示了中国力量！充分展示了社会主义大协作迸发出的巨大合力！

预警机英模和先烈用智慧、血汗和生命铸造的预警机精神，是中国电科镌刻的一座伟岸丰碑，是中国电科极其丰厚的精神财富，已凝练、沉淀形成电科文化的优良基因，将经久不息地流淌在中国电科的文化长河中，鼓舞激励一代代中国电科的员工去履行好国家赋予的使命和责任，把中国电科建成电子信息领域具有全球影响力的创新型企业。

正是预警机精神唤起的企业自豪感，激发了中国电科重新认识自己、展示自己的强烈欲望，因此，预警机精神也是中国电科启动企业文化建设工程，进行文化重塑的重要内在力量。

第四节　塑造中国电科新文化

　　中国电科艰苦奋斗，顽强拼搏，风雨兼程，一路狂奔，赢得了跨越式的发展。十多年来，几十个国家级的研究机构，数百家企业，十几万名员工，在电子信息几十个专业方向上，拼搏进取，不曾有过停息。但中国电科在取得巨大发展的同时，又面临着更加严峻的挑战。智慧时代的到来、现代国有企业制度的建立、建设信息化国家和信息化军队的重任、日益激烈的市场竞争、国际化的召唤、建设具有全球影响力的世界一流企业的目标要求，都在不断地改变中国电科的发展环境。如同一艘在风浪中经历了长时间航行的巨轮，中国电科现在又进入一段波涛汹涌的新海域，需要重新适应新的环境，做好再次启航的精神和物质准备。

　　而审视中国电科自身，引发的却是一连串的问号。走过快速发展，历经"野蛮生长"后，面对未来的极大不确定性，企业用什么新的发展路径和发展方式来保持继续发展？经历了单打独斗、各自为战的阶段后，面对世界级的竞争对手，亟需集团化经营，发挥整体竞争优势，但如何才能实现？旧有的驱动力即将耗尽，新的发展动力从何而来？传统的思想观念已成羁绊，新的发展理念如何确立，才能引领企业走出混沌？旧的研发体系已尽显疲态，新的研发体系如何建立，才能适应国家科技创新的需求，满足信息化武器装备研制生产的需要？建设世界一流企业，不仅需要能比肩世界优秀企业的硬实力，还需要具有独特优势的软实力，这些实力如何打造？这些问题，集中引出一个更大的问题，就是用什么来引领中国电科迎接挑战，战胜困难，走出混沌。于是，中国电科经过上下思想沟通，达成共识，问题的答案就是建设新的企业文化，塑造中国电科的灵魂。

　　但是，新的企业文化应该是什么，将从哪里来？这是中国电科进行新文化建设首先要面对和必须搞清楚的问题。通过探索，中国电科找到了自己的方法，就是建立一个纲领性的新文化来指导。这样的纲领性文化应该站在世界高科技企业科学发展的高度，科学分析集团公司内外部经营环境，进一步定位集团公司愿景、使命、核心价值观，导向性地回答集团公司经营、管理和发展的一系列基本问题，明确集团各个业态的基本发展目标、基本路径、基本原则、基本方法，建立起集团公司科学的价值观体系和经营体系，形成集团统一文化基础之上的心理契约和十几万名员工的基本行为准则，指导集团公司走出一条国有高科技企业的创新发展之路。

由此，中国电科义无反顾地开始了企业文化的重塑。中国电科确立的新文化，传承了电科成立以来培育的主体文化和几十年来电科各成员单位在发展过程中形成的优秀文化，具有鲜明的精神个性。中国电科确立的新文化明确了中国电科是一个执行政治任务的经济组织，中国电科的事业是党和国家事业的组成部分，中国电科肩负着其他企业不可替代的历史责任，中国电科的工作就是践行党的使命。在此基础上，又进一步总结凝练了中国电科在新时代的使命、愿景、核心价值观，确立了中国电科独特的企业精神和价值信条，优化和重构了中国电科的企业DNA。尤其是对中国电科新的企业使命赋予了时代内涵，在彰显其个性特征的同时，也让新的愿景成为统领员工的一面旗帜。

中国电科的新文化，按照体现时代性、思想性、先进性、系统性、导向性、规范性、有效性的要求，通过对核心价值观、价值信条和文化理念的系统性重塑，在全系统内凝聚发展共识、形成共同语言、提供决策准则，促成全系统在思想和行动上统一。同时，藉由企业文化的系统建设，对外传递中国电科的企业形象、形成品牌定位、丰富产品内涵，提高电科声誉，使中国电科进入这样一个新发展阶段：拥有一个统一的价值追求，树立一杆全系统统一的文化大旗。最终让优秀的电科文化独树一帜，引领中国电科发展成为具有全球影响力的世界一流企业。

第十五章 企业文化建设的中国电科模式

企业文化建设是一个内容广泛，涉及面宽的系统工程，需要上至领导，下至员工，全员参与，一开始就要进行认真的谋划、精心的设计，有计划有步骤地组织实施，全力推进。习惯和擅长于系统设计的中国电科，将系统工程方法用在文化重塑中，探索出了一套自己的企业文化建设方式。

第一节 总体谋划，做好文化建设顶层设计

企业文化建设首先要做好总体谋划、顶层设计，在这当中，最重要的是要明确总的指导思想，制定科学可行的总体目标。

一、制定正确的指导思想，指引电科的文化建设

企业文化建设的指导思想具有战略性、纲领性、引领性，是对工作目标、方向、思路、重点以及工作着力点、突破口等的高度概括和集中表达，是企业文化建设工作全过程的指南。制定企业文化建设的指导思想是开展企业文化建设最重要的事情，因为指导思想正确与否，在很大程度上决定着企业文化建设的成败。

关于企业文化建设指导思想的制定，本书在前文方法篇中专门介绍了制定企业文化建设指导思想的"四刀雕刻"法，这一方法实际上就是中国电科实践的成果。中国电科在企业文化重塑的实际操作中，就是运用"四刀雕刻"法，提炼形成具体的指导思想，对后来企业文化建设一系列工作正确有效的开展起到了重要的指引作用。现在再看他们当初制定的这一新文化建设指导思想，依然能感受到一种很强的引导力。

紧贴中国电科实际，目的明确、路径明晰、有引领力，是中国电科文化建设指导思想的特点，表明中国电科的企业文化建设从一开始就是经过精心谋划，意图清楚的。中国电科后来企业文化建设的成功实践，充分证明了这一指导思想的重大作用，在中国电科的整个企业文化建设过程中，每当遇到困难和迷茫无措时，这一指导思想总能为企业文化建设指明前进的方向。而用于制定这一指导思想的"四刀雕刻法"也因此极具借鉴价值。

二、制定可行的总体目标，保障电科文化建设的正确方向

企业文化建设总体目标的制定，决定着企业文化建设的方向是否正确，要达到的目标是否可行，关系到企业文化建设的全局，是企业文化建设的顶层设计工作。其涉及的要素纷乱繁杂，需要综合平衡的问题众多，决策要素的选择复杂，是企业文化建设和重塑成功的关键和前提，十分艰难又十分重要。

为进行企业文化重塑，中国电科在明确了企业文化建设的指导思想的基础上，又进一步制定了企业文化建设的总体目标，即"按照时代性、思想性、先进性、系统性、导向性、规范性、有效性的综合要求，围绕企业发展战略，借鉴国内外企业文化建设成功经验，紧密结合企业实际，系统推进核心理念、经营文化、员工行为、品牌体系及视觉形象五大工程建设，打造企业优秀文化、明确经营管理的基本遵循，提供员工行为的基本准绳，树立国际知名品牌形象，实现以文化凝聚思想、以品牌创造价值，增强集团公司软实力和核心竞争力。通过新的企业文化建设，使电科集团拥有一个统一的价值追求，树立一杆全系统统一的文化大旗，让优秀的国企文化独树一帜，在整个集团凝聚发展共识、形成共同语言、促成全系统在思想和行动上统一，为电科的发展提供不竭动力"。

中国电科企业文化建设的这一总体目标，明确了中国电科进行企业文化建设要达到的目的、要产生的作用、要取得的成果以及实现目标的方法、路径和最终效果，既符合中国电科文化建设的实际，具有很强的可行性，又与中国电科的发展战略目标相互支撑，对中国电科企业文化建设的有效开展和取得成功起到了很好的引领作用。归纳起来有三个方面的特点：

一是坚持高站位和大格局，从企业肩负的重要使命和特殊责任角度出发来把

握企业文化建设目标，使企业文化建设的目标与党和国家的期望相一致；二是从企业的发展实际出发，把企业文化建设的目标与企业的发展战略一同思考，通过分析企业不同的发展阶段最适合什么样的企业文化来寻找企业文化建设的目标，使企业的文化建设符合企业的发展战略和实际需要；三是从分析企业现有文化出发，对企业自身文化优劣进行科学诊断，通过清醒认知和深刻洞悉自身企业文化存在的问题，判断哪些需要继承，哪些需要扬弃，哪些是长处，哪些是短板，哪些符合潮流，哪些必须借鉴，以此确定企业文化建设的目标，建设真正优秀的企业文化。

中国电科能制定出合适的企业文化建设目标，得益于他们采用了我们在前文方法篇中介绍过的确定企业文化建设总体目标的"五要素法"。企业文化建设目标涉及的要素纷乱繁杂，需要综合平衡的问题众多，一般比较难以把握，所以，制定出正确的企业文化建设总体目标十分不易，中国电科采用"五要素法"制定企业文化建设总体目标的经验提供了很好的借鉴。

第二节　用"五项原则"统揽电科文化建设

掌握国有企业文化建设的内在规律，是保证国有企业的文化建设不出偏差，取得良好的效果的关键。中国电科在企业文化重塑中总结提炼出的"五项原则"尤其重要，这五项原则是：

聚焦问题的原则。在进行企业文化建设顶层设计时，中国电科认为最重要的就是要找到问题之所在，也就是要聚焦问题。这包括企业发展的重大战略问题是什么？企业发展面临的挑战是什么？企业经营管理的短板是什么？现有企业文化的缺陷是什么？企业未来发展到底需要怎样的企业文化？企业更高水平的经营管理对企业文化提出哪些具体要求？如何重塑企业的文化，打造企业需要的软实力？……这些问题的提出和清楚的解答，就犹如企业文化建设道路上的一个个路标，保障文化建设工程始终保持在正确的轨道上，不会迷失方向。

紧扣战略的原则。中国电科在企业文化建设的实践中认识到，企业文化和企业战略是企业发展的双螺旋，必须紧密相连，不可分割。在文化再造的工程中，必须始终坚持紧扣战略的原则，必须时刻以企业的发展战略为航标，围绕企业的发展战略来定位企业文化,围绕企业发展战略的实施来定位企业文化的具体功能,围绕企业发展战略的难点来设定企业文化建设工作的着力点。这样才能从根本上解决企业文化和企业发展战略脱节的问题,解决企业文化和经营管理两张皮的顽症,使企业的文化建设真正发挥作用,产生实实在在的效能。

传承优良传统的原则。企业文化是历史的沉淀,优良的传统是企业文化的根基,是企业文化成长的沃土。因此,在进行企业文化建设时,必须坚持传承优良的传统文化。国有企业文化建设最忌讳的便是"历史虚无主义",是企业领导对企业发展历史的不屑一顾,轻易地否定企业发展的历史和文化。不能传承历史的文化一定是虚无的文化,不管重新设计的文化有多么漂亮、多么高雅,都注定是空中楼阁,无根浮萍,断难以长久,更不会真正产生效能。

突出特色的原则。特色是企业文化的生命,也是评判一个企业的文化建设成败的重要标准,因此在推进企业文化建设中,必须坚持突出特色的原则。人云亦云,似曾相识,毫无个性的文化是企业文化建设的大忌,必须努力避免。实际上,在企业文化的建设的全流程存在很多可以创新的点,例如,在文化的形式上,在核心文化的要素上,在企业文化和经营管理的结合点上,在企业文化的落地方式上,都有保持企业文化特色的空间。特别是在企业文化总体设计一开始时,就要时刻注意企业文化的特色和创新,不断地向自己发问,新建设的文化是否有特色?具体表现在哪里?如果说不出三个特色点,就必须重新审定和提炼企业文化的特色。

注重实效的原则。实效性是企业文化建设的难点,也是企业文化建设成败的关键。评价一个企业的文化建设是否成功最主要的判据就是是否管用。许多企业的文化建设之所以不成功,就是在于企业文化建设没有取得实实在在的效果,新建设的文化不管用,反而成为劳民伤财的空摆设和花架子。所以,在进行企业文化建设时,必须坚持注重实效的原则。在文化建设总体设计时就要注意系统分析每个环节,与企业的经营管理实际和需要解决的问题相结合,从引领作用、凝聚作用、形象塑造等多个方面把应达到的目的和产生的效果考虑到;同时要注意留下文化落地的渠道,同步设计出文化落地的有效机制和体制;在文化实施时,选好文化推进的抓手和载体,以保证文化实施的顺利进行。

中国电科就是有对这"五项原则"的坚守,才保证了企业文化建设没有犯颠覆性的战略错误,始终沿着正确的轨道不断推进。这"五项原则"是中国电科为国有企业文化建设积累的宝贵实践经验。

第三节 精心布局，聚焦"五大工程"

企业的文化建设是一项练企业内功的、精细复杂的系统工程，其难度大、问题多、要求高，仅凭一腔热血是无法完成的，需要用科学的方法来推进具体工作。中国电科长期从事系统工程的研制工作，积累了许多系统工程的管理经验，在这次文化重塑中，他们创造性地将系统工程的管理方法移植到企业文化建设之中，取得了比较好的效果。他们借助系统工程管理的理念，结合企业的具体实际，提出了文化建设的总体框架，把整个文化建设分成核心理念提炼工程、《经营文化纲要》工程、《员工行为规范》工程、品牌体系建设工程和视觉识别系统工程等五大工程来进行系统布局，形成一个有机完整的企业文化建设体系，从而使企业的文化建设做到了统筹规划、整体展开、体系推进和有序实施，较好地避免了许多企业在文化建设中常出现的"碎片化"问题。

一、核心理念提炼工程

核心理念提炼工程是中国电科文化重塑的核心工程，其主要任务是要完成企业使命、愿景、核心价值观和价值信条的提炼，是对企业文化核心层面的重塑，属于整个企业文化建设的领头项目。因为只有企业的核心理念确定下来了，其他的项目才能开展。

在以往的企业文化建设中，不少企业的失败都是由于核心理念的提炼出现了问题，因为核心理念是企业文化的灵魂，如果提炼得不好，建设出来的新文化就是一具徒有光鲜外表而没有生命和灵魂的木偶，对企业难以发挥实际的引领和凝聚作用。但是，核心理念的提炼和塑造恰恰又是难度最大的，要提炼出既凝练又具有深刻内涵，既对企业具有长远指导性又符合企业实际需求的核心理念确实不是一件容易的事。

国有企业核心理念塑造的难度，主要表现在以下几个方面。

一是难在要有哲学的升华。要从哲学层面回答好企业的"三大基本问题":第一个问题,我们是谁,我们为谁做什么?即企业存在的意义问题;第二个问题,我们将走向哪里?即企业未来的方向问题;第三个问题,我们要怎么做?即企业行动的战略原则问题。而这些都是很难把握准的问题。

二是难在既要继承又要创新,提炼出来的核心理念既要包含国有企业的共性,又要具有本企业的特色。

三是难在统一思想,达成共识。提炼出来的企业使命、愿景、价值观和价值信条要得到企业上下全体员工的认同,实现这一点十分不易。

不仅如此,核心理念的塑造是典型的"一把手工程",与企业的高层领导关系密切,还必须通过企业党组讨论和董事会决定等法定的程序,必须得到企业高层领导的统一认可和研究批准。流程复杂,关口众多,稍有不慎,可能满盘皆输,不容许有任何差错。所以,中国电科在文化重塑中将其列在首位,作为需要首先做好的重点工作。

二、《经营文化纲要》工程

《经营文化纲要》是中国电科文化建设的重大创新,而制定《经营文化纲要》也是中国电科文化建设的支柱工程,其目的是要制定一个纲领性文件,作为中国电科的"法典",通过这个"法典",将中国电科文化的核心理念融入经营管理,明确中国电科的定位和核心价值、基本战略、基本构架、基本管控以及经营管理的基本问题,系统阐述解决经营管理矛盾和内外重大关系的原则和优先顺序,形成从文化到管理的心理契约,实现中国电科从价值观念的认同到思维方式的转变,完成基于生产经营活动的价值体系建设,使中国电科的管理体系具有高度一致性、借鉴和推广性,从根本上解决过去长期存在的企业文化建设和企业经营管理"两张皮"的问题,促进企业文化建设与企业发展战略以及具体经营管理工作的有机互动,实现企业的文化与管理深度融合,使企业文化真正成为企业经营管理的灵魂,能切实发挥对经营管理的引领作用。

中外几十年来企业文化建设的实践证明,企业文化的落地问题是关系到企业文化建设能否成功的一个十分关键的问题,与企业文化本身一样重要。不能落地的企业文化就是空中楼阁，除了劳民伤财，毫无价值。中国电科制定《经营文化纲要》，就是要架起上下联系的桥梁，疏通文化灌输的渠道，将集团的使命和核心价值观直接注入基层的经营管理之中，在企业具体的经营管理行为中显现出来，为企业文化的有效落地找到一种可行的方法。这是国有企业文化建设的一大创新，所以中国电科将其列为文化重塑的二号工程。

三、《员工行为规范》工程

一般企业文化建设都把制定《员工行为规范》作为一项普通工作来进行，但在中国电科的文化建设中，却是有意识地把制定《员工行为规范》当成保证文化落地的一个重要方面。中国电科认为，员工行为规范不仅是员工的"脸谱"，更是企业核心价值观在员工身上的显现，是企业文化落地的重要途径。企业的核心理念系统建立之后，要真正将其落实到企业日常的经营管理行为中，必须要通过组织和个人两个管道才能实现，其中一个管道是经营文化系统，它解决的是如何将核心理念转化为企业的组织行为的问题；另一个就是员工知行系统，它解决的是如何将核心理念转化为企业全体干部员工的个人自发行为的问题。对于第一个管道，中国电科是通过制定《经营文化纲要》来解决的，而对于第二个管道，则要通过制定《员工行为规范》来解决，通过制定《员工行为规范》，将企业的核心价值理念融入员工的具体行为之中，把企业的核心价值理念变成企业员工的实际行动，让全体员工知晓企业文化、理解企业文化、践行企业文化，实现企业文化在员工心中扎根、在工作岗位中体现、在日常行为中彰显，做到知行合一，使企业文化从顶层落到实处。所以，《员工行为规范》的制定起着十分重要的作用，是中国电科文化重塑的三号工程。

四、品牌体系建设工程

品牌是企业的人格形象，是企业文化在企业经营上的直接体现。在世界市场不断进入一体化的今天，在市场中搏杀的企业更是把竞争的重点放到品牌塑造上，通过打造响当当的品牌，形成企业的差异化竞争优势，从而赢得市场。

由于跨国公司长期占据品牌优势，在市场竞争中一直处于有利地位，而包括中国电科在内的许多国有企业在以往相当长的一段时间里，因为品牌意识淡薄，不够重视品牌建设，导致在市场竞争中经常处于劣势，这也成为国有企业参与市场竞争的不利因素。

造成中国电科品牌建设落后，长期与世界一流企业存在较大差距的原因有很多，其中一个比较重要的原因就是品牌文化落后，品牌意识缺乏。因此，中国电科在这次文化重塑中，把培育品牌文化作为一项重要的工程来抓，目的是通过实施品牌战略，强化品牌意识，明确品牌定位，培育、创造出有竞争力的品牌，补齐中国电科在品牌建设上长期存在的短板。

但是，企业的品牌培育是一项复杂的系统工程，涉及的要素很多，解决的难度也很大。特别是对中国电科这样专业覆盖面极宽，产品种类极多的特大型企业来说，难度更大。例如，企业的品牌家底如何弄清，现有的品牌如何处理，未来的品牌如何布局，到底有多少领域需要培育品牌，不同领域的品牌培育有何不同，企业和各个成员单位在品牌培育中的角色和定位是怎样的等。如此复杂的工作更需要运用系统工程的方式予以推进，因此，借助电科这次文化重塑的东风，将其列为文化重塑的四号工程。

五、视觉识别系统工程

由于长期身处军工行业，从事的又多是配套工程，加上市场观念淡薄等原因，以前的中国电科非常低调，执着于埋头苦干，不太注重企业的形象问题，在相当长的一段时间里，甚至连集团统一的工服都没有，在参加一些大型的系统工程联试时，各个成员单位参试的员工着装五花八门，就像一支杂牌军，而其他集团公司的员工在参加联试时，都是着装整齐划一，展示出良好的形象和风貌。两相比较之下，中国电科的企业形象受到比较大的损害。更有甚者，中国电科的员工们还常常穿着其他企业的工服参加一些重要的工程联试，常被人误会，闹出笑话。

这种没有企业形象的状况与中国电科的地位和实力太不相称。经过十几年的快速发展，今天的中国电科早已是今非昔比，已经步入了一个崭新的发展阶段，客观上需要以一种全新的形象展现在社会大众面前，出现在国内外竞争的舞台上。

集团的标识、旗帜等都需要与时俱进，加入时代元素，集团的工服需要统一设计、统一配发，展现集团崭新的精神风貌。所以，中国电科把视觉识别系统工程作为企业文化重塑的五号工程。

这"五大工程"的策划环环相扣、紧密关联，使中国电科文化重塑做到了顶层设计合理、创新立意新颖、要素考量周全、工程布局系统，呈现出了中国电科自己的特色。

第四节 严密组织实施，保证文化建设成效

在明确中国电科文化重塑的"五大工程"后，集团上下着眼于每一个工程的顺利推进，又从以下几个方面特别强化了对工程的组织实施，保证企业文化重塑过程进展顺利，取得良好效果。

一是在组织落实上，成立以集团董事长、总经理亲自领导的中国电科企业文化建设（重塑）领导小组，组建了领导小组办公室及相应组织机构，明确了相关责任部门，建立了完整的责任体系。

二是在工作策划上，做到统筹安排，制定了企业文化建设的总体计划；再按总体计划细分出8条工作线，制订详细的实施计划，让整个企业文化建设工作有序开展。

三是在工作机制上，建立企业文化办公室并明确管理责任；建立周检查、月例会工作制度，确保所有计划能够按步骤、按节点推进。

四是在工作方法上，建立"文化工作坊"工作方式，组织赴国内外知名企业调研，访谈重点人物，研究成员单位文化资料并收集建议，征集集团Logo和品牌传播语等。通过多种方法的综合运用，为"五大工程"的实施奠定了坚实基础。

中国电科的这次文化重塑，从2013年开始启动，到2016年完成，历经近4年时间。通过系统策划和举全系统之力来保证实施，最终圆满完成了企业文化重塑"五大工程"的全部工作任务，第一次建成了中国电科统一的主体文化。中国电科新文化体系一经发布，便在国内企业文化领域引起了极大的轰动，被誉为国有企业文化建设的一面旗帜。

中国电科的这次企业文化重塑，还取得了一系列原创性的、具有国有企业特色的企业文化建设新成果，根据中国电科和有关方面后来总结，这些成果和收获主要体现在下面六个方面。

确立了中国电科的主体文化。树立了中国电科鲜明的文化旗帜、发展旗帜和奋斗旗帜，明确了中国电科新的愿景、战略目标、核心价值、经营哲学和精神格调，重构了中国电科独有的意识形态，彰显了中国电科大国重器和责任担当的文化特征，起到了统一思想、凝聚人心、激励斗志、引领发展的作用。

实现了企业文化与经营管理的高度融合。建立了中国电科的经营文化纲领，明确了处理经营管理基本矛盾和内外重大关系的原则和优先顺序，体现了中国电科独有的经营哲学和价值追求，形成了从文化到管理的心理契约，明确了中国电科经营管理的重要方针、理念、政策、方法和途径，打通了中国电科企业文化落地的重要通道，从制度、体制、机制等方面确保了中国电科文化的落地生根，为国有企业文化落地探索出了一种新的有效的方式。

重构了中国电科全体员工的行为准则。阐述了中国电科的商业伦理、工作纪律和道德礼仪，规定了各类人员的行为范式，刻画了中国电科员工的"脸谱"，为全体员工处理各种关系提供了可参照的准则及规范，确保了行动步调的一致，通过企业核心理念的员工行为化，找到文化落地的又一途径。

建立了中国电科品牌的架构体系。明确了品牌建设战略、方针、路径和措施，抓住了进入世界500强企业的品牌提升契机，弥补了中国电科品牌管理短板，理清了品牌建设的基本方法和路径，构建了中国电科的品牌谱系图，确保了客户接触点的一致性和贯通性，提升了中国电科品牌的整体影响力，放大了电科品牌价值。

塑造了中国电科的新形象。统一了中国电科的视觉识别系统，彰显了中国电科的视觉形象，提升了中国电科的社会声誉，有效助力了中国电科的转型升级。

形成了以集团公司主体文化为统领，各成员单位的支流文化为支撑的一主多元的文化体系。改变了中国电科文化建设长期由成员单位各自为政的状况，开创了以集团公司为主导进行统一规划，成员单位积极参与到文化落地和对接中来的共融共建文化建设格局，形成了既能在集团层面上形成文化合力，又能够凸显出各成员单位个性文化的中国电科文化体系，为先有成员单位后有总部类型的国有企业打造一主多元的企业文化体系积累了成功的经验。

第十六章 新理念——引领中国电科服务国家重大急需

国有企业的站位和境界，往往决定了其企业文化的品位和作用。国有企业是国之重器，对国家负有重要的经济责任、政治责任、社会责任和安全责任，解决国家在经济、政治、社会和安全方面遇到的难题和急需，是国有企业责无旁贷的任务。因此，国有企业的文化建设一定要站位高、境界高，这样建成的企业文化才可能产生强大的引领力，中国电科的文化重塑，正是这样做的。

中国电科是军工电子国家队，网信事业的主力军，是国家重要的战略科技力量，在新的历史时期，随着电子信息技术的快速发展、新军事革命的迅猛推进，中国电科被推到国防信息化武器装备建设的中心地位，这对中国电科更高水平的发展提出了新的要求，总结而言，一是提高站位，真正成为新时代的大国重器；二是加快研制，提供国家急需的重大信息化武器装备；三是努力攻关，突破"卡脖子"的重大核心技术。这三大发展需求事关民族复兴伟业，是党和人民交给中国电科的重大战略任务、重大政治任务。完成这些任务十分光荣，也十分艰难，对电科人的担当、电科人的站位、电科人的攻关能力、电科人的决策能力、电科人的组织能力，特别是电科人的拼搏精神和事业格局，都提出新的更高的要求。物质的硬件固然重要，精神的软件更加不可或缺，要完成这些极其艰巨的任务更离不开中国电科新的企业文化理念的正确引领。

第一节 新文化要引领中国电科加快重大信息化武器装备的研制

当前，国家正处在中华民族伟大复兴的关键时期，国际形势复杂多变，大国之间的较量在政治、军事、外交、贸易、科技领域不断升级，中美关系的演变不可预测，中国面临百年未有之大变局。国家安全、军事斗争和科学技术是大国竞争的重中之重，这些都是中国电科服务的主要领域，作为军工电子国家队，新时期的大国重器，理所应当要担负起更大的责任。因此，新文化要引领电科人适应新形势下的发展需要，提高定位和站位，致力于电子信息科技的前沿探索，全力加快研制国家急需的重大信息化武器装备。

根据有关研究资料，发端于20世纪70年代的世界新军事革命，从酝酿、产生到发展，经历了近40年由量变到质变的过程。海湾战争、科索沃战争、阿富汗战争和伊拉克战争这几场高技术条件下的局部战争确定了世界新军事革命的发展轨迹和基本走向，展现了未来信息化战争的基本框架。这场新军事革命就是一场由信息技术推动，以信息化武器装备体系发展、军队编制体制和军事理论创新为主要内容的世界性军事变革。

有关专家指出，人类战争的形态随着科学技术的发展不断演进，信息技术使得多军种联合一体化作战成为可能，武器装备的精确性和攻防能力倍增，内部信息互联互通更加快速，对战争形态产生了深远的影响。从20世纪末开始，战争的形态已经从机械化向信息化转变，作战双方从争夺制空权和制海权变为争夺"制信息权"，信息化进程从单项武器装备信息化向一体化作战系统信息化转变；战争逐渐表现出多维度一体化特征，武器装备的信息化程度以及信息化指挥系统能否发挥部队间的协同效应，将成为能否打胜仗的关键环节。

与此同时，世界范围内的军事变革正在加速推进，这是人类军事史上具有划时代意义的深刻变革。美国凭借其超强的经济和科技实力，加快部队结构重组和理论创新，大力研发信息化武器装备，积极构建数字化战场与数字化部队；大力深化军事转型建设，进一步提高军队信息化程度和一体化联合作战能力。打造军队信息优势已成为新军事革命的核心，智能化的武器系统已发展成为新军事革命的支点。

海湾战争和伊拉克战争表明，电子信息装备彻底改变了现代战争的形态，以智能化为核心的新的信息化武器装备正在改变战争的逻辑。飞机、舰船、车辆等武器装备，在机械化装备时代是主战武器，而在现代信息化、超视距战争中，对整个战场各维度武器平台作战信息共享、火力整合、作战效能整体提升的要求越来越高，现代战争已经由以作战平台为中心的交战，发展为在电子信息的基础上以战斗群为中心的交战，原来的主战武器的作用已转变成投送弹药的平台。在此背景下，以探测、显控、雷达、通信、导航等为代表的电子信息装备正扮演着越来越重要的角色，军工电子行业也在很大程度上改变着传统武器平台的命运和作战效能。

世界军事变革和信息化武器装备发展的这一趋势，需要中国也必须及时做好相应准备，而这个任务，很大一部分需要由中国电科来承担。作为军工电子国家队的中国电科责任重大，使命光荣，更要在新文化的引领下，进一步增强使命感和紧迫感，把握世界新军事革命的发展潮流，着眼于打赢信息化战争，加快重大信息化武器装备的研制进度，不断增强我军基于信息系统的体系作战能力，努力构建信息主导、体系支撑、精确作战、联合制胜的信息化装备体系，加快实现国防和军队现代化建设跨越式发展。

但是，要完成好这一艰巨的任务，不仅需要具有强大的技术、装备、物资保障等硬实力，也需要强大的精神软实力，因此，中国电科在文化建设中，就有意识地把为军队提供信息化武器装备作为一个新的奋斗目标，把"构建国家经络，筑就安全基石"纳入中国电科的使命，引领全体员工树立承担重大信息化武器装备研制的坚定信念，进一步增强解决国家急需的责任感。

第二节 新文化要引领中国电科加快突破"卡脖子"的重大核心技术

在世界新一轮科技革命、产业变革与我国转变发展方式的历史性交汇时期，中美竞争的不断升级使国家关键核心技术的攻关、突破与创新比以往任何时候都更为重要、更为迫切。

早在本世纪初，《国家中长期科学和技术发展规划纲要（2006—2020年）》便确定了"核高基"（核心电子器件、高端通用芯片及基础软件产品）项目、集成电路装备、新一代宽带无线移动通信网、大型飞机等十多个国家科技重大专项，以聚焦国家重大战略产品和产业化目标，解决"卡脖子"问题。近年来，尽管成果频现，但我国科技创新与国家需求和社会期待以及世界先进水平尚有明显差距，原创理论、原创发明缺乏，基础科学研究短板依然突出、关键核心技术受制于人的局面没有得到根本性改变。

中兴事件、华为事件再次证明，核心技术就是国之重器，关键核心技术是要不来、买不来、讨不来的，必须立足自我。除了芯片，我国在集成电路、操作系统、精密仪器等领域的短板也日渐显现，其中涉及电子信息的卡脖子技术就有13项之多，下面仅以其中3项为例。

光刻机。光刻机是芯片制造的关键设备，集光、机、电于一身，专利密集，复杂度高。光刻机的精度决定了芯片性能的上限。通俗地讲，光刻机里有两个同步运动的工件台，一个载底片，一个载胶片，两者需始终同步，误差在2纳米以下。两个工作台由静到动，加速度跟导弹发射差不多。在工作时，相当于两架大飞机从起飞到降落，始终齐头并进，从其中一架飞机上伸出一把刀，在另一架飞机的米粒上刻字，不能刻坏了，由此可见其研发难度之一斑。目前高性能的光刻机全世界只有荷兰一国能够制造，而且是集聚了整个西方发达国家的先进技术才得以实现。美国极力打压华为，正是选择华为庞大的芯片需求作为突破口，苦于没有高性能的光刻机，中国的芯片企业深陷被动。中国在攻克光刻机核心技术上已做了大量工作，并取得相当大的进展，但与世界先进水平相比，差距仍然很大，亟需迎头赶上。

高端芯片。据了解，中国低速的光芯片和电芯片已实现国产，但高速的仍全部依赖进口。国外最先进芯片的量产精度为7纳米，领先中国足足两代。在计算机系统、通用电子系统、通信设备、内存设备和显示及视频系统等多个领域中，中国国产芯片的占有率仍很低。中国每年进口芯片的价值超过对石油的进口，这种状况已延续多年，在中美全面脱钩不断加剧，中美技术战不断升级的形势下，芯片已成为中美竞争的制高点，而芯片技术却又是中国最为突出的短板，改变这一被动状态已经刻不容缓。

操作系统。操作系统是电脑和手机等电子设备的核心，不仅决定一个国家电子技术发展的水平，对国家安全也有着致命的影响。中国是信息技术大国，普通人看到中国IT业繁荣，认为中国在操作系统技术上与美国的差距不大，实则不然。实际情况是，全球手机和个人电脑的操作系统基本由微软、谷歌、苹果3家美国公司垄断。根据有关统计数据，2017 年，谷歌的安卓系统在手机操作系统市场的占有率达 85.9%，苹果的 IOS 系统的市场占有率为 14%，其他系统仅有 0.1%。这 0.1%，基本也由微软的 Windows 和黑莓等美国公司占据。没有谷歌铺路，智能手机不会如此普及，而中国手机厂商免费使用安卓的代价，就是随时可能被"断粮"，华为就是一个例证。因此，无论从市场竞争，还是从国家信息安全的角度看，中国必须要拥有自己的操作系统。

上面介绍的这 3 项虽然都是民品，但事关国家高新技术产业的发展，如何尽快突破这些关键技术，对我国的科研攻关能力提出了严峻的挑战。

在军工电子领域，情况虽然要好一些，但也有一些"卡脖子"的重大核心技术亟待突破。例如：

军用芯片国产化技术迫切需要提升。军用芯片的水平直接决定军用信息化武器装备的水平，而在这方面中国与以美国为首的西方国家还存在差距。为阻止中国的军用芯片研发制造技术发展，以美国为首的西方国家一直对中国进行持续封锁和打压。从 20 世纪 90 年代末至今，西方国家就不断对中国实行严格的军用级芯片材料禁运措施，美国国会相继通过一系列法案，禁止对华出口航天技术和用于军事用途的芯片及技术，美国商务部也专门把军用芯片纳入禁止对华出口清单。同时，美国还通过施加压力等多种手段，干预其他西方国家对华出口军用电子器件，将多种生产制造芯片的设备、仪器及有关物资纳入对华战略禁运的特别清单，阻止中国军用芯片国产化水平的提升。面对这种情况，中国必须依靠自己的力量来提升军用芯片制造技术，才能使信息化武器装备赶上和超越以美国为首的西方国家。

核心元器件制造技术提升刻不容缓。电子元器件是军工电子信息化的基础，我国在这一领域经过数十年发展已基本实现自主可控，但在 CPU/FPGA 及高端 A-D/D-A 领域与国际先进水平仍有较大差距。受限于生产设备和工艺，我国军用核心元器件制造水平也需要进一步提升，才能满足军队现代化、信息化武器装备的需要。

网络信息安全技术亟待突破。"棱镜门"事件的爆发，进一步凸显了信息安全的重要性。国家信息安全涵盖硬件、软件、数据与管理安全，是国家信息化建设软实力的体现。美国拥有完整的信息安全防护网络，具备高效的信息安全协同作战能力。而我国国防信息安全则面临着核心软硬件自主程度低、信息技术标准遭垄断与网络攻击日益增多的严峻形势。

所有这些"卡脖子"的重大核心技术严重制约着我国的现代化建设，在相关技术领域造成了发展瓶颈。这些重大核心技术多为世界级的科研难题，研究投入大、研制周期长、投资风险高，需要大量的人力、物力和财力，一般的民营企业、科研机构难以企及。而且这些技术又多存在于中国电科从事的研究领域，作为国家科技创新的骨干力量，中国电科当然守土有责，应当挺身而出，尽快突破这些"卡脖子"技术，打破国外的垄断和封锁。

但是，要突破这些世界级的高难度技术，除了要具备先进的科研生产条件和手段，还需要良好的创新环境和敢于创新的勇气及精神。因此，中国电科在企业文化重塑中，把"责任"和"创新"列为企业的核心价值观，把创新作为企业文化建设的重要内容，通过树立"一日无创新，一日无电科"的理念，创造有利于激发创新热情，有利于保证创新的人文环境，大力宣扬预警机精神，增强广大科技人员攻克关键核心技术的信心和决心，以实实在在的科技成果为国分忧解难。

第十七章 新模式——推动中国电科管控模式的深刻变革

中国电科要成为新时代的大国重器，实现新的跨越式发展，需要天时、地利、人和，需要良好的政策环境、良好的市场环境、良好的发展时机等外部条件，更需要从自身内部进行脱胎换骨式的全面而又深刻的改革。如同许多国有企业一样，中国电科在集团管控模式、科研体系、组织架构、动力体系、方法流程等方面都存在许多改革提升的空间，这些方面的改革涉及中国电科的诸多深层次问题。这些问题，有些是多年来一直困扰着中国电科发展的老大难问题，有些则是需要突破政策天花板的体制性问题，改革的复杂性、系统性、风险性前所未有。更重要的是，深度变革还会对人们原有的利益格局、传统观念和原有的价值准则以及思维惯性带来巨大的冲击。因此，从本质上看，中国电科的转型，其实是一个利益再调整、资源再整合的过程，也是一个痛苦的裂变过程。

转型要成功，文化必先行。这种深度的变革会对中国电科原来的诸多管理假设提出挑战，所以，中国电科深度的体制机制变革实际上也是一种深层次的文化变革。邓小平同志当年在布局中国的改革开放时提出："解放思想，改革开放。"他把思想解放到首位，通过解放思想来推进改革开放。同样的道理，像中国电科这样的特大型国有企业，在聚焦于管控模式的深度变革时，也需要新的文化作为强力保障。要用文化创新来破除僵化思想和陈旧观念，靠文化创新来引领转型方向，点燃转型的激情，激发转型的自觉性。

总之，一切转型，都需要注入新文化的基因，都需要新文化的强力保障。

第一节 国有企业集团管控问题的研究

由部委组建，从行政性总公司向集团公司演变，先有"儿子""孙子"（子公司），后有"老子"（集团），是典型的中国特色国有企业产生和成长的模式。这种模式造成集团总部对子公司的管理起点较低，集团母、子公司管理体制及组织结构不够规范。虽然各个集团公司成立以来，都在不断推进以集团化、市场化、企业化、国际化为方向的改革创新，通过建设集团管控体系，完善管控机制，在增强集团控制能力、优化整体资源配置、发挥集团规模效应和统合效应，提升业务板块协同效能，防范经营风险等方面都取得了很大的进步。但是，随着经营规模和管理复杂度的不断增加，由集团管控模式不完善、管控薄弱导致的诸多问题日益凸显出来，成为困扰成立较晚的国有企业集团发展普遍需要解决的共性问题。

一、国有企业管控存在的问题分析

许多国有企业，虽然有比较清晰的战略目标，但还没有形成与之配套的科学、系统的战略分解和实施能力，导致国有企业的集团总部与子公司的战略协同和执行力差，没有形成规范高效的集团战略运营平台和管理平台，不能充分发挥集团总部的战略指导作用。常见的问题包括以下几个方面：

集团管控模式变革滞后于企业发展速度。集团管控模式与企业的业务特点不匹配，不能对业务战略形成有力支撑；集团管控模式与业务组合、资源和能力不匹配，时常潜伏着危机。

缺乏清晰的母、子公司功能定位。集团总部和子公司功能定位不清晰，权力边界模糊，职能交织；集团总部与各业务单元在管理上的责权划分不够明确。导致集团总部管理职能不全面，在管理上越俎代庖或出现真空。

总部组织设置及内部管理相对薄弱。现有的组织机构设置不能很好地支持集团的发展战略；部门职责划分不明确，职能存在较多的缺失、交叉重叠现象；尚未建立适应市场化要求的激励和绩效考核机制；在投资管理、信息化管理、财务管理、人力资源管理等方面有待加强。

子公司不能主动领会集团总部的意图，对总部的一些战略意图贯彻不彻底。有的集团公司下属企业独立倾向强烈，存在诸侯文化和山头主义，严重的甚至存在有集团之名而无集团之实的状态；而有的企业集团则又相反，出现对下属企业控制过度，总部多头指挥，缺乏活力，造成下属企业的经营行为无所适从的状况。

第十七章 新模式——推动中国电科管控模式的深刻变革

中国的国有企业存在的这些问题,长期以来都没有得到有效的解决,也没有现成的、有效的治理模式可供借鉴,因为在国际上通行有效的集团公司治理模式,直接生搬硬套在中国的国有企业身上,大都会出现"水土不服"。

二、国际通行的集团管控模式分析

在企业管控模式划分上,根据总部的集/分权程度不同,通常把总部对下属企业的管控模式划分成操作管控型、战略管控型和财务管控型3种。这3种模式各具特点。

操作管控型。总部通过职能管理部门对下属企业的日常经营运作进行管理。为了保证战略的实施和目标的达成,集团的各种职能管理非常深入。总部保留的核心职能包括财务控制、战略、营销、新业务开发、人力资源管理等。在实行这种管控模式的集团中,各下属企业业务的相关性要很高。为了保证总部能够正确决策并能应对解决各种问题,总部职能人员的人数会很多。

战略管控型。集团总部负责集团的财务、资产运营和整体的战略规划,各下属企业(或事业部)同时也要制定自己的业务战略规划,并提出达成规划目标所需投入的资源预算。总部负责审批下属企业的计划并给予有附加价值的建议,批准其预算,再交由下属企业执行。在实行这种管控模式的企业集团中,各下属企业业务的相关性也要求很高。为了保证下属企业目标的实现以及集团整体利益的最大化,集团总部的规模并不大,但主要集中在进行综合平衡、提高集团综合效益上做工作。这种模式可以形象地表述为"上有大脑,下也有头脑"。目前世界上大多数集团公司都采用或正在转向这种管控模式。

财务管控型。集团总部只负责集团的财务及资产运营、财务规划、投资决策和实施监控,以及对外部企业的收购、兼并工作。每年会由总部给下属企业定下各自的财务目标,只要达成财务目标即可。在实行这种管控模式的集团中,各下属企业业务的相关性可以很小。美国GE公司就采用这种管控模式。这种模式可以形象地表述为"有大脑,没有手脚"。

操作管控型和财务管控型是集权和分权的两个极端,战略管控型则处于中间状态。根据实际运用情况,通常又将战略管控型进一步细化为战略控制型和战略设计型，前者偏向于集权而后者偏向于分权。

然而，对于不同的企业集团、不同下属企业应该采取哪种管控模式，很难做出统一的选择。一方面，不同的下属企业所处行业特征、发展背景、发展状况与外部竞争环境的差别很大，很难找到一个适合所有下属企业的管控模式；另一方面，集团总部很难把握好集权与分权的程度，即对下属企业控制的"度"比较难以权衡掌握。一般来说，对下属企业的控制程度往往要经过相当长时间的相互摸索之后才能比较准确地把握。所以，在研究国有企业集团的管控模式变革时，就要注意时刻紧紧围绕问题的本源来进行，首先搞清楚集团化经营的核心目的到底是什么，集团管控的核心能力是否具备，理想的集团化经营管控至少需要达到什么要求，集团的企业文化要对集团管控提供什么样的支撑。下面以中国电科为例进行实证研究。

第二节　中国电科管控特点的分析

经过深入的研究分析，我们认为，对中国电科来说，集团化经营管控的具体目标应该有如下 8 个方面：

> 实现集团整体利益最大化；
>
> 保持集团的可持续发展；
>
> 提高集团整体竞争实力、发挥群体优势（1+1＞2）；
>
> 提高总体规模经济效益；
>
> 增强集团整体抗风险能力；
>
> 提高科技创新能力和产品质量；
>
> 实现财务协同收益（如合理避税）；
>
> 提高占有市场份额，减少不良竞争（垄断）。

这 8 个方面的具体目标是研究中国电科管控模式的底层逻辑，拿这些目标与

第十七章 新模式——推动中国电科管控模式的深刻变革

中国电科现在的实际状况进行对比，容易发现，中国电科经过十多年的艰苦努力，每一个方面都已经取得了长足的进步。但是，随着中国电科的不断发展和成长，管控模式还需要进一步改变和调整，绝不能一成不变。

一、中国电科独有的特点

中国电科是一个特殊的企业集团公司，具有自己独有的特点：

第一，中国电科是以科技创新为主体的科技型企业，拥有18万名高素质的科技型员工，虽然是中央直接管理的超大型国有企业，但是身处充分竞争的电子信息行业，没有煤矿、石油等可以依靠的任何垄断性资源，唯一也是最为宝贵的资源就是存在于科技人员头脑里的高技术，用什么样的管理模式和方法才能调动这些拥有高技术的科技人员的积极性、创造性，是中国电科管理首先要面临的一大难题。

第二，中国电科的技术专业覆盖面广，几乎涵盖了电子信息领域的所有专业，而且是自成体系，上下游产业相互关联密切，又互相渗透，存在严重的行业竞争，组织、协调、管理的难度大。一大、二散、三交叉，技术领域的边界频繁变化，互相融合叠交，界定不清，特别容易导致大而不强，集而不团，内部竞争，难以协调。

第三，中国电科是典型"三明治"结构的高科技企业：顶层是企业，中间的主体是仍保留事业单位资质的几十个国家级的科研院所，底层又是由众多各类公司组成。企业单位、事业单位相互交叉，管理规则和运行流程各不相同，目标要求存在很大差异，既不是传统意义的科研单位，也不是一般意义的企业集团，其管理难度比一般的集团公司明显要大，选择统一、稳定、有效的集团管控模式非常困难。

第四，中国电科被称为国家重器，承担大量国家重点工程，特别是军队信息化武器装备的研制和生产。在所承担的工程项目中，不少还是属于"交钥匙"的巨型高科技系统工程，有时需要强有力的一体化指挥系统来为工程研制服务，这不是单一的战略管控型或财务管控型的管控模式所能胜任的。单纯的战略管控型模式虽然对集团公司，乃至特大型的集团公司都比较合适，但是对中国电科来说并不完全适用。

第五，先有"儿子"（子公司），后有"老子"（集团）的建企经历。中国电科是在原电子部直属的一批研究院所的基础上组建而成的企业集团，集团公司的总部是由行政性的机构转变而来的，一方面，市场观念、服务观念、经营观念等都与企业的需要不完全适应，在管理能力的提升、专业人才的积累、管控能力的培育上也都需要时日。另一方面，集团发展成长迅速，对总部的管控能力又不断提出新的更高的要求，需要集团的管控模式不断地进行调整，这导致理想的发展目标和实际管控能力之间的不匹配几乎成为常态。因此，对中国电科而言，管控模式的调整、选择和优化是一项长期的工作任务，这也是中国电科在进行企业文化重塑时首先考量的重要因素。

二、中国电科管控模式研究

与许多国有企业集团公司一样，中国电科管控模式的变革与集团公司成长相伴而生，既任重而道远，又现实而紧迫，且常做常新，具体涉及如下几个方面的工作：

研究集团管控模式的创新与选择。基于中国电科的特殊情况，先前通用的管控模式都不再适合，不断探索一个复合型的集团管控模式是一个可行的选择。所谓"复合型的集团管控模式"可能是战略管控、财务管控和操作管控的复合体，分别对应不同的业务单元、不同性质的工程项目、不同特点的子集团和专业公司，采用不同的管控方法和模式。

集团总部再定位。集团公司管控模式确定的关键在于总部功能的具体定位。由于国有企业集团化管理在国内出现的时间较短，集团公司总部的功能定位更是一个新的问题。集团公司总部的基本职能是什么？集团公司总部应该如何定位？这些都是集团公司实现有效管控的关键问题。

一般而言，集团总部实现的职能主要集中于战略管理、风险控制、运营协调和职能支持这4个方面。战略管理主要解决集团整体的发展问题和核心竞争力的培育问题；风险控制主要解决集团的可持续性问题，提高集团的生存质量；运营协调主要解决整个集团各业务的协同性问题，通过创造集团独特的整体优势，来实现集团业务的价值最大化；职能支持主要是通过集团总部的职能共享和业务共享来实现集团运作效率的提高。

第十七章　新模式——推动中国电科管控模式的深刻变革

原则上，在不同管控模式下集团总部扮演的角色是不同的。如采用财务管控型的集团公司，其总部集权程度低；而采用操作管控型的集团公司，其总部的集权程度高。但不论总部集权程度如何，其目标都应该是为集团整体创造合理的附加价值，为集团整体目标的实现发挥积极的作用。

因此，总部的职能定位应该为集团整体提供附加价值。如果总部定位不合理，不仅不会带来附加价值，而且会带来毁损价值。要注意防止以下情况的发生：治理结构不健全、监管缺位而导致决策严重失误；集团公司组织结构不合理，总部各部门之间以及与下属公司、院所之间相互扯皮；管理层次多，经营决策官僚化，贻误商机；总部不能对下属业务单位提供必要的技术支持及内行指导；绩效考核指标片面，误导业务单位经营活动……以上都是一般国有企业集团常见的问题。

集团总部与下属公司集分权关系界定。 明确了总部的功能定位之后，总部与下属公司、院所之间的相互关系和职责分工就比较容易理顺了。随之而来的集团公司的具体管控模式的选择、组织形式的确定、组织内各部门职能的定位和职责划分等工作就都有了明确的依据。与此同时，相应的支持体系的建立和完善也就可以顺理成章了。例如，在人力资源管理体系中，最基础的工作——岗位设置及其职责描述、价值评估等工作也就有了依据，从而又能够在此基础上搭建起薪酬、绩效、招聘、培训等一系列的管理体系。

特别要提醒的是，这些管理体系的变革和设立，必须建立在企业文化的基础之上，才具有实际意义。

集团公司组织架构和主要功能设置。 在集团公司组织架构和主要功能设置中，首要的是集团管理定位和核心职能设计。一般集团公司的通病是：总部组织设置及内部管理相对薄弱；现有组织机构设置不能很好地支持集团战略发展；部门职责划分不明确，职能存在较多的缺失、交叉重叠现象；集团公司尚未建立适应市场化要求的激励和绩效考核机制；在投资管理、信息化管理、财务管理、人力资源管理等方面有待加强。因此，在进行组织架构设计时要把这些作为考虑的重点。同时，还需要对企业内部的业务流程重新进行规划和设计，把对下属公司的治理结构设计，界定各利益主体的责任、权力和利益，形成决策机制作为管控模式变革的重要内容。值得注意的是，上述的变革具有整体性、系统性的特点，其成功取决于企业经营文化的整体性和系统性。

国有企业集团管理模式研究是一个需要结合企业实践不断探索的过程，其研究工作的逻辑流程通常是：确认集团战略目标，实施业务协调制度，明确各业务单元的发展策略，重构集团管理模式及组织机构，再造管理流程、完善制度体系，设计薪酬与绩效考核方案。这是一个系统化的研究流程。

一般来讲，集团管理具有 5 个核心职能，即战略规划中心，投融资的决策中心，财务和资金的管理中心，资本运作中心，人力资源的管理中心。对中国电科而言，还需要一个重大工程管理中心，共计 6 个中心。据此，按照战略愿景、层级管理、权责明确、有序衔接、效率优先的原则，建立弹性化的组织管理架构，使集团的组织架构成为战略执行的有效载体。

许多成功的企业集团采取了"四层架构"的办法，在集团下设立了板块公司、专业经营公司和三级业务公司，使管理架构更加灵活，运转更加高效，同时把四级以下的公司大都整合掉，这样，集团的组织结构更趋向扁平化，管理链条明显减少。对于集团总部，应该具有"决策能力强，部门人员素质高，管控能力强"三大素质优势；对板块公司，应要求业务板块突出、行业竞争力强，拥有做强做大的潜力；对专业经营公司，要求其必须具备核心竞争力强、人员业务能力强、品牌价值和美誉度高的特点。

总之，研究国有企业集团管控模式变革，需要从整个集团的业务特点、整体优势、治理结构、组织结构、人力资源体系、公司流程和管理信息系统等各方面来进行系统思考和设计。在集团化管理体系中，集团的发展战略居首要地位，它是集团公司管控模式形成的基本依据。而人力资源体系、公司流程和管理信息系统则是管控模式得以实施的支持体系，它们帮助管控模式真正有效地运作起来，并最终实现集团的战略目标。这些体系是相互影响、相互支持的有机体系，因此被称为"集成的管控体系"。然而，这一切都需要首先在企业经营文化的层面上，想清楚，弄明白。

第三节 用文化引领集团管控模式变革

衡量一个集团公司的管控模式是否有效合适，通常有 6 个考察点：

第十七章　新模式——推动中国电科管控模式的深刻变革

> 发展战略方向和目标是否明确；
>
> 现代法人治理结构和科学决策机制是否到位有效；
>
> 工作流程和管理制度是否规范；
>
> 人力资源管理体系和企业文化是否相互配套；
>
> 管理信息系统是否支持有效；
>
> 集权分权是否得当。

这6个方面通常也是集团管控的关键环节和重点，企业就是通过这6个方面作用的发挥来控制风险、降低成本、提高效率，实现发展战略目标，做到真正的管控到位的。

但是，集团管控模式不应是一成不变的，也需要根据集团的实际运行状况而不断改进。管控模式的建立实际上是一个不断探索和不断完善的过程，需要结合企业的实际，在管理实践中不断"进化"。既要相对稳定，又要经常调整。

企业的管理进步和调整取决于许多因素，例如，企业发展战略、业务流程是否清晰，信息的支持能力和企业文化导向与激励力是否强大，人员的素质是否适应企业发展与市场变化需要……这些因素都决定了企业管控模式不能一成不变。当国家的发展方式发生变化，引起企业的发展战略改变时；当企业外部市场竞争环境发生变化，需要企业改变竞争方式时；当企业效益降低或出现严重内耗，引起企业无规则振荡时，都意味着管控模式不再适应需要，需要进行变革，探索建立新的管控模式。而这种变革和探索，需要靠企业的文化来引领。

企业文化要对集团管控的变革提供足够的支撑。首先，需要一个倡导变革的文化，从集团长远发展的格局，形成对改革的文化指引；其次，企业文化要高瞻远瞩地总结形成一系列企业管控变革的理念，创新和完善管理转型升级的底层逻辑，奠定集团管控变革的思想基础和文化氛围；再次，企业文化要围绕管控变革的战略目标，提供系统有效的方法和工具，使集团管控变革科学而有效；最后，企业文化要负责营造勇于创新、激励改革的良好氛围，不管遇到何种困难，都要义无反顾地坚决进行到底。

中国电科的管控模式由以成员单位为主向集团管控与成员单位管控相结合转变，由以独立的研究所为二级单位向以多家研究所组成的研究院（子集团）为二级单位转变，由成员单位专业交叉向一单位一主业转变，就是为适应国家创新战略对中国电科的要求，应对以美国为首的西方国家对中国电科在技术上的封锁制裁以及外部市场竞争。在这个改变过程中，中国电科的新文化发挥了很好的引领作用。

第十八章 新动力——确立中国电科的崭新激励机制

随着市场竞争的逐步加剧，国有企业的竞争也由物力资本的竞争转向人力资本竞争，企业正面临前所未有的人才问题的挑战。进一步深入分析，不难发现国有企业普遍存在的人才问题的背后，是国有企业的激励机制存在严重的问题，跟不上企业发展的需要，造成动力体系匮乏，提供不了做强、做优、做大所需要的发展动力，制约了国有企业很好地履行自己的使命。因此，国有企业以激励机制为核心的动力体系的深刻变革迫在眉睫，特别是对中国电科这样的国有高科技企业来说，则更加紧迫，更加急切。因为国有高科技企业大都以知识型员工为主体，例如，中国电科的知识型员工所占比例高达70%，而对知识型员工的激励一直是国有企业的突出短板。知识型员工凭借自身的优越素质在企业发展中起着举足轻重的作用，但是在国有企业中，因激励不足而导致知识型员工流失的现象却越来越严重。这一现象引起了电科领导层的重视，提出了如何建立激励知识型员工的动力体系的问题，并希望从确立中国电科新的激励文化、新的激励机制的视角来加以解决。

第一节 知识型员工的初步研究

"知识型员工"的提法是美国学者彼得·德鲁克发明的，按他的定义，指的是那些"掌握和运用符号和概念，利用知识或信息工作的人"。而我们今天常提起的知识型员工，就是那些在企业中用智慧所创造的价值高于其他动手劳动所创造的价值的员工。知识型员工一般受过系统的专业教育，掌握特定的专业知识和技能，有较高的个人素质，他们对公司的贡献一般在于对信息的攫取、提出问题的解决方案、整合组织资源等方面。如今，知识型员工已扩大到一般科技人员和大多数经营管理者,他们是掌握先进技术的生产者、信息系统设计人员、经营人员和研究人员等。这些知识型员工,一方面能利用现代科技知识提高工作的效率,另一方面本身具有较强的学习知识和创新知识的能力。

一、知识型员工的特点

知识型员工是一个特殊的群体,通常具有以下特点:

<u>有实现自我价值的强烈愿望。</u>自我实现是美国心理学家马斯洛提出的,他认为人的需要具有5个层次,即生理需要、安全需要、社交需要、尊重需要和自我实现需要5个方面。这5个方面的需要是由低向高递进的,自我实现的需要是人的最高需要,只有知识丰富、有成就追求、境界高的人,才会产生这种需要。对于知识型员工来说,他们就是这样的人,把自身价值的实现看得格外重要。因此,相较于一般事务性工作,他们更热衷于具有挑战性、创造性的任务,并尽力追求完美的结果,渴望通过这一过程充分展现个人才智,实现自我的价值。

<u>注重强调工作中的自我引导和自我管理。</u>知识型员工从事的大多是创造性劳动,他们依靠专业知识,运用头脑进行创造性思维,并不断形成新的知识成果,具有很高的创造性和自主性。因此,知识型员工更倾向于拥有宽松的、高度自主的工作环境。他们往往会对管理者提出更高的要求,一般的管理方法对他们无效。

<u>张扬个性、蔑视权势。</u>我们从"知识分子"4字便可联想到知识型员工的特点,他们尊重知识,崇拜真理,信奉科学,而不愿随波逐流,人云亦云,更不会趋炎附势,惧怕权势或权威。相反,他们会因执着于对知识的探索和真理的追求而蔑视任何组织内的权威。此外,由于知识型员工掌握着特殊专业知识和技能,可以对上级、同级和下属产生影响,成为企业竞争的主体力量,对企业的贡献决定了他们的重要地位,因此,传统组织层级中的职位权威对他们往往构不成绝对的控制力和约束力。

二、知识型员工的工作特性

知识型员工的工作特殊性主要表现在以下3方面。

<u>工作过程难以实行监督控制</u>。知识型员工从事的一般是创造性的劳动，工作过程往往没有固定的流程和步骤，呈现出很大的随意性和主观支配性。由于创造性的劳动因人而异，难以标准化，更难以预见，因此，工业时代的管理科学等一系列方法对知识型员工基本无效。

<u>工作成果不易直接测量和评价</u>。知识型员工的工作成果常常以某种思想、创意、技术发明、管理创新的形式出现，因而往往不具有立竿见影、可以直接测量的经济形态。而现今，许多工作通常需要团队的协同合作，多数是系统工程，这就更加难以对知识型员工个人价值做出精准的评价。

<u>知识资本个人化，工作流动性高</u>。知识型员工由于占有特殊生产要素——知识，而且他们有能力接受新工作、新任务的挑战，一旦现有工作没有足够的吸引力，或缺乏充分的个人成长机会和发展空间，他们会很容易地转向其他公司，寻求新的职业机会。因此，他们如同具有能量的"自由电子"，经常会脱离轨道，游离出来，而且能量越大，越是难以约束。

第二节　国有高科技企业激励文化改革的探讨

知识型员工是中国电科这种国有高科技企业员工的主体，而这一类企业对知识型员工的激励问题实际上一直没有得到很好的解决，这当中既涉及一系列深层次的观念问题、认知问题和管理机制问题，更有其深层的文化根源，因此，在进行企业文化重塑时，需要有意识有目的地通过对企业激励文化的建设，引导激励机制的改革来解决这一问题。

一、国有高科技企业激励机制问题

国有高科技企业是知识型员工为主体的特殊企业，对知识型员工的激励比一般性的企业更为重要，更为迫切，更为敏感，要求也更高。从我们已知的情况看，国有高科技企业在激励方面普遍存在如下问题：

<u>激励机制在制度和内容上单一陈旧</u>。缺乏和企业发展阶段相适应的激励方法、

激励手段，无法让员工在岗位中有归属感，无法激励出知识型员工的拼命精神。例如，在企业的创业期，最需要知识型员工将自己的命运和企业的命运合为一体，但是现有的激励方式难以实现将企业和知识型员工结成一荣俱荣、一损俱损的命运共同体，而且在物质方面也无法给予足够的激励，因为这个时期的企业往往没有太多的经济实力，更难以匹敌民营企业合伙人、股权等方面的激励力度。

激励制度既缺乏吸引力又缺乏灵活性。制度的僵化导致企业薪资水平不具有吸引力，难以招聘到国内外一流的高校毕业生，对企业所需的特殊高端人才的招聘更是困难。而低端人才的进入又拉低了员工的平均素质水平，给员工的职业培训带来巨大的压力。

员工薪酬福利体系建设欠缺。特别是地处一线城市的高科技企业，员工的住房压力巨大，原来一些解决员工住房的传统方法，不再为现在的政策所允许，新的福利政策对解决职工住房问题又是杯水车薪，无法激发员工长久性积极性，更无法保障员工心无旁骛地投身到科技创新事业中来。

激励机制与企业文化结合相对不足。常常是理念高大上，激励地上行，虚的多、实的少；深受一些陈旧思想和观念的羁绊，不敢给做出突出贡献的创新人才以重奖；中央制定的一些激励科技人员创新的好政策，层层"做减法"，层层"加保险"，真正最后实施的政策，通常已是面目全非，威力大减，根本不是中央政策的初衷。这种上面雷声大，下面雨点小的状况，挫伤了科技人员的积极性，无法激励出知识型员工在科研过程中的创造性。

二、国有高科技企业激励机制改革方向探讨

国有高科技企业的活力源于每个员工的积极性、创造性。由于知识型员工的需求具有多样性、多层次性和动机繁复性，调动他们的积极性也应有多种方法。而我们传统的激励机制无法使知识型员工的积极性、创造性与企业的综合活力达到最佳状态，急需做出以下变革：

激励要公平公正。激励员工要从结果均等变为机会均等，并努力营造企业公平竞争的良好环境，真正做到"冲上山头论英雄"。

激励要把握最佳时机。需在目标任务下达前激励的，要提前激励；员工遇到

困难，有强烈要求或愿望时，给予关怀，及时激励；达成工作目标，要及时予以激励。

激励要有足够力度。对有突出贡献的予以重奖，要让科技人员能够因科技创新而富起来，让企业科技创新致富形成气候，企业的发展壮大才有希望。同时，通过各种有效的激励技巧，达到理想的激励效果。

激励要公平准确、奖罚分明。健全、完善绩效考核制度，做到考核尺度相宜、公平合理。克服有亲有疏的人情风；在提薪、晋级、评奖、评优等涉及员工切身利益的热点问题上务求做到公平。

激励要向"知者有其股"延伸。普遍推行职工持股计划，让员工具有劳动者和投资者的双重身份，更加具有关心和改善企业经营成果的积极性，使"知者有其股"真正落地，取得推动企业发展的实效。

构造员工分配格局的合理落差。适当拉开分配距离，鼓励一部分员工因业绩突出和科技创新先富起来，使员工在反差对比中建立持久的追求动力。

第三节　国企新文化要对传统激励方式形成强大冲击

文化启蒙和观念革命依然需要。国有高科技企业要建立"新的动力机制"，首先要通过新文化的建立，对旧的激励文化、激励方式形成强大冲击，在整个企业树立起新的激励文化、激励理念，建立起新的激励机制。

国企新文化要更加强化科技立企的理念。没有科学技术，国家不能立足，民族不能进步，企业不能发展。作为国有高科技企业，其核心竞争力就是科技创新能力，这是高科技企业的立企之本，必须把科技立企作为基本战略，使之成为企业上下的集体共识。新的企业文化要用这个理念引领员工，保证在企业发展的全生命周期都能坚定不移地执行这一基本战略，使对科技创新的激励成为全员的普遍共识。

国企新文化要树立崇尚创新的理念。中国电科在企业文化中提出了"一日无创新，一日无电科""创新是电科强盛的DNA"等理念，但更为重要的是能够把这些理念真正变成企业激励创新的具体政策、制度、体制和机制。现在企业都非常重视科技创新，都有比较先进的理念，但是创新的效果却千差万别，其中最主要的原因就在于是否真正把激励创新的体制和机制建立起来，是否真正把激励创新的政策落到了实处，营造出良好的创新环境和氛围。

国企新文化要宣扬企业科技创新的英雄，尊重科技创新的人才。因科技创新而扬名，因科技创新而受尊重，因科技创新而致富……这些要成为企业新激励文化的主旋律，成为科技创新的内部环境。旧的激励文化有时让我们的科技创新英雄流血又流泪，得不到应有的尊重，致使不少曾做出突出贡献的优秀科技创新人才，得不到与其贡献相匹配的奖励，挫伤了科技创新英雄们的积极性，所以，国企新文化要大力宣传"以奋斗者为本""不让雷锋穿破袜子"，真正做到尊重企业的科技创新人才，让科技创新的英雄旗帜在企业里高高飘扬。

国企新文化要与不利于企业创新的各种思想观念作坚决的斗争，不让这些陈腐的思想意识有任何市场。在中国传统的文化中有许多迂腐的思想还在羁绊着科技创新的发展，例如，"枪打出头鸟""木秀于林风必摧之，堆出于岸水必湍之""成王败寇""祖宗之法不可改"等，将这些思想用到企业里，都会成为不利于创新的糟粕文化。这些糟粕文化长期存在于中国社会文化和人们的观念之中，是阻碍创新的大敌。国有企业要培育新的创新文化来从根本上改变这些陈腐的思想意识。

国企新文化要树立起与市场经济和科技创新相适应的新的企业价值分配观念。科技是第一生产力，既然是第一生产力，其对企业发展的贡献也应该是第一位的，特别对一个高科技的企业而言，科技创新的贡献应该是不言而喻的。因此，在企业内部的价值分配中要充分考虑到这一因素，形成激励创新的分配导向，根据科技人员对企业做出的贡献，调整分配政策，做到"不让雷锋吃亏"，不让科技创新的英雄们吃亏，让创新者的智慧和汗水得到与之匹配的回报。科技人员头脑中的知识是企业资源的重要组成部分，知识资本化是时代发展的潮流，应把"知者有其股"作为国有企业新文化的重要理念，进行大力的宣传，在整个企业形成尊重创新者的普遍共识。一旦国有企业真正实现"知者有其股"，广大科技人员的创新积极性将会得到极大的激励，迅猛爆发，进而在国有科技型企业内形成新的"动力系统"，推动企业不断突破关键技术难关，实现更好、更快、更大发展。

第十九章 新机制——创建中国电科的先进研发体系

随着电子信息技术的不断发展和新军事革命的持续推进,作为国有企业的中国电科被推到军队信息化武器装备建设的中心位置,由原来的从属配套变成平台主导。特别是最近几年,中国电科承担了大量的国家重点信息化武器装备的研制任务,有些单位的研制项目成倍增加,科研生产的承载能力几乎到达了极限,虽然科技人员"五加二、白加黑"地日夜加班加点,仍有一些重大装备项目难以按时交付,而后续新的研制任务却又在急剧增加,源源不断,对整个集团的科研生产能力提出日益严峻的挑战,给原有的科研生产体系造成巨大的冲击,使原有科研生产模式的短板和弊端日益凸显。中国电科虽然针对这些问题一直在进行调整改革,但还是不能从根本上解决问题。

这种状况使大家逐渐认识到,以革命性的变革来重构中国电科研发体系已成为当务之急。但是,重构中国电科的研发体系,本质上是一场旷日持久的科研文化的深刻变革,必将会使传统的科研观念、科研习惯、研究方式、组织方式、思维方式等发生彻底改变,给传统的领导模式、利益格局、思想意识带来颠覆性的变化。因此,要使这种变革取得成功,不仅需要各级领导具有很高的格局、巨大的魄力,需要十几万名员工的共同努力,更需要新的文化来正确引领和强力保证。

中国电科研发体系遇到的这些问题,其实在国有科技型企业中也普遍存在。下面,我们就对国有科技型企业传统科研体系存在的主要问题和弊端,新的科研体系建立的方法和路径,以及国企新文化如何发挥保驾作用,进行一些粗浅的分析和展望。

第一节　国有科技型企业研发管理问题的分析

以中国电科为例，中国电科经过十几年的发展已成长为一个超大规模的国有科技型集团公司，所属的各个院所也纷纷步入大中型科技企业的行列，但是一些院所的管理方法和科研模式依然停留在过去，研发仍然以定制化、单项目为主，普遍处在又"忙"又"乱"的窘境中，顾此失彼，到处在救火，到处有紧急任务。遗憾的是，这样的状况在国有企业当中具有相当的普遍性，值得我们做一个深入的实证研究。

一、国企研发体系的困惑

经过深入的调查研究，我们发现，国有科技型企业的科研文化弊端日渐明显，给企业的研发体系带来很大的困惑，主要表现在以下几个方面：

> 产品研发更侧重技术突破，缺乏对市场需求进行全面、准确的把握和快速响应。
>
> 产品研发容易忽视财务和经济要求，造成投资回报率偏低。
>
> 产品研发以定制化、单项目为主，项目的开发水平因人而异，向顾客交付的产品不能代表组织级的能力和水平，并且产品的性能不稳定，质量波动大。
>
> 技术开发与产品开发相对割裂，新技术对产品开发的支撑不足，难以实现产业化，在民品产业上表现得尤其突出。
>
> 缺乏准确、前瞻的客户需求关注，反复做无用功，浪费资源，造成产品研发成本高、周期长、效率低。
>
> 没有跨部门的结构化流程，各部门都有自己的流程，但部门流程之间靠人工衔接，运作过程割裂。
>
> 组织上存在本位主义、"部门墙"，各自为政，造成内耗。

第十九章 新机制——创建中国电科的先进研发体系

> 专业技能不足,作业不规范,依赖"英雄",而这些"英雄"的成功难以复制。
>
> 项目计划无效,项目实施混乱,无变更控制,版本泛滥。

包括中国电科在内的大多数国有科技型企业都存在上述问题,只是程度不同而已。

二、研发体系乱象的要素分析

进一步深入分析,我们发现,研发体系的混乱是研发体系成长到一定程度必然经历的一个阶段,其实反映出的是一个企业研发文化的特性。通常系统工程的研制都比较复杂,涉及要素甚多,管理难度极大,传统的定制式、单项目的研究所式的管理模式,在面对项目复杂度越来越高、研制项目越来越多的情况时,容易造成研发混乱,而导致乱象产生的关键要素,集中表现在以下 8 个方面。

影响研发进度的关键要素。返工次数多,导致开发进度一拖再拖;缺乏高质量、合理的并行协同开发计划;需求经常变化;碰到技术难题,其他部门不积极配合;研发人员的能力参差不齐等。

影响研发成本及产品利润的要素。研发出的产品不好卖;研发效率不高,产出低;设计方案造成用料、制造成本高;版本错误,造成浪费;产品开发错过最佳上市赢利期。

影响研发质量的关键要素。在产品质量管理中,没有规范的测试体系保障,验证测试力度不足;没有建立规范的测试组织和专业人员团队。

在过程质量管理中,缺乏规范的产品开发流程体系;开发过程关键节点的评审流于形式;使用不成熟的技术;设计不合理,造成工艺制造实现困难。

影响产品创新的关键要素。没有以市场为导向进行产品创新;没有技术/产品平台积累,每次都从原点开始;研发人员的创新意识和能力不足;缺乏产品创新的激励机制;投入不够,采用"尾随"战术。

影响设计效率的关键要素。大量的历史图纸资料查询困难,效率低;需要反复确认数据的准确性和有效性；物料和 BOM 数据从创建到确认，过程长、经办人多，容易失控和变形；物料和 BOM 数据需要人工录入 ERP，效率低下，出错率高；技术更改经常遗漏数据，更改不到位，需要反复进行。

==影响产品标准化的关键要素==。没有建立基础数据库、标准件库和借用件库，重复设计多，浪费时间及资源；产品及部件版本管理不完善；标准化管理缺乏手段，没有深入影响到设计过程；各类数据（例如物料等）的创建缺乏统一控制。

==影响知识积累、人才培养的关键要素==。没有规范的流程和知识体系指引新人；没有系统的任职资格认证和培训体系；没有激励手段。

==影响数据安全的关键要素==。没有企业级可控的统一资料库，权限控制不精细；存放在服务器上的资料无法保证版本正确；没有建立良好的备份、防灾、杀毒措施；人员流失后，其拥有的企业数据都随之带走。

上述分析带来的启示：

一是上述 8 个方面的问题，涉及几十个关键要素，在一些高科技企业是较为普遍的现象，只是程度不同而已。每一个要素长期积累形成的短板，都可能造成科研体系的混乱，都不可轻视。

二是造成问题的要素分布在科研体系的各个环节，是研发管理的系统性问题，这种问题的解决涉及包括科研意识、科研习惯、科研方法、科研逻辑、科研能力等多方面的变革。从企业文化的视角来看，是由于原来小农式的研发管理模式和研发文化，不能适应正规化、规模化研发管理的需要造成的，变革要涉及科研人员的思想意识、价值理念和长期形成的研发习惯与文化假设。而涉及研发文化的变革一定是极其艰难的，更是最根本的。

第二节 国有科技型企业研发困局的文化根因分析

事出有因，因在文化。文化虽然看不见摸不着，但从文化的角度看问题，往往能找到真正的根源。国有科技型企业的研发困局，表面看是管理问题，但导致问题的根源则可能是文化，所以，我们就从文化根源入手来进行简要分析。

第十九章 新机制——创建中国电科的先进研发体系

一、市场化的、系统的研发理念有待培育和完善

市场导向、客户意识、技术创新等是企业经常强调的观念，但是，整体来看，包括中国电科在内的国有科技型企业受制于历史条件，多是起家于作坊式的科研环境，研发理念比较零碎模糊，缺乏系统性，而且存在很多不正确的、过时的观点。例如，很多企业认为：研发就是研发部门的事情，而没有把研发当作各部门的一项整体活动；产品成功关键取决于技术和人才；"失败是成功之母"，抱着试一试的心态去搞产品开发；流程和规范会约束创新；产品创新突破来源于天才和灵感，而不是执着、长期有目的的追求……这些观念似是而非，许多都根深蒂固，而且危害不小。

文化观念的转变是一项长期艰苦的工作。

一些单位甚至寄希望于"四两拨千斤"，总想通过一些绝招来搞研发。很多单位对产品开发、技术开发、技术研究、基础研究、核心技术等基本概念都没有完全正确地理解、区分和应用。另外，绝大多数单位还停留在从功能及性能实现的角度来定义产品开发，而没有从客户的角度，从军方战斗力生成的角度，从呈现给客户的产品整体（包括功能、性能、体验、包装、服务、品牌和资料等）的角度去定义产品开发。缺少正确的科研理念和价值观是导致上述问题的原因，要改变就必须要进行企业的文化变革，而文化变革恰恰最难。

二、缺乏前瞻性和有效的产品规划

通常，国有科技型企业在产品研发中都会提出一个远大的产品发展目标，但一般都过于笼统，也没有明确的竞争定位；有时也会制订年度产品开发计划，但很少在产品平台战略和产品线规划上下功夫。

即便是一些规模较大的科研院所，也很少有制定产品平台战略和产品线规划的，一些单位甚至没有产品平台战略的概念，只是关注于一个个产品的立项和开发，众多产品相互拼凑，无法平台化、系列化地开发产品。缺乏共享平台的支撑，也导致研发能力和研发效率受到严重制约，不能形成知识和技术积累。无论军品还是民品，产品开发计划和实际的产品立项，往往是被动响应市场和竞争的结果，

缺乏主动的、基于充分市场研究的、前瞻性的产品线规划。产品开发计划容易流于形式，在失去清晰路线图的指引下，研发主管和产品开发人员就会无章可循，只能临时和被动地定义和开发产品。而企业由于不能按恰当顺序开发并投放新产品，往往会错失良机。另一种现象是，不顾有限的资源，摊子铺得很大，到头来才发现自己不具备充足的资源，结果是欲速而不达。而导致这一切的根源实际上就是产品平台战略理念的缺失或不清晰。

三、在开发过程中缺乏专业化的业务决策评审

就产品文化观念而言，许多人普遍缺乏把产品开发作为一项投资来管理的意识和活动，尤其是产品立项后未进行业务决策评审，对于具有很大业务风险、难以带来投资回报的项目，没有在过程中发现并及时砍掉，大量上马后失败的产品研发项目造成了研发资源的巨大浪费。这也是许多国有科技型企业普遍感到研发资源尤其是人力资源紧缺的主要原因之一。

四、职能化特征明显的组织结构阻碍了企业内的跨部门协作

系统工程和产品开发是一项需要跨部门协作的综合性活动，几乎需要企业所有的职能都参与进来。绝大部分企业的组织结构是以部门职能为基础的，运作上职能化特征明显，部门各自为政，由于"部门墙"的存在，带来了部门之间协作和协调的种种困难。一些企业采用了矩阵结构，然而部门壁垒依然存在，跨部门协作困难的问题并没有得到多少缓解。连把"联合起来办大事"作为文化理念的中国电科，事实上也缺乏把这一理念真正落地的机制和方法。企业员工长期生活在"部门墙"内，容易模糊和忘却部门存在的真正目的和意义。

首先，各部门对产品开发的成功标准缺乏一致的认识。例如，技术部门认为只要产品顺利转入生产就成功了，制造部门理解的成功则是产品制造流程和工艺的稳定，而市场部门则关注产品何时上市、销量如何。各部门在产品开发过程中缺乏一致的目标是跨部门协作困难的根源之一，形成较为普遍的"部门墙"。

其次，在项目运作层面没有有效的运作原则和机制。绝大多数的国有科技

型企业的研究单位都会采用项目组的方式来负责产品开发,但项目经理往往有责无权或有责少权,难以成为项目真正的有效领导者。项目组也并不是真正的跨部门小组,职能部门所拥有的权利和责任比开发组多,项目成员对职能部门的"忠诚度"远远超过对公司和项目。一旦出了问题,部门之间就会相互抱怨、推诿责任。

另外,跨部门协作的障碍也来自于研发文化的不支持。很多单位官本位思想突出,本位主义和官僚主义较严重,各部门做事不关注整体利益,造成跨部门协作的"土壤"不良。跨单位的协作更加困难,"联合起来办大事"往往只是停留在美好的愿望和动听的口号层面。

五、不规范、不一致、接力式/串行的产品开发流程

流程是文化的固化。科研流程比较粗放、层次不清、不够规范、不具体、不细化、操作性不强等结构化问题在各个国有科技型企业都普遍存在。流程执行方面缺乏纪律性,比较随意,各自按自己的理解行事,没有一致的流程。在很多情况下,流程是由职能管理部门闭门造车做出来的,流程不切实际,或者只是把当前本身有问题的做法固化,而不按流程去执行。

研究表明,很多单位制定了产品开发流程,但他们的流程只是一些零散的功能性流程(例如,硬件开发流程、测试流程),缺乏系统性,没有一个联合所有职能部门的集成的总体流程,这就像作战时缺少总体的"作战地图"和"作战方案",导致项目组开展工作、各部门参与产品开发的过程缺乏统一部署和安排,只能各行其是。加之跨部门协作的机制不强,导致产品开发流程在"部门墙"林立的情景下运行艰难、接口不畅、漏洞百出。

另外一个典型问题是,流程是接力式的、串行的,运行缓慢,问题留到了后面,造成返工和拖延。在产品开发的前期阶段,除了技术部门以外,测试、制造、维护、财务,甚至市场部门均很少参与,导致产品开发偏重从技术的角度来考虑问题,产品的可制造性、可靠性、可测试性、可维护性等方面的需求考虑很少,产品开发的后期阶段要花大量的时间和精力来修改前期考虑不周的错误,甚至要重新设计。

六、项目管理基础比较薄弱

尽管项目管理的方法和工具已经在许多企业开始普及，但由于相配套的组织机制、业务流程、考评激励措施欠缺，加之研发工作本身充满不确定性、复杂性，致使研发项目管理的有效性并不理想：

> 时间估计不准确、总体进度计划缺乏完整性等一些较为平常的差错也得不到及时修正；
>
> 职能部门各自制定进度表，计划衔接性差，造成实际工作衔接性也差；
>
> 进展情况做不到及时汇报，且缺乏有效的监控措施和手段；
>
> 对成本目标缺乏关注，也没有有效的降低设计成本的方法；
>
> 对风险估计不足，缺乏预防措施；
>
> 资源管理头绪多，尤其是在矩阵结构下，更是变得无所适从。

产品质量管理薄弱。由于缺乏优良的质量文化，往往在源头上，对产品需求的定义不能从服务客户的角度努力做到准确、清晰（如客户需求）、完整（如可靠性需求、可维护性需求）；在保证质量的过程控制上，不能以零缺陷的标准把流程做到规范、科学并坚决执行；在质量控制活动上，不能做到认真地制定明确的测试计划和技术评审计划，在测试方法和手段依然落后且一时不能提高的情况下，不能做到用严格的测试和评审来弥补测试方法和手段的落后。

七、没有解决好产品开发与技术开发的关系

产品开发与技术开发混在一起，没有完全实现分离。

一方面导致产品开发中要去突破技术难题，加长了开发周期，并带来了更大的风险，影响产品的成功。

另一方面容易片面关注产品开发，缺乏专门的团队和相应的机制保障技术开发工作的开展，制约了技术研发体系的建设，关键技术和核心技术难以积累

和提升，导致技术储备严重不足。这在许多国有科技型企业几乎是一种普遍存在的现象。

八、不重视共用构建模块，缺乏完善的知识积累及共享机制

许多国有科技型企业在产品的标准化、通用化方面普遍做得不够好，具体体现为零部件种类非常多。各产品线和各项目之间往往各干各的，很少考虑零部件的重用。从产品设计的角度来说，就是缺乏模块化设计，缺乏对共用构建模块（Common Building Block，CBB）的规划、开发、应用及维护。

由于没有形成分享文化，一些单位在起步时就不重视对研发知识进行积累，致使前人的经验及教训无法传承和提示后人，产品研发的效率变得越来越低，在研发中经常犯同样的错误，区别只不过是犯错的人员不同而已；对知识管理重视起来后，又找不到建立知识积累及共享机制的有效方法，不能制定出有效的知识结构化管理和评价及奖励措施。

九、缺乏有效的培养机制，研发人员的职业化素质不足

由于缺少先进的人才培养理念，对人才的培养科学性不够，导致对研发人员的培养始终处于被动，使研发人员的成长速度滞后于项目的增长速度。表现为培养手段单一，未建立清晰的发展通道；权责不明确，师傅带徒弟留一手；专业培训不足；对周边工作了解不够，交流机制缺乏，市场压力传递不到位。由于缺乏周边部门的锻炼及轮换机制，职能化组织带来的横向责权缺失，对产品经理、项目经理等复合型人才的培养更是难以做好。研发文化落后，导致研发人员业务素质不足。从总体上看，国有科技型企业的研发人员大都非常聪明勤奋、学习能力强、专业化素质较好，但却因为缺乏好的研发文化的熏陶，反而存在职业化素质不足的弱点。表现为市场意识不足，重功能轻性能，重技术轻管理，缺乏商品化意识，缺乏成本意识，甚至缺乏质量意识，常常会犯研发人员"幼稚病"。

十、缺乏有效的研发考评与激励机制

机制是文化的核心。所有的管理问题都可以找到机制的根源，对知识工作者的考核、评价和激励也是这样。如何对研发人员进行合理的考核和激励一直是困扰许多企业的难题。由于研发工作具有创造性和不确定性，目标难以量化，对研发工作和研发人员的评价确实比较困难。例如，若考评产品的市场效益，研发人员会认为课题又不是自己选的，效益不好不能怪他；若考评计划完成率和错误率，往往越难的项目计划完成率可能越低、错误也越多，势必会出现项目组人员越是辛苦，而对他们的考核结果却越低的情况，这样，谁还愿意去做高难度而重要的项目？于是，对研发人员的考核在定量和定性之间、在结果和过程之间、在短期和长期之间摇摆不定，找不到一个行之有效的考核办法。

在矩阵结构下如何对研发人员考评也是一个难点。许多企业对矩阵管理模式下的考核文化研究不够，滞后于研发管理模式的创新。研发人员面对两个或以上的上级，考核关系如何界定，项目考核和部门考核如何结合，权重如何定，如何对技术部门以外的职能部门参与产品开发的人员进行考核……这些问题常常让人难以理出头绪。

普遍来看，绩效考核的不科学也带来了报酬激励缺乏依据，导致产生不公平感，影响研发人员的积极性。如果再加上岗位价值不明确、任职资格划分及评定模糊，那研发人员的薪酬就确实只有靠拍脑袋来确定了，于是薪酬机制就容易引起更多的不满。在这种情况下，项目奖被一些企业看作是灵丹妙药，可惜项目奖在带来短期激励的同时，也带来了诸如降低研发人员对单位的归属感、影响团队精神、不利于人员流动和培养等长期的危害。对于研发人员来说，发展机会、认可、沟通、荣誉等非经济性的激励措施的重要性并不亚于薪酬，但这些也明显被一些单位所忽视了。而这些问题很大程度上都是源于激励文化和机制的缺失。

以上十大研发管理的典型问题，一直以来阻碍着包括中国电科在内的大多数国有科技型企业研发能力的提升，而且成为一种顽症。要解决这些问题，除了企业的决心和努力外，通过变革，引进和实施业界先进、成熟的研发体系是必由之路。这其中，IPD 也许是正是我们期待的一剂良药，再辅以先进的科研文化，可以攻克这十大顽疾，走出研发体系的混沌，这必然成为企业文化建设和重塑的一个焦点问题。

第三节 IPD 的 8 个核心思想是一剂良药

针对国有科技型企业在研发管理上存在的短板，我们特别推荐集成产品开发体系 IPD（Integrated Product Development，IPD）。IPD 的思想来源于美国 PRTM 公司出版的《产品及生命周期优化法》（Product And Cycle-time Excellence，PACE），它是一套先进的、成熟的研发管理思想、模式和方法，特别是被称为 IPD 精华的 8 个核心思想，涉及研发文化的许多新观念，非常值得国有科技型企业借鉴。在此予以推介。

树立起"产品开发是投资行为"的认知。研发人员要从多个方案中选优，从投资的视角审视预期收益、成本、可行性。在企业经营的开端就培养研发人员的经营意识、成本意识和市场意识。

树立起"基于需求的研发"的认知。理解客户的真正需求，围绕市场需求进行开发，帮助客户获取成功；预测客户需求及行为趋势，以用户为中心进行设计，并持续和客户保持沟通以验证产品；IPD 强调以市场需求作为产品开发的驱动力，将产品开发作为一项投资来管理。将"客户是上帝"的文化理念落实到设计流程中来，而不仅仅是一句美妙的口号。

树立起"基于平台的异步开发和重用"的认知。产品平台和共用构建模块（Common Building Block，CBB）是支撑异步开发，提高产品开发质量和进度的有效策略，是实现"多快好省"开发的关键，这恰恰是中国电科等科技型国有企业普遍存在的短处。也是我们所缺乏的先进科研文化。

树立起"技术开发和产品开发相对分离"的认知。技术开发和产品开发相对分离能够降低技术风险，保证产品开发的计划性和产品上市时间的可控性，并有利于产品质量控制。这对克服我们传统的、手工作坊式的"小农"科研偏好是一剂良药。

树立起"联合起来办大事，跨部门协同"的认知。传统功能型组织的缺点是：

串行为主，开发周期长，易于产生鞭子效应，常常产生科研过程的"肠梗阻"；职责频繁转移、信息层层衰减，易于滋生本位主义和厚重的"部门墙"。

跨部门的协同，使市场、开发、制造、财务、技术服务等多部门加入，形成集成开发团队。团队目标一致，关注于产品开发，为产品的成功负责；可以并行工作，各个环节活动更充分，协作效率高，开发周期短；打破部门界限组建混合团队，使信息始终共享，使多领域知识经验集成，打造出高效团队。跨部门的协同可以使"联合起来办大事"的企业文化通过组织机制，得到有效的落实。

树立起"结构化的并行开发流程"的认知。结构化的要素主要是指，分层、分解、定义、排序、输入和输出，通过结构化的解构可以提高整体开发速度，确保产品质量和上市成功，可被不同项目采购，并使开发过程可视化。这本质上是泰勒科学管理在知识创新领域的再应用，按照一定的规律分解科研活动的各种构件，进行标准化的批量生产和管理。在此期间，还需要中国传统文化的智慧——中庸之道，才能把握好平衡，做到恰到好处；通常非结构化会导致无序、随意、不可控；而过度结构化会造成僵化、官僚、缺乏创新。关键是把握两者之间的动态平衡。核心是要接受全新的管理思想和管理文化。

树立起"产品线与资源线并重"的认知。产品线负责产品经营、市场规划、产品规划、产品开发和产品生命周期管理等；资源线构成能力中心，负责人力资源建设、专业技术开发、知识经验沉淀等；产品线是企业的发展动力，资源线是对产品线的有力支撑。一个大的企业走向成熟的重要标志是能够放弃以前的"游击战"，选择与企业规模和发展阶段相适应的"正规战"和"阵地战"，提高自己的竞争维度，对竞争对手实行"跨维打击"，才能赢得大企业应有的竞争优势。重要的是，要将创新理念转化为企业新的竞争策略。

树立起"职业化的人力梯队建设"的认知。根据产品体系架构、技术体系架构、研发体系架构的发展要求，设计相应的人才体系架构，使人力资源管理有的放矢，逐步建立起专业化和职业化的人才梯队建设，提供高素质的职业人才队伍。

原IBM董事长郭士纳曾指出："IPD是关键！我们必须更加规范地开发产品；在开始阶段便考虑市场情报和客户需求；在开始阶段就确定所需资源；根据里程碑管理；只在里程碑变更需求和项目方向，因此我们不会不断地修补项目。整个IPD重整至关重要，如果你不知道它是什么，你就需要回去真正地学习。

我的意思是说，这个公司的每个人都需要熟悉 IPD。我们准备根据这个流程来经营公司"。这无疑也给中国电科这样的国有高科技企业的文化重塑带来许多有益的启迪。

公司的发展如同人一样是有规律可循的。人的一生中有幼儿期、童年期、少年期、青年期、壮年期、老年期等，公司的发展也有自己的少年期、青年期、壮年期……每一个时期都会遇到一些迥然不同的规律性问题，困扰着公司的发展，但同一个阶段企业面临的问题会惊人地相似。无论是国外 IBM 公司这样的国际巨头，还是国内华为公司这样的后起之秀，以及中国电科集团这样的国有高科技公司，在自身发展的某个阶段，都遇到非常类似的研发管理问题，这个问题往往成为一个公司的发展瓶颈，如果得到很好的解决，公司将会成功转型升级，跨入另一个发展阶段，甚至可以因此而一骑绝尘，让竞争对手难以望其项背。如果解决不好，公司的发展基本上就撞到了天花板，不少公司终其一生都没能迈过这个门槛，这不仅是公司成长的烦恼，更是对一个企业变革能力的生死考验。

时至今日，国企依然，电科依然。如何塑造新文化，引导研发体系的深刻变革，实行转型升级，突破发展瓶颈，这对中国电科这样的国有高科技企业是生死攸关的巨大考验，对民营高科技企业也是如此，欣慰的是，华为在这方面率先进行了成功的探索，给我们提供了一个学习、研究、借鉴的好样板。

第四节　华为研发体系变革对国有科技型企业的启示

有关资料表明，华为公司在其发展过程中也曾经遇到研发体系转型升级的瓶颈，当时华为的发展触到天花板，研发问题丛生，迟迟得不到有效的解决，成为任正非最为头痛的研发管理问题。

一、华为研发体系的难点似曾相识

1997 年任正非到美国考察时，访问了 IBM 公司，谈到了公司在研发管理方面存在的问题和困惑，集中表现在以下方面：

> 串行研发导致开发周期很长，产品研发被动地响应市场需求，缺乏整体规划，导致维护成本很高，影响了客户满意度。
>
> 研发部门对技术与功能的开发很重视，但对产品的可靠性与稳定性则重视不够，导致产品研发闭门造车、脱离客户需求，研发浪费十分严重。
>
> 产品交付质量不稳定，频发的售后服务冲击了研发节奏、蚕食了企业利润。
>
> 严重依赖"英雄"，成功难以复制，"部门墙"较厚，组织能力较弱。
>
> 缺乏结构化端到端流程，运作过程割裂，内耗严重。

当年，华为研发费用浪费比例和产品开发周期是业界最佳水平的两倍以上，销售额虽然连年增长，但产品的毛利率却逐年下降，人均效益只有 Cisco、IBM 等企业的 1/6~1/3。华为公司遇到的这些问题，和今天国有科技型企业遇到的问题大同小异。

IBM 公司当年也遇到的非常类似的研发管理问题，这些问题几乎导致 IBM 公司破产。IBM 创立于 1896 年，1981 年推出世界上第一台个人电脑。经过几年的快速发展，1987 年 IBM 的股票总市值达到 1060 亿美元，超过福特汽车公司。取得巨大成功的 IBM 逐渐开始走向保守、僵化和自负，在 1990-1993 年连续亏损，仅 1992 财年就亏损了 81 亿美元，创造了当时美国历史上单年度亏损最多的纪录。

1993 年，郭士纳临危受命，通过大刀阔斧的改革让 IBM 起死回生。IBM 建立了"以客户为中心"的企业文化；半年之内裁掉 4.5 万员工，建立了以绩效和流程标准为主导的决策机制；采用 IPD 研发管理模式，缩短产品上市时间，提高利润……很快，郭士纳的改革呈现出卓越的成效，1994 年 IBM 赢利 30 亿美元，1997 年营业收入高达 785 亿美元，重塑了 IBM。

二、华为学习 IBM 的成因

任正非当时认为，华为的目标是要成为国际性的大公司，IBM 是年营业收入近 1000 亿美元的百年企业，其成功经验非常值得华为公司学习。华为只有学习这些大公司，才能成为大公司，只有学习 IBM 才有可能成为 IBM，甚至超越 IBM。

第十九章　新机制——创建中国电科的先进研发体系

任正非对 IBM 的研发管理体系十分欣赏，IBM 研发项目从预研到寿命终结的投资评审、综合管理、结构性项目开发、决策模型、筛选管道、异步开发、部门交叉职能分组、经理角色、资源流程管理和评分模型等全流程管理对解决华为面临的研发难题具有很好的借鉴作用。华为认识到，只有认真向这些大公司学习，才会使自己少走弯路、少交学费。IBM 的经验是付出数十亿美元的直接代价总结出来的，他们经历的痛苦是企业界和人类的宝贵财富。

据了解，当初任正非高瞻远瞩，力排众议，决定引进 IBM 的研发管理体系。在项目启动之前，IBM 报价 4800 万美金（约 5.6 亿元人民币）且坚持一口价，相当于当时华为公司一年的利润！华为财务总裁想砍价，任正非说："你负责砍价，你能否负责承担项目风险吗？"任正非只问 IBM 代表一句话："你们有信心把项目做好吗？"IBM 代表沉思片刻，说能，于是任正非便拍板敲定了项目。加上实施与 IT 设备等费用，整个变革共计花费了 20 亿元人民币。现在看来，这笔巨资花得物有所值，富有远见，从企业管理的角度看，实现了华为研发管理的全面跃升和革命性的转型升级。

三、华为引进 IPD 的成效

据有关资料介绍，华为于 1998 年 8 月开始 IPD 体系建设项目调研，1999 年 4 月启动 IPD 体系建设，2001 年 7 月导入试点项目运行，IBM 顾问密集服务期持续了 27 个月。在此基础上，华为公司在项目实践的基础上，持续对 IPD 体系进行优化，到 2013 年，华为的研发体系实现了脱胎换骨的变化，为华为发展成世界一流的国际跨国公司奠定了坚实的基础。

据统计分析，成功实施 IPD 能给企业带来的典型好处是：

产品上市周期（TTM）缩短 30%~50%；

产品质量提高 40%以上；

产品成功率提升 30%~60%；

构建市场导向的、团队化、流程化运行机制；

> 打造一支职业化的、一流的研发人才队伍；
>
> 建立一个强大的产品平台/技术平台。

当前，华为正作为中国高科技企业的代表与美国在科技战场上厮杀，这是 21 世纪中美在科技领域展开的另一场"上甘岭"战役，在长达数年的激烈较量中，华为以单独一个公司的力量对抗一个世界超级大国举全国之力、甚至是整个西方世界之力的疯狂打压，却始终不落下风。这和华为公司在成长的关键阶段，扎扎实实苦练内功，虚心学习国际巨头的研发管理经验，全面彻底地引进 IPD 研发体系，促进华为脱胎换骨的蜕变，成功实现企业发展的转型升级是分不开的。

四、华为引进 IPD 带给国有企业的启示

综合研究分析，华为破解研发管理难题的成功经验给国有科技型企业提供了下列有益启示：

IPD 以市场需求为核心，将产品开发作为投资，跨部门的团队通过 CBB 准确、快速、低成本、高质量地提供产品，是世界一流企业普遍采用的一套系统工具方法和策略。华为研发体系的成功转型升级，为中国电科这样的国有高科技企业的研发体系的变革，提供了有力的佐证和明确的方向。

研发体系的成功变革升级是华为成功的关键，是带动华为全面管理升级的重要抓手，任正非的远见卓识就体现在抓住了华为迈向世界一流企业的牛鼻子。中国电科等国有科技型企业也处在转型升级的关键时期，也需要一个提升全面管理升级的核心抓手来推动实施。

企业的流程不能为了流程而流程，必须将产品开发作为主流程，同时将研发、生产、市场、采购、营销财物管理和项目管理以及绩效管理等活动融入产品开发的主流程中，才能发挥整体效能，以实现全流程、全要素的统一管理。

影响国有科技型企业研发体系能力提升的主要误区是，在能力提升上只关注技术和财务以及产品交付的指标要素，不关心货架共享的能力，不关心市场需求和基于核心技术、平台的可持续发展能力，不关心核心人员的能力提高、人才结

构合理性和员工核心竞争力及能力指标。而 IPD 正是解决这一顽症的良药。

建立以产品为中心，面向客户的组织体系。实行矩阵管理必须进行产品线与资源线建设并实施六大分离，产品线建设立足于产出，资源线建设立足于核心技术的提升和专业人员的培养。这种管理模式比较适合大型系统工程的开发和研制，是值得像中国电科这样的国有科技型企业下大气力探索的可行模式。

研发人员要树立综合成本概念，综合成本不仅包括物料成本还包括研发成本、维护成本、生产成本和共享成本。同时，在方案设计时，要综合考虑成本和价格的关联，以低成本、高质量满足市场的竞争要求。这有利于克服国有科技型企业重技术轻市场、重功能轻成本的传统观念和非市场化的研发文化顽疾。

企业发展到一定阶段，要将单项目管理和多项目管理分离，单项目管理的责任主体是项目经理，多项目管理的责任主体是项目管理部，其主要职责是资源配置、项目排序和项目绩效管理。这是企业走向成熟的一个标志。

国有科技型企业研发管理体系的变革是一项艰难复杂的系统工程，是涉及人的思想观念更新，科研习惯改变，利益格局调整，员工素质提高，组织能力升级的全方位的革命性变革，领导的坚持、领导的意志是成功的关键，全体员工的思维方式、行为方式、组织方式的转变是根本，而促进国有科技型企业的思想观念转变的优秀企业文化，才是成功的基本保证，这也正是我们重塑国企文化的重要目的。

第五节　中国电科新文化对研发体系变革的引领

华为总裁任正非曾指出，IPD 是一套先进的、成熟的研发管理思想、模式、方法和科学流程，它关系到公司未来的生存与发展，各级组织、各级部门都要充分认识到它的重要性。

在华为新研发体系推进遇到各种困难和阻力时，任正非要求："IPD 要培训、培训、再培训，让考试不合格者下岗"。由此可见，不管何种企业，推进深层次的变革总是风险巨大、困难重重，因为这种变革深入到企业的文化层面，涉及员工的文化习惯和过往的价值准则，国有科技型企业也不会例外。

拉尔夫·基尔曼在《摆脱救急观念》一书中指出，人类创造的组织系统所衍生出来的复杂问题，无法用简单的救急方法来解决。唯一的方法是发展一套真正的综合措施，一套管理现代组织的整体规划。这套整体规划应包含5个部分：

> 文化；
>
> 管理技巧；
>
> 团队建设；
>
> 战略结构；
>
> 报酬系统。

如果只贯彻这些措施中的一种或几种，则任何试图改善绩效和鼓舞士气的努力都难以奏效，任何短暂的效益都会很快消失。只有在不断努力的基础上，实施全部内容，才能取得持久的成功。拉尔夫·基尔曼把文化放在首位，体现了文化的重要性。中国电科在文化重塑中，也是通过树立有利于引领研发体系革故鼎新的新文化，来带动研发体系的变革。

确立系统化思维理念。引领企业转变小手工作坊式的研发思维方式，避免用"头痛医头，脚痛医脚"的做法解决研发管理中遇到的问题。以实现用系统化的解决方案重构研发管理体系，建立中国电科高效的研发战略体系，高效的研发组织平台，高效的研发流程体系，高效的技术开发体系和高效的研发人力资源管理体系。

确立集成开发理念。引领企业改变用简单的方法解决研发中出现的复杂问题的传统方式。以实现用系统的方法解决复杂的问题，分解复杂问题为简单的问题，用标准化的方法化繁为简；运用多要素管理集成；通过并行开发缩短开发周期；基于平台派生产品，快速响应用户需求；完善测试验证过程，构建基于效能的装备验证能力体系；构建基于模型的全生命周期研发能力体系；通过流程固化机制、方法和管理工具；细化衡量标准，强化知识、技术、经验的积累和有效管理。

确立以客户为中心，以市场为导向的理念。引领研发人员由基于技术偏好的创新转向基于市场的创新；由整体性串行开发流程转向结构化并行开发流程；将基于平台的异步开发和重用策略用在科研装备研发实际中，以满足外部客户需求、提升内部组织绩效。

确立平台经营理念。引领企业将平台经营的理念具体化到产品的集成开发上,为产品战略奠定基础。将产品平台战略与产品线和单项具体产品的战略区分开来,企业可以更好地将精力集中在战略问题上。其具体的作用是:可以清楚地表达市场的需要的强弱,确定当前产品平台的生命周期,决定是否延长某项产品平台战略,是否需要开发一个新的产品平台战略,使现有产品线计划更加完善以及促进先进技术的开发。

确立学习型组织理念。引领企业改变人才培训与研发脱节的状况。有针对性地提升研发人员的能力素质,清楚了解高效的研发体系到底需要什么素质的科研人才,有的放矢地对科研人员进行培养,培养出合格的科研人才,源源不断地向研发前线输送。

确立"知者有其股"的理念。引领企业改变不注重长效激励的状况,创建国有科技型企业特色的人力资源激励体系,以实现按照知识型员工的特性和中国电科员工的人格特征,根据高效的研发体系建设的需要,设计相应的激励机制,建立具有国有科技型企业特色的薪酬体系,特别是建立长期激励机制,针对核心人员实行长期激励,实现"知者有其股",为研发体系提供强劲的发展动力。

集成研发体系的建立是中国电科研发体系一次革命性的变革,是中国电科转型升级的复杂系统工程,更是涉及中国电科科研文化的一次深刻革命,要冲破旧的思想、旧的理念、旧的习惯的羁绊,就需要新的文化带来创新力量和全面保障,没有新文化的引领,就会迷失方向;没有新文化的助推,就难免半途而废。

后 记

《国企灵魂重塑——国有企业文化建设理论与方法》一书就要定稿出版了,在做了最后一次修改完善后,掩卷而思,感到如释重负。与此同时,又感到一丝丝遗憾不时袭来,令人惴惴不安,想它必有来处。

本书将中国的优秀国有企业作为主要研究对象,重点进行国有企业文化建设和重塑的理论探索和方法论研究。长期以来,由于国家的体制不同,文化传统不一样,使用西方的企业文化专著指导中国国有企业的文化建设,总感到水土不服,不够解渴,有隔靴搔痒之感,甚至有南辕北辙之惑。而国内的企业文化专著,研究理论的偏多,研究具体方法的较少。所以本书想从方法论的角度,结合笔者多年企业文化建设的实践经验,以期提供国有企业文化建设和重塑的一整套有效、顶用的系统方法。

在本书中,一是力争能够研究认清国有企业文化建设的困局所在,探索国有企业文化建设的道路在哪里,国有企业文化建设的特色如何体现,国企文化重构的模式如何建立,这些是国有企业文化建设和重塑必须首先面临的战略性问题,本书力争能够在方法论方面予以解答,提供系统性的解决方案。但稍有遗憾的是,在研究的过程中由于对国有企业文化建设展开研究的样本不够充分,对不同类型国有企业文化建设的共性研究不够深入,不知道提出的解决问题之道是否有所偏颇?

二是研究探索企业文化建设和重塑的总体设计方法,具体是解决如何避免企业文化建设的误区和陷阱,如何从中国传统文化汲取营养,如何确定企业文化建设的目标和方向,如何做好国企文化重塑的总体设计,推动企业文化建设需要坚持的重大原则等,这是企业文化建设和重塑第二阶段的重要工作,本书力求提出方法性的经验,提供有价值的参考,但是研究工作的细分化做得不够,不知道读者是否会感到这些方法的针对性不够强?

三是为了强化实操性,研究提炼出企业文化建设和重塑的系统方法,这是本书的精华之一。这些方法是从大量的企业文化建设的实践中提炼出来的,也是笔者的切身体验,这些方法针对企业文化建设中最核心的问题和难点,覆盖企业文化设计、建设、落地等重要阶段,具有普适性的推荐价值。从"双星定位"锁定企业文化建设的基本方向,到"双螺旋模式"促进战略与文化的互励融合;从提炼"科学假设"塑造企业文化灵魂,到强化"组织落实"保障文化建设成功,用"责任链条"铺就文化建设成功的阶梯;从"体系化推进"保证文化建设整体效果,到形成"文化搭台业务唱戏"的新模式。这些方法来自对企业文化建设和重塑案例的系统总结,扎根于深厚的实践基础,针对企业文化建设的重要环节,抓住企业文化建设和重塑的命门,管用有效。笔者相信,掌握这些方法能够有效推动国有企业文化建设水平的提升。但本书涉及的方法宏观偏多、微观偏少,颗粒度不够,覆盖面还不够广,不知道是否满足各层级的需求?

四是国企文化核心价值体系的设计,一直是企业文化建设的难点。容易平庸,难以深刻;易落俗套,难以创新;人云亦云,没有特色;离散散乱,不成系统。这些问题一直困扰着国有企业文化的建设和重塑,也是本书要重点解决的问题。因此,本书从方法论的角度着手,在核心理念系统的哲学思辨和系统构建、企业使命的科学提炼、企业愿景的多重塑造、核心价值观的凝练与升华以及核心价值信条的定位与结构等方面,提出一些可行的方法,以期企业的核心价值体系的设计,能够走上有规则、有逻辑、有步骤、成体系的科学轨道,不知道这个愿望是否能够实现?

本书还有一个重点,就是研究探索如何通过国有企业的文化重塑,制定一个类似企业宪章的文化载体,使企业的经营管理有一个基本的遵循,指导企业更高水平的发展,其实质就是将企业的经营管理提升到文化管理的新阶段,这也是《经营文化纲要》的使命所在。

在日常的企业文化建设过程中,人们深感没有企业宪章就意味着不能向员工、客户和社会系统地传递统一的、包括核心价值观在内的企业观念、战略、方针和基本政策。企业的生存发展、经营管理缺乏一个基本的遵循,而使企业的存在和发展一直处在迷茫混乱之中。

通过《经营文化纲要》的制定,升华形成一个具有企业特色的经营文化的"法典",在企业哲学、企业定位、核心价值、战略方针、组织架构、管控方式、战略支点、管理理念等一系列涉及企业生存发展的战略性问题方面，找到了企业文化意义上的答案，进而推动企业走出混沌，提升经营管理层级，这对国有企业具有极其重要的作用。

不仅如此，许多国有企业一直为企业文化和经营管理"两张皮"的顽疾所困，企业文化一直浮在表面、难以深入。通过深入的研究，笔者发现，通过《经营文化纲要》的制定，可以掌握企业文化与经营管理"桥梁"设定的底层逻辑，找到企业经营管理文化化的有效方法，《经营文化纲要》不但架起了企业管理通向文化管理的桥梁，使形而上的企业文化找到了与企业经营管理的融合点，同时也架起了企业文化落地的另一个宝贵的桥梁，对解决企业文化落地的难题具有立竿见影的效果。

为此，对如何制定《经营文化纲要》这一国有企业的"宪章"，我们着墨较多。对《经营文化纲要》总纲设定的基本要点，《经营文化纲要》业务设定的系统模式，《经营文化纲要》管理设定的精要内涵，以及《经营文化纲要》保障监督设定的重大原则等都从方法论的角度予以详尽的探讨，以期制定《经营文化纲要》的方法能够容易被掌握。但不知道这种国有企业文化建设和重塑的重大创新是否能够被普遍接受，我们研究的具体方法、提供的样本是否具有普遍的意义？

企业文化说到底是企业实践的产物，为了增强本书的实践性，我们在本书的典型案例篇中，布局了企业文化建设和重塑的实证研究，主要是以中国电科的企业文化建设和重塑为例，因为中国电科的文化建设不仅取得了巨大的成功，成为国有企业文化建设的一面旗帜，更因为中国电科作为国有高科技企业的典型，具有普遍意义的代表性，能够为国有企业的文化建设提供真正有意义的借鉴。

这一部分系统探讨了中国电科企业文化总体设计的方法论，从确定企业文化建设的方向目标和指导思想，做好总体设计，开展文化评价，提高正确认知、建设水平、效果效能，发挥领导作用等多个维度进行了具体而细微的思辨和总结，提供了系统应用企业文化建设具体方法的鲜活实例。

在此篇章中，笔者坚持理论结合实际，坚持客观公正，坚持系统全面，坚持实事求是。全时空、全阶段地展现一个优秀国企文化建设的全过程，使读者能够深入了解中国电科企业文化建设的历程和新文化重塑的初衷，企业文化建设和重塑的战略性考量，推动企业文化建设和重塑的重大原则，推动企业文化建设工程的有效方法等；使读者能够深刻理解制定《中国电科经营文化纲要》的底层逻辑，充分认识《中国电科经营文化纲要》在指导电科经营管理中的扮演"宪章"角色的重大意义，以及在解决文化落地中的重要作用；特别展示企业文化建设和重塑方法论的具体运用、产生的效果和存在的实际问题，推介了中国电科企业文化建设和重塑的重要成果，以提供有益的启迪。但由于身处"庐山中"，不知是否存在一些偏颇？

掩卷细思，最令人担心的还是企业文化的落地问题。

本书系统探讨了企业文化的建设问题。以中国电科为例，他们希望通过系统的文化建设，将自身推入一个新的历史阶段——有一个统一的企业价值追求，树起一面统一的文化大旗。但是，要进入这样历史阶段，不是将几本手册做出来就可以的，从"文化管理是管理的最高境界"的角度来说，建设仅仅是企业文化所有工作的开始，建设工作相当于是源起于企业的发展历程、立足于企业的当前实际、着眼于企业的未来发展，为企业的文化管理提出一系列核心假设，通过这些假设，为企业的文化管理规划出一张相对清晰的"蓝图"。但对于企业自身来说，要让文化管理真正发挥效用，还需要将这些假设变成现实，也就是需要解决企业文化的深植与落地问题。只有将企业文化建设本身和企业的理念系统真正根植于科研、生产、经营、服务的各个环节，真正在全系统各级单位、全系统干部员工的工作中体现，文化建设才会显现其真正功用。因此，在本书中，特别介绍了中国电科的"企业文化标准管理体系"，建立企业文化管理的崭新平台，为国企企业文化管理水平的全面提升，提供一个有效的抓手，这是国企企业文化建设的一大创新点，意义十分的重大。最后，更核心、更重要、更艰巨的工作，就是深植与落地工作。深植与落地工作做不好，企业的文化就只会是挂在墙上的标语，风一吹就掉了。

从2016年发布中国电科企业文化至今，已经过去6年多时间。回顾这几年的建设历程，再对照开启建设工作之初提出的工作目标，应该说，系统的企业文化建设对中国电科的影响是巨大而深远的，"五大工程"在中国电科各级组织和干部员工身上打下的烙印是非常深刻的。具体来说，主要有以下几个方面：

文化宣言深入人心。文化宣言与企业实际和员工认知产生强烈共鸣，通过持续不断的宣导，让文化宣言深入人心成为可能。如今，"具有国际竞争力""世界一流"作为企业愿景的核心元素,"国防、科技、电子信息"作为使命责任的核心元素,"责任、创新、卓越、共享"作为核心价值观的核心元素,以及"联合起来办大事"等价值信条和"做你梦想的基石"等文化传播语,已经在全系统内外得到广泛传播与深刻认同。

企业形象得到强化。结合强军首责的认真履行,以及在自主可控、科技创新等方面的担当作为,特别是在网络信息体系建设和新一代信息基础设施等方面的主动作为,中国电科在连续18年获得央企A级评价、连续跻身世界500强的同时,"军工电子国家队、科技创新骨干力量、电子信息技术产业领头羊"的形象得到了持续更新与不断强化。

管理水平不断提升。《中国电科经营文化纲要》的编制过程,本身就是对中国电科管理行为和理念的一次重新梳理和确认。通过这次重新梳理、确认,在一定程度上为后续管理变革的实施和管理的持续改进进行了"再启蒙"。近年来,随着管理变革的不断深化,中国电科在中国特色现代国有企业制度的探索上又迈进了一步,管理水平得到了显著提升。

电科文化的"普通话语言"得到了统一。这种统一,既表现在全系统统一向外界传递同一种使命、愿景和核心价值观以及价值信条,也体现在统一的标识和视觉规范在全系统得到了统一、持续的应用,工服等的集中设计、采购统一了企业的显在形象,中国电科对外的文化语言形象开始趋于一致,集团公司文化作为主文化的影响力得到明显提升。

当然,由于文化深植与落地的效果显现需要一个长期过程,中国电科这次系统的文化建设所取得的实际成果并不仅仅局限于上述方面。而且,成果并不是我们讨论的核心问题,我们的主要任务在于对中国电科等国有企业当前在文化深植与落地方面暴露的问题进行反思,并提出下一步解决方案。

与系统开展企业文化建设的"初心"相比,与打造具有国际竞争力的世界一流企业的"使命"相比,中国电科的文化深植与落地的差距究竟在哪里?原因何在?要回答清楚这些问题,显然需要系统、深入的论证和剖析。但我们至少可以在初步探讨中发现以下两个方面的问题。

第一个问题,是文化的主体工程深植与落地不够。在本书中,笔者反复强调:文化的落地不是口号的落地,而是要在企业内部形成符合文化理念要求的、上下统一的一致性行为，要在企业外部获得符合企业文化建设预期的、相对统一的一致性形象，其根本是要实现企业管理的进步。从这个要求出发，其文化主体工程的深植与落地还稍嫌不够。

首先，从企业行为的塑造来看，《中国电科经营文化纲要》落地的桥梁尚未真正搭建起来。本书在对照华为文化落地的实践时曾提到过，文化的落地，一定要通过制度建设和持续考核赋予其刚性约束；在探讨文化管理体系建设时，本书也曾专门指出，《经营文化纲要》的复杂性明显有别于文化宣言等其他文化子系统，它需要找到与企业的各项经营管理业务的具体融合点，不同业务的融合点或融合形式可能不一样，但有一点是共通的，那就是一定会体现在对相应经营管理业务的制度上。从实际情况来看，中国电科在推动《中国电科经营文化纲要》落地的过程中，其制度和机制建设的桥梁还没有完全搭建上。

我们不妨再重新梳理一下这个过程：《经营文化纲要》的作用，是企业文化建设或者说企业宪章建立中的主体工程，主要是对企业管理的基本政策和基本原则进行规定；《经营文化纲要》不是无本之木、无源之水，它恰恰是经营管理实践经验的总结，它来自于企业的经营管理实践，同时又高于企业的经营管理实践，因为它既要立足历史和现在，从企业曾经的实践中进行提炼，又要基于未来，从企业的愿景和使命出发，对企业的经营管理提前布局。正是因为这种布局，所以《经营文化纲要》一定要指导、作用于企业未来的经营管理实践，才能够真正发挥效用，而要发挥指导作用，就必须通过企业的基本规章制度进行传递。我们必须将《经营文化纲要》中相对稳定的、符合企业核心价值观的、可以再次通过实践检验为正确的东西用条文的形式固定化，形成管理制度或规范，通过试行反复验证，在员工中达成共识后，经过正式签发和颁布，为员工共同遵守。只有经历这样一个螺旋上升的过程，经营文化才能既深植于企业的经营管理实践又能指导企业的经营管理实践，这样制定的管理制度和规范才是既真正脱胎于企业文化，同时又能为文化落地提供坚实有力支撑的有效制度。

事实也是这样，只有与企业文化背景相适应的管理制度和规范，才能与企业的实际相符合，才具有执行力；也只有与企业管理制度和规范紧密结合的企业文化，才能指导企业的经营管理实践，才具有生命力。所以，从实践的角度来说，中国电科已经完成了从经营管理实践、企业领导者思想和未来发展中提炼总结经营文化的过程,但缺乏一次应用《中国电科经营文化纲要》中的基本政策,对现存的各种管理制度和规范进行系统梳理的过程,相当于少了一个往复互动的环节,让《中国电科经营文化纲要》的深植与落地缺乏"再升华"。

其次,从员工行为的塑造来看,《电科员工行为规范》的落地的桥梁也尚未真正搭建起来。《电科员工行为规范》的落地桥梁来自于两个方面,一个是持之以恒的宣导,通过培训、正面典型的树立,通过一个又一个的小主题,将中国电科员工应当具备的行为规范树立起来;另一个是奖惩分明的考核,如果说宣导是体现了行为规范的柔性,那么考核和奖惩则体现的是行为规范的刚性,特别是行为规范中的负面清单,如果没有刚性的考核和奖惩进行约束,《电科员工行为规范》很难真正落地。从实践的情况来看,总体上,中国电科在柔性的宣导方面做得更多,典型带动的方法用得更多;在刚性的考核奖惩方面做得较少。同时,中国电科在宣导方面,小主题设计的系统性、针对性还稍显不足,对典型人物、典型行为的宣传,与《电科员工行为规范》直接挂钩不够;在考核和奖惩方面,以违纪违法的行为惩治为主,对规范性不足的负面清单行为缺乏系统并且得到真正执行的考核和奖惩。

《经营文化纲要》和《员工行为规范》,一个统领的是企业行为,一个规范的是员工行为,同时,二者都是文化宣言的传导管道,两个主体工程落地不够,在一定程度上造成了员工对文化宣言认同度高,但对如何践行文化宣言的路径认识不统一的问题。这也是当前中国电科在文化深植与落地上存在的主要问题,这些问题在所有国有企业的企业文化建设中都具有相当的普遍性。

<u>第二个问题,是文化的改进提升及时性不够。</u>如前所述,企业文化管理的三个阶段并不具有完全的直线性,文化的改进与提升,几乎是贯穿企业文化管理全过程的。从2016年8月发布中国电科企业文化至今,虽然只有6年多时间,但中国电科面临的外部形势、承担的使命责任的具体内容、企业内部的环境等,都发生了全面而深刻的改变,虽然2018年12月初召开的新"云湖会议"发布了《新时代中国电科企业文化建设工作指引》(以下简称《指引》),但《指引》中的内容,更多是对文化宣言进行的更新,对"五大工程"中的其他工程而言,《指引》进行的更新或提升不大,这就带来了各个文化子系统之间匹配性不够的问题。

我们再来回顾一下《华为基本法》起草前后,应该说,通过《华为公司基本

法》的起草、讨论以及定稿，华为实现了企业内部管理思想的碰撞，实现了管理思想认识水平的提高和升华。但我们也看到，在被提出的20多年时间里，《华为基本法》的很多内容或者诠释都在不断与时俱进地更新，这也是它具有强大生命力的原因。客观事物的变化引起管理者的管理思想和经营理念以及员工价值观念的变化与提升，这种变化首先会在各种文化场合，如会议、问题研讨与磋商中表现出来，要求达成新的共识和认同，这属于管理模式、管理制度及规范的不完善或与变化了的管理事务不相适应的东西，一旦达成共识就需要重新制定或加以修订。但是，这种修订不能只针对一个子系统，而是要对整个文化系统中，凡是与之相关的部分都要进行修订，并专门针对这些修订进行强化宣导和落实，只有这样，才能实现文化管理的不断迭代，而不会让文化管理陷入到僵化的范式中去。

文化的改进与提升，更多的是管理者的共同责任。首先，管理者必须立足于企业的文化背景去抓组织建设、制度建设和业务建设，当一个中高层管理者，以企业的核心价值观去营造部门文化，去抓组织建设和制度建设，就能推动整个部门和企业的事业发展，这样的管理者就是符合文化管理要求的合格管理者。在这样的运行模式下，企业文化是推动管理的润滑剂，这种润滑剂能够在良好的沟通、协调与合作效果中，提升管理者和员工相互之间的敬业精神、团结协作精神及奉献精神，也更能反向激发管理者抓文化建设的努力和能力。但是，在内外部环境发生变化时，往往也需要管理者"春江水暖鸭先知"，及时敏锐发现变化带来的问题，积极为文化更新改进提出意见建议，并且妥善处理文化改进提升过程中带来的思想和文化冲突，平稳实现文化管理螺旋式上升。

此外，主体工程落地不够和文化改进提升不及时的问题，同时又反过来反映了中国电科对文化建设本身进行体系化管理不够的问题。"五大工程"实施、建设过程基本完成后，尽管出台了一系列对接规范，但是，真正的体系化推进、全过程管理，尤其是在继续发挥文化管理柔性优势的同时适当加大文化管理的刚性方面，做得还不够，这也是在下一步推动文化深植与落地过程中需要关注的另一个重点问题。

企业文化的深植与落地，是一个永恒存在的命题。要打牢企业的思想基础，必须时时自我叩问，要经常性地问自己从何而来、如何而来，能够规律性地深刻检索自己向何而去、如何而去，我们才会成为一个纯粹的、成熟的、值得尊敬的企业，才不会忘记为什么出发，才会在国企的深化改革中拥有思想层面的是非标准，才会让国企的管理思想与时俱进、永葆活力，才会把全体员工的精气神统一到企业的经营发展中来。

这正是本书的初衷，也是一丝丝遗憾的根源所在，那就让我们携起手来，共同努力，一起将它彻底地消除吧！

值此封笔定稿之际，感激之情油然而生！

首先要感谢这个伟大的时代，"她"使我们培育国有企业优秀文化的梦想成真！感谢中国电科十几万高素质的员工们，他们在拼搏进取成就中国电科"大国重器"的伟大实践中，孕育出优秀的电科新文化！感谢中国电科的历届领导们，他们为培育优秀的电科新文化运筹帷幄、殚精竭虑，付出了艰辛的努力！我们会怀着深深的敬意，铭记电科第一任党组书记、总经理吕新奎同志，为电科企业文化打下坚实的基础，第二任总经理王志刚，党组书记樊友山，第三任董事长熊群力，总经理吴曼青，第四任董事长陈肇雄，总经理陈锡明等集团领导，他们不忘初心，承前启后，接续为电科的企业文化建设作出杰出贡献。感谢各成员单位的历届领导精英们，为塑造电科新文化贡献了他们的聪明才智，提供了大力的支持！感谢电科总部的干部职工，他们在各自的专业领域全力支持电科新文化的建设！

还要感谢中国电科预警机精神宣传团队，以聂中波、朱爱红、高福军为代表的撰文组，精心写作，贡献了精美的文字；以曹续明、王建为代表的宣讲组，不辞劳苦，用高超专业的演讲艺术，使中国电科的预警机精神名扬于世；也深切怀念英年早逝的段洣晶同志，他为预警机精神的提炼贡献了聪明才智；感谢中智咨询公司的孙兵总经理，总能在企业文化建设的关键节点，提出专业性的解决方案！

更要感谢的是我们企业文化的工作团队，聂中波、孟月民、苏俊、左雷、仲里、郑宏宇、戴万田、黄永宁、任青峰、裘颖、胡维维、陈学军、戴玉和、张云、周春林、高贤伟、屈力扬、吴晓燕等企业文化建设的行家里手，在电科新文化建设的8条战线上扮演主力军的角色，他们专业、敬业、追求卓越；他们不畏困难、忘我工作、具有强烈的责任感；他们团结协作、不分你我、具有强大的团队精神；他们用自己的实际行动践行电科的核心价值观。我们也因此结下了伟大的友谊，愿战友之情常在，友谊之树常青！

后 记

在此，我们要特别感谢电子工业出版社，刘九如总编凭借专业的眼光对本书格外重视、格外青睐，决定编辑出版本书，使我们深感荣幸之至！刘总编在百忙之中，仍亲自参与本书的编辑，组织精兵强将完成书稿的修订。电子信息出版分社的柴燕社长精心组织，十分关心书稿的每一步工作。责任编辑钱维扬为本书的编辑出版投入大量的精力和智力，提出许多高水平的修改意见，其专业水平和职业精神给我们留下深刻的印象。正是有了他们的大力支持和热情帮助，才使得本书得以问世，正是有了他们专业性的指导，才使得本书能够脱胎换骨，以较高的水平呈现给广大的读者。对此我们深表感谢之情！

在本书写作过程中，我们曾参考了中外许多关于企业文化方面的图书，引用了许多有关资料，由于各种原因，未能将参考过的书名全部列出，对所引用资料也未能全部注明出处。在此对所有图书作者和资料提供者一并表示感谢！

王杰　张秉衡

2023 年 3 月 11 日　于海南清水湾

参 考 文 献

[1] 邵宁. 国有企业改革实录[M]. 北京：经济科学出版社，2014.

[2] 吉姆·科林斯. 从优秀到卓越[M]. 俞利军译. 北京：中信出版社，2019 年.

[3] 吉姆·科林斯，杰里·波勒斯. 基业长青[M]. 真如译. 北京：中信出版社，2019 年.

[4] 特伦斯·迪尔，艾伦·肯尼迪. 新企业文化[M]. 孙健敏，黄小勇，李原译. 北京：中国人民大学出版社，2014 年.

[5] 黄卫伟，吴春波. 走出混沌[M]. 北京：人民邮电出版社，1999 年.

[6] 威廉·大内. Z 理论[M]. 孙耀军，王祖融译. 北京：中国社会科学出版社，1984 年.

[7] 李宗红，朱洙. 企业文化：胜敌于无形[M]. 北京：中国纺织出版社，2003 年.

[8] 稻盛和夫. 经营为什么需要哲学[M]. 曹岫云译. 北京：中信出版社，2011 年.

[9] 曹建民. 中国全史[M]. 北京：经济出版社，1999 年.

[10] 彼德·圣吉. 第五项修炼：学习型组织的艺术与实践[M]. 张成林译. 北京：中信出版社，2018 年.

[11] 宋志平. 企业迷思[M]. 北京：机械工业出版社，2020 年.

[12] 尼克·奥博伦斯基. 未来领导力[M]. 苏雪梅，王宾译. 北京：人民邮电出版社，2017 年.

[13] 斯图尔特怀亚特. 领导力是锻炼出来的[M]. 李倩译. 北京：北京时代华文书局，2021 年.

[14] 宋志平. 经营制胜[M]. 北京：机械工业出版社，2021 年.

[15] 黄卫平. 以奋斗者为本[M]. 北京：中信出版社，2014 年.

[16] 杨爱国. 华为奋斗密码[M]. 北京：机械工业出版社，2019 年.

[17] 费孝通. 中国文化的重建[M]. 上海：华东师范大学出版社，2016 年.

[18] 周辉. 产品研发管理：构建世界一流的产品研发管理体系（第二版）[M]. 北京：电子工业出版社，2020 年.

[19] 包季鸣. 新五星领导力修炼[M]. 北京：企业管理出版社，2019 年.

[20] 董大海. 品牌战略[M]. 北京：人民出版社，2018 年.

[21] 李彦宏. 智能革命[M]. 北京：中信出版社，2017 年.